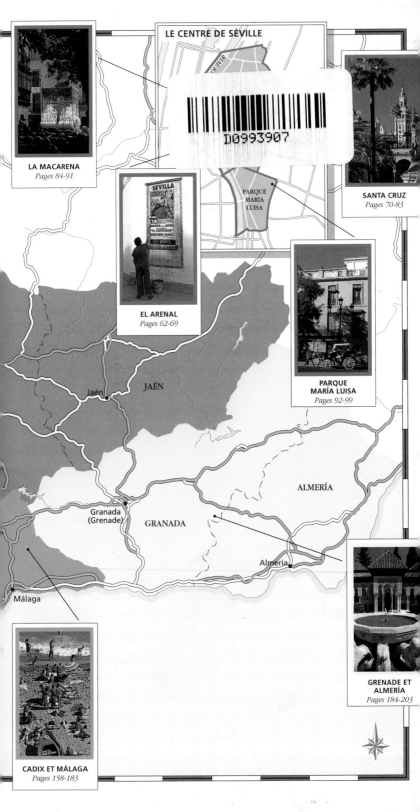

LE CENTRE DE SÉVILLE

LA MACARENA
Pages 84-91

SANTA CRUZ
Pages 70-83

EL ARENAL
Pages 62-69

PARQUE
MARIA
LUISA

**PARQUE
MARÍA LUISA**
Pages 92-99

Jaén JAÉN

ALMERÍA

Granada
(Grenade) GRANADA

Almería

Málaga

**GRENADE ET
ALMERÍA**
Pages 184-203

CADIX ET MÁLAGA
Pages 158-183

GUIDES ● VOIR

SÉVILLE
ET ANDALOUSIE

GUIDES ● VOIR

SÉVILLE
ET ANDALOUSIE

Libre Expression

Une compagnie de Quebecor Media

Libre Expression

Une compagnie de Quebecor Media

DIRECTION
Nathalie Pujo

DIRECTION ÉDITORIALE
Cécile Petiau

RESPONSABLE DE COLLECTION
Catherine Laussucq

ÉDITION
Émilie Lézénès et Adam Stambul

TRADUIT ET ADAPTÉ DE L'ANGLAIS PAR
Tina Calogirou et Henri Marcel
avec la collaboration de Claire Jéhanno

MISE EN PAGES (PAO)
Maogani

CE GUIDE VOIR A ÉTÉ ÉTABLI PAR
David Baird, Martin Symington, Nigel Tisdall

Publié pour la première fois en Grande-Bretagne
en 1996 sous le titre *Eyewitness Travel Guides :
Seville & Andalusia*
© Dorling Kindersley Limited, Londres 2010
© Hachette Livre (Hachette Tourisme) 2011
pour la traduction et l'adaptation française.
Cartographie © Dorling Kindersley 2010

© Éditions Libre Expression, 2011
pour l'édition française au Canada

Aussi soigneusement qu'il ait été établi, ce guide
n'est pas à l'abri des changements de dernière heure.
Faites-nous part de vos remarques, informez-nous de vos
découvertes personnelles : nous accordons la plus grande
attention au courrier de nos lecteurs.

IMPRIMÉ ET RELIÉ EN CHINE

Les Éditions Libre Expression
Groupe Librex inc.
Une compagnie de Quebecor Media
La Tourelle
1055, boul. René-Lévesque Est, Bureau 800
Montréal (Québec) H2L 4S5
www.edlibreexpression.com

DÉPÔT LÉGAL : Bibliothèque et Archives nationales du Québec
et Bibliothèque et Archives Canada, 2011

ISBN 978-2-7648-0565-7

SOMMAIRE

COMMENT UTILISER
CE GUIDE **6**

Enluminure tirée d'une bible
mozarabe du Xe siècle

PRÉSENTATION
DE SÉVILLE ET
DE L'ANDALOUSIE

DÉCOUVRIR SÉVILLE
ET L'ANDALOUSIE **10**

L'ANDALOUSIE
DANS SON
ENVIRONNEMENT **12**

UNE IMAGE DE
L'ANDALOUSIE **16**

L'ANDALOUSIE
AU JOUR LE JOUR **34**

HISTOIRE
DE SÉVILLE ET DE
L'ANDALOUSIE **40**

Attelage sur la Plaza de España,
Parque María Luisa

◁ **Pages précédentes :** La Torre del Oro de nuit, Séville

Zahara de la Sierra, l'un des *pueblos blancos* (villages blancs) typiques de l'Andalousie

Assortiment d'olives vertes

Le Generalife

COMMENT UTILISER CE GUIDE

Cet ouvrage se propose de vous aider à profiter au mieux de votre séjour à Séville et en Andalousie. L'introduction, intitulée *Présentation de Séville et de l'Andalousie*, situe la région dans son contexte géographique, historique et culturel. Dans *Séville quartier par quartier* et *l'Andalousie région par région*, plans, textes et illustrations présentent en détail les principaux sites et monuments. Les *Bonnes adresses* recèlent toutes les informations sur les hôtels, les restaurants, les boutiques et les divertissements, tandis que les *Renseignements pratiques* vous fourniront tous les conseils utiles.

SÉVILLE QUARTIER PAR QUARTIER

Le centre de Séville est divisé ici en quatre quartiers, auxquels s'ajoute un cinquième district, « Au-delà du fleuve ». Chaque chapitre débute par un portrait du quartier et une liste des monuments présentés. Des numéros les situent clairement sur le plan « Le quartier d'un coup d'œil ». Les monuments sont présentés dans le texte dans le même ordre.

Le quartier d'un coup d'œil classe par catégorie les centres d'intérêt : églises, musées, rues, places et bâtiments historiques.

Un repère rouge signale toutes les pages concernant Séville.

Une carte de situation indique où se trouve le quartier dans la ville.

1 Plan général du quartier
Des numéros désignent les sites du quartier. Ceux-ci apparaissent également sur les plans de l'atlas des rues de Séville p. 112-117.

2 Plan du quartier pas à pas
Il offre une vue détaillée de chaque quartier.

Un itinéraire de promenade emprunte les rues les plus intéressantes.

Des étoiles indiquent les sites à ne pas manquer.

3 Renseignements détaillés
Chaque site est décrit dans une rubrique qui donne en outre toutes les informations pratiques telles qu'adresse, heures d'ouverture ou accès en fauteuil roulant.

L'ANDALOUSIE RÉGION PAR RÉGION

L'Andalousie est divisée dans ce guide en quatre régions qui font chacune l'objet d'un chapitre séparé. Les sites et monuments les plus intéressants sont numérotés sur une carte illustrée.

1 Introduction
Elle décrit les paysages, l'histoire et le caractère de chaque région. Elle présente son évolution au fil des siècles et ce qu'elle offre aujourd'hui au visiteur.

Un repère de couleur correspond à chaque région.

2 La carte illustrée
Elle offre une vue d'ensemble de toute la région et de son réseau routier. Des numéros localisent les sites et monuments principaux. L'accès à la région et les moyens de transport disponibles sont indiqués.

3 Renseignements détaillés
Les principaux sites et localités sont décrits individuellement, dans l'ordre de la numérotation sur la carte illustrée. Texte, plans et illustrations présentent en détail les bâtiments les plus intéressants de chaque ville ou village.

Des encadrés sont consacrés à des points d'intérêt.

Le mode d'emploi vous aide à organiser votre visite. La légende des symboles figure en fin d'ouvrage.

4 Les principaux sites
Deux pages, ou plus, leur sont consacrées. La représentation en coupe des édifices en dévoile l'intérieur. Les plans des musées vous aident à localiser les expositions intéressantes.

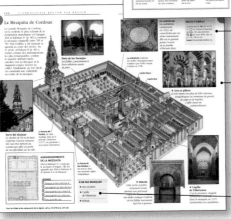

Des étoiles signalent les sites ou les œuvres à ne pas manquer.

PRÉSENTATION DE SÉVILLE ET DE L'ANDALOUSIE

DÉCOUVRIR SÉVILLE ET L'ANDALOUSIE

L'Andalousie est l'une des plus vastes régions d'Espagne. S'étendant depuis l'océan Atlantique jusqu'à la Méditerranée, ses paysages comprennent des zones marécageuses, des oliveraies, des forêts profondes et des pics neigeux. La plupart des visiteurs se dirigent vers les stations balnéaires ou bien

Un monument à la Vierge Marie, Cadix

vers Séville, Cordoue et Grenade. Cependant, de nombreux sites plus petits, à l'écart, valent le détour. L'un des attraits majeurs de l'Andalousie est le goût de la fête et le sens de l'accueil de ses habitants, comme en témoignent les multiples *fiestas* spectaculaires et les festivals qui s'y déroulent.

Le charmant Patio de las Doncellas dans le Real Alcázar de Séville

SÉVILLE

- Le Real Alcázar maure
- La cathédrale et la Giralda
- Bars et tauromachie
- Fêtes flamboyantes de la Semana Santa

La capitale de l'Andalousie associe les fastes de l'Espagne maure et chrétienne dans le clocher typique de la Giralda, à l'origine un minaret, attaché à la cathédrale *(p. 78-79)*, et dans le palais royal somptueusement décoré du **Real Alcázar** *(p. 82-83)*. Les visiteurs apprécient aussi les rues aux murs blanchis à la chaux et les jolies places du **quartier de Santa Cruz** *(p. 72-73)* et ils profitent de la grande variété des bars. Quand une corrida a lieu, ils se mêlent aux habitants dans la **Plaza de Toros de la Maestranza** *(p. 68)*, les arènes de Séville, célèbres

dans le monde entier. Outre l'attrait des nombreux monuments et musées, la ville séduit par son grand appétit de spectacles et de plaisirs : au printemps, les processions exubérantes de la **Semaine sainte** (Semana Santa) *(p. 38)* sont suivies par les festivités hautes en couleur de la **Foire d'avril** *(p. 38)*.

HUELVA ET PROVINCE DE SÉVILLE

- Ruines romaines d'Itálica
- Forteresse maure de Carmona
- Parc national de Doñana
- Christophe Colomb

Séville est une base idéale pour explorer les sites de la province du même nom et de sa voisine, Huelva. Les ruines romaines d'**Itálica** *(p. 132)* et la splendide cité

de **Carmona** *(p. 132)*, construite par les Arabes sur des fondations romaines, peuvent chacune faire l'objet d'une excursion.

Le **Parc national de Doñana** *(p. 130-131)*, attraction la plus remarquable de l'ouest de l'Andalousie, est une zone marécageuse côtière fragile, riche en flore et en faune. Si vous réservez une place dans le minibus 4x4 de la visite guidée officielle, vous verrez à coup sûr un grand nombre d'oiseaux de Doñana.

À l'ouest, la province de Huelva, qui jouxte le Portugal, est réputée pour son lien avec Christophe Colomb, parti d'ici à la recherche du Nouveau Monde. Le **Monasterio de la Rábida** *(p. 127)* est une sorte de mausolée à sa mémoire. À l'intérieur des terres, la **Sierra de Aracena** *(p. 126)* offre les plus beaux paysages pour profiter de promenades à pied ou à cheval.

Un cheval dans le parc national de Doñana, ouest de l'Andalousie

◁ *La Feria de Abril à Séville* par Domínguez Becquer (1885)

Le Palacio Jabalquinto, à Baeza, jolie ville juchée sur une colline

CORDOUE ET JAÉN

- Grande mosquée de Cordoue
- Quartier juif de Cordoue
- Villes de la Renaissance
- Splendides églises et demeures baroques

Cordoue (Córdoba) *(p. 140-146)* est une ville qui exige une visite prolongée, ne serait-ce que pour apprécier la splendeur de la **Mezquita** *(p. 144-145)*, sa superbe mosquée/cathédrale bâtie entre les VIIIe et Xe siècles. L'intérieur est constitué de colonnes et d'arches élégantes. À côté de la Mezquita s'étend l'ancien quartier juif de la ville, dédale de belles ruelles médiévales et de cours secrètes.

La campagne des provinces de Cordoue et de Jaén est marquée par d'infinis alignements d'oliviers qui produisent des huiles extra vierges de grande qualité. Prenez le temps d'explorer les beaux villages de cette région. **Priego de Córdoba** *(p. 150)*, trésor d'architecture baroque, possède aussi un impressionnant quartier médiéval. **Jaén** regorge de châteaux, d'églises et de demeures construits pendant la Renaissance. Deux villes perchées sur des collines voisines sont particulièrement agréables à découvrir à pied : **Úbeda** *(p. 154-155)* et sa voisine plus petite, **Baeza** *(p. 152-153)*.

CADIX ET MÁLAGA

- Ronda sur sa falaise
- Triangle du xérès
- Plages populaires le long de la Costa del Sol
- Tanger, cité enivrante

Les célèbres *pueblos blancos* (villages blancs) du sud de l'Espagne – maisons pittoresques regroupées au pied d'un château ancien – constituent la marque caractéristique des collines s'étendant entre les côtes de l'Atlantique et du sud de la Méditerranée. L'exceptionnel **Ronda** *(p. 176-177)* est perché au bord d'une falaise et coupé en deux par un profond précipice.

Les amateurs de vin trouveront leur bonheur à **Jerez de la Frontera** *(p. 162)* et dans les environs de la ville, principal centre de production du xérès et d'autres vins doux. **Cadix** *(p. 164-167)*, plus au sud sur la côte, est sans doute la cité la plus ancienne d'Europe ; ses ruelles étroites et son port sont charmants.

Sur la **Costa del Sol** *(p. 182)*, en particulier entre Málaga et Estepona, on trouve les meilleures plages, avec des activités familiales et une vie nocturne animée.

À seulement 45 minutes de Tarifa par le ferry, **Tanger** *(p. 170)*, mélange enivrant d'Afrique et d'Europe, est depuis des décennies un refuge pour les artistes et les écrivains. Ses souks bien vivants et ses mosquées attirent les visiteurs fascinés.

Le luxueux Puerto Banus de Marbella

GRENADE ET ALMERÍA

- L'Alhambra
- Vallées des Alpujarras
- Paysages désertiques

À ne pas manquer, le palais fortifié de l'**Alhambra** *(p. 194-195)*, aux exquises décorations, qui domine Grenade du haut de sa colline. Au sud de Grenade, sur l'autre versant de la **Sierra Nevada** *(p. 197)* – où se trouve la station de ski la plus méridionale d'Europe –, on découvrira les vallées spectaculaires des **Alpujarras** *(p. 198-199)*, aux collines parsemées de villages.

La province orientale d'Almería, aride, reçoit moins de visiteurs que d'autres régions d'Andalousie, mais recèle des paysages magnifiques, en particulier les caps et falaises du Cabo de Gata *(p. 202)*. Tabernas, au cœur du seul désert d'Europe, a souvent servi de décor pour des westerns et d'autres films.

La magnifique architecture du palais de l'Alhambra, à Grenade

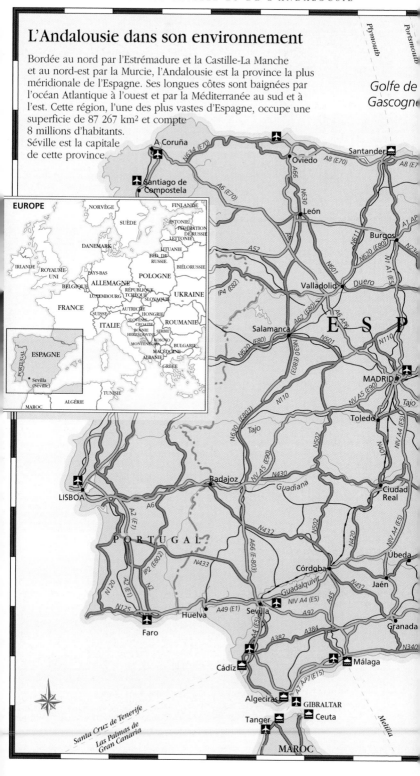

L'Andalousie dans son environnement

Bordée au nord par l'Estrémadure et la Castille-La Manche et au nord-est par la Murcie, l'Andalousie est la province la plus méridionale de l'Espagne. Ses longues côtes sont baignées par l'océan Atlantique à l'ouest et par la Méditerranée au sud et à l'est. Cette région, l'une des plus vastes d'Espagne, occupe une superficie de 87 267 km² et compte 8 millions d'habitants. Séville est la capitale de cette province.

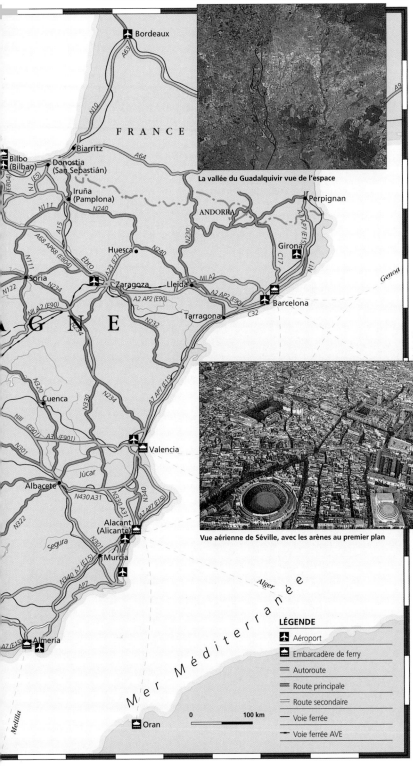

La vallée du Guadalquivir vue de l'espace

Vue aérienne de Séville, avec les arènes au premier plan

LÉGENDE

- ✈ Aéroport
- ⛴ Embarcadère de ferry
- ▬ Autoroute
- ▬ Route principale
- ═ Route secondaire
- ─ Voie ferrée
- ━ Voie ferrée AVE

0   100 km

Séville et l'agglomération sévillane

Le centre-ville de Séville est un véritable labyrinthe de vieilles ruelles étroites qu'il est préférable de parcourir à pied. Plusieurs avenues bruyantes et très animées partagent le centre en différents quartiers. Cet ouvrage reprend ces séparations, en commençant par les quartiers historiques qui s'étendent de part et d'autre de l'Avenida de la Constitución. À l'ouest, le long du fleuve, s'étend El Arenal avec la Plaza de Toros ; à l'est se situe l'ancien quartier juif de Santa Cruz, dominé par l'imposante cathédrale et le Real Alcázar. Au nord, La Macarena offre ses multiples églises, tandis que le Parque María Luisa borde l'Universidad, au sud du centre historique.

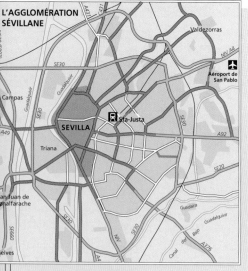

Plaza de Toros de la Maestranza et Torre del Oro à El Arenal

L'agglomération sévillane

À l'ouest du Guadalquivir s'étend le site d'Expo '92 et le quartier pittoresque de Triana. Des zones industrielles et des quartiers résidentiels modernes entourent le centre-ville.

Parque María Luisa : la Plaza de España, construite pour l'Exposition de 1929

Façades sévillanes aux grilles en fer forgé, sur la Calle Santa Clara dans le quartier de La Macarena

Attelages sur la Plaza del Triunfo, devant la cathédrale à Santa Cruz

0   400 m

LÉGENDE

⬛	Site important
⬛	Centre de Séville
⬜	Agglomération urbaine
⬜	Agglomération sévillane
✈	Aéroport
🚆	Gare ferroviaire
🚌	Terminus de bus
🚌	Gare routière
🚋	Station de tramway Metro-Centro
Ⓜ	Station de métro
🚢	Embarcadère
🚕	Station de taxi
P	Parc de stationnement
ℹ	Information touristique
✚	Hôpital
👮	Poste de police
✝	Église
⛪	Couvent ou monastère
⊠	Bureau de poste
═	Autoroute
▬	Route principale
═	Route secondaire
—	Voie ferrée

UNE IMAGE DE L'ANDALOUSIE

*V*estiges de l'ancienne Bétique des Romains, mosquées, palais et jardins luxuriants rappelant la longue présence arabe, souvenirs de l'épopée de Christophe Colomb et de l'or des Amériques : le passé glorieux de l'Andalousie se conjugue sans heurt avec la région actuelle et festive des corridas, des ferias et des festivals, des stations balnéaires de la Costa del Sol, et avec la vitalité des villes comme Séville, Cordoue et Grenade.

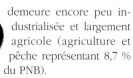

Panier d'olives fraîches

L'Andalousie et Séville, le Grand Sud espagnol et sa capitale, ne laissent jamais indifférent. À l'extrémité méridionale du continent européen, passé et présent ont créé un cocktail étonnant et attachant.

L'Andalousie, autonome depuis 1981, avec ses huit millions d'habitants, est l'une des régions les plus pauvres d'Espagne, et celle où le chômage frappe le plus fort (env. 12 % de la population active). Si l'Exposition universelle de Séville en 1992 a changé la donne, dotant la région d'un réseau de routes modernes ainsi que du TGV (l'AVE), la grande province du Sud espagnol demeure encore peu industrialisée et largement agricole (agriculture et pêche représentant 8,7 % du PNB).

Ses vignes, à l'origine du fameux xérès et du célèbre vin de Málaga, constituent la vitrine la plus rentable de cette activité. Mais les oliviers, omniprésents dans la région de Jaén, aux confins nord-est de la région, produisent peu. Comme les céréales ou le coton cultivés dans la grande plaine du Guadalquivir, ils ne permettent pas aux hommes de vivre correctement.

Paradoxe, ce soleil qui brille les trois quarts de l'année, à l'origine de

Musiciens, chanteurs et danseurs perpétuent la tradition du flamenco qui remonte au XVIIIe siècle *(p. 28)*

◁ *Toreros (p. 26-27)* en costumes traditionnels, se préparant à la corrida

la pauvreté des sols et de la sécheresse qui frappe périodiquement, est aussi le grand atout de l'Andalousie. Le tourisme, né dans les années 1960 sur la Costa del Sol, assure ici des revenus à un habitant sur trois.

Aujourd'hui, depuis que le littoral méditerranéen à l'ouest de Málaga a subi un bétonnage intensif et anarchique, la région

Sevillanos prenant l'apéritif en dégustant quelques tapas *(p. 224-225)*

développe d'autres potentialités. Et elles sont nombreuses, tant l'Andalousie possède une étonnante variété géographique et écologique. Parcs naturels plantés d'essences rares, marais et rizières, sierras arides piquetées de villages aveuglants de blancheur, vallées verdoyantes et sommets enneigés de la Sierra Nevada, littoral atlantique encore peu touché par

l'urbanisation et désert aux allures de Far-West se mélangent hardiment dans cette province à peine moins étendue que le Portugal.

L'ANDALOUSIE, TERRE DE TRADITIONS

En dehors de ses paysages qu'on a tort de limiter aux vastes plaines du Guadalquivir, l'un des attraits essentiels de la région tient à la richesse de son histoire. Visiter l'Andalousie, c'est voyager dans un passé qui a connu une profonde colonisation romaine, sept siècles de présence musulmane, l'effort de reconquête des Rois Catholiques, l'arrivée des galions venus des Amériques, puis les lendemains moroses du Siècle d'or.

Stuc de style mauresque

Cette histoire extrêmement dense ne se révèle pas seulement à l'occasion de la visite d'églises et de musées peuplés de toiles de Murillo ou de Zurbarán. Elle se raconte aussi grâce à la découverte des chefs-d'œuvre universels que constituent la Grande Mosquée des Omeyades de Cordoue, le palais arabe de l'Alhambra à Grenade et la gigantesque cathédrale de Séville.

Elle se retrouve également dans les vocables, dans le chant si singulier que devient ici la langue espagnole. L'histoire de l'Andalousie éclaire aussi les modes de vie, le goût de la promenade, l'animation des villes et des villages où, le soir venu, toute la population se retrouve pour discuter à la fraîche.

Pénitents portant un ostentoir, Semana Santa *(p. 38)*

Campagne aride et reculée, l'une des nombreuses facettes des paysages andalous *(p. 20-21)*

L'IDENTITÉ ANDALOUSE

Les acclamations des passes virtuoses des *toreros*, les robes et les jupons multicolores des gitanes qui tourbillonnent au son du flamenco, les foules qui envahissent les bars à tapas en soirée, lorsque le thermomètre redescend enfin, font certes partie ici du quotidien ; mais l'Andalou ne peut se résumer à ces éternels stéréotypes qui lui collent à la peau.

Le tempérament de feu, l'amour de la fête et du spectacle, la religiosité passionnée qui éclate lors de la Semana Santa (Semaine sainte), l'apparent machisme ainsi qu'une certaine approche archaïque et clanique de la famille, toute l'imagerie que véhiculent les espagnolades comme *Carmen* de Bizet, l'univers de

Sévillane en costume traditionnel de la Semana santa *(p. 38)*

pacotille de la *Belle de Cadix* ou le flamenco peu traditionnel de Manitas de Plata ou des Gipsy Kings, sert et dessert les Andalous.

En fait, l'ensemble de ces clichés est accepté avec une réjouissante ironie : l'essentiel est d'affirmer son identité par rapport à une Castille toujours considérée, plus de cinq siècles après la chute du royaume musulman de Grenade en 1492, comme une puissance colonisatrice.

Le passé arabe est revendiqué comme un véritable âge d'or, moment béni de tolérance religieuse, d'essor des arts et des sciences. On courtise les pays d'Amérique du Sud et Cuba, en espérant renouer des relations culturelles et économiques longtemps privilégiées.

La confiance que les Andalous ont témoignée, bien plus tôt que l'ensemble de l'Espagne, aux socialistes a participé de cette même volonté identitaire…
L'Andalousie est, à bien des égards, une région très à part en Espagne.

Carreaux de céramique dans le Palacio de Viana *(p. 143)*

Nonne
et ses confitures

Les paysages andalous

**Figuier de Barbarie,
originaire des Amériques**

Chaque année, plusieurs millions de visiteurs affluent sur les plages de la Méditerranée, jalonnées d'immeubles. Mais l'Andalousie possède aussi une côte atlantique, sauvage et battue par les vents, et de vastes étendues de marécages intacts. À l'intérieur des terres, vous découvrirez des montagnes rocailleuses tapissées de forêts de pins, de chênes-lièges et d'oliviers sauvages. L'Andalousie offre aussi des paysages vallonnés plantés de vignes, de céréales et d'oliviers. Les parcs et les réserves naturelles occupent 17 % de la superficie totale de la région.

Depuis l'époque maure, les **plaines fertiles** *de la vallée du Guadalquivir, arrosées par le fleuve, sont le grenier à blé de l'Andalousie. Les champs de céréales y alternent avec les rangées d'agrumes.*

0   50 km

SIERRA DE ARACENA

SIERRA

Córdoba

Río Guadalquivir

Río Genil

Sevilla

Huelva

Embalse del
Guadalhorce

Río Guadalete

Río Guadalhorce

Málaga

Cádiz

SERRANÍA DE RONDA

Le Río
Guadalquivir
traverse les
marécages de
Coto Doñana
(p. 130-131)
avant de se jeter
dans l'Atlantique.

Les plages de l'Atlantique,
où les pins poussent à l'abri des dunes de sable, sont moins exploitées que celles de la Méditerranée. Les marins partent encore pêcher en haute mer.

La Costa del Sol,
comme toute la côte méditerranéenne, se distingue par des falaises arides couvertes de bougainvillées et autres arbustes subtropicaux, surplombant des plages de galets ou de sable gris.

**Les montagnes
escarpées** *de la région de Ronda cernent la réserve naturelle de la Sierra de Grazalema, qui abrite une faune très riche, ainsi qu'une forêt de sapins d'Espagne très rares.*

LÉGENDE

⬜	Désert
⬜	Marécages
⬜	Forêts
⬜	Terres cultivées
🫒	Oliveraies
🍇	Vignobles
🍊	Plantations d'agrumes

Les oliveraies à perte de vue *marquent de leurs motifs quadrillés les paysages des provinces de Cordoue et surtout de Jaén. Ces arbres d'une extraordinaire longévité jouent un rôle clef dans l'économie locale, fournissant de l'huile (p. 148) et du bois.*

De vastes forêts de pins tapissent les sierras escarpées de Cazorla, Segura et Las Villas *(p. 156),* dans l'une des plus grandes réserves naturelles du pays.

LA FAUNE ET LA FLORE D'ANDALOUSIE

Le sud de l'Espagne recèle l'une des faunes et des flores les plus riches d'Europe, dont quelques espèces ne vivent qu'ici. La meilleure période pour les découvrir est le printemps, lorsque les fleurs sauvages éclosent et que les oiseaux migrateurs s'y arrêtent.

L'écorce des **chênes-lièges** *de la région de Cadix est prélevée tous les dix ans.*

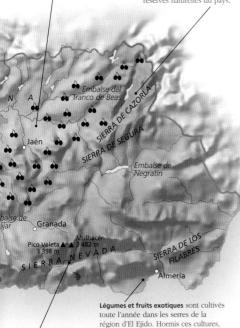

N A

Embalse del
Tranco de Beas

SIERRA DE CAZORLA

Jaén

SIERRA DE SEGURA

Embalse de
Negratín

balse de
jar

Granada

Mulhacén
Pico Veleta ▲ ▲ 3 482 m
3 398 m
S I E R R A   N E V A D A

SIERRA DE LOS
FILABRES

Almería

La violette de Cazorla, *qui ne pousse que dans la Sierra de Cazorla (p. 157), fleurit en mai.*

Légumes et fruits exotiques sont cultivés toute l'année dans les serres de la région d'El Ejido. Hormis ces cultures, la terre d'Almería est peu fertile.

Le mouflon *est un mouton sauvage agile, introduit dans les régions montagneuses vers 1970.*

La Sierra Nevada, *la plus haute chaîne de montagnes d'Espagne, culmine à 3 482 m, au pic du Mulhacén. À 40 km des plages de la Méditerranée, certains sommets sont couronnés de neiges éternelles. La saison des sports d'hiver s'ouvre en décembre et dure jusqu'au printemps. En été, la région se prête à la randonnée et à l'escalade.*

Le parc de Coto Doñana et le delta du Río Odiel abritent des colonies de **flamants roses**.

L'architecture maure

La première grande période de l'architecture maure commence sous le califat de Cordoue. La Mezquita, agrandie somptueusement à cette période, réunit toutes les caractéristiques du style califal : arcs, stucs et calligraphie ornementale. Ultérieurement, les Almohades introduisent un style islamique très pur, que vous pourrez admirer à La Giralda *(p. 78)*. Les Nasrides bâtissent l'Alhambra de Grenade, véritable chef-d'œuvre architectural, tandis que les Mudéjars *(p. 24)* construisent de superbes édifices de style mauresque, comme le Palacio de Pedro Iᵉʳ à Séville *(p. 46-49)*.

Les reflets *dans l'eau associés à des jeux de lumière caractérisent l'architecture maure.*

Les coupoles *étaient en général couvertes à l'extérieur de toits de tuile. En revanche, à l'intérieur, un enchevêtrement complexe de nervures de pierre supportait la coupole. Comme celle-ci, que vous pourrez voir à la Mezquita (p. 144-145).*

Murs défensifs

Les jardins maures étaient souvent aménagés autour de bassins et de canaux.

DÉVELOPPEMENT DE L'ARCHITECTURE MAURE

Époque précalifale 710-929	Époque califale 929-1031	Époque almoravide et almohade 1091-1248	Époque nasride (à Grenade) 1238-1492
	1031-1091 *Période taifa (p. 46)*		Vers 1350 Palais de l'Alhambra

700	800	900	1000	1100	1200	1300	1400
	785 Construction de la Mezquita à Cordoue		**1184** Construction de La Giralda à Séville		**vers 1350** Palacio de Pedro Iᵉʳ		
		936 Construction de Medina Azahara près de Cordoue		**Époque mudéjare (sauf à Grenade) vers 1215**			

Des azulejos (p. 76) *ornaient les murs. Au fil du temps, les motifs sont devenus géométriques, comme au Palacio de Pedro Iᵉʳ (p. 82).*

LES ARCS MAURES

L'arc maure est né de l'arc en fer à cheval utilisé par les Wisigoths dans leurs constructions. Les Maures l'ont modifié pour en faire l'élément essentiel de projets architecturaux grandioses, comme la Mezquita. Les arcs plus tardifs font apparaître des ornements plus sophistiqués et s'éloignent de la forme originelle.

Arc califal, Medina Azahara *(p. 138)*

Arc almohade, Patio del Yeso *(p. 83)*

Arc mudéjar, Salón de Embajadores *(p. 83)*

Arc nasride, Alhambra *(p. 195)*

PALAIS MAURE

Les palais des Maures étaient conçus pour offrir un cadre de vie élégant. Cet édifice totalement imaginaire illustre la manière dont l'espace, la lumière, l'eau et les ornements s'alliaient harmonieusement.

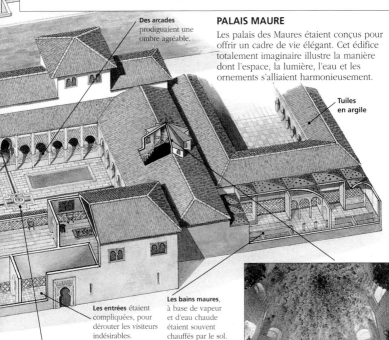

Des arcades prodiguaient une ombre agréable.

Tuiles en argile

Les entrées étaient compliquées, pour dérouter les visiteurs indésirables.

Les bains maures, à base de vapeur et d'eau chaude étaient souvent chauffés par le sol.

Les ornements de stuc sophistiqués *sont caractéristiques du style nasride. La Sala de los Abencerrajes (p. 195) de l'Alhambra, érigée avec les matériaux les plus simples, n'en est pas moins considérée comme l'un des monuments les plus remarquables de l'époque maure.*

L'eau, *qui rafraîchissait les élégantes cours des palais mauresques, remplissait aussi une fonction contemplative. Elle devait souvent être pompée dans une source située plus bas.*

L'architecture andalouse : XIIIᵉ-XVIIIᵉ s.

La Reconquête amène la construction de nouveaux palais et d'églises, dont beaucoup sont bâtis par des Mudéjars *(p. 48)*. Malgré la pénétration des styles gothiques du Nord de l'Europe en Andalousie, les influences mudéjares survivent jusqu'au XVIIIᵉ siècle. Au XVIᵉ siècle, l'Andalousie est le porte-drapeau de la Renaissance espagnole, puis, au XVIIIᵉ siècle, une interprétation originale du baroque y voit le jour.

Tour mudéjare, Iglesia de Santa Ana *(p. 192)*

LA RECONQUÊTE (MILIEU DU XIIIᵉ SIÈCLE – FIN DU XVᵉ SIÈCLE)

Les artisans maures travaillant sur les édifices chrétiens créent un style hybride islamo-chrétien, appelé mudéjar. Les églises du milieu du XIIIᵉ siècle affichent différents degrés d'influence maure, tandis que le Palacio de Pedro Iᵉʳ dans le Real Alcázar *(p. 82-83)* présente des traits presque exclusivement maures. Au début du XVᵉ siècle, le style gothique se répand largement. Après la chute de Grenade en 1492 *(p. 48)*, un style gothique tardif, l'isabélin, se développe.

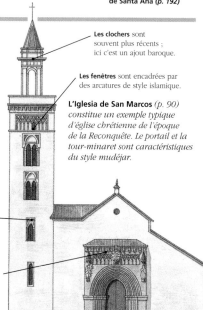

Les clochers sont souvent plus récents ; ici c'est un ajout baroque.

Les fenêtres sont encadrées par des arcatures de style islamique.

L'Iglesia de San Marcos *(p. 90) constitue un exemple typique d'église chrétienne de l'époque de la Reconquête. Le portail et la tour-minaret sont caractéristiques du style mudéjar.*

Les fenêtres sont plus étroites vers le bas de l'édifice.

Les ornements de style islamique sur l'entrée principale sont caractéristiques de nombreuses églises mudéjares.

Portail mudéjar, Nuestra Señora de la O *(p. 162)*

Les arcs classiques inaugurent l'architecture Renaissance.

Vitrail, cathédrale de Séville

Les reliefs de pierre richement travaillés qui ornent les façades s'inspirent du gothique.

*Les armoiries et symboles héraldiques du **Palacio de Jabalquinto** (p. 152), caractéristiques des édifices isabélins, reflètent le désir de créer un style national.*

LA RENAISSANCE (XVIᵉ SIÈCLE)

L'architecture du début de la Renaissance est appelée plateresque, car son ornementation fine et riche rappelle l'art de l'orfèvre, le *platero*. La façade de l'Ayuntamiento (*p. 74*) de Séville offre le meilleur exemple de ce style en Andalousie. Le Palacio de Carlos V est un exemple du style Renaissance. La fin du XVIᵉ siècle voit apparaître un style austère appelé herrerien, du nom de Juan de Herrera (*p. 80*).

Détail plateresque de l'Ayuntamiento de Séville

Cour de style herrerien dans l'Archivo de Indias

Des ornements de pierre avec les armoiries de l'empereur au centre décoraient l'édifice.

Frontons classiques des fenêtres.

Le Palacio de Carlos V, *dont la construction débuta en 1526, est situé au cœur de l'Alhambra* (p. 195). *Son style élégant et grandiose était à l'image de Charles Quint.*

Les murs rustiqués *confèrent une apparence robuste.*

LE BAROQUE (XVIIᵉ ET XVIIIᵉ SIÈCLES)

L'architecture du début du baroque espagnol est plutôt austère. Toutefois, le XVIIIᵉ siècle donne naissance au style churrigueresque, du nom des Churriguera, une famille d'architectes. Il connaît de nombreuses imitations extravagantes. Priego de Cordoue (*p. 150*) est une vitrine du baroque ainsi que La Cartuja (*p. 191*) de Grenade.

L'extraordinaire sacristie baroque de La Cartuja, Grenade

Palacio del Marqués de la Gomera, Osuna (*p. 133*)

Les pinacles baroques furent sculptés un à un dans la pierre.

Les nombreux bandeaux délimitent les étages de l'église, contribuant à la décoration complexe de la façade.

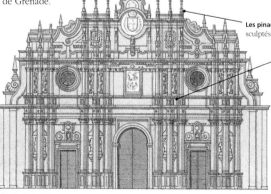

La cathédrale de Guadix (p. 198) *est un édifice Renaissance doté d'une façade baroque. Ces mélanges de style sont très répandus en Andalousie.*

L'art de la corrida

Affiche de corrida

La corrida est un sacrifice rituel au cours duquel on se mesure à un animal élevé à cette fin. Lors de cet « authentique drame religieux », selon le poète García Lorca, le spectateur vit par procuration la peur et l'exaltation ressentis par le matador. Bien que certains Espagnols soient opposés à la corrida en raison de sa cruauté, elle reste très populaire.

Les arènes de Séville
Avec celles de Las Ventas à Madrid, elles sont l'un des hauts lieux de la tauromachie en Espagne.

Élevage de taureaux
Le toro bravo (taureau de combat), élevé pour son agressivité et son courage, bénéficie de soins attentifs.

Le **matador** porte un *traje de luces* (habit de lumière) en soie aux couleurs chatoyantes, brodé de paillettes dorées.

Les **passes** s'effectuent avec une *muleta*, cape écarlate.

FIESTA !

Spectacle très populaire, la corrida constitue le temps fort de nombreuses *fiestas* en Espagne. Un public enthousiaste d'aficionados remplit les arènes du début de la saison, en avril, jusqu'à la fin, en octobre (p. 38-39).

Habit de fête

LA CORRIDA

La corrida se déroule en trois temps, appelés *tercios*. Durant la première étape, le *tercio de varas*, le matador est assisté de ses *peones* (aides) et des *picadores* (cavaliers munis de lances). Suit le *tercio de banderillas*, où les *banderilleros* plantent des paires de banderilles dans le dos du taureau. Enfin, lors du *tercio de muleta*, le matador réalise une série de passes avant la mise à mort, l'*estocada*.

Le **matador** *se sert de la* capa *(cape rouge) pour jauger l'intelligence et la vivacité du* taureau. *Puis les* peones *orientent la bête vers les* picadores.

Aujourd'hui, les chevaux sont protégés.

Les **picadores** *piquent l'animal avec des lances, testant sa bravoure. Les coups de lance affaiblissent les muscles de son épaule.*

LA PLAZA DE TOROS

Le public est installé dans les *tendidos* (gradins) ou les *palcos* (loges), où se trouve la *presidencia* (loge du président). En face se situent la *puerta de cuadrillas*, par laquelle le matador et son équipe entrent, et l'*arrastre de toros* (sortie des taureaux). Les matadors attendent dans un corridor *(callejón)*, derrière les *barreras* et *burladeros*. Les chevaux sont gardés dans le *patio de caballos* et les taureaux dans le *corrales*.

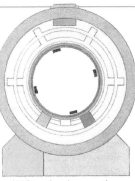

Plan d'une plaza de toros typique

LÉGEND E

- ☐ Tendidos
- ☐ Palcos
- ☐ Presidencia
- ☐ Puerta de cuadrillas
- ■ Arrastre de toros
- ☐ Callejón
- ■ Barreras
- ■ Burladeros
- ☐ Patio de caballos
- ☐ Corrales

Les *banderillas*, dards acérés, se plantent dans les muscles du dos du taureau affaibli.

Manolete
Considéré comme l'un des plus grands matadors de tous les temps, Manolete fut tué d'un coup de corne en 1947.

Le taureau peut être gracié s'il fait preuve de bravoure – les spectateurs agitent alors des mouchoirs blancs, signe de grâce.

Julian López (El Juli)
El Juli a commencé à l'âge de 16 ans. Il est réputé pour son courage et pour son maniement de la capa *et de la* muleta.

Le taureau pèse environ 500 kg.

Les *banderillos* viennent provoquer le taureau blessé, estimant sa réaction à la douleur en plantant des paires de banderilles dans son dos.

Le matador *effectue des passes avec la cape puis l'abaisse pour pousser le taureau à ployer la tête et lui planter l'épée dans l'encolure.*

L'estocada recibiendo *est une mise à mort difficile et très rare : le matador attend la charge du taureau au lieu de s'avancer vers lui.*

Le flamenco, l'âme de l'Andalousie

**Féria de Séville
1953**

Bien plus qu'une simple danse, le flamenco est l'expression des souffrances et des joies de l'existence. Bien qu'il soit interprété partout en Espagne et dans le monde, le flamenco est un art purement andalou, traditionnellement exécuté par les gitans. Il existe divers styles de *cante* (chant) issu des différentes parties de l'Andalousie, mais il n'y a pas de chorégraphie stricte – les danseurs improvisent à partir de mouvements de base, suivant le rythme de la guitare et leur inspiration. Négligé dans les années 1960 et 1970, le flamenco connaît aujourd'hui un regain d'intérêt, lié à la renaissance des styles traditionnels.

Les *sevillanas*, danses folkloriques influencées par le flamenco, se dansent dans les bars ou chez soi (*p. 244*).

Dans le *tablao* (club de flamenco), il y a quatre interprètes sur scène, avec celui qui bat le rythme des mains.

Les origines du flamenco *sont difficiles à situer. Les gitans en seraient les principaux créateurs, mêlant leur culture d'influence indienne au folklore andalou et maure ainsi qu'à la musique juive et chrétienne. Les gitans s'installèrent en Andalousie dès le début du Moyen Âge, mais le flamenco ne commença à se développer sous sa forme actuelle qu'au XVIIIe siècle.*

LA GUITARE ESPAGNOLE

La guitare, qui accompagne traditionnellement le chanteur, joue un rôle déterminant dans le flamenco. La guitare de flamenco est née de la guitare classique moderne, qui s'est développée en Espagne au XIXe siècle. Les guitares de flamenco, plus légères et plus plates, sont pourvues d'une plaque renforcée qui permet au musicien de battre les rythmes. Aujourd'hui, les guitaristes de flamenco jouent souvent en solo. L'un des plus grands, Paco de Lucía, a débuté en accompagnant des chanteurs et danseurs, avant d'entamer une carrière de soliste en 1968. Son style inventif, mêlant des influences jazz, rock et latino-américaines au flamenco traditionnel, a inspiré quantité de musiciens.

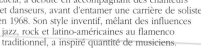

**Guitare
classique**

**Paco de Lucía jouant
du flamenco**

Le chant fait partie intégrante *du flamenco, et l'interprète l'exécute souvent en solo. Camarón de la Isla (1952-1992), un gitan né près de Cadix, compte parmi les* cantaores *(chanteurs de flamenco) contemporains les plus célèbres. Il a débuté par le* cante jondo *(littéralement « chant profond »), à partir duquel il a développé son propre style influencé par le rock.*

OÙ DÉCOUVRIR LE FLAMENCO

Festivals de flamenco p. 34-39, p. 244
Guitare flamenco p. 34-37, p. 244
Flamenco au Sacromonte p. 193
Flamenco chanté p. 34-37, p. 244
Tablaos de flamenco p. 244
Robes de flamenco p. 239

Eva Yerbabuena *est une* bailaora *(danseuse) réputée pour ses mouvements incroyables de pieds et l'intensité de sa danse. Sara Baras est elle aussi une danseuse réputée pour son style très personnel. Elles dirigent toutes deux leur propre compagnie de flamenco. Juana Amaya est également une artiste de renommée internationale.*

La posture fière, mais gracieuse, de la *bailaora* suggère une passion contenue.

La voix typique du *cantaor* est rauque et vibrante.

Robe à pois traditionnelle

Le bailaor *(danseur) joue un rôle moins important que la* bailaora. *Quantité de danseurs ont néanmoins connu la gloire, comme Antonio Canales, aux mouvements de pieds originaux.*

LE TABLAO DE FLAMENCO

Il est rare de voir danser le flamenco spontanément dans un *tablao*, mais si les danseurs et les chanteurs sont inspirés, le spectacle est impressionnant. Les artistes qui savent irradier le *duende* (« magie ») seront salués par les *olé* du public.

LE RYTHME DU FLAMENCO

Le rythme si caractéristique du flamenco est donné par la guitare. Toutefois, le battement des mains et les pieds de la danseuse, chaussée de hauts talons, sont tout aussi importants. Les *bailaoras* peuvent également battre le rythme avec des castagnettes. Lucero Tena (née en 1939) est célèbre pour ses solos de castagnettes. Les mouvements de mains gracieux aident la danseuse à exprimer ses sentiments – souffrance, tristesse ou joie. Ces gestes, comme les mouvements du corps, sont chorégraphiés mais les styles varient d'une personne à l'autre.

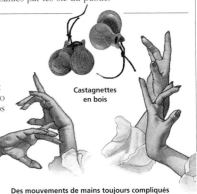

Castagnettes en bois

Des mouvements de mains toujours compliqués

Le pays du xérès

Logo de Gonzàles Byass

Ce sont les Phéniciens qui introduisirent le vin dans la région de Jerez, voici trois millénaires. Plus tard, les Grecs puis les Romains exportèrent le vin des collines bordant l'Atlantique. Toutefois, le commerce moderne du xérès, ou jerez, fut inauguré par des producteurs anglais et français au XVIIIe siècle. Ils découvrirent que le sol calcaire, le climat et le raisin local permettaient de produire des vins délicieux, encore meilleurs lorsqu'ils étaient coupés d'eau-de-vie de raisin. Domecq fut fondé par un Béarnais en 1730.

Travail dans les vignes

Vignes sur le sol calcaire près de Jerez

LES RÉGIONS DU XÉRÈS

Le xérès est produit par les *bodegas*, dans les villes de Jerez de la Frontera, Sanlúcar de Barrameda et El Puerto de Santa María, et dans des localités plus petites, comme Rota et Chiclana de la Frontera.

Carte :
SANLÚCAR DE BARRAMEDA
JEREZ DE LA FRONTERA
Rota
Río Guadalete
El PUERTO DE SANTA MARIA
Puerto Real
CÁDIZ
San Fernando
Chiclana de la Frontera

A471 · A480 · A491 · N IV · A4 AP4 (E5) · A382 · A4 E5 · A381 · A393 · N IV A4

0   10 km

LÉGENDE

- Sanlúcar de Barrameda
- Jerez de la Frontera
- El Puerto de Santa María
- — Région productrice de xérès

LES DIFFÉRENTS XÉRÈS

Trois mois après le passage au pressoir, le xérès est classifié dans l'une des cinq grandes catégories.

Le fino *est de loin le plus populaire en Andalousie. Sec, très parfumé et léger, il est excellent en apéritif ou accompagné de tapas. Il se boit toujours frais.*

Le manzanilla *ressemble au fino, mais il provient exclusivement de Sanlúcar. Léger, sec et fluide, il possède une saveur salée.*

L'amontillado *est du* fino *vieilli en fût. La* flor *(levure) lui donne une saveur puissante de terre. Certains sont secs, d'autres plus sucrés.*

L'oloroso *(« odorant » en espagnol) est un nectar ambré au bouquet prononcé et au goût de noix. Il est parfois sucré.*

Le Cream sherry *est un* oloroso *très riche et sombre, mélangé à du cépage pedro ximénez. Sucré, il est apprécié au dessert.*

LA CULTURE DU XÉRÈS

Le xérès est produit à partir de deux grandes variétés de cépage : le palomino, qui fournit un vin sec et délicat, et le pedro ximénez, qui donne un vin très sucré.

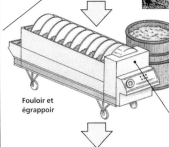

Le séchage du raisin *est uniquement nécessaire pour le cépage pedro ximénez. Placé sur des nattes* esparto, *il se concentre avant le pressurage.*

Fouloir et égrappoir

Le pressurage et l'égrappage *dans des cuves en acier inoxydable s'effectuent généralement de nuit, à la fraîche.*

Les vendanges *se déroulent durant les trois premières semaines de septembre. Le raisin de palomino est emporté rapidement au pressurage.*

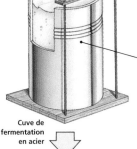

Cuve de fermentation en acier

La flor *(fleur), une levure, peut se former à la surface du moût empêchant l'oxydation et ajoutant un goût délicat au* fino *ainsi obtenu.*

L'addition d'eau-de-vie de raisin *fait passer le taux d'alcool d'environ 11° à environ 18° pour les* olorosos *et 15,5° pour les* finos.

Le système des *soleras*

Le vin jeune est stocké ici.

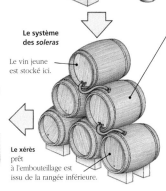

Garantie de qualité, *le vin de la solera la plus récente est mélangé au plus ancien, situé juste en dessous, dont il prend le caractère. La solera la plus basse contient une faible proportion de très vieux vin.*

Le xérès prêt à l'embouteillage est issu de la rangée inférieure.

Produit fini

Les plages et les loisirs en Andalousie

Barque de pêcheur peinte, Costa del Sol

Grâce à son climat subtropical, et à une moyenne de trois cents jours de soleil par an, la côte andalouse – et particulièrement la Costa del Sol – est devenue l'une des destinations favorites des amoureux du soleil et de la détente. Alors que dans les années 1950 elle ne comptait que quelques petits villages de pêcheurs (*p. 183*), la région attire aujourd'hui tous les ans plusieurs millions de visiteurs, qui affluent vers les nombreux hôtels et appartements bordant la côte. Le littoral très varié se prête à merveille à tous les sports nautiques (*p. 249*), et de nombreux terrains de golf font partie désormais des paysages andalous (*p. 249*). Sur la carte, vous trouverez les golfs les plus prisés et une sélection des plus belles plages.

Bain de soleil sur une plage de Marbella, Costa del Sol

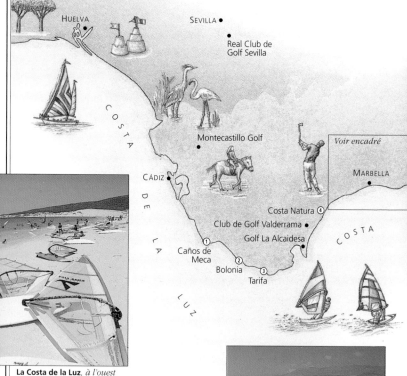

HUELVA

SEVILLA •

• Real Club de Golf Sevilla

COSTA

Montecastillo Golf

Voir encadré

CÁDIZ •

MARBELLA •

DE

Costa Natura ④

Club de Golf Valderrama •

COSTA

Golf La Alcaidesa

LA

① Caños de Meca

②

Bolonia ③

Tarifa

LUZ

La Costa de la Luz, *à l'ouest de l'Andalousie, compte de nombreuses plages intactes, loin des foules et du béton. Les vents de l'Atlantique en font le paradis de la planche à voile.*

0   50 km

La Costa Tropical
est ponctuée de jolies criques. L'eau y est plus chaude et plus limpide que sur la Costa de la Luz, et les plages sont de sable grossier ou de galets.

LES MEILLEURES PLAGES D'ANDALOUSIE

Caños de Meca ①
Ravissante plage de sable blanc, entourée de falaises et de dunes de sable.

Bolonia ②
Plage pittoresque, non loin de ruines romaines.

Tarifa ③
Sable blanc. Le vent et les vagues font le bonheur des véliplanchistes confirmés.

Costa Natura ④
Plage de naturistes, à l'extérieur d'Estepona.

Babaloo Beach ⑤
Plage chic, près de Puerto Banùs. Scooter des mers.

Victor's Beach ⑥
Plage classique de Marbella. Barbecue-parties élégantes.

Don Carlos ⑦
Peut-être la plus belle plage de Marbella, partagée avec le luxueux club Don Carlos.

Cabopino/Las Dunas ⑧
Plage de naturistes et dunes de sable près d'une marina moderne.

Rincón de la Victoria ⑨
Agréable plage familiale, intacte, à l'est de Málaga.

La Herradura ⑩
Baie pittoresque, à l'ouest d'Almuñécar.

Playa de los Genoveses ⑪
Une plage entre Cabo de Gata et San José.

Playa Agua Amarga ⑫
Belle plage de sable dans un hameau de pêcheurs retiré, transformé en complexe hôtelier.

La Costa de Almería *est renommée pour ses villages de pêcheurs pittoresques et ses paysages rocheux. Les plages ont réussi à échapper au surdéveloppement, en particulier celles de la réserve naturelle de Cabo de Gata, comme ici à San José.*

Agua Amarga ⑫

Playa de los Genoveses ⑪

ALMERÍA

ÁLAGA ⑨
Rincón de la Victoria

La Herradura ⑩

COSTA TROPICAL

COSTA DE ALMERIA

DEL SOL

LA COSTA DEL SOL

Outre les nombreux estivants, un demi-million d'étrangers ont choisi de s'installer sur la Costa del Sol. Hormis le luxe et la vie mondaine de Marbella, la côte offre aussi quantité de belles plages et plus de trente superbes golfs, dont le prestigieux Club de Golf Valderrama, site de la Ryder Cup de 1997.

MÁLAGA ●
Club de Campo de Málaga ●
TORREMOLINOS
Club Milas Golf ●
La Cala Golf ●
Golf Torrequebrado ●

Club de Golf Las Brisas ●
Club Dama de Noche ●
Guadalmina Golf ●
Monte Mayor ● Golf

MARBELLA ● Golf Rio Real
● Marbella Golf

⑥ ⑦ ⑦ ⑧
Victor's Beach Don Carlos ⑧
Cabopino et Las Dunas
⑤ Babaloo Beach

Golfeur sur le green du prestigieux Marbella Golf

L'ANDALOUSIE AU JOUR LE JOUR

En Andalousie, les festivals et les manifestations culturelles sont légion. Chaque ville ou village possède sa *feria* (foire) annuelle, avec ses défilés, danses, foires, feux d'artifice et corridas. Ces manifestations se déroulent d'avril à octobre. L'Andalousie est aussi le théâtre de nombreuses *fiestas*, manifestations exubérantes où la dévotion religieuse se mêle à la joie de vivre. L'époque idéale pour découvrir l'Andalousie est le printemps : les

Affiche de la *feria* de Séville de 1903

paysages sont splendides, le climat est doux, *ferias* et *fiestas* célèbrent la fin de l'hiver. En été, la chaleur est étouffante, et les *costas* sont envahies par les vacanciers. En automne, les *fiestas* s'enchaînent, tandis que s'ouvre la saison théâtrale et musicale. Plus tard, en fin de saison, les villes accueillent des concerts de jazz, de pop et de musique classique. Les premières neiges sur la Sierra Nevada ouvrent la saison des sports d'hiver.

Amandiers en fleur dans les collines andalouses

PRINTEMPS

Au printemps, l'Andalousie est magnifique. Après les pluies de l'hiver, les collines et les plaines sont verdoyantes, et l'eau coule dans les rivières et les canaux. Les campagnes se couvrent d'un tapis de fleurs sauvages, les amandiers en fleur colorent les collines, et les fraises sont mûres. Les festivals populaires, païens ou religieux, marquent la fin de l'hiver.

MARS

Cristo de la Expiraciòn *(vendredi, neuf jours avant le dimanche des Rameaux),* Orgiva *(p. 198).* L'une des fêtes les plus exubérantes d'Andalousie. Tirs de fusils de chasse, fusées et pétards éclatent. **Semana Santa** *(Dimanche des Rameaux-Vendredi saint),* Séville ;

les célébrations y sont spectaculaires *(p. 38).* Toutes les localités accueillent des processions. À Málaga *(p. 180-181),* un prisonnier est libéré le Mercredi saint et se joint à l'une des processions en signe de gratitude. Cette tradition est née voici deux siècles, lorsque des prisonniers, faisant fi d'une épidémie, portèrent une image sainte dans les rues de la ville.

AVRIL

Fiesta de San Marcos *(25 avril),* Ohanes, Sierra Nevada. De jeunes hommes accompagnent les effigies de San Marcos dans les rues de la ville, puis contraignent des taureaux à s'agenouiller devant le saint. **Feria de Abril** *(deux sem. après Pâques),* Séville. **Romería de Nuestra Señora de la Cabeza** *(dernier dim. d'avril),* Andùjar *(p. 39).* Grand pèlerinage.

MAI

Día de la Cruz *(1re semaine de mai),* Grenade *(p. 190-196)* et Cordoue *(p. 38).* **Feria del Caballo** *(1re et 2e semaine de mai),* Jerez de la Frontera *(p. 162).* Foire aux chevaux. **Festival Internacional de Teatro y Danza** *(courant mai),* Séville. Spectacle de compagnies internationales au Teatro de la Maestranza *(p. 68-69).* **Festival de los Patios** *(2e semaine de mai),* Cordoue *(p. 38).* Les patios sont ouverts aux visiteurs. **Romería de San Isidro** *(15 mai).* Des *romerías* ont lieu dans de nombreuses villes pour la San Isidro. **Concurso Nacional de Flamenco** *(2e semaine de mai ; tous les 3 ans : 2013, 2016),* Cordoue. Concours national de flamenco. **Feria de Mayo** *(dernière semaine de mai),* Cordoue *(p. 38).* **Romería del Rocío** *(fin mai ou début juin),* El Rocío *(p. 38 et p. 129).*

La feria del Caballo, à Jerez de la Frontera, en mai

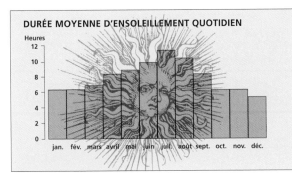

DURÉE MOYENNE D'ENSOLEILLEMENT QUOTIDIEN

Heures

12 — 10 — 8 — 6 — 4 — 2 — 0

jan. fév. mars avril mai juin juil. août sept. oct. nov. déc.

Ensoleillement
Même en plein hiver, les jours sans un rayon de soleil sont rares. Dès le début du printemps, l'ensoleillement augmente progressivement, pour arriver à son comble au cœur de l'été : il est alors redoutable.

Course de taureaux durant la fiesta de Lunes de Toro, à Grazalema

ÉTÉ

En été, la sieste devient un exercice incontournable. La plupart des Espagnols arrêtent de travailler à l'heure du déjeuner, et les distractions se déroulent souvent la nuit. Aux visiteurs étrangers arrivant en masse se joignent des milliers d'Espagnols. Les sites balnéaires accueillent de grands concerts pop.

JUIN

La Fête-Dieu *(fin mai ou début juin)* est célébrée à Grenade *(p. 39)*. À Séville, les *seises*, de jeunes garçons vêtus de pourpoints et de chausses, dansent devant l'autel de la cathédrale. À Zahara *(p. 174)*, les maisons et les rues se couvrent de fleurs. **Día de San Juan** *(23, 24 juin)*. Le soir du 23 juin, on festoie autour de feux sur les plages de toute l'Andalousie, en l'honneur

de saint Jean-Baptiste. Lanjarón *(p. 189)* célèbre la fête avec une bataille d'eau dans les rues aux premières heures du 24 juin. **Romería de los Gitanos** *(3e dimanche de juin)*, Cabra *(p. 147)*. Une procession composée de milliers de gitans se rend en pèlerinage au sommet d'une colline. **Festival Internacional de Música y Danza** *(mi-juin-début juillet)*, Grenade *(p. 190-196)*. Les artistes viennent de partout dans le monde. Beaucoup de manifestations se déroulent à l'Alhambra *(p. 194-195)*.

JUILLET

Festival de la Guitarra *(deux 1res semaines de juillet)*, Cordoue *(p. 140-147)*. Tous les styles, de la guitare classique au flamenco, sont représentés. **Fiesta de la Virgen del Carmen** *(vers le 15 juillet)*. La Vierge est vénérée dans beaucoup de localités du bord de mer,

par des régates et autres manifestations sportives. Le soir, l'image de la Vierge est embarquée sur un bateau de pêcheur. **Lunes de Toro** *(vers le 17 juillet)*, Grazalema *(p. 174)*. Courses de taureaux quotidiennes pendant une semaine.

AOÛT

Fiestas Colombinas *(vers le 3 août)*, Huelva *(p. 127)*. Festival de musique et de danse latino-américaines. **Fiestas Patronales de Santa María de la Palma** *(15 août)*, Algésiras. Une image de saint est sauvée de la mer et amenée par une procession de bateaux. **Fiestas de la Exaltacíon del Río Guadalquivir** *(3e semaine d'août)*, Sanlúcar de Barrameda *(p. 162)*. Courses de chevaux sur la plage. **Feria de Málaga** *(p. 39 ; deux dernières semaines d'août)*. **Feria de Almería** *(p. 39 ; dernière semaine d'août)*.

La Costa del Sol – très prisée par les visiteurs et par les Espagnols

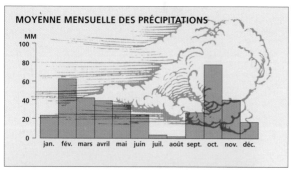

MOYENNE MENSUELLE DES PRÉCIPITATIONS

jan. fév. mars avril mai juin juil. août sept. oct. nov. déc.

Précipitations
Les pluies peuvent être importantes au début du printemps, mais l'été est quasiment sec. L'humidité et les pluies augmentent progressivement en septembre jusqu'en octobre, où elles deviennent parfois torrentielles.

Récolte des chirimoyas sur la côte subtropicale, à Almuñécar *(p. 189)*

AUTOMNE

C'est une saison très propice pour découvrir l'Andalousie. Le temps est agréable, la canicule de l'été est terminée, et les foules d'estivants se sont dispersées. Les vendanges, célébrées dans les villes et villages, battent leur plein. La saison théâtrale s'ouvre, avec son cortège de pièces et concerts. Sur la côte subtropicale de la Méditerranée, on récolte les patates douces et les *chirimoyas* (anones).

SEPTEMBRE

Feria de Pedro Romero *(deux 1res semaines de septembre)*, Ronda *(p. 176-177)*. Cette *fiesta* célèbre les pères de la tauromachie moderne *(p. 177)*. Tous les participants à la Corrida Goyesca, le clou de la fête, portent des costumes dessinés par Goya,

grand amateur de corridas. **Fiestas Patronales de la Virgen de la Piedad** *(6 septembre)*, Baza *(p. 198)*. *Fiesta* étrange, où un personnage appelé Cascamorras vient de Guadix, non loin de là, pour tenter de voler une statue de la Vierge. Des jeunes enduits d'huile le raillent et le chassent de la ville. Il rentre à Guadix bredouille, où il est puni pour son échec. **Moros y Cristianos** *(15 septembre)*, Válor *(p. 199)*. Cette fête

Fiesta de Moros y Cristianos, à Válor *(p. 199)*

présente des reconstitutions de bataille de la Reconquête. **Fiesta de la Vendimia** *(2e ou 3e semaine de septembre)*, La Palma del Condado *(p. 129)*. *Fiesta* animée qui célèbre le premier jus de raisin. **Romería de San Miguel** *(dernier dimanche de septembre)*, Torremolinos *(p. 182)*. L'une des plus grandes *romerías* d'Andalousie. **Bienal de Arte Flamenco** *(deux dernières semaines de septembre,*

années paires)*, Séville. Excellente occasion de découvrir des artistes de flamenco d'envergure internationale. **Sevilla en Otoño** *(septembre-novembre)*, Séville. Multiples manifestations culturelles.

OCTOBRE

Fiesta del Vino *(5-9 octobre)*, Cadiar *(p. 199)*. Lors de cette fête, on construit une fontaine dont jaillit du vin, dans les montagnes des Alpujarras. **Festival Iberoamericano de Teatro** *(deux dernières semaines d'octobre)*, Cadix *(p. 164-165)*. Festival de théâtre latino-américain.

NOVEMBRE

Festival Internacional de Jazz *(début nov.)*, Grenade *(p. 190-196)* et Séville. **Festival de Cine Iberoamericano** *(deux dernières semaines de novembre)*, Huelva *(p. 127)*. Festival du cinéma latino-américain.

Jeunes enduits d'huile pourchassant Cascamorras à Baza *(p. 198)*

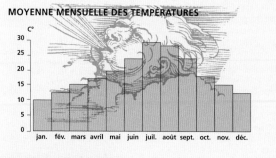

MOYENNE MENSUELLE DES TEMPÉRATURES

C°

jan. fév. mars avril mai juin juil. août sept. oct. nov. déc.

Températures

L'Andalousie jouit d'un climat méditerranéen, chaud tout au long de l'année, mais les nuits sont parfois froides. Les températures augmentent à partir de janvier et sont très élevées à l'intérieur des terres.

Musique médiévale, Fiesta de los Verdiales, à Málaga *(p. 180-181)*

HIVER

C'est l'époque de la récolte des olives. Durant la saison de la chasse, les restaurants proposent du gibier, du sanglier et du perdreau. Les amateurs de ski partent dans la Sierra Nevada *(p. 197).* Bien que l'hiver soit la saison des pluies et des nuits froides, les journées sont souvent ensoleillées. Dès février, fleurs d'amandiers et fraises font leur apparition.

DÉCEMBRE

La Immaculada Concepción *(8 décembre)*, Séville. La *tuna*, un groupe de troubadours ambulants, passe dans les rues autour de la Plaza del Triunfo à Santa Cruz *(p. 72-73).* **Fiesta de los Verdiales** *(28 décembre)*, Málaga *(p. 180-181). El Día de los Santos Inocentes,* l'équivalent espagnol du 1er avril, des milliers de personnes se retrouvent

à la Venta del Túnel, dans les environs de Málaga. Ils viennent écouter des *pandas* (groupes) qui s'affrontent en exécutant des *verdiales*, une musique de l'époque maure.

JANVIER

Día de la Toma *(2 janvier)*, Grenade *(p. 190-196).* Cette *fiesta* commémore l'éviction des Maures en 1492 *(p. 48).* La couronne de la reine Isabel et l'épée du roi Fernando sont portées dans les rues, et l'étendard royal flotte sur le balcon de l'Ayuntamiento. **Día de Reyes** *(6 janvier).* La veille au soir de ce jour férié, les trois rois mages, superbement vêtus, viennent défiler dans les centres-ville de toute l'Andalousie, sur de petits attelages. Durant la procession, ils lancent des bonbons aux enfants ravis. **Certamen Internacional de Guitarra Clásica Andrés Segovia** *(1re semaine de janvier)*, Almuñécar *(p. 189).* Concours de guitare classique, en hommage au maître.

FÉVRIER

Los Carnavales *(2e ou 3e semaine de février).* Partout, le carnaval est célébré avec enthousiasme, notamment à Cadix *(p. 39)* ou à Isla Cristina *(p. 126),* en bord de mer. **Festival de Música Antigua** *(février et mars)*, Séville. De la musique ancienne est jouée sur des instruments d'époque. **Jerez Annual Flamenco Festival** *(fin février-début mars)*, Jerez *(p. 162).* Spectacles et stages de flamenco.

JOURS FÉRIÉS

Nouvel An (1er janv.)
Épiphanie (6 janv.)
Día de Andalucía (28 fév.)
Vendredi saint
Fête du travail (1er mai)
Assomption (15 août)
Fête nationale (12 oct.)
Toussaint (1er nov.)
Fête de la Constitution (6 déc.)
Immaculée Conception (8 déc.)
Noël (25 déc.)

Station de ski sur les versants enneigés de la Sierra Nevada *(p. 197)*

Les fêtes en Andalousie

Rien au monde n'égale les *fiestas* et *ferias* espagnoles, particulièrement hautes en couleur en Andalousie. Les *fiestas*, qui peuvent aussi commémorer un événement historique ou le début d'une saison, sont le plus souvent d'inspiration religieuse ; la Semana Santa (Semaine sainte), par exemple, est fêtée dans toute l'Andalousie. Durant cette période, les Andalous festoient jour et nuit. Lors des *ferias*, les champs de foire sont décorés, les participants revêtent des costumes traditionnels. Vous découvrirez aussi des *romerías*, où des défilés traversent la campagne pour conduire des effigies de saints à un lieu de pèlerinage.

Costume, Semana Santa, Cordoue

Les cavaliers et leurs compagnes en habits de fête, Feria de Abril, Séville

SÉVILLE

À Séville, les fêtes de la Semana Santa (dimanche des Rameaux-Vendredi saint) sont spectaculaires. Plus de 100 *pasos* (chars portant des effigies religieuses) défilent dans les rues, accompagnés de *nazarenos*, membres de quelque 50 confréries datant du XIIIᵉ siècle, vêtus de longues tuniques et de chapeaux pointus. À mesure que les processions traversent les rues, des chanteurs désignés entonnent des *saetas*, chants louant la Vierge. L'émotion est à son comble aux premières heures du Vendredi saint, lorsque 2 500 *nazarenos* (p. 89) accompagnent la Virgen de la Macarena dans les rues. À Séville, la Feria de Abril, la fête du printemps célébrée environ quinze jours après Pâques,

dure une semaine. Tous les jours, à partir de 13 h, des cavaliers élégants et des femmes coiffées de *mantillas* défilent dans une parade appelée *Paseo de Caballos*. Le soir, les *casetas* (cabanes)

résonnent du rythme des *sevillanas*, danse populaire aux accents de flamenco. Sur un millier de *casetas*, un quart sont ouvertes au public.

HUELVA ET PROVINCE DE SÉVILLE

L'une des *fiestas* les plus populaires du pays, la Romería del Rocío, se déroule à la Pentecôte. Plus de 70 confréries se dirigent vers le sanctuaire d'El Rocío, les marécages de l'embouchure du Guadalquivir, accompagnés de pèlerins à cheval, à pied ou en voiture. Tous viennent rendre hommage à la Virgen del Rocío, aussi appelée la Colombe blanche ou Reine des marais. Les participants boivent et chantent jusqu'aux premières heures du lundi matin, lorsque la Vierge quitte le lieu saint. Les jeunes hommes d'Almonte la portent dans la foule durant plus de douze heures.

CORDOUE ET JAÉN

En mai, Cordoue est le théâtre d'une fête ininterrompue (p. 140-146). Le Día de la Cruz – jour de la Croix – est célébré les trois premiers jours du mois. Les confréries religieuses rivalisent pour créer les plus belles croix multicolores décorées de fleurs, qui ornent les rues. Vient ensuite le Festival de los Patios (vers le 5-15 mai), où les patios du quartier historique s'ouvrent aux visiteurs. La foule va d'un

Pèlerins participant à la Romería del Rocío, dans la province de Huelva patio à l'autre, où retentissent des chants et où l'on danse le flamenco. Durant la dernière semaine de mai, Cordoue célèbre sa *feria* animée, aussi colorée que la Feria de Abril de Séville, mais plus accessible aux étrangers. Cette fête, qui remonte à l'époque romaine, célèbre le printemps. La Romería de Nuestra Señora de la Cabeza se déroule le dernier dimanche d'avril au Santuario de la Virgen de la Cabeza *(p. 151)*, un lieu saint reculé dans la Sierra Morena. Cette fête réunit plus de 250 000 personnes, certaines faisant le pèlerinage à pied ou à cheval. Sur le site, des flammes jaillissent jour et nuit d'une torche alimentée par les bougies des fidèles. Puis la Vierge, appelée La Morenita, est portée à travers la foule qui crie *¡Guapa, guapa!* (« belle, belle ! »).

Enfants costumés pour le carnaval de février (Los Carnavales), à Cadix

Pénitents à la Romería de Nuestra Señora de la Cabeza en avril

CADIX ET MÁLAGA

En février, Los Carnavales (carnaval) est célébré durant deux semaines à Cadix *(p. 164)*, surpassant toutes les autres villes d'Andalousie en faste et en exubérance. Pour certains, il égale même le carnaval de Rio de Janeiro. Des groupes de chanteurs répètent des mois à l'avance, composant des satires tournant tout en dérision, de la mode actuelle aux personnalités, et en particulier les hommes politiques. Souvent vêtus de superbes costumes, ils viennent chanter au Teatro Falla pour un concours de plusieurs jours.

Puis ils participent à un défilé. Toute la ville revêt ses habits de fête, et une foule se déverse dans les rues étroites du quartier historique, pour crier, chanter, danser et boire.

Tous les ans à la mi-août, la *feria* de Málaga célèbre avec faste l'expulsion des Maures par les Rois Catholiques *(p. 48)*. Tentant de rivaliser avec Séville, Málaga *(p. 180-181)* offre un spectacle inouï. Réputés pour leur sens de la fête, les habitants de la ville revêtent leurs costumes traditionnels et défilent, entre les attelages décorés et les cavaliers élégants, dans le centre-ville et sur le champ de foire. La fête se déroule durant une semaine sans interruption, et les *toreros* les plus réputés viennent se produire à La Malagueta.

GRENADE ET ALMERÍA

La Fête-Dieu, célébrée fin mai ou début juin, est l'une des grandes manifestations de Grenade *(p. 190-196)*. La veille, une procession de personnages caricaturaux costumés et de géants défile dans la ville, derrière la *tarasca*, une femme sur un gigantesque dragon qui ouvre le cortège. Le lendemain, le *custodia*, ou ostensoir, quitte la cathédrale pour être porté dans les rues de la ville. Puis les festivités se succèdent sans interruption. Fin août, la *feria* d'Almería *(p. 200-201)* est célébrée en l'honneur de la Virgen del Mar, avec force fêtes foraines, processions, manifestations sportives et corridas. La Vierge de cette ville date de 1502, année où un garde-côte guettant des pirates berbères trouva une image de la Vierge échouée sur une plage.

Procession durant la *feria* de Málaga

HISTOIRE DE SÉVILLE ET DE L'ANDALOUSIE

Les débuts de l'histoire en Andalousie sont jalonnés par la naissance des cités antiques – ainsi Cadix *(p. 164-165)*, fondée en 1100 av. J.-C., est la plus vieille ville d'Europe – et par des vagues successives de colons, porteurs d'idées et de coutumes nouvelles.

Les hominidés s'établirent dans la région voici environ un million d'années. L'*Homo sapiens* arriva vers 25000 av. J.-C. et, à l'âge du fer, une culture ibérique puissante vit le jour. Grâce au commerce et à l'abondance de matières premières, comme le fer, l'or et le cuivre, cette région d'Ibérie devint l'une des plus prospères de la Méditerranée.

Attirés par la richesse de la région, les Romains firent leurs premières incursions dans le Sud de l'Espagne à partir de 206 av. J.-C., et ils le dominèrent durant presque sept siècles. À l'effondrement de l'Empire romain d'Occident, au Ve siècle apr. J.-C., ils furent détrônés par les Wisigoths.

Relief sculpté d'un guerrier ibérique

Les Maures, qui leur succédèrent, prospérèrent d'abord à Cordoue, puis à Séville et, enfin, après huit siècles de règne, dans le royaume nasride de Grenade. Après la chute de Grenade, tombée aux mains des chrétiens en 1492, l'Espagne entra dans une ère d'expansion et de prospérité. La conquête du Nouveau Monde fit de Séville l'une des villes les plus puissantes d'Europe, mais la majeure partie des richesses fut dilapidée dans les guerres menées par les Habsbourg. Au XVIIIe siècle, l'Espagne était en plein déclin économique ; au XIXe et au début du XXe siècle, la pauvreté entraîna des conflits politiques et mena, à terme, à la guerre civile.

Dans les années 1960 et 1970 le tourisme de masse apporta une légère amélioration. La mort de Franco, l'entrée de l'Espagne dans la Communauté européenne ainsi qu'Expo '92 favorisèrent les progrès économiques de la région.

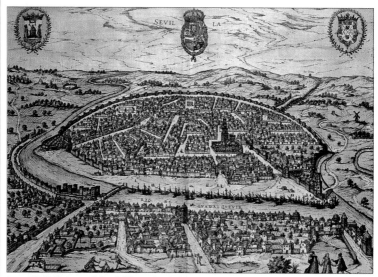

Le port de Séville au XVIe siècle, où débarquaient les bateaux amenant les richesses des Amériques

◁ Lithographie du XVIIIe siècle, représentant la Puerta de la Justicia à l'Alhambra *(p. 194-195)*

L'Andalousie préhistorique

Crâne de Néandertal

Vers 50000 av. J.-C., l'homme de Néandertal peuplait déjà Gibraltar. L'*Homo sapiens* apparut vingt-cinq mille ans plus tard, puis des tribus néolithiques venues d'Afrique s'implantèrent en Espagne vers 7000 av. J.-C. Les Phéniciens y découvrirent une culture ibérique évoluée, puis nouèrent des liens commerciaux avec Tartessos, royaume ibérique semi-mythique. Implantés dans le Nord-Est du pays, les Grecs colonisèrent le Sud à partir de 600 av. J.-C. Entre-temps, les Celtes du Nord s'étaient mêlés aux Ibères. Cette culture, influencée par les Grecs, donna naissance à de superbes œuvres d'art. La légende veut que les Carthaginois, arrivés vers 500 av. J.-C., détruisirent Tartessos.

ZONES D'INFLUENCE

Grecs

Phéniciens

L'épée courte et le bouclier indiquent un guerrier ibérique.

Tumulus de Los Millares
Vers 2300 av. J.-C., Los Millares (p. 201) abritait une civilisation travaillant déjà les métaux. Plus de cent dépouilles étaient enterrées sur un seul site. Les vastes chambres funéraires étaient couvertes d'un tumulus.

Les bras de cette figurine sont tendus, dans une attitude de prière.

Peintures rupestres
Vers 25000 av. J.-C., des hommes commencèrent à peindre les grottes en Andalousie, les ornant de personnages ou d'animaux.

FIGURINES DE BRONZE IBÉRIQUES

Ces figurines de bronze des Ve-IVe siècles av. J.-C. sont des offrandes votives. Elles ont été découvertes dans un site funéraire près de Despeñaperros, dans la province de Jaén. Les Romains vouaient une grande admiration aux Ibères qui réalisaient ces objets.

CHRONOLOGIE

1000000-750000 av. J.-C. Les hominidés travaillent des pierres, à Puerto de Santa María, Cadix

Outil de pierre

25000-18000 av. J.-C. Des *Homo sapiens* réalisent des peintures rupestres

4000 av. J.-C. Les sites funéraires de Cueva de los Murciélagos, à Grenade, recèlent des vestiges néolithiques

4500 av. J.-C. Les hommes commencent à élever du bétail

1000000 av. J.-C.	50000 av. J.-C.	10000 av. J.-C.	8000 av. J.-C.	6000 av. J.-C.	4000 av.

50000 av. J.-C. Des hommes de Néandertal vivent à Gibraltar

7000 av. J.-C. Implantation de colonies néolithiques, peut-être originaires d'Afrique du Nord. Début de l'agriculture

Récipient en argile rouge du néolithique

Déesse Astarté
Fondant Cadix, les Phéniciens apportèrent leur déesse Astarté. Elle devint très populaire en Andalousie, à mesure que la région intégra des influences orientales.

La coiffe indique qu'il s'agit d'une croyante, qui s'est consacrée à son dieu.

Cette prêtresse lève la main en signe de bénédiction.

Urne grecque
Les Grecs importèrent quantité d'objets. Leur style décoratif eut une influence déterminante sur l'art ibérique.

OÙ VOIR L'ANDALOUSIE PRÉHISTORIQUE

Vous pourrez admirer des peintures rupestres dans la Cueva de la Pileta près de Ronda la Vieja *(p. 175)* et dans les Cuevas de Nerja *(p. 180)*. Antequera *(p. 179)* recèle des dolmens de l'âge du bronze, Los Millares *(p. 201)* des chambres funéraires. Le Museo Arqueológico de Séville *(p. 97)* expose les pièces en or du trésor tartessien d'El Carambolo, et des sculptures ibériques de Porcuna sont exposées à Jaén *(p. 149)*.

Le Toro de Porcuna *(500-450 av. J.-C.), découvert à Porcuna près de Jaén.*

Dama de Baza
Cette supposée déesse ibérique date d'environ 500-400 av. J.-C. Plusieurs figures de ce genre ont été découvertes dans le Sud de l'Espagne.

Trésor d'El Carambolo
De style phénicien, ce trésor vient de Tartessos. Bien que de multiples objets aient été retrouvés, on ignore encore l'emplacement exact de ce royaume.

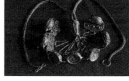

2300 av. J.-C.
Début de l'âge du bronze : sites funéraires de type dolménique à Los Millares *(p. 201)*

800-700 av. J.-C.
Apogée du royaume de Tartessos, influencé par les Phéniciens

Boucle tartessienne

241 av. J.-C.
Fin de la première guerre punique entre Carthage et Rome

2000 av. J.-C.	1000 av. J.-C.	800 av. J.-C.	600 av. J.-C.	400 av. J.-C.

1100 av. J.-C.
Fondation de Cadix par les Phéniciens

800 av. J.-C.
Les Celtes du Nord de l'Europe se déplacent vers le Sud

600 av. J.-C.
Des colons grecs s'installent sur les côtes d'Andalousie

500 av. J.-C.
Carthage colonise le Sud de l'Espagne

Casque grec

219 av.
Les Carthag prenner Sagunto à l'est d l'Espag

Les Romains et les Wisigoths

Les Romains pénétrèrent en Espagne lors de la guerre contre Carthage, en 216 av. J.-C. Séduits par ses richesses, ils y restèrent sept siècles. En deux cents ans, ils la conquirent et la divisèrent en provinces. La Bétique, dont la capitale était Corduba (Cordoue), recouvrait à peu près l'actuelle Andalousie. Des cités virent le jour, et de grandes exploitations furent créées.

Chapiteau wisigoth

La Bétique devint une province romaine extrêmement prospère, à la culture ibéro-romaine très riche. Puis les Wisigoths s'implantèrent jusqu'à l'arrivée des Maures, en 711.

TERRITOIRE ROMAIN

Bétique romaine

Autres provinces romaines

Hadrien
Hadrien et Trajan naquirent tous deux en Bétique. Quantité d'hommes politiques, de dramaturges et de philosophes de la province partirent à Rome, où certains firent carrière.

Villas privées   Rues pavées   Temple

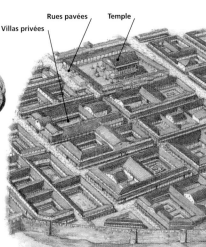

RECONSTITUTION D'ITÁLICA

Scipion l'Africain fonda Itálica *(p. 132)* en 206 av. J.-C., après sa victoire sur les Carthaginois. La ville atteignit son apogée aux IIe et IIIe siècles apr. J.-C. et vit naître les empereurs Hadrien et Trajan. Contrairement à Cordoue, Itálica ne se couvrit pas de nouveaux édifices à l'époque postromaine.

Mosaïques romaines d'Andalousie
Les maisons, temples et édifices publics étaient tous ornés de sols en mosaïques, représentant divers thèmes.

CHRONOLOGIE

206 av. J.-C. Scipion l'Africain bat les Carthaginois à Alcalá del Río ; fondation d'Itálica

55 av. J.-C. Naissance de Sénèque le Père à Cordoue

27 apr. J.-C. L'Andalousie est baptisée la Bétique

Suicide de Sénèque

65 Suicide de Sénèque le Jeune après le complot contre Néron

117 Hadrien empereur

200 av. J.-C.	100 av. J.-C.	0	100	200

200 av. J.-C. Les Romains conquièrent le Sud de l'Espagne et arrivent à Cadix

61 av. J.-C. Jules César devient gouverneur d'Hispania Ulterior

Jules César

98-117 Trajan, originaire d'Itálica, devient empereur. Les sénateurs espagnols deviennent influents à Rome

69-79 Vespasien accorde le statut romain à toutes les villes d'Hispania

Récolte des olives
*Gravée sur un sarcophage romain,
cette scène représente la récolte des olives
cultivées dans la vallée du Guadalquivir,
de Cordoue à Séville. Des milliers
d'amphores remplies d'huile d'olive
étaient exportées vers Rome.*

L'amphithéâtre était une
composante essentielle des villes
romaines. Celui d'Itálica est considéré
comme le troisième de l'Empire
romain de par sa taille.

OÙ VOIR L'ANDALOUSIE ROMAINE ET WISIGOTHE

Vous pourrez admirer d'importants vestiges romains à Itálica (p. 132), Carmona (p. 132) et Ronda la Vieja (p. 175). Málaga compte un théâtre romain en partie dégagé, et l'Alameda de Hércules, à Séville (p. 88), abrite des colonnes romaines. Les musées archéologiques de Séville (p. 97), de Cordoue (p. 143) et de Cadix (p. 164) recèlent tous des pièces romaines. La Mezquita de Cordoue (p. 144-145) possède des colonnes et des chapiteaux wisigoths.

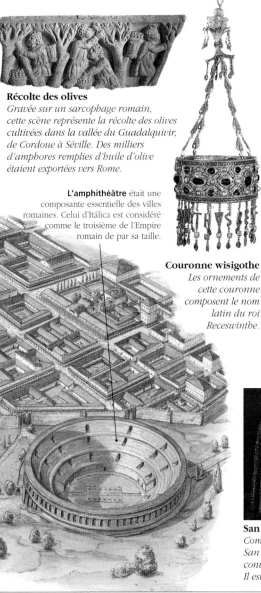

Couronne wisigothe
*Les ornements de
cette couronne
composent le nom
latin du roi
Receswinthe.*

Les ruines romaines *d'Itálica
(p. 132) sont situées à 9 km
au nord de Séville.*

San Isidoro et San Leandro
*Comme son frère San Leandro,
San Isidoro (560-635) de Séville
convertit les Wisigoths au catholicisme.
Il est l'auteur d'*Étymologies.

415 Les Wisigoths arrivent du Nord de l'Europe en Espagne

446 La Tarraconaise au nord reste romaine ; Rome tente de reconquérir l'Espagne

Couverture des Étymologies de San Isidoro

632 Mort du prophète Mahomet

| 300 | 400 | 500 | 600 |

409 Les Vandales saccagent la Tarraconaise

476 Les Wisigoths contrôlent toute l'Espagne

589 Troisième concile de Tolède. Le roi wisigoth Reccared se convertit au catholicisme

635 Mort de San Isidoro à Séville

L'empereur Théodose

La conquête maure

Boîte en ivoire,
xᵉ siècle

Appelés pour régler un différend entre les Wisigoths, les Maures arrivèrent en 710. Ils revinrent en 711 pour conquérir l'Espagne. Dix ans plus tard, seul le Nord était encore sous contrôle chrétien. Les Maures baptisèrent leur territoire Al-Andalus, puis créèrent un califat indépendant en 929. Sa capitale, Cordoue, devint la principale ville d'Europe, centre des arts, de la science et des lettres. Au xIᵉ siècle, le califat se morcela en 30 *taifas* (petits royaumes). Les Almoravides, une tribu d'Afrique du Nord, envahirent la région en 1086, avant d'être chassés, au xIIᵉ siècle, par les Almohades venus du Maroc, qui firent de Séville leur capitale.

TERRITOIRE MAURE EN 800

☐ *Al-Andalus*

Abd ar-Rahman III reçoit un messager byzantin

Apocalypse
Cette illustration représentant des chrétiens partant en guerre est tirée des Commentaires de l'Apocalypse de Beato de Liébana, *exégèse du xIᵉ s. d'un texte du vIIIᵉ s.*

Cerf de bronze
Ce bronze de style califal du xᵉ siècle provient de Medina Azahara.

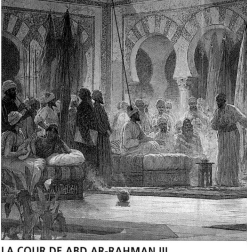

LA COUR DE ABD AR-RAHMAN III

Abd ar-Rahman III commença la construction du palais de Medina Azahara *(p. 138)* en 936. Ce tableau du xIxᵉ s. de Dionisio Baixeres représente un envoyé byzantin offrant au calife les travaux de Dioscoride. Les Maures de Cordoue possédaient d'importantes connaissances sur l'Antiquité, qu'ils transmirent aux Européens. Le palais fut pillé par des mercenaires berbères en 1010.

CHRONOLOGIE

Roi wisigoth et chef maure

936 Début de la construction de Medina Azahara

756 Abd ar-Rahman Iᵉʳ arrive en Espagne et se proclame souverain, constituant un émirat indépendant autour de Cordoue

929 Abd ar-Rahman III proclame le califat à Cordoue

700	800	900

711 Invasion de Tariq Ibn Ziyad

785 Construction de la Mezquita de Cordoue

822-852 Règne d'Abd ar-Rahman II

912-961 Règne d'Abd ar-Rahman III

710 Première intervention maure en Espagne

Pièce datant du règne d'Abd ar-Rahman III

961-976 Al-Hakam II construit une grande bibliothèque à Cordoue

Averroès de Cordoue (1126-1198)
Scientifique et philosophe, Averroès commenta les œuvres d'Aristote pour les érudits occidentaux et musulmans.

Des arcs en fer à cheval très caractéristiques, comme ceux de la Mezquita *(p. 144-145).*

Bible mozarabe
La société maure intégra juifs et mozarabes (chrétiens vivant dans Al-Andalus). Cette enluminure, tirée d'une bible du Xe siècle est de style décoratif arabe.

Des clercs *préparent le manuscrit qui sera remis à Abd ar-Rahman III.*

Écrit coufique
Ne pouvant utiliser des figures humaines, les artistes développèrent la calligraphie décorative.

OÙ VOIR L'ANDALOUSIE MAURE
La Mezquita de Cordoue *(p. 144-145)* et les ruines du palais de Medina Azahara *(p. 138)* sont les vestiges les mieux conservés du califat maure d'Espagne. Le Museo Arqueológico de Cordoue *(p. 143)* recèle des pièces trouvées dans la Medina Azahara. L'Alcazaba d'Almería *(p. 200)* date du Xe siècle, de l'époque du califat, tandis que l'Alcazaba de Málaga *(p. 181)* fut construite durant la période taifa qui suivit. La Torre del Oro *(p. 69)* et La Giralda *(p. 78)*, à Séville, sont toutes deux des édifices almohades.

L'Alcazaba d'Almería *(p. 200), qui date du Xe siècle, surplombe la vieille ville.*

Irrigation en Al-Andalus
La noria était essentielle pour l'irrigation, qui permettait aux Maures de cultiver le riz et les oranges.

Al Mansour

1012 Apparition des *taifas*, petits États maures

1031 Fin du califat

1086 Invasion almoravide

1120 Le pouvoir des Almoravides commence à décl

1126 Naissance d'Averroès, philosophe arabe

1147 Arrivée des Almohades à Séville ; construction de la Giralda

1000	1100	1200

976-1002 Al Mansour, dictateur militaire, prend le pouvoir

1085 Tolède, au nord, tombe aux mains des chrétiens et l'emprise des Maures sur le centre de l'Espagne s'effrite

1010 Medina Azahara est pillée par les Berbères

1135 Maïmonide, philosophe juif, naît à Cordoue

1175-1200 Apogée du pouvoir des Almohades qui reprennent des territoires aux chrétien

Maïmonide

La Reconquête

Cavalier chrétien

La guerre opposant les Maures aux chrétiens, qui débuta dans le Nord de l'Espagne, gagna l'Andalousie, théâtre d'une victoire majeure des chrétiens à Las Navas de Tolosa en 1212, suivie des chutes de Séville et de Cordoue. À la fin du XIIIᵉ siècle, seul le royaume nasride de Grenade restait maure. Des monarques chrétiens, comme Alfonso X et Pedro Iᵉʳ, employèrent des artisans mudéjars (*p. 24*) pour construire églises et palais – mudéjar signifie « ceux qui sont autorisés à rester ». En 1492, Grenade tomba aux mains de Fernando d'Aragon et d'Isabel de Castille, les Rois Catholiques.

TERRITOIRE MAURE EN 1350
☐ *Royaume nasride*

Les Rois Catholiques
entrent à Grenade ; Fernando et Isabel reçurent ce titre en hommage aux services rendus à la chrétienté.

Boabdil

Les Cantigas d'Alfonso X
Alfonso X était un monarque chrétien éclairé. Ses Cantigas *ornées d'enluminures constituent une illustration vivante de la vie dans l'Espagne reconquise.*

Bannière almohade
Cette tapisserie richement ornée serait la bannière prise aux Maures par les chrétiens lors de la bataille de Las Navas de Tolosa.

LA CHUTE DE GRENADE
Ce relief de Felipe de Vigarney (1480-vers 1542), dans la Capilla Real de Grenade (*p. 190*), représente Boabdil quittant la cité en 1492. Les Rois Catholiques convertirent les Maures de force et chassèrent les juifs. En 1492, Christophe Colomb réunit les fonds pour son voyage en Amérique (*p. 127*).

CHRONOLOGIE

1227 Fernando III prend Baeza

1236 Fernando III conquiert Cordoue

1252-1284 Alfonso X reconquiert une grande partie de l'Andalousie. L'École de traducteurs de Tolède, dans le nord, traduit des œuvres majeures de la littérature arabe

Pedro Iᵉʳ de Castille

1333 Les Maures ajoutent une tour au fort du VIIIᵉ siè... (*p. 172*) à Gibralta...

1220 — **1260** — **1300** — **1340**

1212 La puissance almohade (*p. 46*) est ébranlée à Las Navas de Tolosa

1248 Fernando III prend Séville

1238 La dynastie nasride s'établit à Grenade. Début de la construction de l'Alhambra

1350-1369 Règne de Pedro Iᵉʳ de Castille, qui reconstruit l'Alcázar de Séville en style mudéjar. Henri II de Trastamare déclenche une guerre civile contre lui

Alfonso X

Chevalerie
Les Maures vivaient selon des codes chevaleresques – cette scène de joute se trouve à l'Alhambra (p. 194).

Guerriers nasrides

OÙ VOIR L'ANDALOUSIE DE LA RECONQUÊTE

Beaucoup d'édifices andalous de l'époque de la Reconquête sont de style mudéjar *(p. 24)*. Les plus marquants sont le Palacio Pedro Ier dans le Real Alcázar *(p. 83)* et certaines parties de la Casa de Pilatos *(p. 77)*, tous deux à Séville. Les églises andalouses des XIIIe, XIVe et XVe siècles sont soit entièrement mudéjares, soit mâtinées de mudéjar, avec des minarets-clochers ou des portails typiques, comme l'Iglesia de San Marcos *(p. 90)* à Séville. À cette époque, les Nasrides de Grenade érigèrent les plus beaux fleurons de l'art maure en Espagne, l'Alhambra et le Generalife *(p. 194-196)*. La cathédrale de Séville *(p. 78-79)* fut construite au XVe siècle, telle une affirmation gothique du catholicisme.

Couronne
Cette couronne mudéjare, qui comporte les armoiries de Castille et León, est en argent, ivoire et corail.

Astrolabe
Au XVe s., les Maures possédaient de grandes compétences navales.

Départ de Boabdil
Selon la légende, Boabdil pleura en quittant Grenade. Il resta à Laujar de Andarax (p. 197) jusqu'en 1493, avant de rejoindre l'Afrique.

Le Palacio de Pedro Ier (p. 83) *à Séville est l'un des exemples les plus achevés d'architecture mudéjare en Espagne.*

1369 Henri II de Trastamare tue Pedro Ier de ses mains et pose les fondements d'un régime castillan monolithique

La Pinta, l'une des caravelles de Christophe Colomb

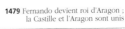

1492 Les Rois Catholiques prennent Grenade

1380	1420	1460

1469 Mariage de Fernando d'Aragon et d'Isabel de Castille

1474 Isabel couronnée à Ségovie

1479 Fernando devient roi d'Aragon ; la Castille et l'Aragon sont unis

1492 Colomb découvre l'Amérique

Maures baptisés de force

L'âge d'or de Séville

Indien du Mexique

Le XVIe siècle vit naître un État espagnol monolithique, dirigé par les Rois Catholiques. En persécutant les hérétiques et en traitant les Maures injustement, il généra de nombreuses rébellions. En 1503, Séville obtint le monopole des échanges avec le Nouveau Monde, et le pape chargea l'Espagne de « convertir » les Indiens. En 1516, Carlos Ier (Charles Ier d'Espagne), de la maison de Habsbourg, fut couronné, avant d'être élu empereur du Saint Empire. L'Espagne devint la nation la plus puissante d'Europe. Toutefois, les guerres incessantes engloutirent les richesses générées par le port de Séville.

L'EMPIRE ESPAGNOL EN 1700

Territoires espagnols

La Giralda de Séville (p. 78), est un ancien minaret almohade.

Carlos Ier (1516-1556)
En 1521, Carlos Ier d'Espagne devint Charles Quint. Son élection permit au Saint Empire d'avoir accès aux immenses richesses que l'Espagne, et Séville en particulier, générait à cette époque.

Carte de l'Amérique centrale
Trente ans après le premier voyage de Colomb, les terres et les mers lointaines de l'Amérique centrale étaient bien connues des navigateurs espagnols.

SÉVILLE AU XVIe SIÈCLE

Ce tableau d'Alonso Sánchez Coello (1531-1588) représente Séville à son apogée. Les bateaux revenant du Nouveau Monde en firent l'un des ports les plus riches d'Europe. La population s'accrut, les édifices religieux se multiplièrent et la vie artistique connut un renouveau. Mais en dépit de sa prospérité, la ville était aussi rongée par la pauvreté, la criminalité et la maladie.

CHRONOLOGIE

1502 Rébellion des Maures dans Las Alpujarras (p. 198-199). Ils sont baptisés ou chassés par l'Inquisition

1516 Mort de Fernando

Bannière de l'Inquisition à Séville

1588 Défaite de l'Armada espagnole face à l'Angleterre

1519 Hernán Cortés conquiert le Mexique

1559 Les protestants subissent l'Inquisition

1580 Séville est la plus grande ville d'Espagne

1500	1525	1550	1575

1516-1556 Règne de Carlos Ier, futur empereur du Saint Empire

1532 Le Pérou est conquis

1556-1598 Règne de Felipe II

1519 Magellan part de Sanlúcar de Barrameda pour entreprendre le premier tour du monde

1558 Deuxième rébellion maure dans Las Alpujarras

1504 Mort d'Isabel

Ferdinand Magellan (1480-1521)

Inquisition

Au XVᵉ siècle, la peur de l'hérésie donna naissance à l'Inquisition espagnole. Au XVIᵉ siècle, des autodafés (actes de foi) se déroulaient à Séville, sur la Plaza de San Francisco (p. 74).

Le chargement et le déchargement des bateaux s'effectuaient en pleine ville.

Velázquez

Né à Séville en 1599, Velázquez y peignit ses premières œuvres, avant de partir à la cour de Madrid. Ce crucifix est un détail d'un tableau réalisé pour Felipe IV.

Des bateaux venus d'autres régions d'Europe apportaient des biens, négociés dans le Nouveau Monde.

OÙ VOIR L'ÂGE D'OR EN ANDALOUSIE

Vous pourrez découvrir le style isabélin *(p. 24)*, gothique tardif du début du XVIᵉ siècle, à la Capilla Real *(p. 190)* de Grenade et au Palacio de Jabalquinto à Baeza *(p. 152-153)*. Baeza et Ubeda *(p. 154-155)*, qui prospérèrent durant la Renaissance espagnole, abritent quelques fleurons architecturaux de cette période en Andalousie. La façade platéresque *(p. 25)* de l'Ayuntamiento *(p. 74-75)* de Séville est une bonne illustration de ce style. Le Palacio Carlos V *(p. 191)* à Grenade est le meilleur exemple d'architecture Renaissance classique en Espagne. L'Archivo de Indias *(p. 80-81)* est de style herrerien *(p. 25)*. L'Hospital de la Caridad *(p. 69)* est un édifice baroque du XVIIᵉ siècle.

La Capilla Real *(p. 190) de Grenade fut bâtie pour abriter les cercueils des Rois Catholiques.*

Les derniers Maures

L'expulsion des Maures fut fatale à l'agriculture du Sud de l'Espagne, qui avait mis plus de sept siècles à se développer.

1598-1621 Règne de Felipe III

1608 Cervantès, qui travaille à Madrid et à Séville, publie *Don Quichotte*

1609 Expulsion des Maures par Felipe III

Édition originale de Don Quichotte de la Manche

1649 La peste tue un Sévillan sur trois

1600	1625	1650	1675

1599 Naissance de Velázquez à Séville

1596 Pillage de Cadix par la flotte anglaise

1617 Naissance de Murillo

1630 Madrid devient la plus grande ville d'Espagne. Zurbarán arrive à Séville

1665-1700 Carlos II, dernier roi Habsbourg d'Espagne

Jeune Mendiant, par Murillo (1617-1682)

La Maison de Bourbon

Joseph Bonaparte

Les Bourbons succédèrent aux Habsbourg sur le trône d'Espagne, ce qui causa treize années de guerre de Succession. Gibraltar devint britannique *(p. 172-173)* et, plus tard, les alliances de l'Espagne avec la France l'entraînèrent dans les guerres napoléoniennes : après la bataille de Trafalgar, le roi d'Espagne, Carlos IV, abdiqua, et Napoléon Bonaparte nomma son frère Joseph sur le trône d'Espagne. Cela déclencha la guerre d'Indépendance (1808-1813). À la restauration des Bourbons, l'Espagne, affaiblie par des conflits, commença à perdre ses colonies.

L'ESPAGNE EN EUROPE (1812)

Dépendances napoléoniennes

Territoire napoléonien

L'Andalousie romantique
L'héritage maure de l'Andalousie contribua à en faire une destination mythique à l'époque romantique.

Proclamation de la Constitution au peuple de Cadix.

Carlos III
Monarque des Lumières et innovateur en matière sociale et scientifique, Carlos III de la Maison de Bourbon implanta des colonies d'agriculteurs dans la Sierra Morena, peu peuplée.

LA CONSTITUTION DE 1812
Durant la guerre d'Espagne, le Parlement vota une constitution libérale à Cadix, en 1812. Toutefois, à la restauration des Bourbons, en 1814, Fernando VII interdit toute activité libérale. Paradoxalement, durant la première guerre carliste, Isabel II, sa fille, fit valoir son droit au trône face à son oncle Don Carlos et se tourna vers les libéraux pour demander leur aide.

CHRONOLOGIE

1700	1725	1750	1775
1701 Début du règne de Felipe V de Bourbon	**1717** Le monopole avec l'Amérique passe à Cadix		**1779-178** Grand siège de Gibraltar
	1726 L'Espagne tente de reprendre Gibraltar		
1701-1713 Guerre de Succession d'Espagne	**1724** Felipe V abdique mais est rétabli dans ses fonctions	**1759-1788** Carlos III	
	1713 Traité d'Utrecht ; Gibraltar cédé aux Britanniques	**1746-1759** Règne de Fernando VI	**1771** La Manufacture royale de tabac de Séville est achevée
			1788–1808 Carlos IV

Bataille de Bailén
En 1808, une armée espagnole composée de milices locales bat les troupes françaises expérimentées, faisant 20 000 prisonniers.

Bataille de Trafalgar
En 1805, les Espagnols, alors alliés à Napoléon, perdirent leur flotte face à l'amiral britannique Nelson.

OÙ VOIR L'ANDALOUSIE DES BOURBONS

Dans toute l'Andalousie, vous pourrez admirer l'architecture baroque du XVIIIe siècle. À Séville, les meilleures illustrations en sont l'ancienne manufacture royale de tabac, qui abrite l'université (p. 96-97) et la Plaza de Toros de la Maestranza (p. 68). Citons aussi Osuna (p. 133), Écija (p. 133) et Priego de Córdoba (p. 150) et les étages inférieurs de la cathédrale de Cadix (p. 164). Le Puente de Isabel II (p. 103) est une bonne illustration de l'*arquitectura de hierro* (architecture de fer) du XIXe siècle.

La Constitution bénéficia du soutien d'une grande partie de la population, y compris des femmes.

Le Puente Isabel II *illustre l'architecture de l'ère « industrielle » andalouse.*

Washington Irving
Dans Les Contes de l'Alhambra (1832), le diplomate américain perpétue une vision très romantique de l'Andalousie.

La manufacture de tabac de Séville
Carmen (1845) de Mérimée (p. 96) *fut inspirée par les ouvrières qui travaillaient à la manufacture.*

Isabel II

1808 Joseph Bonaparte roi d'Espagne. Bataille de Bailén

1812 Constitution libérale proclamée à Cadix

1814-1833 Règne de Fernando VII

1870-1873 Règne du roi Amadeo

1868 Isabel II perd son trône

1873-1874 Première république

1800	1825	1850	1875

1805 Bataille de Trafalgar

1814 Les colonies sud-américaines commencent à s'émanciper

1808-1813 Guerre d'Indépendance

1843 Accession au trône d'Isabel II

1833 Première guerre carliste

1846-1849 2e guerre carliste

1872-1876 3e guerre carliste

1874 Deuxième restauration des Bourbons : Alfonso XII devient roi

Alfonso XII

L'aube de la guerre civile

Général Franco

L'Andalousie continua à décliner en restant très féodale, ce qui, au début du XXᵉ siècle, suscita une forte contestation sociale.

Les années 1920 portèrent au pouvoir un dictateur, le général Primo de Rivera, avec un ordre social relatif de courte durée.

En 1931, un gouvernement républicain, réunissant libéraux et socialistes modérés, arriva au pouvoir, mais la rigidité de l'ordre social freina toute réelle réforme. Entre 1931 et 1936, les conflits allèrent croissant entre l'extrême gauche et la droite (comprenant la Phalange). Puis en 1936, le général Franco, nationaliste, envahit l'Espagne.

L'ANDALOUSIE EN 1936

▨ Territoire nationaliste

☐ Territoire républicain

Renaissance mauresque
À la fin du XIXᵉ s., l'andalucismo amena la naissance du style mauresque, comme l'Estación de Córdoba à Séville.

Picasso
Pablo Picasso, dont on voit ici un autoportrait, est né à Málaga en 1881. Son œuvre la plus célèbre, Guernica, dépeint les effets tragiques de la guerre civile.

Les femmes combattaient aux côtés des hommes.

L'ARMÉE RÉPUBLICAINE

En Andalousie, Franco attaqua l'armée républicaine dès le début de la guerre. Cadix et Séville tombèrent aux mains des nationalistes. Franco prit Málaga en 1937 et fit exécuter des milliers de républicains.

CHRONOLOGIE

1876 Naissance du compositeur Manuel de Falla

1882-1912 Engagement politique des paysans

1885-1902 Régence de María Cristina

Soldats espagnols, guerre de Cuba

1895-1898 Guerre de Cuba

1880

1890

1900

1881 Naissance de Picasso

1893 Naissance du guitariste Andrés Segovia

1885 Groupe anarchiste *Mano Negra* actif en Andalousie

1898 Indépendance de Cuba avec l'aide des États-Unis ; début du déclin de Cadix

1902-1931 Règne d'Alfonso XIII

Casas Viejas
En 1933, des paysans furent massacrés après un soulèvement des anarchistes à Casas Viejas dans la province de Cadix. Le scandale ébranla le gouvernement républicain.

Le Pabellón Real (p. 99), dans le Parque María Luisa, est un pastiche du style isabélin, de la fin du gothique (p. 24).

L'exposition de 1929
Destinée à relancer l'économie de l'Andalousie, elle coïncida avec le krach boursier de Wall Street.

Les armes de l'armée républicaine étaient fournies par l'Union soviétique.

Federico García Lorca
Affiche de Yerma, une pièce de Lorca. Poète et dramaturge, cet écrivain fut assassiné en 1936 par des phalangistes à Grenade, sa ville natale.

Général Queipo de Llano
Dans le cadre des stratégies nationalistes pour prendre Séville, Queipo de Llano diffuse de la propagande à la radio.

Affiche républicaine

1923-1930 Dictature du général Primo de Rivera
1933 Massacre à Casas Viejas
1929 Exposition ibéro-américaine, Séville
1936 Guerre civile

1910 — **1920** — **1930**

1917-1920 Triennat bolchevique ; les communistes prennent la tête des protestations
José Antonio Primo de Rivera

1931-1939 Deuxième république
1933 La Phalange est fondée par J. A. Primo de Rivera ; plus tard, il soutiendra Franco
1936 Franco devient chef d'État
1939 Fin de la guerre civile

L'Andalousie moderne

Drapeau andalou

En raison des positions politiques de Franco, l'Espagne se vit refuser toute aide jusqu'en 1953, année où il autorisa la construction de bases américaines en Andalousie. Les années 1960 et 1970 furent celles de la croissance économique.

À la mort de Franco, en 1975, quand Juan Carlos accéda au trône, l'Espagne était depuis longtemps prête pour la démocratie. Les régions aspiraient à se libérer du gouvernement centralisé instauré par Franco. En 1982, le Sévillan Felipe González arriva au pouvoir, et l'Andalousie devint une région autonome.

RÉGIONS AUTONOMES

L'Andalousie aujourd'hui

Feria
Malgré le régime répressif de Franco, l'esprit andalou perdura, se manifestant lors d'événements comme la feria de Séville.

Le Puente de Chapina, caractérisé par le baldaquin géométrique qui le surplombe sur toute sa longueur.

Les années de famine
Après la guerre civile, l'Espagne resta au ban de l'Europe et ne reçut aucune aide après la Seconde Guerre mondiale. Beaucoup d'Andalous émigrèrent.

LES NOUVEAUX PONTS

Malgré sa récente autonomie, l'Andalousie restait à la traîne de l'Espagne sur le plan économique. Le gouvernement central fournit les fonds nécessaires à la construction des infrastructures pour l'Expo '92. Cinq ponts, tous extrêmement novateurs, ont été construits pour enjamber le Guadalquivir.

CHRONOLOGIE

1940 Franco refuse à Hitler l'autorisation d'attaquer Gibraltar à partir du territoire espagnol

1953 L'Espagne autorise les Américains à construire des bases en Espagne

1966 Incident de Palomares : collision de deux avions américains ; quatre bombes nucléaires tombent à terre. La duchesse de Medina Sidonia, la « duchesse rouge », prend la tête des manifestations à Madrid

1976 Adolfo Suárez est nommé Premier ministre et forme un gouvernement de centre droit

1940	1950	1960	1970

1940-1953 Les années de famine

Franco rencontre le président américain Eisenhower (1953)

1962 Début du développement de la Costa del Sol

1969 L'Espagne ferme sa frontière avec Gibraltar

1975 Mort de Franco. Troisième restauration des Bourbons. Juan Carlos Ier accède au trône

Les funérailles de Franco (1975)
Quelques-uns pleurèrent, mais la plupart des Espagnols étaient favorables à la démocratie.

Tourisme de masse
Les nouveaux édifices destinés à accueillir les estivants ont transformé la côte.

OÙ VOIR L'ANDALOUSIE MODERNE

Les bâtiments les plus remarquables datent du début des années 1990. L'Expo '92 a légué à Séville cinq ponts jetés sur le Guadalquivir. Sur l'île de la Cartuja *(p. 104)*, les principaux pavillons de l'exposition abritent des attractions. Le Teatro de la Maestranza *(p. 68-69)*, à El Arenal, date également de cette période.

Le cinéma Omnimax (p. 104) *sur le site de l'Expo'92, construit à l'origine comme une partie du Pavillon des découvertes.*

Le Puente del Alamillo est supporté par un pylône unique.

Le Puente de la Barqueta, pont suspendu soutenu par un arc unique, mesure 168 m.

Expo '92
Expo '92 célébra le cinquième centenaire de la découverte du continent américain et propulsa Séville sur le devant de la scène internationale.

Felipe González
En 1982, l'année suivant la tentative de coup d'État par la garde civile, le chef du PSOE remporta une éclatante victoire électorale.

1982 Felipe González est élu Premier ministre. L'Andalousie devient une région autonome

1985 Gibraltar est accessible

1996 González perd les élections face à Aznar

2004 Contre toute attente, le Parti socialiste ouvrier espagnol (PSOE), mené par José L. R. Zapatero, remporte les élections

2006 FC Séville remporte la coupe de l'UEFA

| 1990 | 2000 | 2010 | 2020 |

1981 Tentative de coup d'État par le Tejero qui prend le Parlement espagnol en otage. Juan Carlos intervient

Colonel Tejero

2002 L'Espagne passe à l'euro

2006 En mars, l'ETA, groupe terroriste séparatiste basque, annonce un cessez-le-feu permanent

2009 Le premier métro d'Andalousie ouvre à Séville

2007 La ligne de TGV, appelée AVE, ouvre entre Málaga et Madrid

SÉVILLE QUARTIER PAR QUARTIER

Séville d'un coup d'œil

La capitale de l'Andalousie est une ville dense et agréable, riche de son héritage culturel. La plupart des curiosités se trouvent dans le centre-ville, qui s'étend sur la rive orientale du Guadalquivir. La majorité des visiteurs découvrent tout d'abord la cathédrale et la Giralda, le Real Alcázar et le Museo de Bellas Artes. Mais parmi les autres édifices célèbres, citons le magnifique palais Renaissance de la Casa de Pilatos et les arènes, la Plaza de Toros de la Maestranza. Toutefois, Séville recèle aussi une foule d'églises, de monuments et de rues à découvrir dans les quatre quartiers du centre décrits dans ce guide, ainsi qu'au-delà du fleuve.

Porte baroque, Parlamento de Andalucía (p. 89)

Le magnifique plafond du Museo de Bellas Artes (p. 66-67)

EL ARENAL
Pages 62-69

La Plaza de Toros de la Maestranza, vue de la rivière (p. 68)

Le patio de la Real Fábrica de Tabacos, l'actuelle université (p. 96)

0   400 m

La Torre del Oro almohade, bâtie pour défendre Séville (p. 69)

◁ La Giralda de nuit, dominant les toits d'El Arenal

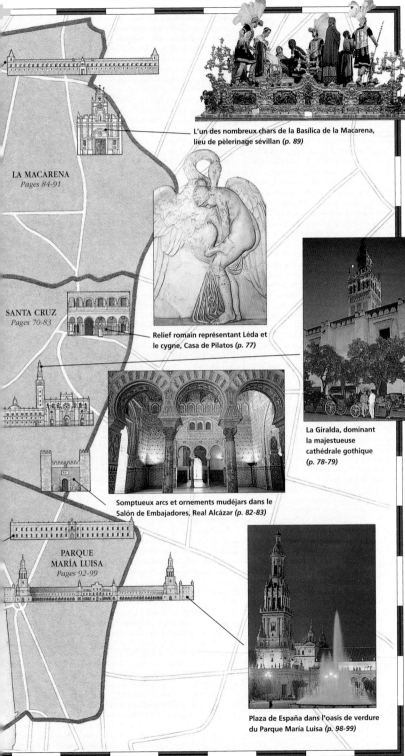

L'un des nombreux chars de la Basílica de la Macarena, lieu de pèlerinage sévillan *(p. 89)*

LA MACARENA
Pages 84-91

SANTA CRUZ
Pages 70-83

Relief romain représentant Léda et le cygne, Casa de Pilatos *(p. 77)*

La Giralda, dominant la majestueuse cathédrale gothique *(p. 78-79)*

Somptueux arcs et ornements mudéjars dans le Salón de Embajadores, Real Alcázar *(p. 82-83)*

PARQUE MARÍA LUISA
Pages 92-99

Plaza de España dans l'oasis de verdure du Parque María Luisa *(p. 98-99)*

EL ARENAL

Bordé par le Río Guadalquivir et gardé par la Torre del Oro du XIIIe siècle, El Arenal abritait autrefois des dépôts de munitions et des chantiers navals. Aujourd'hui, le quartier est dominé par les arènes d'une blancheur éblouissante, la Plaza de Toros de la Maestranza, qui accueille des corridas depuis plus de deux siècles. Les nombreux bars et caves à vins des rues voisines sont bondés durant la saison des corridas, l'été.

Céramique du XXe siècle représentant la Torre del Oro

Le Guadalquivir, qui rythmait autrefois la vie de la ville, perd son importance au XVIIe siècle lorsqu'il s'envase. À cette époque, El Arenal, adossé aux murailles de la ville, est devenu le repaire de la pègre. Après avoir été transformé en canal au début du XXe siècle, le fleuve redevient navigable et retrouve sa gloire d'antan pour l'Expo '92. La rive orientale a été aménagée en promenade ombragée bordée d'arbres, offrant une vue magnifique sur Triana et l'île de la Cartuja, sur l'autre rive (p. 104-105). Des excursions en bateaux et des visites guidées partent de la Torre del Oro. Non loin de là se dresse le Teatro de la Maestranza, où un public averti assiste à des opéras, des concerts de musique classique et des spectacles de danse.

L'Hospital de la Caridad illustre la passion de la ville pour l'architecture baroque. Son église recèle de nombreux tableaux de Murillo et, plus au nord, le Museo de Bellas Artes raconte fièrement l'histoire de l'école de Séville à travers les chefs-d'œuvre de Zurbarán et de Murillo notamment.

LE QUARTIER D'UN COUP D'ŒIL

Bâtiments historiques
Hospital de la Caridad ❺
Plaza de Toros de
   la Maestranza ❸
Torre del Oro ❻

Musée
Museo de Bellas Artes
   p. 66-67 ❶

Église
Iglesia de la Magdalena ❷

Théâtre
Teatro de la Maestranza ❹

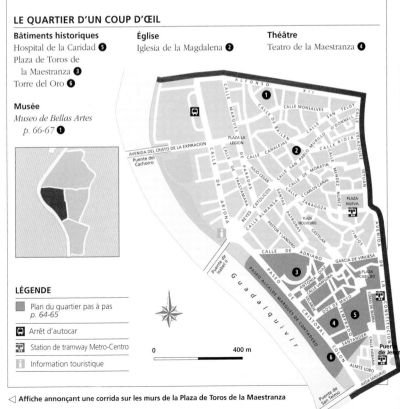

LÉGENDE

Plan du quartier pas à pas
p. 64-65

Arrêt d'autocar

Station de tramway Metro-Centro

Information touristique

0   400 m

◁ **Affiche annonçant une corrida sur les murs de la Plaza de Toros de la Maestranza**

El Arenal pas à pas

Statue de Carmen

El Arenal, qui abritait autrefois le port, accueillit aussi le quartier général de l'artillerie. Aujourd'hui, il tire son atmosphère particulière des arènes, la majestueuse Plaza de Toros de la Maestranza. Durant la saison de la corrida (p. 26-27), bars et restaurants sont bondés, mais le reste de l'année, le quartier est calme. La rive est dominée par l'un des monuments les plus célèbres de Séville, la Torre del Oro du XIIIᵉ siècle.

La longue promenade bordée d'arbres qui longe le Paseo de Cristóbal Colón, très romantique, est l'endroit rêvé pour flâner sur les rives du Guadalquivir.

★ **Plaza de Toros de la Maestranza**
Ces arènes comptent parmi les plus anciennes d'Espagne. Leur façade baroque est blanche et ocre ❸

Carmen *(p. 96)*, une sculpture de bronze, se dresse face aux arènes.

CALLE DE ADRIANO

CALLE ANTONIA DIAZ

PASEO DE CRISTOBAL COLON

Teatro de la Maestranza
Théâtre et opéra, l'édifice fut ouvert en 1991. Le siège de l'Orquesta Sinfónica de Sevilla accueille aussi des troupes de danse et d'opéra internationales ❹

Paseo Alcalde Marqués de Contadero

À NE PAS MANQUER

★ Hospital de la Caridad

★ Plaza de Toros de la Maestranza

★ Torre del Oro

Le Guadalquivir
Le fleuve connaissait autrefois des crues catastrophiques. Un barrage fut construit en 1947. Aujourd'hui, des bateaux partent de la Torre del Oro pour d'agréables balades.

El Buzo *est l'un des nombreux bars à tapas et freidurías sur la Calle Arfe. Non loin se trouve le Mesón Sevilla Jabugo I, où vous pourrez déguster du* jamón ibérico *(p. 222).*

CARTE DE SITUATION
Voir l'Atlas des rues, plans 3, 5 et 6

El Postigo est un marché d'art et d'artisanat

GARCIA VINUESA

↑ **Vers la cathédrale de Séville**

Sur la Plaza de Cabildo, une petite place bien cachée, El Torno vend des sucreries provenant de couvents.

AVENIDA DE LA CONSTITUCION

TOMAS DE IBARRA

S. DE MAYO

TEMPRADO

★ **Hospital de la Caridad**
L'église baroque de cet hospice pour personnes âgées est ornée de peintures de Bartolomé Esteban Murillo et Juan de Valdés Leal ❺

Vers le Real Alcázar

Maestranza de Artillería

CALLE SANTANDER

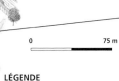

0   75 m

LÉGENDE

– – – Itinéraire conseillé

★ **Torre del Oro**
Construite au XIIIᵉ siècle pour protéger le port, cette tour maure crénelée abrite aujourd'hui un petit musée de la Marine ❻

Museo de Bellas Artes ❶

L'ancien Convento de la Merced Calzada a été restauré pour accueillir l'un des musées d'art les plus prestigieux d'Espagne. Achevé en 1612 par Juan de Oviedo, le couvent s'articule autour de trois patios, ornés de fleurs, d'arbres et d'azulejos (p. 76). L'imposante collection d'art espagnol et de sculptures s'étend de l'époque médiévale à l'époque moderne, accordant une place particulière aux œuvres de l'école de Séville, comme Bartolomé Esteban Murillo, Juan de Valdés Leal et Francisco de Zurbarán.

Chérubins baroques de la salle 5

☝ 👫 pour handicapés

La Immaculada
Cette Immaculada (1672), de Valdés Leal (1622-1690), se trouve dans la salle 8, consacrée aux peintures religieuses de l'artiste.

11

10

9

6

8   7

★ San Hugo en el Refectorio (1655)
L'une des nombreuses œuvres réalisées par Zurbarán pour le monastère de la Cartuja (p. 105) représente les chartreux renonçant à consommer de la viande.

Premier étage

Le Claustro de los Bojes est cerné d'arcs de style toscan.

À NE PAS MANQUER

★ Claustro Mayor

★ *La Servilleta* de Murillo

★ Plafond à coupole

★ *San Hugo en el Refectorio* de Zurbarán

★ *San Jerónimo Penitente* de Pietro Torrigiano

★ San Jerónimo Penitente (1528)
Sculpté par le Florentin Torrigiano, ce chef-d'œuvre en terre cuite exprime la vitalité de la Renaissance italienne à Séville.

3

2

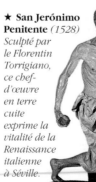

★ La Servilleta

Cette Vierge à l'enfant (1665-1668) peinte sur une serviette de table (servilleta), est l'une des œuvres les plus célèbres de Murillo.

★ Plafond à coupole

Le magnifique plafond de l'église du couvent, peint par Domingo Martínez au XVIIIe siècle, a retrouvé sa splendeur baroque d'antan.

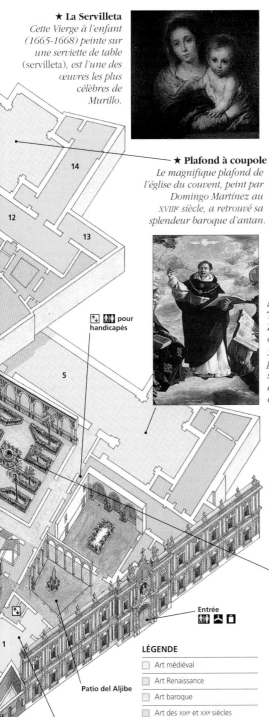

Apoteosis de Santo Tomás de Aquino

Zurbarán exécuta cette œuvre en 1631, à l'âge de 33 ans. Sa description précise des personnages et son utilisation des couleurs donnent vie à son œuvre, comme le montre ce détail.

↑↓ **♿** pour handicapés

★ Claustro Mayor

Le cloître principal du monastère a été remanié par l'architecte Leonardo de Figueroa en 1724.

Entrée
♿ 📷 📱

Patio del Aljibe

↑↓

Rez-de-chaussée

LÉGENDE

- ⬜ Art médiéval
- ⬜ Art Renaissance
- ⬜ Art baroque
- ⬜ Art des XIXe et XXe siècles
- ⬛ Circulation et services

SUIVEZ LE GUIDE !

Des indications jalonnent la visite chronologique des 14 salles du musée, en commençant par le Claustro del Aljibe. Les œuvres du rez-de-chaussée s'étendent du XIVe siècle au maniérisme, celles du 1er étage vont du baroque au début du XXe siècle.

Pour les hôtels et les restaurants du quartier, voir p. 212 et p. 228

Museo de Bellas Artes ❶

Voir p. 66 -67.

Madone à l'Enfant dans l'Iglesia de la Magdalena, de style baroque.

Iglesia de la Magdalena ❷

Calle San Pablo 10. **Plan** 3 B1
(5 B2). **Tél.** 954 22 96 03.
⏰ *lun.-sam. 7h30-11h, 18h30-21h,
dim. 7h30-13h30, 18h30-21h.*

Achevée en 1709, cette immense église baroque, conçue par Leonardo de Figueroa, a été restaurée et a ainsi retrouvé sa splendeur d'antan. Son angle sud-ouest abrite la Capilla de la Quinta Angustia, chapelle mudéjare à trois coupoles héritée d'une église antérieure, où le grand peintre espagnol Bartolomé Murillo *(p. 66-67)* fut baptisé en 1618. Les anciens fonts baptismaux se trouvent dans le baptistère de l'édifice actuel. La façade ouest est surmontée d'un clocher orné de peintures de couleurs vives.

Parmi les œuvres religieuses de l'église, citons une toile de Francisco de Zurbarán, *Saint Dominique à Soria*, dans la Capilla Sacramental (à droite de la porte sud), et des fresques de Lucas Valdés au-dessus du sanctuaire représentant *L'Allégorie du triomphe de la foi*. Le mur du transept nord comporte une fresque édifiante représentant un autodafé médiéval.

Plaza de Toros de la Maestranza ❸

Paseo de Colón 12. **Plan** 3 B2 (5 B4).
Ⓜ Prado de San Sebastian.
🚍 Archivo de Indias. 🚌 C3, C4.
Tél. 954 21 03 15. ⏰ *t.l.j.
9h-19h (mai-oct. : 8h-19h), les jours
de corrida 9h30-15h.* 📷 ✓

Les célèbres arènes de Séville constituent un cadre idéal pour découvrir la corrida *(p. 26-27)*. Bien que ces spectacles aient perdu de leur popularité, l'arène baignée de lumière, avec ses barrières rouge sang et son cercle de sable impitoyable, reste un élément clé de la physionomie de la ville. Même si vous n'aimez pas la corrida, ces arènes à arcades, construites de 1761 à 1881, sont une merveille architecturale et méritent d'être visitées.

Les visites guidées de ce gigantesque édifice, qui peut accueillir 12 500 spectateurs, débutent à l'entrée principale, sur le Paseo de Colón. Sur le côté ouest se trouve la Puerta del Príncipe (porte du Prince) que les matadors franchissent, portés en triomphe sur les épaules de leurs admirateurs.

Après avoir passé l'*enfermería* (infirmerie), les visiteurs découvrent un musée retraçant l'histoire de la corrida sévillane. Outre une collection de costumes, de portraits et d'affiches, vous verrez des scènes illustrant les concours qui se déroulaient autrefois sur la Plaza de San Francisco, et une cape pourpre peinte par Picasso. La visite se poursuit par la chapelle où les

matadors viennent prier, avant de passer par les écuries des chevaux des *picadores*.

La saison de la corrida commence avec la *feria* d'avril *(p. 38)* et se poursuit jusqu'en octobre. La plupart des manifestations se tiennent le dimanche en fin de journée. Les tickets sont en vente sur place, à la *taquilla* (guichet).

Entrée ornée de ferronneries du XIXᵉ siècle, Teatro de la Maestranza

Teatro de la Maestranza ❹

Paseo de Colón 22. **Plan** 3 B2 (5 C5).
Ⓜ Prado de San Sebastian.
🚍 Puerta Jerez. 🚌 C3, C4.
Tél. 954 22 65 73 *(informations).*
⏰ *lors des représentations* 📷 ♿
www.teatromaestranza.com

Cette salle de spectacles, à la fois théâtre et opéra, possède une forme circulaire qui fait écho aux arènes. Inauguré en 1991, ce bâtiment de 1 800 places accueille des

Les arcades de la Plaza de Toros de la Maestranza, construites à partir de 1761

Finis Gloriae Mundi, de Juan de Valdés Leal, à l'Hospital de la Caridad

compagnies d'opéra internationales *(p. 245).* Comme beaucoup d'édifices sévillans bâtis peu avant l'Expo '92, il affiche le style austère et fonctionnel des architectes Luis Marín de Terán et Aurelio del Pozo. Les éléments de fer forgé du dépôt de munitions qui se dressait ici au XIXe siècle ornent la façade. Les billets sont en vente dans le Jardín de la Caridad.

Hospital de la Caridad ❺

Calle Temprado 3. **Plan** 3 B2 (5 C5). ⓜ *Prado de San Sebastian.* 🚌 *Puerta Jerez.* 🚏 C3, C4. **Tél.** 954 22 32 32. ◯ *lun.-sam. 9h-13h30, 15h30-18h30, dim. 9h-13h.* 🔴 *j.f.* 📷 📵

Fondé en 1674, l'hôpital de la Charité abrite un hospice pour personnes âgées et infirmes. Dans le jardin en face de l'entrée se dresse une statue de son bienfaiteur, Miguel de Mañara.
Le complexe a été bâti sur des plans de Pedro Sánchez Falconete. Avec ses murs blanchis à la chaux, son décor en terre cuite et ses azulejos *(p. 76),* la façade de l'église de l'hôpital illustre tout à fait le baroque sévillan.
À l'intérieur se trouvent deux patios carrés, agrémentés de plantes, d'azulejos hollandais du XVIIIe siècle et de fontaines ornées de statues italiennes, représentant la Charité et la Miséricorde. À l'extrémité nord des patios, un passage sur la droite conduit à une autre cour abritant un arc

du XIIIe siècle, vestige des anciens chantiers navals. Un buste de Mañara se dresse parmi des rosiers. L'intérieur de l'église recèle des toiles originales des plus grands peintres du XVIIe siècle, et ce malgré le pillage du maréchal Soult sous l'occupation napoléonienne, en 1810 *(p. 53).* Juste au-dessus de l'entrée se trouve une œuvre macabre, *Finis Gloriae Mundi* de Juan de Valdés Leal et, en face, une autre tout aussi lugubre, *In Ictu Oculi.* Beaucoup de toiles sont de Murillo, comme *Saint Jean de Dieu portant un moribond sur ses épaules,* des portraits de l'Enfant Jésus, *Saint Jean Baptiste enfant* et *Sainte Isabelle de Hongrie soignant*

un *lépreux.* À l'entrée, en vous tournant vers le sud, vous apercevrez la Torre de Plata (Tour de l'Argent) octogonale, qui domine la Calle Santander. Comme la Torre del Oro voisine, l'édifice, destiné à défendre la ville, date de l'époque maure.

Torre del Oro ❻

Paseo de Colón s/n. **Plan** 3 B2 (5 C5). ⓜ *Plaza de Cuba.* 🚌 *Puerta Jerez.* 🚏 C3, C4. **Tél.** 95 422 24 19. ◯ *mar.-ven. 10h-14h, sam.-dim. 11h-14h.* 🔴 *août.* 📷 *gratuit mar.*

À l'époque des Maures, la Tour de l'Or faisait partie de l'enceinte fortifiée qui était reliée au Real Alcázar et au reste de la cité. Construite en 1220, quand Séville était sous domination almohade *(p. 46-47),* une autre tour lui faisait pendant sur l'autre rive. Une chaîne massive reliait les deux édifices, empêchant les bateaux de remonter le fleuve. La tourelle fut ajoutée en 1760.

La Torre del Oro, bâtie par les Almohades

Le site tiendrait son nom des azulejos dorés qui ornaient ses murs, ou bien des trésors du Nouveau Monde que l'on déchargeait ici.
Elle a servi de chapelle, de prison, de poudrière et d'office portuaire. Aujourd'hui, elle accueille le Museo Marítimo.

DON JUAN DE SÉVILLE

Miguel de Mañara (1626-1679), fondateur et bienfaiteur de l'Hospital de la Caridad, est souvent associé à don Juan Tenorio. Les conquêtes du légendaire séducteur sévillan, rapportées pour la première fois en 1630, dans une pièce de Tirso de Molina, ont inspiré quantité d'artistes, comme Mozart, Molière, Byron et Shaw. On pense que Mañara, menait une vie dissolue avant de se convertir à la charité, évolution qui lui fut inspirée par une vision de sa mort, une nuit où il était ivre.

Le légendaire don Juan, avec deux de ses conquêtes

SANTA CRUZ

L e barrio de Santa Cruz, l'ancien quartier juif de Séville, est un dédale de rues blanches et de patios extrêmement pittoresques. Il abrite de nombreux monuments célèbres : la cathédrale gothique avec son emblème, la Giralda ; le superbe Real Alcázar avec les palais royaux et les jardins luxuriants de Pedro Ier et de Carlos V ; et l'Archivo de Indias, dont les documents racontent la découverte et la conquête du Nouveau Monde.

Au nord-est de ces sites s'étend un labyrinthe enchanteur de ruelles aux édifices blanchis à la

Réverbère décoré, Plaza del Triunfo

chaux. Le célèbre artiste Bartolomé Esteban Murillo y vécut au XVIIe siècle. Son contemporain Juan de Valdés Leal décora l'Hospital de los Venerables de superbes fresques baroques. Plus au nord, la Calle de las Sierpes, très fréquentée, est l'une des rues commerçantes les plus en vogue de Séville. Les places de marché voisines, comme la ravissante Plaza del Salvador, constituent le décor des histoires de Cervantès. L'Ayuntamiento ainsi que la Casa de Pilatos, joyaux de l'architecture andalouse, illustrent la richesse et l'effervescence artistique de la ville au XVIe siècle.

LE QUARTIER D'UN COUP D'ŒIL

Jardins
Jardines de Murillo ⑬

Rues et places
Calle de las Sierpes ②
Plaza del Triunfo ⑨
Plaza Virgen de los Reyes ⑧

Églises
Cathédrale de Séville et la Giralda p. 78-79 ⑦
Iglesia del Salvador ④

Bâtiments historiques
Archivo de Indias ⑩
Ayuntamiento ③
Casa de Pilatos ⑥

Hospital de los Venerables ⑫
Museo del Baile Flamenco ⑤
Palacio de Lebrija ①
Real Alcázar p. 82-83 ⑪

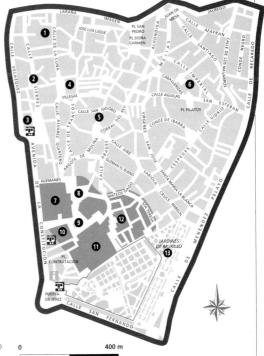

LÉGENDE

▨ Plan du quartier pas à pas
p. 72-73

🚋 Station de tramway Metro-Centro

ℹ Information touristique

0   400 m

◁ **La Giralda, vue des jardins du Real Alcázar**

Santa Cruz pas à pas

Le dédale de ruelles étroites qui s'étend à l'est de la cathédrale et du Real Alcázar constitue la facette la plus romantique de Séville. Outre les incontournables magasins de souvenirs, bars à tapas et guitaristes ambulants, le quartier recèle aussi une foule d'allées pittoresques, de places cachées et de patios fleuris faisant le délice du promeneur. Cet ancien quartier juif, aux édifices rénovés et aux balcons en fer forgé caractéristiques, abrite aujourd'hui un mélange harmonieux de résidences élégantes et d'hébergements touristiques.

Grille de fenêtre, Santa Cruz

Palacio Arzobispal, le palais épiscopal du XVIIIe siècle, est toujours utilisé par le clergé de Séville.

Plaza Virgen de los Reyes
Des attelages bordent cette place ornée d'une fontaine du début du XXe siècle **8**

MAT

AVENIDA DE LA CONSTITUCION

ROMERO MU

★ La cathédrale de Séville et la Giralda
Cet édifice avec son clocher maure est le monument le plus populaire de Séville **7**

Convento de la Encarnación
(p. 80)

SANTO TOMAS

MIGUEL MAÑARA

Archivo de Indias
Construites au XVIe siècle comme bourse de commerce, les archives des Indes recèlent aujourd'hui de précieux documents sur la colonisation espagnole des Amériques **10**

Plaza del Triunfo
Cette colonne baroque rappelle que la ville résista au grand tremblement de terre 1755. En face se dres une statue moderne de l'Immaculada Conception **9**

Pour les hôtels et les restaurants du quartier, voir p. 213-214 et p. 229-230

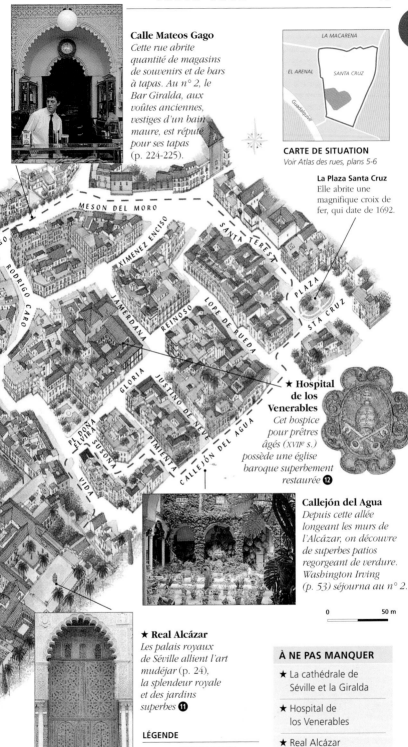

Calle Mateos Gago
*Cette rue abrite
quantité de magasins
de souvenirs et de bars
à tapas. Au n° 2, le
Bar Giralda, aux
voûtes anciennes,
vestiges d'un bain
maure, est réputé
pour ses tapas
(p. 224-225).*

CARTE DE SITUATION
Voir Atlas des rues, plans 5-6

LA MACARENA

EL ARENAL   SANTA CRUZ

Guadalquivir

La Plaza Santa Cruz
Elle abrite une
magnifique croix de
fer, qui date de 1692.

MESON DEL MORO

GO

RODRIGO CARO

XIMENEZ ENCISO

SANTA TERESA

PLAZA STA CRUZ

JAMERDANA

REINOSO

LOPE DE RUEDA

GLORIA

JUSTINO DE NEVE

PIMIENTA

PL DOÑA ELVIRA

SUSONA

CALLEJÓN DEL AGUA

VIDA

★ **Hospital
de los
Venerables**
*Cet hospice
pour prêtres
âgés (XVIIᵉ s.)
possède une église
baroque superbement
restaurée* ⑫

Callejón del Agua
*Depuis cette allée
longeant les murs de
l'Alcázar, on découvre
de superbes patios
regorgeant de verdure.
Washington Irving
(p. 53) séjourna au n° 2.*

0   50 m

★ **Real Alcázar**
*Les palais royaux
de Séville allient l'art
mudéjar (p. 24),
la splendeur royale
et des jardins
superbes* ⑪

LÉGENDE

– – – Itinéraire conseillé

À NE PAS MANQUER

★ La cathédrale de
   Séville et la Giralda

★ Hospital de
   los Venerables

★ Real Alcázar

Sol de mosaïque d'Itálica *(p. 132)*, dans le Palacio de Lebrija

Palacio de Lebrija ❶

Calle Cuna 8. **Plan** 1 C5 ; 3 C1 (5 C2). **Tél.** *954 22 78 02.* ☐ *tte l'année : 10h-13h ; mi-juin-sept. : 17h-19h30 ; oct.-mi-juin : 16h30-19h.* ⬛ *dim.* ⬛⬛ **www.**palaciodelebrija.com

La résidence de la comtesse Lebrija offre un aperçu de la vie de palais en plein cœur de Séville. Le rez-de-chaussée abrite des collections d'art romain et médiéval. Au premier étage se trouvent une librairie et la collection d'azulejos *(p. 76)*.

Ce bâtiment du XVe siècle présente divers traits mudéjars *(p. 24)*. De nombreux trésors romains proviennent d'Itálica *(p. 132)*, comme le sol de mosaïque du patio principal. Le plafond *artesonado* qui surplombe l'escalier est celui du palais des ducs d'Arcos à Marchena, près de Séville.

De la verrerie et des pièces de monnaie romaines, du marbre de la Medina Azahara *(p. 138)* sont exposés dans les salles jouxtant le patio principal.

Calle de las Sierpes ❷

Plan 3 C1 (5 C3).

La rue des Serpents, qui s'étend au nord de la Plaza de San Francisco, est la principale voie piétonne et commerçante de la ville. Les magasins traditionnels proposant les grands classiques de Séville – chapeaux, éventails et mantilles – y côtoient boutiques de vêtements et magasins de souvenirs. Le meilleur moment pour y flâner est le début de soirée, quand les Sévillans s'y rendent pour le *paseo*.

De part et d'autre, les rues parallèles Cuna et Tetuán invitent également au lèche-vitrine. Au nº 9 de la Calle Tetuán, remarquez la superbe publicité carrelée de 1924 pour les automobiles Studebaker *(p. 76)*.

À l'extrémité sud de la Calle de las Sierpes, une plaque sur les murs du Banco Central Hispano indique l'emplacement de la Cárcel Real (prison royale), où séjourna Miguel de Cervantès (1547-1616) *(p. 51)*. En direction du nord, prenez la Calle Jovellanos sur la gauche, pour rejoindre la Capillita de San José. Cette charmante petite chapelle du XVIIe siècle contraste

totalement avec son environnement commercial. Plus loin, au croisement avec la Calle Pedro Caravaca, vous pourrez découvrir l'univers anachronique et capitonné du Real Círculo de Labradores, club privé pour hommes créé en 1856. Au bout de la rue, ne manquez pas la *pastelería* (pâtisserie) la plus renommée de Séville, La Campana.

Ayuntamiento ❸

Plaza Nueva 1. **Plan** 3 C1 (5 C3). ☐ *Plaza Nueva.* **Tél.** *954 59 01 01.* ☐ *mar.-jeu. 17h30-18h.* ⬛

Portail plateresque de la façade de l'Ayuntamiento de Séville

L'hôtel de ville de Séville se dresse entre un site historique, la Plaza de San Francisco, et l'étendue moderne de la Plaza Nueva.

Du XVe au XVIIIe siècle, la Plaza de San Francisco était le théâtre d'autodafés, jugements publics d'hérétiques par l'Inquisition *(p. 51)*. Les condamnés étaient conduits au Quemadero et brûlés vifs – l'endroit abrite aujourd'hui le Prado de San Sebastián, au nord du Parque María Luisa, *(p. 98-99)*. Aujourd'hui, la Plaza de San Francisco est au cœur des manifestations de la Semana Santa et de la Fête-Dieu *(p. 34)*.

Sur la Plaza Nueva se trouvait autrefois le Convento de San Francisco. Au centre se dresse une statue équestre de Fernando III, qui libéra Séville des Maures, avant d'être canonisé en 1671 *(p. 48)*.

Terrasse de La Campana, la pâtisserie la plus renommée de Séville

La construction de l'Ayuntamiento dura de 1527 à 1534. La façade est, qui donne sur la Plaza de San Francisco, est un fleuron du style plateresque *(p. 25)* cher à l'architecte Diego de Riaño. La façade ouest fait partie d'une extension néoclassique de 1891, qui enveloppe littéralement l'édifice d'origine. Des plafonds richement sculptés subsistent dans le vestibule et la Casa Consistorial inférieure (salle de réunion du conseil). Elle abrite *L'Imposition de la chasuble à saint Ildefonse* de Velázquez, l'une des nombreuses œuvres d'art que recèle l'édifice.

Iglesia del Salvador ➍

Plaza del Salvador. **Plan** 3 C1 (6 D3). **Tél.** 954 21 16 79. ◯ *tte l'année :* 15h-19h30 ; sept.-juin : lun.-sam. 11h30-18h30 ; juil.-août : lun.-sam. 10h-17h30. ▨

Façade baroque de l'Iglesia del Salvador sur la Plaza del Salvador

Cette église majestueuse entièrement restaurée est née du désir des chrétiens de surpasser les splendeurs des Maures. Le site abritait autrefois la mosquée d'Ibn Addabas. Le patio maure près de la Calle Córdoba a partiellement été conservé. Il est entouré d'arcades intégrant des colonnes aux chapiteaux romains et wisigothiques.

Vers 1670, alors que la mosquée, depuis longtemps consacrée au culte chrétien, se délabrait, un nouvel édifice fut conçu par Esteban García. L'église de style baroque fut achevée en 1712 par Leonardo de Figueroa. À l'intérieur, la nef est de José Granados. La Capilla Sacramental abrite une magnifique sculpture, *Jesús de la Passion*, réalisée en 1619 par Juan Martínez Montañés (1568-1649). Dans l'angle nord-ouest, une porte mène à la Capilla de los Desamparados, richement décorée, et à un patio maure. Surplombant la sortie qui donne sur la Calle Córdoba, le clocher repose sur une partie du minaret d'origine.

L'église borde la Plaza del Salvador réputée pour ses bars à tapas, lieu de rendez-vous des jeunes Sévillans. La statue en bronze est en l'honneur du sculpteur Montañés. Sur le côté est de l'église, la Plaza Jesús de la Pasión est consacrée aux boutiques de mariages.

Museo del Baile Flamenco ➎

Calle Manuel Rojas Marcos 3. **Plan** 3 C1 (6 D3). **Tél.** 954 34 03 11. ◯ *t.l.j.* 9h-19h. ▨ ▨ **www**.museoflamenco.com

Créé en 2006 à l'initiative de la chorégraphe Cristina Hoyos, ce musée très moderne consacré à l'art du flamenco est hébergé dans un bâtiment du XVIIIᵉ siècle. Il se situe au cœur du Barrio de Santa Cruz, dans une ruelle près de la Plaza del Alfafa. Une technologie de pointe est mise à profit dans les différentes salles pour permettre au visiteur de se laisser envahir par l'image et le son. Des conférences ainsi que des cours de danse et de musique sont également organisés dans ce lieu fait pour les amateurs de flamenco et les curieux.

LA DEVISE DE SÉVILLE

Des murs imposants de l'Ayuntamiento aux flancs des bus municipaux, l'étrange devise « NO8DO » est omniprésente à Séville. Ce rébus signifie « *No me ha dejado* » (« Elle ne m'a pas abandonné »). Alfonso le Sage aurait prononcé ces mots alors que la ville lui était restée fidèle lors d'un différend l'opposant à son fils Sancho durant la Reconquête *(p. 48-49)*.

La double boucle (qui semble former un 8) au centre symbolise un écheveau de laine qui, en espagnol, se dit *madeja : no (madeja) do*.

La devise de Séville, ici gravée sur l'Ayuntamiento

L'art des azulejos

Azulejos du XVIe siècle, Salones de Carlos V (p. 82)

Frais en été, résistants et colorés, les carreaux de céramique émaillée sont issus de techniques de fabrication importées par les Maures – le mot azulejo vient de l'arabe *az-zulayj*, « petite pierre ». Les azulejos maures sont des mosaïques complexes à base de pierres monochromes. À Séville, l'artisanat des azulejos prospéra et évolua dans les poteries de Triana *(p. 102-103)*. Un procédé développé au XVIe siècle en Italie permit de peindre de nouveaux motifs et d'utiliser de nouvelles couleurs. La révolution industrielle autorisa la production d'azulejos à grande échelle, dans des usines comme la célèbre « Pickman y Cia » du monastère de la Cartuja *(p. 105)*, qui ferma ses portes en 1980.

LES AZULEJOS DE STYLE MUDÉJAR

Les Maures réalisèrent de très belles mosaïques aux motifs géométriques complexes. Les couleurs utilisées étaient le bleu, le vert, le noir, le blanc et l'ocre.

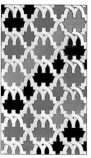

Carreaux mudéjars du XVIe siècle, Casa de Pilatos

Motifs entrelacés, Patio de las Doncellas

Mosaïque mudéjare, dans le Patio de las Doncellas, Real Alcázar

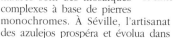

Enseigne de la manufacture royale de tabac (actuelle université) (p. 96-97) en carreaux peints émaillés du XVIIIe siècle

LES AZULEJOS À USAGE COMMERCIAL

Lorsque les techniques de fabrication et de coloration des azulejos s'améliorèrent, les carreaux servirent aussi à réaliser des enseignes décoratives et des devantures de magasins. Il en existe toujours de superbes exemples dans toute l'Andalousie.

Tireuse à bière en céramique

Panneau d'azulejos vantant le dernier modèle de Studebaker (1924), sur la Calle Tetuán, près de la Calle de las Sierpes (p. 74)

Fontaine génoise et balustrade gothique dans le Patio Principal mudéjar de la Casa de Pilatos

Casa de Pilatos ❻

Plaza de Pilatos 1. **Plan** 4 D1 (6 E3).
Tél. 954 22 52 98. ⬜ t.l.j. 9h-18h.
🈲 🎫 1er étage.
♿ rez-de-chaussée.

En 1518, le premier marquis de Tarifa entama un long voyage en Europe et en Terre sainte. Il revint deux ans plus tard, séduit par les merveilles architecturales et décoratives de la Renaissance italienne. Il consacra le reste de sa vie à la création d'une esthétique nouvelle, qui fut très en vogue. Son palais de Séville, qui tient son nom de sa ressemblance supposée avec la demeure de Ponce Pilate à Jérusalem, devint le modèle de ce nouveau style.

Au fil des siècles, les propriétaires successifs du bâtiment apportèrent leurs embellissements personnels. La Casa de Pilatos, l'un des plus beaux palais de la ville, est aujourd'hui la résidence des ducs de Medinaceli.

Les visiteurs entrent par un portail en marbre, réalisé par des artisans génois en 1529. De l'autre côté de l'Apeadero à arcades (cour à attelage) se trouve le Patio Principal.

Lanterne du portail d'entrée

Essentiellement mudéjare, cette cour décorée d'azulejos et de stucs est cernée d'arcs à intervalles irréguliers, surmontés d'une balustrade gothique. Dans les coins se dressent trois statues romaines, représentant Minerve, une muse qui danse et Cérès, ainsi qu'une quatrième statue, un original grec d'Athéna du Ve siècle av. J.-C. Au centre se trouve une fontaine importée de Gênes. Sur la droite, traversez le Salón del Pretorio, avec son plafond à caissons et ses marqueteries, pour rejoindre le Corredor de Zaquizamí. Parmi les antiquités des salles adjacentes, remarquez un bas-relief représentant *Léda et le Cygne*, et deux reliefs romains, commémorant la bataille d'Actium en 31 av. J.-C. Plus loin, le Jardín Chico est orné d'un bassin et d'un bronze de Bacchus. En revenant au Patio Principal, prenez à droite dans le Salón de Descanso de los Jueces. Plus loin se trouve une chapelle à voûte d'ogives, avec une sculpture datant du Ier siècle apr. J.-C., *Le Bon Pasteur*. Sur la gauche en traversant le Gabinete de Pilatos, se trouve le Jardín Grande.

Derrière la statue de Cérès, dans le Patio Principal, un escalier carrelé conduit aux appartements. Il est couronné d'une superbe coupole *media naranja* (demi-orange) de 1537. Plusieurs pièces regorgeant de portraits de famille, d'antiquités et de meubles sont dotées de plafonds mudéjars. Des plâtres de Juan de Oviedo et des fresques de Francisco de Pacheco ornent des salles qui portent les noms des artistes.

À l'ouest de la Casa de Pilatos, la Plaza de San Ildefonso abrite le Convento de San Leandro, réputé pour ses *yemas* (friandises à base de jaune d'œuf) vendues par les religieuses.

Écus du plafond à caissons, Salón del Pretorio

Pour les hôtels et les restaurants du quartier, voir p. 213-214 et p. 229-230

La cathédrale de Séville et la Giralda ❼

Vitrail du XVIᵉ siècle

La cathédrale se dresse sur le site de la Grande Mosquée érigée par les Almohades *(p. 46-47)* à la fin du XIIᵉ siècle ; la Giralda, l'actuel clocher, et le Patio de los Naranjos en sont l'héritage. La construction d'une des plus grandes cathédrales d'Europe débuta en 1401 pour durer plus d'un siècle. Après avoir admiré l'imposant bâtiment gothique et les œuvres d'art des chapelles et du trésor, vous pourrez profiter de la vue superbe du haut de la Giralda.

★ La Giralda
L'ancien minaret est couronné par une copie d'un bronze du XVIᵉ siècle, représentant la Foi. La Giralda tient son nom de cette girouette (giraldillo).

Entrée pour les groupes

★ Patio de los Naranjos
À l'époque maure, les fidèles faisaient leurs ablutions à la fontaine sous l'ombre des orangers, avant la prière.

LA NAISSANCE DE LA GIRALDA

Le minaret fut achevé en 1198. Au XIVᵉ siècle, les sphères de bronze qui le coiffaient furent remplacées par des symboles chrétiens. En 1568, Hernán Ruiz ajouta le clocher Renaissance, qui se marie parfaitement à la structure maure.

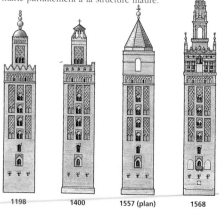

| 1198 | 1400 | 1557 (plan) | 1568 |

Puerta del Perdón

Colonnes romaines d'Itálica *(p. 132)* devant les marches.

Retablo Mayor
Santa María de la Sede, la sainte patronne de la cathédrale, est située au-dessus du maître-autel, sous une cascade d'or. Les 44 panneaux en relief dorés du retable ont été sculptés par des artistes espagnols et flamands entre 1482 et 1564.

MODE D'EMPLOI

Avenida de la Constitucion s/n.
Plan 3 C2 (5 C4). **Tél.** 954 21 49
71. 🚇 *Archivo de Indias.*
🚌 *Prado de San Sebastian.* ⬜
Cathédrale et Giralda lun.-sam.
11h-17h30, dim. 14h30-18h30
(juil.-août 9h30-16h30). 🎦 📷 🚫
✝ lun.-dim. 8h30, 10h, 12h, 17h
(sam. 9h, 20h, dim. 11h, 13h, 18h).

La Sacristía Mayor recèle quantité d'œuvres d'art, y compris des tableaux de Murillo.

Entrée principale

★ Capilla Mayor
Le superbe Retablo Mayor doré de la chapelle principale est fermé par d'imposantes grilles forgées, datant de 1518-1532.

La tombe de Colomb date des années 1890. Les porteurs du cercueil représentent les royaumes de Castille, de León, d'Aragón et de Navarre (p. 48).

Puerta del Bautismo

L'Iglesia del Sagrario, cette chapelle du XVIIᵉ siècle fait office d'église paroissiale.

À NE PAS MANQUER

★ Capilla Mayor

★ La Giralda

★ Patio de los Naranjos

Puerta de la Asunción
Bien que de style gothique, ce portail n'a pas été achevé avant 1833. Un relief de pierre de l'Assomption orne le tympan.

Partie supérieure du portail baroque du Palacio Arzobispal

Plaza Virgen de los Reyes ⑧

Plan 3 C2 (6 D4). **Palacio Arzobispal** ⬛ *au public.* **Convento de la Encarnación** ⬛ *au public.*

Cette place qui invite au repos est l'endroit idéal pour admirer la Giralda *(p. 78-79)*. Attelages, orangers, marchands de fleurs gitans et édifices religieux, elle réunit tous les archétypes de Séville.
Au centre se dresse une imposante fontaine en fer forgé du début du XXe siècle création de José Lafita, dont les têtes grotesques sont des copies d'originaux romains de la Casa de Pilatos *(p. 77)*.
La place est bordée au nord par le Palacio Arzobispal (palais épiscopal), commencé au XVIe siècle et achevé au XVIIIe, qui fut réquisitionné par le maréchal Soult durant l'occupation napoléonienne en 1810 *(p. 52-53)*. Ce superbe palais baroque, qui possède un

Relief de la Giralda sur l'Archivo de Indias

escalier en jaspe, renferme des tableaux de Zurbarán et de Murillo. De l'autre côté se dresse le Convento de la Encarnación, aux murs blanchis à la chaux, qui date de 1591. L'édifice se dresse sur l'ancien site d'une mosquée et d'un hôpital.
La Plaza Virgen de los Reyes abritait autrefois le Corral de los Olmos, une auberge mal famée mentionnée dans l'œuvre de Miguel de Cervantès *(p. 51)*.

Plaza del Triunfo ⑨

Plan 3 C2 (6 D4).

La Plaza del Triunfo, entre la cathédrale *(p. 78-79)* et le Real Alcázar *(p. 82-83)*, célèbre le triomphe de la ville sur le tremblement de terre de 1755. Le séisme qui dévasta Lisbonne causa relativement peu de dommages à Séville – salut que l'on attribua à sa dévotion à la Vierge. Une colonne baroque se dresse en son honneur, auprès de l'Archivo de

Indias, tandis que sur la Plaza del Triunfo, un monument moderne témoigne de la foi, de longue tradition à Séville, en l'Immaculée Conception.
Sur la Calle Santo Tomás, se trouvent les archives des Indes (Archivo de Indias). Le bâtiment – qui accueillait auparavant le musée d'Art contemporain, désormais abrité par le monastère de Santa Maria de las Cuevas *(p. 105)* – n'est pas ouvert au public. Construit en 1770, l'édifice servait autrefois de dépôt pour la dîme de l'Église. Des vestiges des murailles maures de la ville furent mis au jour lors de la rénovation de l'édifice.

Archivo de Indias ⑩

Avda de la Constitución s/n. **Plan** 3 C2 (6 D5). Ⓜ *Prado de San Sebastian.* 📷 *Archivo de Indias.* **Tél.** *954 21 12 34.* ⬜ *lun.-ven. 8h-15h ; pdt expo. : lun.-sam. 9h-16h, dim. 10h-14h.*

Façade de l'Archivo de Indias, de Juan de Herrera

Les archives des Indes illustrent le rôle fondamental que joua la ville dans la colonisation et l'exploitation du Nouveau Monde, grâce entre autres à des expositions temporaires. Construit entre 1584 et 1598 sur des plans de Juan de Herrera, l'un des architectes de l'Escorial près de Madrid, l'édifice abritait une *lonja* (bourse) marchande. En 1785, Carlos III y réunit tous les documents espagnols relatifs aux Indes, créant ces archives fascinantes qui comptent des lettres de

Colomb, Cortés, Cervantès et George Washington, ainsi que la correspondance de Felipe II, soit au total 86 millions de pages manuscrites, 8 000 cartes et dessins et des documents numérisés.

Un escalier de marbre mène aux salles de lecture, qui présentent cartes, dessins et reproductions de documents. Les collections exposées changent régulièrement ; vous pourrez y voir une carte à l'aquarelle de l'époque où Acapulco n'était guère plus qu'un château, des dessins illustrant une corrida royale à Panama en 1748 ou bien les plans d'un hôtel de ville au Guatemala.

Real Alcázar ⓫

Voir p. 82-83.

Hospital de los Venerables ⓬

Plaza de los Venerables 8. **Plan** 3 C2 (6 D4). 🏛 *Archivo de Indias.* **Tél.** *954 56 26 96.* ⬤ *t.l.j. 10h-13h30, 16h-19h30.* 📷 *sauf dim. soir.* 🎫 ♿

Au cœur de Santa Cruz, l'Hospital de los Venerables était un hospice pour prêtres âgés. La construction, qui commença en 1675, fut achevée vingt ans plus tard, par Leonardo de Figueroa. L'hospice rénové abrite aujourd'hui le centre culturel de la FOCUS (Fundación Fondo de Cultura de Sevilla).

L'édifice entoure un patio central. Les étages supérieurs, l'infirmerie et le cellier servent de salles d'exposition. Une visite guidée permet de découvrir l'église de l'Hospital, fleuron du baroque, et les fresques de Juan de Valdés Leal et de son fils, Lucas Valdés.

Admirez également les sculptures de saint Pierre et saint Ferdinand de Pedro Roldán, qui flanquent la porte est, et *L'Apothéose de saint Ferdinand*, de Lucas Valdés, en haut du retable du maître-autel. L'inscription en grec de la frise commande aux visiteurs d'honorer les prêtres.

La sacristie comporte un plafond en trompe l'œil de Juan de Valdés Leal, représentant *Le Triomphe de la Croix*.

Jardines de Murillo ⓭

Plan 4 D2 (6 E5).

À l'extrémité sud du barrio de Santa Cruz, les jardins qui abritaient autrefois le potager et les plantations d'orchidées du Real Alcázar furent donnés à la ville en 1911. Ils doivent leur nom au plus célèbre des peintres sévillans, Bartolomé Murillo (1617-1682), qui vécut non loin de là, Calle Santa Teresa. Le Paseo de Catalina de Ribera rend hommage au fondateur de l'Hospital de las Cinco Llagas, qui abrite aujourd'hui le Parlamento de Andalucía *(p. 89)*. Dépassant

Monument à Christophe Colomb, dans les Jardines de Murillo

la cime des palmiers, se dresse le monument dédié à Colomb, avec un bronze de la *Santa María*, la caravelle qui le conduisit en Amérique en 1492 *(p. 127)*.

Fresque de Juan de Valdés Leal à l'Hospital de los Venerables

Real Alcázar ⓫

Stuc mudéjar

En 1364, Pedro Ier *(p. 48)* entama la construction d'une résidence royale entre les palais bâtis par les Almohades *(p. 46-47)*. En deux ans, les artisans de Grenade et de Tolède avaient créé un véritable joyau fait de patios et de salles mudéjares, le Palacio Pedro Ier, l'actuel cœur du Real Alcázar. Les monarques ultérieurs y ajoutèrent leur empreinte – Isabel Ire *(p. 49)* reçut dans la Casa de la Contratación les navigateurs qui partirent explorer le Nouveau Monde, et Carlos V *(p. 50)* y fit bâtir de somptueux appartements, richement décorés.

Jardín de Troya

Jardins de l'Alcázar
Agrémentés de terrasses, de fontaines et de pavillons, ces jardins sont une véritable oasis de fraîcheur dans la ville.

★ **Salones de Carlos V**
Tapisseries, et superbes azulejos du XVIe siècle ornent les salles voûtées des appartements de Carlos V.

Patio del Crucero
au-dessus des anciens bains.

PLAN DU REAL ALCÁZAR

Il comprend le Palacio Pedro Ier et la Caisse espagnole des monuments historiques. L'étage est utilisé par la famille royale.

LÉGENDE

▨ Zone illustrée ci-dessus

☐ Jardins

★ **Patio de las Doncellas**
Il recèle des stucs réalisés par les meilleurs artisans de Grenade.

Pour les hôtels et les restaurants du quartier, voir p. 213-214 et p. 229-230

★ Salón de Embajadores
Construit en 1427, l'incroyable dôme du salon des Ambassadeurs est en bois gravé et doré.

MODE D'EMPLOI

Patio de Banderas. **Plan** 3 C2 (6 D4).
⬦ *Prado de San Sebastian.* 🚆
Archivo de Indias. **Tél.** 954 50 23 23.
⬚ *mar.-sam. 9h30-19h, dim. 9h30-17h (oct.-mars : mar.-sam. 9h30-17h, dim. 9h30-13h30).* ♿
www.patronato-alcazarsevilla.es

Arcs en fer à cheval
Des azulejos et des stucs sophistiqués ornent le salon des Ambassadeurs, qui compte trois porches symétriques richement ornés, comportant chacun trois arcs en fer à cheval.

Casa de la Contratación

Le Patio de la Montería
C'est ici que la cour se réunissait avant de partir chasser.

Patio de las Muñecas
Avec ses chambres et ses couloirs adjacents, le patio des Poupées était le cœur domestique du palais. Il tient son nom des deux petits visages qui ornent l'un des arcs.

La façade du Palacio Pedro Ier est un fleuron du style mudéjar.

Puerta del León (entrée)

À NE PAS MANQUER

★ Patio de las Doncellas

★ Salón de Embajadores

★ Salones de Carlos V

Patio del Yeso
Le patio du Plâtre, un jardin fleuri agrémenté de canaux, rappelle l'Alcázar almohade du XIIe siècle.

LA MACARENA

Colonne romaine,
Alameda de Hércules

Souvent dédaigné par les visiteurs, le nord de Séville présente une mosaïque chatoyante d'édifices baroques délaissés et d'églises mudéjares, de bars à tapas au charme désuet, et de ruelles où le linge sèche aux fenêtres. Le quartier tiendrait son nom de Macaria, déesse romaine, fille d'Hercule.

La meilleure façon de découvrir ce quartier authentique consiste à emprunter la Calle Feria vers le nord, jusqu'à la Basílica de la Macarena, lieu de pèlerinage dédié à la Virgen de la Esperanza Macarena, vénérée à Séville. À côté de cette église moderne se dresse une porte, vestige des murs défensifs qui entouraient la ville à l'époque maure.

Parmi les nombreux couvents et églises du quartier, le Monasterio de San Clemente et l'Iglesia de San Pedro conservent l'âme de la Séville historique. Le Convento de Santa Paula offre la possibilité, fort rare, de découvrir la vie d'une communauté religieuse très fermée. La Torre de Don Fadrique datant du XIIIe siècle, dans le Convento de Santa Clara, se dresse dans la partie ouest du quartier. Plus au nord se trouve l'ancien Hospital de las Cinco Llagas, qui abrite aujourd'hui le Parlement d'Andalousie.

LE QUARTIER D'UN COUP D'ŒIL

Églises et monastères
Basílica de la Macarena ❹
Convento de Santa Paula ❾
Iglesia de San Marcos ❽
Iglesia de San Pedro ❿
Iglesia de Santa Catalina ⓫
Monasterio de San Clemente ❶

Bâtiments historiques
Camera Obscura ❺
Parlamento de Andalucía ❻
Torre de Don Fadrique ❷

Monument
Murallas ❼

Marché
Alameda de Hércules ❸

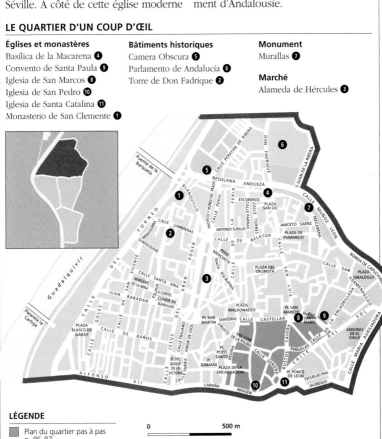

LÉGENDE

Plan du quartier pas à pas
p. 86-87

0   500 m

◁ Char de la Virgen de la Esperanza Macarena, pendant les processions de la Semana Santa

La Macarena pas à pas

Une promenade dans le barrio de la Macarena donne un excellent aperçu de la vie quotidienne dans un quartier qui, jusqu'à présent, a échappé au développement touristique à la différence de Santa Cruz. Le matin, il règne une joyeuse animation dans la rue principale, la Calle de la Feria, où les étals du marché regorgent de poisson frais. La soirée est le meilleur moment pour découvrir les nombreuses

Céramique de Santa Paula

églises du quartier, qui s'ouvrent pour la messe. C'est aussi l'heure pour les habitants de venir boire un verre et déguster des tapas dans les bars.

Palacio de las Dueñas
Serré entre les bâtiments avoisinants, ce palais mudéjar du XVe siècle possède un élégant patio principal. C'est la résidence privée des ducs d'Albe, dont les armoiries sur céramique surmontent l'entrée du palais.

L'Iglesia San Juan de la Palma est une église en brique mudéjare. Le clocher date de 1788.

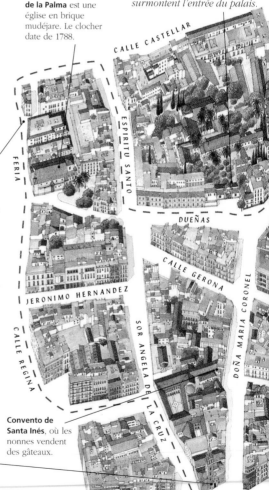

CALLE CASTELLAR

ESPIRITU SANTO

FERIA

DUEÑAS

CALLE GERONA

JERONIMO HERNANDEZ

DOÑA MARIA CORONEL

CALLE REGINA

SOR ANGELA DE LA CRUZ

Calle de la Feria
Cette rue pleine de boutiques est particulièrement animée le jeudi matin pour El Jueves, *le plus vieux marché de Séville.*

★ Iglesia de San Pedro
L'église où Velázquez fut baptisé allie divers styles, du mudéjar aux carreaux modernes de sa façade ❿

Convento de Santa Inés, où les nonnes vendent des gâteaux.

LÉGENDE

━ ━ ━ Itinéraire conseillé

Pour les hôtels et les restaurants du quartier, voir p. 212-213 et p. 228-229

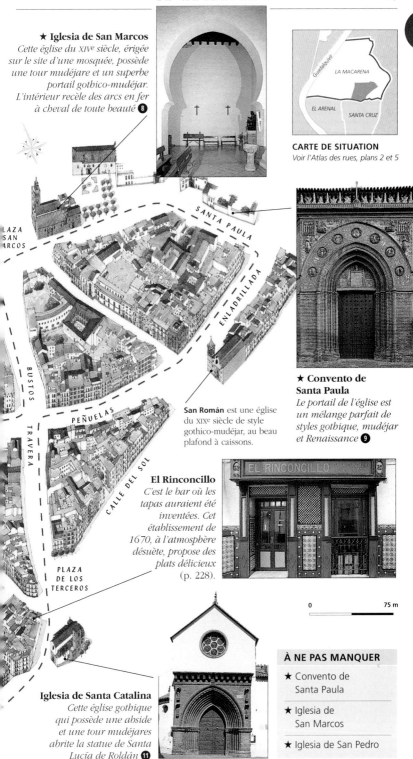

★ **Iglesia de San Marcos**
Cette église du XIVᵉ siècle, érigée sur le site d'une mosquée, possède une tour mudéjare et un superbe portail gothico-mudéjar. L'intérieur recèle des arcs en fer à cheval de toute beauté **8**

CARTE DE SITUATION
Voir l'Atlas des rues, plans 2 et 5

San Román est une église du XIXᵉ siècle de style gothico-mudéjar, au beau plafond à caissons.

★ **Convento de Santa Paula**
Le portail de l'église est un mélange parfait de styles gothique, mudéjar et Renaissance **9**

El Rinconcillo
C'est le bar où les tapas auraient été inventées. Cet établissement de 1670, à l'atmosphère désuète, propose des plats délicieux (p. 228).

0   75 m

À NE PAS MANQUER

★ Convento de Santa Paula

★ Iglesia de San Marcos

★ Iglesia de San Pedro

Iglesia de Santa Catalina
Cette église gothique qui possède une abside et une tour mudéjares abrite la statue de Santa Lucía de Roldán **11**

Monasterio de San Clemente ❶

Calle Reposo 9. **Plan** 1 C3.
🚏 C3, C4. **Tél.** 954 37 80 40.
Église ⬜ *messe seulement :
lun.-sam. 8h, dim. et j.f. 10h.*

Derrière les murs anciens du
monastère se cache un cloître
paisible planté de palmiers et
d'arbres fruitiers. Une entrée
latérale dans une galerie
donne sur la charmante
église du monastère.

   Elle réunit des éléments
du XIIIᵉ au XVIIIᵉ siècle,
comme un superbe plafond
artesonado mudéjar, des
azulejos *(p. 76)* de 1588,
un retable principal de Felipe
de Rivas et des fresques du
début du XVIIIᵉ siècle par
Lucas Valdés.

Torre de Don Fadrique ❷

Convento de Santa Clara, Calle
Santa Clara 40. **Plan** 1 C4. **Tél.** 66
055 52 84. ⬤ *en restauration pour
une durée non définie.*

Cette tour du XIIIᵉ siècle,
l'un des édifices les mieux
préservés de la ville, se
dresse, telle une pièce de jeu
d'échecs, dans le Convento de

Les colonnes de marbre situées à l'extrémité sud de l'Alameda de Hércules

Santa Clara. On y accède
depuis la Calle Santa Clara,
en franchissant un arc qui
donne sur un patio paisible
agrémenté d'orangers et d'une
fontaine. Sur la gauche se
trouve une deuxième cour,
où se dresse la tour. L'entrée
gothique qui y mène fut
construite au XVIᵉ siècle pour
la première université, puis
transportée ici au XIXᵉ siècle.

   Bâtie en 1252, la tour
défendait le palais de
l'infant don Fadrique.
Sur la façade, des
fenêtres gothiques
en dominent
d'autres, romanes.
Plus de 80 marches
mènent à l'étage
supérieur, qui offre
une vue superbe sur
la Giralda et le Puente
de la Barqueta.

   Le couvent de Santa Clara
a été créé en 1260, mais
l'édifice actuel date du
XVᵉ siècle. Le portique
d'entrée, maniériste, est de
Juan de Oviedo. À l'intérieur,
admirez la nef et son plafond
à caissons mudéjar, tout
comme le remarquable retable
principal sculpté par Juan
Martínez Montañés en 1623.

**Torre de Don Fadrique dans le
patio del Convento de Santa Clara**

**Gargouille de la Torre
de Don Fadrique**

Alameda de Hércules ❸

Plan 2 D4.

Ce boulevard bordé d'arbres
date de 1574. À cette époque,
la zone marécageuse fut
transformée en promenade
élégante, empruntée par les
Sévillans de l'âge d'or *(p. 50-
51)*. Depuis que le marché
aux puces qui s'y
tenait le dimanche
matin a été
transféré à Charco
de la Pava
(p. 104), des
efforts ont été
entrepris pour
réhabiliter le
quartier, longtemps
l'un des plus
défavorisés de Séville. À
l'extrémité sud se dressent
deux colonnes de marbre,
provenant d'un temple romain
dédié à Hercule. L'édifice
bordait l'actuelle Calle
Mármoles (rue du Marbre)
où se dressent trois autres
colonnes. Des statues
d'Hercule et de Jules César,
marquées par le temps,
surplombent les colonnes
de l'Alameda.

Basílica de la Macarena ❹

Calle Bécquer 1. **Plan** 2 D3.
🚌 *C1, C2, C3, C4*. **Tél.** *95 437 01 95.* ⏰ *t.l.j. 9h30-13h, 17h-21h.* **Musée** ⏰ *t.l.j. 9h30-13h, 17h-20h.* 🎉 *Pâques.* 📷

La basilique de la Macarena a été bâtie en 1949 dans le style néobaroque par Gómez Millán, pour accueillir la célèbre Virgen de la Esperanza Macarena. Elle jouxte l'Iglesia de San Gil, où se trouvait la statue jusqu'à l'incendie de 1936.

La Vierge se dresse au-dessus du maître-autel entre des cascades d'or et d'argent. On l'attribue à Luisa Roldán (1656-1703). Les peintures murales (1982) de Rafael Rodríguez Hernández ont pour thème la Vierge.

Dans le musée, outre une profusion de vêtements processionnels, on découvre des costumes faits de *trajes de luces* (habits de lumière), dons de *toreros* célèbres et reconnaissants. Ne manquez pas d'admirer les chars utilisés lors de la Semana Santa *(p. 38)*, en particulier l'estrade en argent de la Macarena.

Char de la Virgen de la Macarena, processions de la Semana Santa

Camera Obscura ❺

C/Resolana s/n. ⏰ *t.l.j. 10h-14h30, 17h-20h30.* **Tél.** *902 10 10 81.*

La chambre noire de la tour de Perdigones offre une vue fantastique sur le parc de l'Exposition universelle de 1992, l'île de la Cartuja et le Guadalquivir. Des images sont projetées en temps réel, en mouvement, à l'aide de miroirs et de loupes placés au-dessus d'un périscope.

VIRGEN DE LA MACARENA

Pendant la Semana Santa *(p. 34)*, la statue traverse les rues sur un char surmonté d'un baldaquin décoré de fleurs blanches, de bougies et de pièces d'orfèvrerie. Accompagnée de pénitents encapuchonnés et des cris de *¡guapa!* (« belle ! ») lancés par le public, elle suit un itinéraire qui la mène de la Basílica de la Macarena à la cathédrale *(p. 78-79)*, aux premières heures du Vendredi saint.

Façade Renaissance et portail baroque du Parlamento de Andalucía

Parlamento de Andalucía ❻

Barrio de la Macarena. **Plan** 2 E3. *Visites sur demande écrite ou téléphoner au bureau du protocole.* **Tél.** *954 59 22 88.* **www**.*parlamentodeandalucia.es*

Le Parlement d'Andalousie est installé dans un superbe édifice Renaissance, l'Hospital de las Cinco Llagas, fondé en 1500 par Catalina de Ribera.

En 1540 commencèrent les travaux du plus grand hôpital d'Europe, comportant plus de mille lits. Œuvre de plusieurs architectes successifs, sa façade sud affiche un portail central baroque, conçu par Asensio de Maeda.

Achevé en 1613, l'hôpital reçut des patients jusque dans les années 1960. En 1992, il fut rénové pour accueillir le Parlement.

Au cœur du complexe, l'église maniériste, érigée en 1560 par Hernán Ruiz le Jeune, a été convertie en une salle d'assemblée austère.

La Virgen de la Macarena, retable principal de la Basílica de la Macarena

Murallas ❼

Plan 2 E3.

Une partie des murs défensifs qui cernaient autrefois Séville se dressent toujours sur les rues Andueza et Muñoz León. Ils s'étendent de la Puerta de la Macarena, près de la Basílica de la Macarena *(p. 89)*, à la Puerta de Córdoba, 400 m plus à l'est.

Les murs qui à l'origine comptaient plus de cent tours, furent construits au XIIᵉ siècle avec un chemin de ronde. La Torre Blanca est l'une des sept tours subsistantes. À l'extrémité est se trouve l'Iglesia de San Hermenegildo du XVIIᵉ siècle, qui tient son nom d'un roi wisigoth qui aurait été martyrisé sur le site. L'angle sud de l'église abrite des vestiges d'arcs maures.

Iglesia de San Marcos ❽

Plaza de San Marcos 10. **Plan** 2 E5 (6 E1). **Tél.** 954 50 26 16. ◯ *lun.-sam. 19h30-20h30.*

Cette église du XIVᵉ siècle accuse certains traits mudéjars, comme sa tour qui ressemble à la Giralda et la décoration du portail sur la Plaza de San Marcos. La restauration de l'intérieur, ravagé par les flammes en 1936, a mis en valeur de superbes arcs en fer à cheval dans la nef. Une statue de saint Marc tenant un livre et une plume d'oie, attribuée à Juan de Mesa, orne l'angle gauche. La plaza à l'arrière de l'église est bordée par le Convento de Santa

Le portail gothico-mudéjar de l'Iglesia de San Marcos (XIVᵉ siècle)

Isabel, fondé en 1490, et transformé en prison pour femmes au XIXᵉ siècle. L'église date de 1609. Le portail baroque, qui donne sur la Plaza de Santa Isabel, possède un bas-relief de *La Visitation*, œuvre d'Andrés de Ocampo.

Convento de Santa Paula ❾

C/ Santa Paula 11. **Plan** 2 E5 (6 F1). **Tél.** 954 53 63 30. ◯ *mar.-dim. 10h-13h, 16h30-18h30.* 🎫 📷

Séville compte quantité de monastères, dont peu sont accessibles. C'est le cas de ce couvent, créé en 1475, où vivent encore 40 religieuses. L'entrée du public s'effectue par deux portes sur la Calle Santa Paula. Frappez au n° 11, pour visiter le musée du couvent. Des marches mènent à deux galeries regorgeant de peintures et d'objets religieux. Les fenêtres

de la seconde donnent sur le cloître, où s'élèvent les rires des nonnes durant l'heure de récréation de l'après-midi. Les sœurs confectionnent de délicieuses confitures, en vente près de la sortie.

Sonnez la cloche de la porte à côté pour visiter l'église du couvent, que l'on atteint en traversant un jardin méditatif. Le portail allie arcs gothiques, ornements en briques mudéjars, médaillons Renaissance et céramiques de l'Italien Nicola Pisano. À l'intérieur, la nef possède un superbe plafond de bois sculpté, qui date de 1623. Parmi les statues, citons celles de saint Jean l'Évangéliste et saint Jean Baptiste, de Juan Martínez Montañés.

Saint Jean Baptiste, de Montañés, dans le Convento de Santa Paula

LES CLOCHERS SÉVILLANS

Les clochers sont des signets dépassant du livre d'histoire de Séville. L'influence de la Giralda *(p. 78)* transparaît sur les arcs maures et les ornements de la tour de San Marcos, du XIVᵉ siècle, et sur les décorations de briques mudéjares, à la base du clocher de San Pedro. Les églises de Santa Paula et la Magdalena reflètent la sérénité de la période baroque, tandis que les tours de San Ildefonso illustrent le néoclassicisme du XIXᵉ siècle.

San Marcos

San Pedro

Santa Paula

Pour les hôtels et les restaurants du quartier, voir p. 212-213 et p. 228-229

Motifs géométriques sur la porte d'une chapelle, Iglesia de San Pedro

Iglesia de San Pedro ⑩

Plaza San Pedro. **Plan** 2 D5 (6 E2).
Tél. 95 422 91 24. ◯ lun.-sam.
8h30-11h30, 19h-20h30 ; dim.
9h30-13h30, 19h-20h30. ♿

L'église où Diego Velázquez fut baptisé en 1599 présente un mélange de styles typiquement sévillan. Des éléments mudéjars subsistent dans sa tour en brique, surmontée d'un clocher baroque. Le portail principal, qui donne sur la Plaza de San Pedro, est l'un des ornements baroques ajoutés par Diego de Quesada, en 1613. Une statue de saint Pierre observe dédaigneusement la circulation, en contrebas.

L'intérieur sombre possède un plafond en bois et une porte ouest mudéjars. La voûte de l'une des chapelles est décorée de magnifiques motifs géométriques, composés de briques entrelacées. Derrière l'église, sur la Calle Doña María Coronel, des gâteaux sont vendus par la porte à tambour du Convento de Santa Inés. Un patio à arcades donne sur l'église restaurée, avec des fresques de Francisco de Herrera et un chœur séparé du public par un écran.

La dépouille de Doña María Coronel, fondatrice du couvent au XIVe siècle, est honorée dans le chœur, le 2 décembre.

Iglesia de Santa Catalina ⑪

Calle Alhondiga s/n. **Plan** 2 D5 (6 E2).
Tél. 954 21 74 41. ◯ pour travaux
de restauration jusqu'en 2011.

Cette église du XIVe siècle qui se dresse sur le site d'une mosquée possède une tour mudéjare inspirée de la Giralda (p. 78), auquel l'habituel ajout baroque a été épargné. Sur le côté ouest, près de la Calle Alhóndiga, le portail gothique provient de l'Iglesia de Santa Lucía, détruite en 1930. Notez, dans l'entrée, un arc en fer à cheval. À l'extrême est de la nef se trouve la Capilla Sacramental, œuvre de Leonardo de Figueroa. Sur la droite, la Capilla de la Exaltación possède un très beau plafond (XVe siècle) et un superbe Christ de Pedro Roldán.

Détail d'un arc en fer à cheval, Iglesia de Santa Catalina

La Magdalena
(p. 68)

San Ildefonso
(p. 77)

PARQUE MARÍA LUISA

Le quartier qui s'étend au sud du centre-ville est dominé par le vaste Parque María Luisa, le plus grand espace vert de la ville. À l'origine, une grande partie du parc appartenait au Palacio de San Telmo, édifice baroque de 1682. Aujourd'hui, il est consacré à la détente : avec ses fontaines, ses jardins fleuris et ses arbres majestueux, il offre un repos bien agréable dans la canicule. Au nord du parc se trouve le Prado de San Sebastián, l'ancien site du *quemadero*, le bûcher où furent brûlées de nombreuses victimes de l'Inquisition *(p. 51)*. La dernière exécution eut lieu en 1781.

Beaucoup de bâtiments historiques du parc ont été construits pour l'exposition ibéro-américaine de 1929.

Urne de céramique, Parque María Luisa

Cette manifestation internationale était destinée à replacer l'Espagne et l'Andalousie sur le devant de la scène mondiale. De superbes pavillons, aujourd'hui transformés en musées, ambassades, quartiers généraux de l'armée et institutions culturelles, accueillirent des expositions consacrées à l'Espagne, au Portugal et à l'Amérique latine. L'Hotel Alfonso XIII, palace cinq étoiles, et la Plaza de España, en forme de croissant, sont les héritages les plus marquants de cette manifestation.

Non loin se trouve la Manufacture royale de tabac, indissociable de Carmen, célèbre héroïne de fiction. Aujourd'hui, la manufacture fait partie de l'université.

LE QUARTIER D'UN COUP D'ŒIL

Musées
Museo Arqueológico ❼
Museo de Artes y Costumbres
   Populares ❻

Théâtre
Teatro Lope de Vega ❹

Jardin
Parque María Luisa p. 98-99 ❺

Bâtiments historiques
Hotel Alfonso XIII ❶
Palacio de San Telmo ❷
Universidad ❸

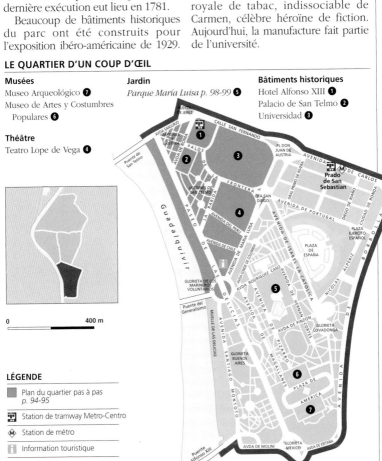

0 |————————| 400 m

LÉGENDE

▨ Plan du quartier pas à pas
   p. 94-95

🚊 Station de tramway Metro-Centro

Ⓜ Station de métro

ℹ Information touristique

◁ **Attelage sur la Calle San Fernando**

Le quartier de l'Universidad pas à pas

**Statue d'El Cid,
d'Anna Huntington**

Au sud de la Puerta de Jerez, plusieurs édifices majestueux se dressent entre le fleuve et le Parque María Luisa. Les plus anciens doivent leur existence au Guadalquivir – au XVIIe siècle, le Palacio de San Telmo accueillait une école navale, et la Manufacture royale de tabac, qui abrite aujourd'hui l'université, doit sa création à l'importation du tabac du Nouveau Monde. L'Exposition ibéro-américaine de 1929 est à l'origine des pavillons de divers styles nationaux et régionaux, et aussi du superbe Hotel Alfonso XIII, donnant naissance à un quartier à l'architecture riche, que les visiteurs peuvent admirer sur le chemin du Parque María Luisa.

Vers Triana

Le Paseo de las Delicias,
le long des quais et des Jardines de San Telmo, est une rue très bruyante, malgré son nom.

Le Pabellón de Chile,
l'actuelle Escuela de Artes Aplicadas (école des arts appliqués).

Le Pabellón de Perú
est à l'image du palais archiépiscopal de Lima. L'édifice très sculpté est représentatif des styles nationaux utilisés pour les édifices de l'Exposition.

Pabellón de Uruguay

PASEO DE LAS DELICIAS

LA RABIDA

Le Costurero de la Reina
était autrefois un pavillon de jardin, cher à la princesse María Luisa. Il abrite aujourd'hui l'office de tourisme de la ville.

GUADALQUIVIR

AVENIDA DE MARIA LUISA

Le monument à El Cano,
qui réalisa le premier tour du monde en bateau en 1522, après que Magellan eut trouvé la mort.

0   75 m

LÉGENDE

– – – Itinéraire conseillé

Pour les hôtels et les restaurants du quartier, voir p. 213 et p. 229

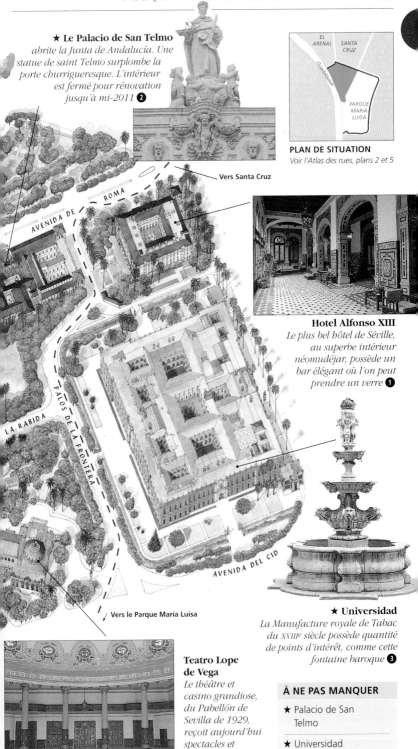

★ **Le Palacio de San Telmo**
abrite la Junta de Andalucía. Une statue de saint Telmo surplombe la porte churrigueresque. L'intérieur est fermé pour rénovation jusqu'à mi-2011 ❷

PLAN DE SITUATION
Voir l'Atlas des rues, plans 2 et 5

EL ARENAL — SANTA CRUZ — Guadalquivir — PARQUE MARIA LUISA

Vers Santa Cruz

AVENIDA DE ROMA

PALOS DE LA FRONTERA

LA RABIDA

AVENIDA DEL CID

Hotel Alfonso XIII
Le plus bel hôtel de Séville, au superbe intérieur néomudéjar, possède un bar élégant où l'on peut prendre un verre ❶

★ **Universidad**
La Manufacture royale de Tabac du XVIIIᵉ siècle possède quantité de points d'intérêt, comme cette fontaine baroque ❸

Vers le Parque María Luisa

Teatro Lope de Vega
Le théâtre et casino grandiose, du Pabellón de Sevilla de 1929, reçoit aujourd'hui spectacles et expositions ❹

À NE PAS MANQUER

★ Palacio de San Telmo

★ Universidad

Hotel Alfonso XIII ❶

Calle San Fernando 2. **Plan** 3 C3
(6 D5). Ⓜ *Prado de San Sebastian.*
🚌 *Puerta Jerez.* **Tél.** *95 491 70 00.*
♿ *sauf les toilettes.*
www.alfonsoxiii.com

Ce célèbre palace tient son
nom du roi Alfonso XIII
(*p. 54*) qui régna de 1902
à 1931, année où l'Espagne
devint une république.
Construit entre 1916 et 1928
en style régionaliste pour les
visiteurs de l'Exposition ibéro-
américaine de 1929 (*p. 55*),
le palace est orné d'azulejos,
de décorations en brique et
de ferronneries. Au centre
se trouve un grand patio,
agrémenté d'une fontaine et
d'orangers. Même sans être
client de l'hôtel, vous pouvez
prendre un verre au bar ou
dîner dans son restaurant.

Patio central et sa fontaine, dans l'élégant Hotel Alfonso XIII

Ornements churrigueresques
du portail, Palacio de San Telmo

Palacio de San Telmo ❷

Avenida de Roma s/n. **Plan** 3 C3.
Ⓜ *Plaza de Cuba.* 🚌 *Puerta Jerez.*
Tél. *955 03 55 05.* ⚪ *pour*
rénovation jusqu'à mi-2011. 📷 ♿
🌐 **www**.juntadeandalucia.es

Ce majestueux palais fut
construit en 1682 pour
accueillir l'École navale.
Il tient son nom du patron des
navigateurs. En 1849, le palais
devint la résidence des ducs
de Montpensier, dont le parc,
jusqu'en 1893, était l'actuel
Parque María Luisa (*p. 98-99*).
Puis il devint un séminaire

en 1901. Aujourd'hui, il abrite
la présidence de la Junta de
Andalucía (gouvernement
régional).

Le temps fort de la visite
est le portail churrigueresque
qui donne sur l'Avenida de
Roma. C'est l'œuvre d'Antonio
Matías. Il fut achevé en 1734.
Autour des colonnes ioniques
se trouvent des figures
allégoriques représentant
les arts et les sciences.
On y voit saint Telmo
tenant un bateau et
des cartes, flanqué de
saint Ferdinand
portant une épée
et de saint
Hermenegildo,
tenant une croix.
Sur la façade nord,
qui donne sur
l'Avenida de Palos
de la Frontera, les
sculptures, ajoutées en
1895 par Susillo, représentent
notamment des artistes
célèbres, comme Murillo,
Velázquez et Montañés.

Détail de la façade
de l'Universidad

Universidad ❸

Calle San Fernando 4. **Plan** 3 C3.
Ⓜ *Puerta Jerez.* 🚌 *Prado de San
Sebastian.* **Tél.** 954 55 10 00. ⚪
lun.-ven. 8h-20h30. ⚫ *j.f.*

L'ancienne Real Fábrica de
Tabacos (Manufacture royale
de tabac) accueille
aujourd'hui l'université.
L'édifice était très prisé des
voyageurs du XIXᵉ siècle,
sur les traces de l'Espagne
romantique. Les trois
quarts des cigares
européens étaient
fabriqués ici.
Ils étaient roulés
sur les cuisses
de quelque
3 000 *cigarreras*
(cigarières), connues
pour être plus
impudentes
que chastes. Considéré
comme le plus grand
bâtiment du pays, après
l'Escorial de Madrid, l'édifice
fut construit entre 1728 et

CARMEN

Les *cigarreras* au sang chaud
qui travaillaient à la Manufacture
royale de tabac de Séville
inspirèrent à Prosper Mérimée
sa célèbre héroïne gitane,
Carmen. Écrite en 1845, la
nouvelle raconte l'histoire
tragique d'une femme
sensuelle et sauvage qui
délaisse un soldat pour un
torero, avant d'être assassinée
par l'amoureux éconduit. Bizet
écrivit le célèbre opéra en
1875, qui fit de Carmen
l'incarnation de la passion
à l'espagnole.

Carmen et Don José

Pour les hôtels et les restaurants du quartier, voir p. 213 et p. 229

1771. Les fossés et les tours de guet témoignent de l'importante protection qui entourait le monopole royal du tabac, fort lucratif. À droite de l'entrée principale, sur la Calle San Fernando, se dresse l'ancienne prison, où étaient incarcérés les employés tentant de faire de la contrebande de tabac.

Sur la gauche s'élève la chapelle, aujourd'hui utilisée par les étudiants.

La découverte du tabac dans le Nouveau Monde est commémorée au portail principal, où se trouvent des bustes de Christophe Colomb (p. 127) et de Cortés. Le patio de l'horloge et le patio de la fontaine conduisent aux anciens ateliers. Les feuilles de tabac séchaient tout d'abord sur le toit, puis étaient broyées par des meules mues par des ânes. Aujourd'hui, la production est effectuée dans une usine près du Puente del Generalísimo.

Fontaine baroque dans l'un des patios de l'Universidad

Teatro Lope de Vega ❹

Avenida María Luisa s/n. **Plan** 3 C3. Ⓜ et 🚌 Prado de San Sebastian. **Tél.** 95 459 08 67 (billeterie). 🕐 représentations. ♿ **www.**teatrolopedevega.org

Lope de Vega (1562-1635), le « Shakespeare espagnol », était un auteur de théâtre, à qui l'on doit plus de 1 500 pièces. Le théâtre néobaroque qui porte son nom fut inauguré en 1929, comme casino et théâtre pour l'Exposition

Le dôme du Teatro Lope de Vega, édifice baroque inauguré en 1929

ibéro-américaine (p. 55). Les édifices à colonnades et à coupoles accueillent toujours spectacles et expositions (p. 244-245). Le Café del Casino permet de se détendre dans un décor suranné.

Parque María Luisa ❺

Voir p. 98-99.

Museo de Artes y Costumbres Populares ❻

Pabellón Mudéjar, Parque María Luisa. **Plan** 4 D5. **Tél.** 954 71 23 91. 🕐 mar.-sam. 9h-20h30, dim. et j.f. 9h-14h30. 🚫 ♿

Installé dans le pavillon mudéjar de l'Exposition ibéro-américaine de 1929 (p. 55), le rez-de-chaussée abrite des scènes d'ateliers illustrant des artisanats, comme le travail du cuir,

des céramiques et du cuivre. Vous y découvrirez l'histoire des azulejos. Au-dessus, sont exposés des costumes du XIXᵉ siècle, accessoires, meubles, instruments de musique et outils agricoles. Des images romantiques de flamenco, de corrida, de la Semana Santa et de la Feria de Abril offrent un aperçu de tous les clichés liés à Séville.

Museo Arqueológico ❼

Plaza de América **Plan** 4 D5. **Tél.** 954 78 64 74. 🕐 mar.-sam. 9h-20h30. 🚫 ♿

Le pavillon Renaissance de l'Exposition de 1929 a été aménagé pour accueillir aujourd'hui le musée d'Archéologie. Les bâtiments du rez-de-chaussée abritent des pièces qui vont du paléolithique au début de l'époque romaine, ainsi que des répliques du célèbre trésor tartessien de Carambolo (p. 43) du VIIIᵉ siècle av. J.-C., découvert près de Séville en 1958.

En haut, les galeries principales sont consacrées à l'époque romaine, avec des statues d'Itálica (p. 132). Remarquez une mosaïque du IIIᵉ siècle apr. J.-C. d'Écija (p. 134) et des sculptures de Trajan et Hadrien, nés dans la région. Les salles suivantes recèlent des vestiges wisigoths, objets issus de Medina Azahara (p. 138).

Le Museo de Artes y Costumbres Populares, l'ancien pavillon mudéjar

Parque María Luisa ❺

Ce vaste parc doit son nom à la princesse Marie-Louise d'Orléans, qui fit don d'une partie du jardin du Palacio de San Telmo *(p. 96)* à la ville, en 1893. C'est l'architecte Jean-Claude Forestier, à qui l'on doit le Bois de Boulogne à Paris, qui dessina ce cadre

Statue de María Luisa (1929)

verdoyant pour accueillir les pavillons de l'Exposition ibéro-américaine de 1929 *(p. 55)*. Les témoignages les plus remarquables de cette création extravagante sont la Plaza de España et la Plaza de América, dues toutes deux à Anibal González, et qui participent de l'atmosphère théâtrale du parc. Fontaines bruissantes et avenues ombragées font du parc une oasis de fraîcheur dans la chaleur et la poussière de la ville.

★ **Plaza de España**
Des bancs carrelés bordent cette place en hémicycle, joyau de l'Exposition de 1929.

La Glorieta de la Infanta s'orne d'une statue en bronze représentant Marie-Louise d'Orléans.

Point de départ des promenades

Glorieta de Bécquer
Des figures allégoriques représentent les étapes de l'amour confèrent un charme inouï à cet hommage à Adolfo Bécquer (1836-1870), célèbre poète romantique sévillan.

Isleta de los Patos
Au centre du parc s'étend un lac où s'ébattent cygnes et canards. Une île abrite un petit belvédère paisible.

Fuente de los Leones

Des lions en céramique gardent cette fontaine octogonale, cernée de haies de myrte. Elle est inspirée de la fontaine du Patio de los Leones de l'Alhambra (p. 195).

★ Museo de Artes y Costumbres Populares

Les pavillons de la Plaza de América sont un tribut aux styles mudéjar, gothique et Renaissance. Le Pabellón Mudéjar abrite le musée des Arts et Traditions populaires ❻

Pabellón Real

Le Monte Gurugú, *petite fontaine dotée d'une cascade.*

★ Museo Arqueológico

Le Pabellón de las Bellas Artes, de style néo-Renaissance, abrite le Musée archéologique régional, qui recèle quantité de pièces provenant du site romain d'Itálica (p. 132) ❼

Céramiques

Les céramiques multicolores de Triana décorent le parc : vasques remplies de fleurs, bancs carrelés, canards ou grenouilles disposés autour des fontaines.

AU-DELÀ DU FLEUVE

Sur la rive ouest du Guadalquivir, la Séville historique rencontre la Séville moderne. Depuis l'époque romaine, Triana, qui tient son nom de l'empereur Trajan, produit des poteries. C'est un quartier populaire, renommé pour ses *toreros* et ses artistes de flamenco issus de la communauté gitane. Avec ses rues pavées et ses boutiques regorgeant de céramiques, le quartier, marqué par le temps, possède un charme authentique. L'Iglesia de Santa Ana est un superbe édifice gothico-mudéjar. Au bord de l'eau, les bars et les restaurants qui longent la Calle Betis

Carreaux de Triana, centre de fabrication d'*azulejos* et de céramiques

offrent une vue superbe sur les tours et les clochers de Séville.

Au XVe siècle, un monastère chartreux fut érigé au nord de Triana, alors calme et isolé, et l'édifice donna son nom au quartier : Isla de la Cartuja (Chartreuse).

Plus tard, il compta parmi ses habitants Christophe Colomb. La Cartuja accueillit l'Expo '92 (*p. 104-105*). Le monastère a été restauré, et plusieurs pavillons au design très moderne ont été construits à grands frais. Le site de l'Exposition universelle a été réaménagé et possède le parc à thème Isla Mágica (*p. 104*).

LE QUARTIER D'UN COUP D'ŒIL

Parcs à thème
Cartuja '93 ❷
Espacio Cultural Puerta Triana ❸
Isla Mágica ❶

Quartier traditionnel
Triana p. 102-103 ❺

Églises et monastères
Iglesia de Nuestra Señora de la O ❻
Iglesia de Santa Ana ❼
Monasterio de Santa María de las Cuevas ❹

0   1 km

LÉGENDE

▮ Centre-ville de Séville
▯ Agglomération urbaine
▯ Agglomération sévillane
🚉 Gare ferroviaire
🚌 Gare routière
═ Autoroute
═ Route principale
═ Route secondaire

◁ **Pabellón de Andalucía, construit sur l'Isla de la Cartuja pour l'Expo '92**

Triana ❺

Depuis des siècles, ce quartier est renommé pour ses poteries. Aujourd'hui encore, nombre d'ateliers produisent et vendent carreaux et céramiques. L'ancien quartier gitan de Séville a aussi la réputation d'être le berceau de grands *toreros*, navigateurs et artistes de flamenco. Ce *barrio* reste un quartier ouvrier traditionnel, avec des ruelles étroites fleuries et une atmosphère particulière. À Triana, les visiteurs pourront acheter des céramiques et flâner dans les ruelles étroites la journée, puis apprécier les bars animés et la vue romantique sur le Río Guadalquivir la nuit.

Statue, Plaza del Altozano

Vers Nuestra Señora de la O (p. 105)

Callejón de la Inquisición

CASTILLA

ANTILLANO CAMPOS

SAN JORGE

SAN JACINTO

COVADONGA

PLAZA ALTOZ

RODRIGO DE TRIANA

Cerámica Santa Ana
Fondé en 1870, c'est le magasin de céramique le plus connu de Triana. On y trouve des reproductions de carreaux du XVIᵉ s.

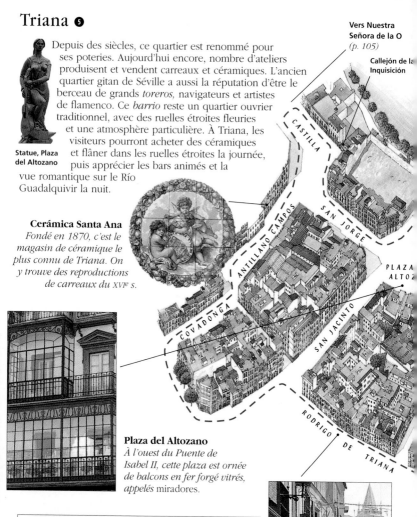

Plaza del Altozano
À l'ouest du Puente de Isabel II, cette plaza est ornée de balcons en fer forgé vitrés, appelés miradores.

SANTA JUSTA ET SANTA RUFINA

Deux chrétiennes qui travaillaient dans les poteries de Triana au IIIᵉ siècle sont devenues les saintes patronnes de Séville. Les Romains auraient fait jeter aux lions les jeunes femmes qui refusaient de se joindre à une procession à Vénus. Leur martyre a inspiré quantité d'artistes sévillans. Les saintes sont souvent représentées avec la Giralda, qu'elles auraient protégée du tremblement de terre de 1755.

Santa Justa et Santa Rufina par Murillo (vers 1665)

Calle Rodrigo de Triana
Cette rue tient son nom du navigateur andalou qui aperçut en premier le Nouveau Monde, lors du périple de Christophe Colomb, en 1492 (p. 51).

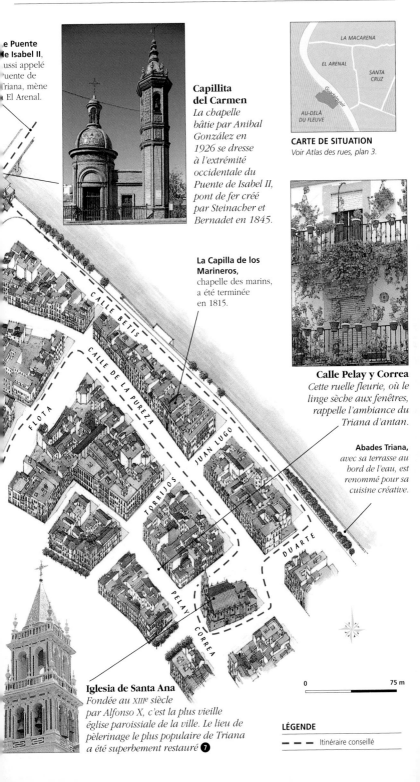

Capillita del Carmen
La chapelle bâtie par Anibal González en 1926 se dresse à l'extrémité occidentale du Puente de Isabel II, pont de fer créé par Steinacher et Bernadet en 1845.

Le Puente de Isabel II, aussi appelé Puente de Triana, mène à El Arenal.

LA MACARENA
EL ARENAL
SANTA CRUZ
Guadalquivir
AU-DELÀ DU FLEUVE

CARTE DE SITUATION
Voir Atlas des rues, plan 3.

La Capilla de los Marineros, chapelle des marins, a été terminée en 1815.

Calle Pelay y Correa
Cette ruelle fleurie, où le linge sèche aux fenêtres, rappelle l'ambiance du Triana d'antan.

Abades Triana, *avec sa terrasse au bord de l'eau, est renommé pour sa cuisine créative.*

CALLE BETIS
CALLE DE LA PUREZA
FLOTA
TORRIJOS
JUAN LUGO
DUARTE
PELAY CORREA

Iglesia de Santa Ana
Fondée au XIIIᵉ siècle par Alfonso X, c'est la plus vieille église paroissiale de la ville. Le lieu de pèlerinage le plus populaire de Triana a été superbement restauré ❼

0   75 m

LÉGENDE
--- Itinéraire conseillé

Attraction du parc Isla Mágica

Isla Mágica ❶

Pabellón de España, Isla de la Cartuja. **Plan** 1 B3. *Tél. 902 16 17 16 (information).* ☐ *variable. Consulter le site Internet pour les horaires d'ouverture et les offres spéciales (packs hôtel et entrée du parc).* 🖳 *www.islamagica.es*

Le parc d'attraction Isla Magica occupe la partie du site de la Isla de la Cartuja utilisée pour l'Expo '92 (p. 56-57). Il comprend le Pabellón de España et le Pabellón de Andalucía, dangeureusement penché.

Le parc retrace les voyages et les exploits des explorateurs qui partirent de Séville au XVIe siècle à la découverte du Nouveau Monde. La première des huit zones que les visiteurs expérimentent est Séville, Port des Indes, suivie entre autres par Quetzal, la Colère des dieux, puis La Porte des Amériques, l'Amazonie, et Le Repère des pirates

ainsi qu'El Dorado.

Le Jaguar est l'attraction la plus impressionnante : des montagnes russes où l'on s'élance à 85 km/h. Dirigez-vous aussi vers l'Anaconda, une course dans un ravin, et Les Rapides de l'Orinoco sur lesquels des barques sont ballottées par des vagues tourbillonnantes. La Fontaine de Jouvence est faite pour les enfants avec ses manèges et mit en scène de féroces pirates.

Des spectacles avec effets spéciaux, impliquant aussi les spectateurs, et des projections sur écran IMAX retracent l'histoire de ces explorateurs. De nouveaux spectacles sont créés régulièrement, certains durant quelques semaines, d'autres pour plusieurs mois. Pour avoir les horaires précis et les dernières informations, consultez le site Internet.

Cartuja '93 ❷

Paseo del Oeste (rebaptisé Calle Leonardo da Vinci). **Plan** 1 A3.

Le parc des Sciences et de la Technologie occupe la partie occidentale du site d'Expo '92. La Calle Leonardo da Vinci et les chemins d'accès permettent d'admirer quelques-uns des pavillons les plus spectaculaires. Les édifices, qui font dorénavant partie du World Trade Centre andalou, appartiennent à des sociétés publiques et privées et ne sont pas ouverts aux visiteurs. Les bâtiments au sud

Le Pabellón de Andalucía, construit sur l'Isla de la Cartuja pour l'Expo '92

et à l'est du Parque Alamillo font partie de l'université de Séville, qui participe à la Cartuja '93. Au sud s'étendent les jardins entourant l'ancien Monasterio de Santa María de las Cuevas (p. 105).

Marché aux puces Charco de la Pava ❸

☐ *sam. et dim. matin.*

Le marché aux puces Charco de la Pava se tient au-delà du stade olympique, le long du Guadalquivir. Il occupe un large espace de l'autre côté de la Cartuja et se tient tous les samedis et dimanches matin. Il est fréquenté aussi bien par les visiteurs que par les Sévillans qui aiment venir flâner dans ce joyeux bric-à-brac. On trouve toutes sortes d'objets à vendre disposés à même le sol : vieux outils agricoles, cuivres, peintures, vieilles photos… Le marché se tenait auparavant sur l'Alameda de Hércules (p. 88), dans le quartier de la Macarena au nord de la ville. Bien que proches du centre-ville, Charco de la Pava et le quartier alentour offrent peu de cafés ou restaurants. Pensez à prendre un solide petit déjeuner avant de vous lancer à la recherche de l'objet rare.

Promenade en bateau dans le parc Isla Mágica

Pour les hôtels et les restaurants du quartier, voir p. 214 et p. 230

L'entrée principale du Monasterio de Santa María de las Cuevas, fondé en 1400

Monasterio de Santa María de las Cuevas ❹

Calle Americo Vespucio 2, Isla de la Cartuja. **Plan** 1 A4. **Tél.** 955 03 70 70. **Monastère et Centro Andaluz de Arte Contemporáneo** ☐ oct.-mars : mar.-ven. 10h-20h (dern. entrée 19h30), sam. 11h-20h, dim. 10h-15h ; avr.-sept. : mar.-ven. 10h-21h (dern. entrée 20h30), sam. 11h-21h, dim. 10h-15h. 🖼 (gratuit le mar.) 🅿 🚻 www.caac.es

Ce complexe monastique, construit par les Chartreux au XVe siècle, est intimement lié à l'histoire de Séville. Christophe Colomb travailla et vécut ici, et il fut enterré dans la crypte de l'église du monastère, la Capilla Santa Ana. Des chartreux y vécurent jusqu'en 1836. On leur doit quelques chefs-d'œuvre de l'école sévillane, comme ceux de Zurbarán et Montañés, aujourd'hui au Museo de Bellas Artes (p. 66-67).

En 1841, un industriel britannique fit construire une usine de céramique sur le site. La production cessa en 1980 et le monastère fut soigneusement restauré, pour devenir l'un des fleurons de l'Expo '92.

La Capilla de Afuera près de l'entrée principale, et la Casa Prioral, qui abrite une exposition sur la restauration, sont très intéressantes.

Admirez le cloître mudéjar de marbre et de brique et les pierres tombales en marbre des protecteurs du monastère.

Le Centro Andaluz de Arte Contemporáneo accueille désormais les collections d'art contemporain. Les collections permanentes rassemblent essentiellement des œuvres d'artistes andalous du XXe siècle. Les expositions temporaires présentent les œuvres d'artistes de renommée internationale : performances, peintures, sculptures, photographies…

Triana ❺

Voir p.102-103.

Le clocher coloré de Nuestra Señora de la O, à Triana

Iglesia de Nuestra Señora de la O ❻

C/ Castilla. **Plan** 3 A1. **Tél.** 954 33 75 39. ☐ t.l.j.

L'église de Notre-Dame de la O, de la fin du XVIIe siècle, possède un clocher aux couleurs vives, orné d'azulejos. L'intérieur recèle des sculptures baroques, comme une Vierge à l'enfant, avec des auréoles d'argent, attribuée à Duque Cornejo. De l'autre côté du maître-autel se trouve un superbe groupe de Pedro Roldán, représentant sainte Anne, saint Joachim et la Vierge. Jésus de Nazareth portant sa croix, dans la chapelle principale sur le mur opposé, est du même artiste.

L'église borde la Calle de Castilla, qui tient son nom du célèbre château de Triana, siège de l'Inquisition au XVIe siècle.

Iglesia de Santa Ana ❼

C/ de la Pureza 84. **Plan** 3 B2. **Tél.** 954 27 08 85. ☐ t.l.j. 9h-15h, 19h-21h.

Santa Ana, l'une des premières églises construites à Séville après la Reconquête (p. 48-49), en 1276, a subi maints remaniements. Elle joue aujourd'hui un rôle essentiel pour les fidèles et les cofradias (confréries religieuses) de Triana.

Comme la voûte de la nef ressemble à celle de la cathédrale de Burgos, on pense qu'elle a été conçue par les mêmes artistes. L'extrémité ouest de la nef possède un retable du XVIe siècle, œuvre d'Alejo Fernández. La chapelle sacramentelle au nord a une entrée de style plateresque.

Dans le baptistère, les fonts baptismaux gitans, ou Pila de los Gitanos, transmettent, dit-on, le don du chant flamenco aux enfants des fidèles.

Une heure et demie de promenade dans Séville

Cette balade, qui commence dans l'un des splendides jardins de la ville, explore l'un de ses plus anciens *barrios* (quartiers) : le quartier juif médiéval de Santa Cruz. Dans ce dédale de ruelles étroites, vous découvrirez un musée consacré à l'un des grands peintres de la ville, Murillo, ainsi qu'un grand nombre d'églises, de galeries d'artisanat et de restaurants. Vous traverserez ensuite à pied la plus imposante place de Séville, avant de vous diriger vers le Guadalquivir, avec son pont historique, pour rejoindre le quartier de Triana, centre du flamenco à Séville et célèbre pour ses céramiques.

Une croix, Plaza Santa Cruz

Une ruelle ensoleillée du *barrio* de Santa Cruz

LÉGENDE

- • • • Itinéraire
- Ⓜ Station de métro
- 🚌 Arrêt de bus
- 🚊 Station de tramway

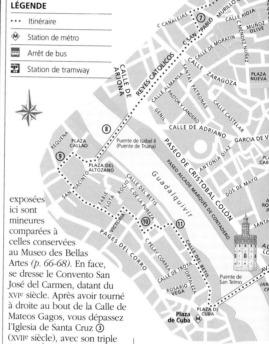

De la Plaza Santa Cruz au Río Guadalquivir

Cette petite place, avec sa cage aux oiseaux et son jardin, se trouve non loin des Jardines de Murillo ①, où s'élève un monument dédié à Christophe Colomb, et de l'enceinte du Real Alcázar. Suivez la Calle Santa Teresa au-delà du musée ② consacré au peintre Bartolomé Esteban Murillo (1618-1682), dans la maison où il est né ; les œuvres exposées ici sont mineures comparées à celles conservées au Museo des Bellas Artes *(p. 66-68)*. En face, se dresse le Convento San José del Carmen, datant du XVIᵉ siècle. Après avoir tourné à droite au bout de la Calle de Mateos Gagos, vous dépassez l'Iglesia de Santa Cruz ③ (XVIIᵉ siècle), avec son triple carillon. À gauche, prenez la Calle Guzmán El Bueno, qui doit son nom au défenseur de Tarifa durant l'invasion maure. On trouve dans cette rue des demeures de style classique construites autour de spacieuses cours intérieures. Continuez dans la Calle Argote de Molina et longez l'arrière du Palacio Arcobispal ④ jusqu'au portail de la cour de la cathédrale, principal vestige maure de cet édifice ; les fidèles faisaient leurs ablutions ici avant d'entrer dans la mosquée. Prenez à droite la Calle Hernán Colón, où de petites échoppes d'objets de collection voisinent avec des boutiques de souvenirs. La rue débouche sur la Plaza de San Francisco et l'Ayuntamiento ⑤ (hôtel de ville). Il constitue l'un des meilleurs exemples du style Renaissance en Espagne. Traversez la place et empruntez la Calle de Sierpes, l'une des plus anciennes artères commerçantes de Séville. C'est ici qu'il faut acheter éventails, mantilles et chapeaux, par exemple chez Maquedano ⑥ (nᵒ 40) dont la vitrine est toujours impressionnante. À l'endroit où la Calle de Sierpes rejoint

Patio d'une maison dans le quartier de Santa Cruz

La Giralda vue de la Plaza de San Francisco

CARNET DE ROUTE

Départ : Plaza Santa Cruz.
Longueur : 3,5 km.
Pour s'y rendre : la Plaza
Santa Cruz se trouve à quelques
minutes à pied de la Calle de
Menéndez Pelayo, près du Real
Alcázar et de la cathédrale.
Où faire une pause : le Kiosco
de las Flores, calle Betis s/n,
possède un jardin donnant sur
le fleuve, endroit idéal pour
prendre un verre ou manger.

**Du Puente de Isabel II
jusqu'au Puente de San Telmo**
Le pont débouche sur le
barrio de Triana, depuis
toujours lié au flamenco,

**Terrasse de café dans le *barrio*
de Triana, près du Guadalquivir**

la minuscule Plaza La
Campana, empruntez à gauche
la Calle Martin Villa jusqu'à la
Plaza del Duque de la Victoria,
avec sa statue de Vélasquez.
Revenez sur vos pas et
tournez à droite dans la Calle
San Eloy ; à son extrémité
s'élève l'Iglesia de la
Magdalena ⑦, édifiée en 1709
sur les ruines d'une mosquée.
À l'intérieur, se trouvent des
œuvres de Zurbaran et de
Valdés ; sa remarquable
représentation de la Virgen
del Amparo figure en bonne
place dans les processions
de la Semana Santa, à Pâques.
On dit que la Vierge serait
intervenue à la suite de
prières de fidèles lors
des répliques du
tremblement de terre de
1775. Depuis l'église
tournez à droite dans la
Calle San Pablo, qui
devient la Calle Reyes
Católicos, menant tout
droit au Puente de
Isabel II ⑧. Construit
en 1852 sur les
fondations d'un ancien pont
arabe du XIIᵉ siècle, il est aussi
appelé Puente de Triana.

Azulejos dans l'église
Santa Ana, Triana

à la tauromachie et aux
azulejos. Pour visiter
ateliers et boutiques,
empruntez à droite la
Calle San Jorge, puis
à gauche les Calles
Antillano ⑨ et Alfareria,
qui mènent à la Calle
Rodrigo de Triana.
Tournez ensuite à
gauche dans la Calle
Victoria puis à droite
dans la Calle Pelay Correa. Ici
s'élève la plus ancienne église
de Séville, Santa Ana ⑩,
érigée au XIIIᵉ siècle et qui
comprend des œuvres
majeures du XVIᵉ siècle.
Derrière l'église, suivez à
droite la Calle del Betis ⑪, le
long du fleuve, avec une vue
sur la Plaza de Toros, la Torre
del Oro et le *Monumento a la
Tolerancia*, sculpture de style
moderniste d'Eduardo Chillida.
La Calle del Betis rejoint le
Puente de San Telmo (1931),
qui mène aux Jardines de
Cristina ⑫, puis à la Calle San
Fernando ⑬, qui passe devant
l'Universidad.

Le Puente de Isabel II, sur le Guadalquivir ⑧

Atlas des rues

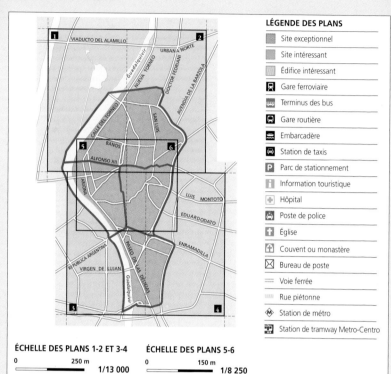

LÉGENDE DES PLANS

- ▢ Site exceptionnel
- ▢ Site intéressant
- ▢ Édifice intéressant
- 🚆 Gare ferroviaire
- 🚌 Terminus des bus
- 🚍 Gare routière
- ⛴ Embarcadère
- 🚕 Station de taxis
- 🅿 Parc de stationnement
- ℹ Information touristique
- ✚ Hôpital
- 🚓 Poste de police
- ✝ Église
- ⛪ Couvent ou monastère
- ⊠ Bureau de poste
- ═ Voie ferrée
- ▦ Rue piétonne
- Ⓜ Station de métro
- 🚊 Station de tramway Metro-Centro

ÉCHELLE DES PLANS 1-2 ET 3-4

0   250 m   **1/13 000**

ÉCHELLE DES PLANS 5-6

0   150 m   **1/8 250**

GLOSSAIRE DES ABRÉVIATIONS UTILISÉES

Avda	Avenida	**d**	de, del, de la,	**Pl**	Plaza	**Sra**	Señora
C	Calle		de las, de los	**Po**	Paseo	**Sta**	Santa

A

Abad Gordillo, C d **2 C5 (5 B2)**
Abades, C de los **3 C1 (6 D4)**
Abogado R Medina, C **2 E2**
Abril, Calle **2 F2**
Abuyacub, Calle **2 F3**
Acetres, Calle **3 C1 (6 D2)**
Adelantado, Calle **2 D3**
Adolfo R Jurado, C **5 C5**
Adriano, Calle de **3 B2 (5 B4)**
Agata, Calle **2 E1**
Aguamarina, Calle **2 E2**
Aguiar, Calle **1 B5 (5 A2)**
Aguilas, Calle del **4 D1 (6 E3)**
Aire, Calle del **3 C1 (6 D4)**
Alameda de Hércules **2 D4**
Alamillo, Viaducto del **1 A1**
Alamillo, Puente del **2 D1**
Albacara, Calle **2 E3**
Albaida, Calle de la **2 F3**
Albareda, Calle de **3 B1 (5 C3)**
Alberto Lista, C d **2 D4**
Albuera, Calle **3 A1 (5 A3)**
Alcaicería d Loza, C **3 C1 (6 D3)**
Alcalde Isacio
   Contreras, C **4 D2 (6 F4)**
Alcalde Marqués
   d Contadero, Po **3 B2 (5 B4)**
Alcázares, C de **2 D5 (6 D2)**
Alcores, Pasaje los **4 D1 (6 E4)**
Alcoy, Calle de **1 C4**
Alejo Fernández **4 D2 (6 F4)**
Alemanes, Calle **3 C2 (6 D4)**

Alerce, Calle **4 E1**
Alfasifa, Calle **3 C1 (6 D3)**
Alfalfa, Plaza del **3 C1 (6 D3)**
Alfaqueque, Calle **1 B5 (5 B1)**
Alfarería, Calle de **3 A1**
Alfaro, Plaza **4 D2 (6 E5)**
Alfonso de Cossio, C **4 E4**
Alfonso de Orleans y
   Borbón, C de **3 A5**
Alfonso XII, C de **1 B5 (5 B2)**
Alfonso XIII, Puente de **3 C5**
Algamitas, Calle **2 F3**
Alhelí, Calle **2 F3**
Alhóndiga, C d **2 D5 (6 E2)**
Almadén d Plata, C **2 F4**
Almansa, Calle **3 B1 (5 B4)**
Almensilla, Calle **2 F3**
Almirante Lobo, C **3 B2 (5 C5)**
Almirante Tenorio,
   Calle **2 E5 (6 F2)**
Almirante Topete, C d **4 F5**
Almirante Ulloa, C d **5 B2**
Almonacid, Calle **4 E3**
Alonso Tello, Calle **4 E2**
Altozano, Pl del **3 A2 (5 A4)**
Álvarez Quintero, C **3 C1 (6 D3)**
Amadeo Jannone, Pl **3 A3**
Amador de los
   Ríos, Calle **4 E1 (6 F2)**
Amante Laffon, C **2 F3**
Amapola, Calle **2 D4 (6 E1)**
Amargura, Calle **2 D4**
Amatista, Calle **2 E2**
América, Plaza de **1 B2**

América, Plaza de **4 D5**
Amistad, Calle **4 D1 (6 E3)**
Amor de Dios, C d **1 C5 (5 C1)**
Amores, Pasaje de **2 D4**
Amparo, Calle del **6 D1**
Andreu, Pasaje **6 D4**
Andueza, Calle de **2 D3**
Angel María
   Camacho, C **3 C1 (6 D3)**
Angeles, Calle **3 C2 (6 D4)**
Aniceto Saenz, C d **2 E4**
Animas, Calle **3 A4**
Antilla, Playa de la **2 E2**
Antillano, Calle **3 A2**
Antolinez, Calle **1 C5 (5 B1)**
Antonia Díaz, C d **3 B2 (5 B4)**
Antonia Saenz, C d **2 E4**
Antonio Bienvenida, C **3 B5**
Antonio Martelo, Plaza **2 F5**
Antonio M Montaner, C **4 E5**
Antonio Pantión, C **2 E3**
Antonio Salado, C **1 B5 (5 B2)**
Antonio Susillo, C **2 D4**
Aponte **1 C5 (5 C2)**
Aposentadores, C **2 D5 (6 D1)**
Arapiles, Calle **2 E5 (6 F2)**
Archeros, Calle **4 D2 (6 E4)**
Arcos, Calle **3 B3**
Ardila, C de la **3 A3**
Arenal, Calle **3 B1 (5 B4)**
Arenal, Calle **4 F5**
Arfe, Calle **3 B2 (5 C4)**
Argote de Molina,
   Calle **3 C1 (6 D4)**

Arguijo, Calle **2 D5 (6 D2)**
Arjona, Calle de **3 A1 (5 A3)**
Armas, Plaza de **1 B5 (5 A2)**
Armenta, Calle **6 E3**
Arqueros, Calle **3 A4**
Arrayán, Calle **2 D4**
Arroyo, Calle de **2 F5**
Arte de la Seda, C **1 C3**
Artemisa, Calle **2 E5 (6 F1)**
Asunción, C d **3 B3**
Atanasio Barrón, C **4 D1 (6 F4)**
Ateneo, Pasaje **3 C1 (5 C3)**
Atienza, Calle **2 D5 (6 D1)**
Augusto Peyre, C **4 D5**
A Plasencia, C **3 C1 (6 D3)**
Aurora, Calle **3 B2 (5 C4)**
Autonomía, Plaza **2 F3**
Ave María, Calle **6 E2**
Avellana, Calle **2 E3**
Averroes, Calle **4 E1**
Azafrán, Calle del **2 E5 (6 E2)**
Aznalcazar, Calle **4 F3**
Aznalcollar, Calle **4 F3**
Aznalfarache, Calle **2 E3**
Azofaifo, Calle **5 C2**

B

Badajoz **3 B1 (5 C3)**
Bailén, Calle de **1 B5 (5 B2)**
Bajeles, Calle **1 B5 (5 A1)**
Bamberg, Calle **3 C1 (6 D3)**
Baños, Calle de **1 B5 (5 B1)**
Barcelona, Calle **3 B1 (5 C3)**
Barco, Calle **2 D4**

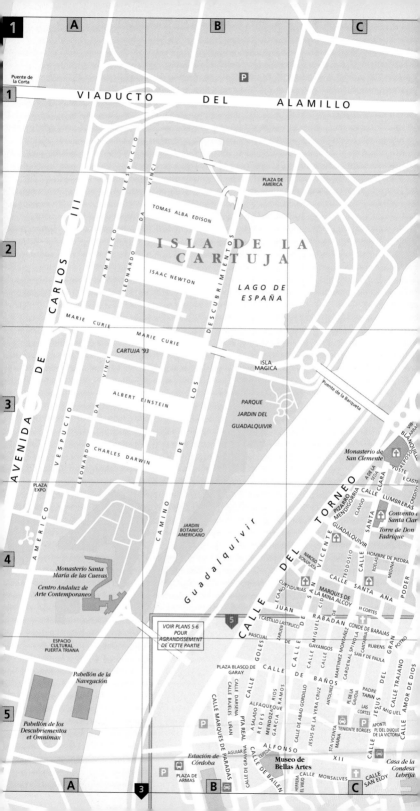

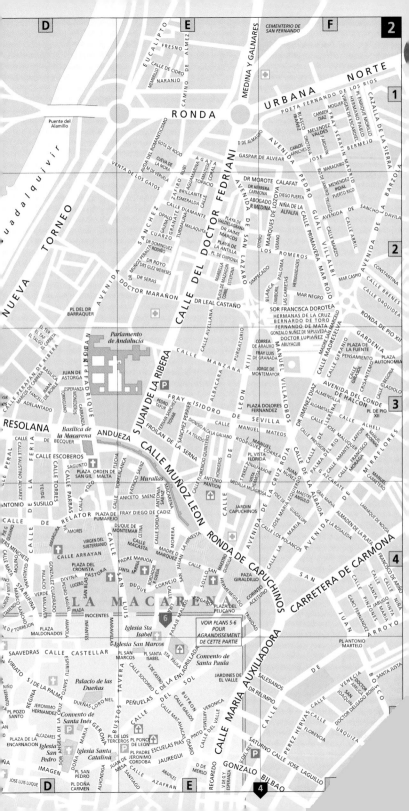

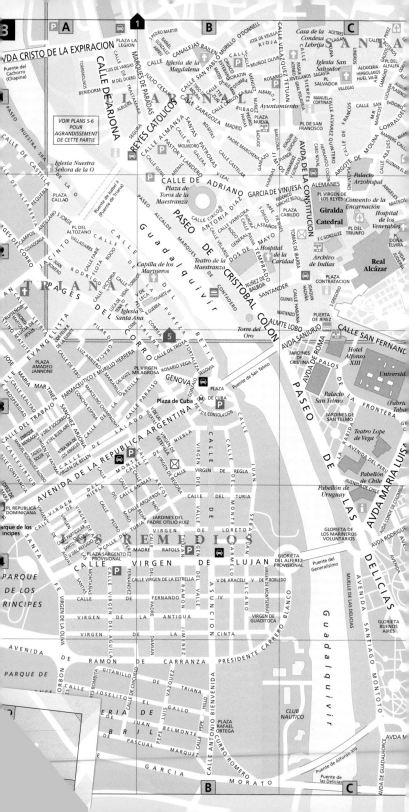

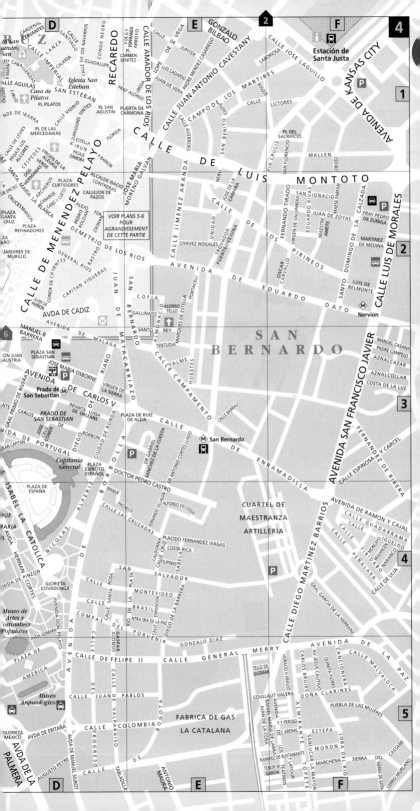

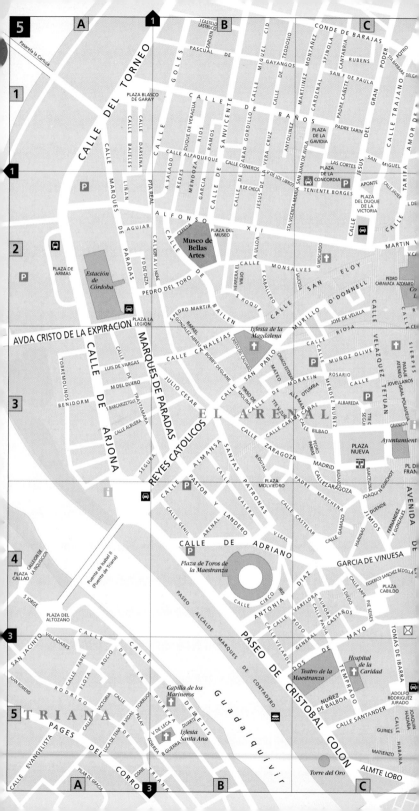

L'ANDALOUSIE
RÉGION PAR RÉGION

L'Andalousie d'un coup d'œil

L'Andalousie est une terre de contrastes, où les palais maures répondent aux cathédrales baroques. Ses huit provinces, que ce guide regroupe en quatre régions, offrent au visiteur non seulement les joyaux architecturaux que sont Cordoue et Grenade, mais recèlent encore d'autres atouts : villages écrasés de soleil, immenses oliveraies et splendides réserves naturelles.

Le plafond du mihrab de la mosquée de Cordoue (p. 144-145)

Non loin de Séville, l'amphithéâtre de la ville romaine d'Itálica (p. 44 et p. 132)

HUELVA ET LA PROVINCE DE SÉVILLE
Pages 122-133

Calice en or, trésor de la cathédrale de Cadix (p. 164)

CADIX ET MÁLAGA
Pages 158-183

Arcos de la Frontera, un des *pueblos blancos* (villages blancs, p. 174-175) si caractéristiques de l'Andalousie

Le Puente Nuevo de Ronda mène à la vieille ville (p. 176-177)

◁ L'aurore à Montefrío, province de Grenade

L'élégante façade baroque
de la cathédrale de Jaén *(p. 148)*

L'imposante forteresse maure de Baños de la Encina
(p. 151) dans la province de Jaén

CORDOUE
ET JAÉN
Pages 134-157

GRENADE
ET ALMERÍA
Pages 184-203

À Grenade, l'Alhambra domine l'Albaicín *(p. 190-196)*

0   50 km

Les belles plages de la réserve
naturelle de Cabo de Gata *(p. 202)*

HUELVA ET LA PROVINCE DE SÉVILLE

Les plaines sévillanes et l'extrême ouest de l'Andalousie sont peu fréquentés par les visiteurs. Leurs attraits sont pourtant nombreux : plages tranquilles de la côte atlantique, orangeraies de la vallée du Guadalquivir et parc national Doñana, la plus grande réserve naturelle d'Europe, sur le delta du fleuve. Les sierras du nord permettent en outre d'agréables randonnées.

Au IIIe siècle av. J.-C. les légions romaines de Scipion l'Africain sillonnant le Sud de l'Espagne fondèrent Itálica, puissante métropole dont on peut voir les ruines au nord de Séville.

Plus tard, les Arabes ont dominé la région qui constituait alors une partie de l'émirat d'al-Andalus. Ils l'ont parsemée de villes fortifiées aux murs blanchis à la chaux, comme Carmona, dans la province de Séville.

Après la Reconquête *(p. 48-49)*, l'influence maure a été perpétuée par l'architecture mudéjare *(p. 24-25)*, capable d'épouser des formes Renaissance ou baroques, comme à Osuna, une ville très prospère au XVIe siècle.

La province de Huelva est intimement liée à un chapitre de l'histoire des grandes découvertes : en 1492, Christophe Colomb est parti de Palos de la Frontera, qui était alors un port actif, après avoir séjourné, non loin de là, au monastère franciscain de la Rábida. La limite nord de la province de Huelva est constituée d'un massif montagneux couvert de forêts entrecoupées de torrents impétueux, la Sierra de Aracena, qui prend le nom de Sierra Norte de Sevilla dans la province de Séville. C'est le refuge des chèvres et des oiseaux de proie. Au printemps, avec l'éclosion des fleurs sauvages, la montagne se pare de mille couleurs, avant de virer au brun au fur et à mesure que l'été torride s'installe.

Le parc national de Doñana s'étend sur les dunes et les marécages proches de l'embouchure du Guadalquivir.

À la Pentecôte, l'église Nuestra Señora del Rocio, à El Rocio, attire des milliers de pèlerins

◁ Le fameux *jamón ibérico* (jambon salé et séché), dans un bar de Jabugo, Sierra de Aracena

À la découverte de Huelva et de la province de Séville

Séville (*p. 58-117*) constitue le point de départ idéal pour explorer les recoins les plus éloignés de sa province et de celle de Huelva, tels que la Sierra de Aracena, peu visitée et pourtant splendide, ou l'austère Sierra Norte. La côte atlantique propose une suite presque ininterrompue de vastes plages et les fascinants paysages de marais du parc national de Doñana. Entre la côte et les montagnes s'étendent les vignobles de la région d'El Condado. Les villes anciennes d'Écija et d'Osuna possèdent d'intéressants édifices baroques. Enfin, dans la région de Huelva, on peut retrouver la trace de Christophe Colomb.

Les mines de Riotinto, Sierra de Aracena

Cumbres Mayores
Arroyomolinos de León
Mérida
Sierra
Morena
Rosal de la Frontera
N433 Aroche
N435
Embalse de Aracena
Cortegana
Jabugo
Aracena
Santa Olalla del Cala
A493
SIERRA DE ARACENA
Higuera de la Sierra
Santa Bárbara de Casa
1
N435
N433
Paymogo
El Ronqu
Chanza
Cabezas Rubias
Zalamea la Real
2 MINAS DE RIOTINTO
Calañas
El Castillo de las Guardas
Tharsis
A478
HUELVA
A499
Alosno
Valverde del Camino
Aznalcóllar
Villanueva de los Castillejos
Embalse de Sancho
Odiel
Tinto
A493
Sanlúcar de Guadiana
San Bartolomé de la Torre
A495
N435
EL CONDADO
11
Sanlúc la May
San Silvestre de Guzmán
Gibraleón
Trigueros
Niebla
Palma del Condado
A472
Guadiana
N431
A49
Villablanca
Cartaya
HUELVA
San Juan del Puerto
6
Bollullos del Condado
Pilas
AYAMONTE 3
Lepe
MONASTERIO DE LA RÁBIDA
9 MOGUER
Almonte
A49
Tavira
4
7 **8** PALOS DE LA FRONTERA
A483
ISLA CRISTINA
PUNTA UMBRÍA **5**
Villafranca Guadalq
10 MAZAGÓN
12 EL ROCÍO
Golfo de Cádiz
A494
MATALASCAÑAS
14
PARC NAC DE
13

LÉGENDE

— Autoroute

— Route principale

— Route secondaire

— Route pittoresque

– Voie ferrée principale

– Voie ferrée secondaire

▬ Frontière nationale

▬ Frontière régionale

▲ Sommet

Chalutiers dans le port de Punta Umbría

Pour les autres légendes de la carte, *voir le rabat arrière de couverture*

CIRCULER

Le grand axe Cordoue-Séville-Jerez de la Frontera-Cadix, la NIV (A4), coupe l'est de la région, en passant par Écija et Carmona. Une autre autoroute, la A92, draine le trafic de Málaga et de Grenade vers le périphérique de Séville, d'où part la A49 en direction de Huelva et du Portugal. Toutes ces villes sont reliées par voie ferrée et, pour la plupart d'entre elles, par un réseau d'autocars très dense et bon marché. Mais une voiture se révèle indispensable si l'on veut explorer les contrées les plus éloignées, en particulier les régions de montagnes.

Un panneau publicitaire familier au milieu des collines de la Sierra de Aracena

LA RÉGION D'UN COUP D'ŒIL

0   20 km

Charcuterie à Jaburgo, Sierra de Aracena

Sierra de Aracena ❶

Huelva. **Carte routière** A2. 🚌 *El Repilado*. 🚌 *Aracena*. 🛈 *Plaza San Pedro s/n, Aracena (959 12 82 06)*. 🗓 *sam.* **www**.sierradearacena.net

Située au nord de la province de Huelva, cette montagne déserte, parcourue par un grand nombre de routes sinueuses, est assez peu fréquentée par les visiteurs. Ses pentes, creusées de torrents, sont couvertes de chênes-lièges, de chênes verts, de châtaigniers et d'oliviers sauvages.

À Aracena, on peut visiter la **Gruta de las Maravillas** qui abrite un lac souterrain et des stalactites. Accolée à la forteresse, l'**Iglesia del Castillo** fut bâtie au XIIIe siècle par les Templiers sur les fondations d'une mosquée almohade, dont le minaret sert aujourd'hui de clocher. Le village de **Jabugo**, est connu dans toute l'Espagne pour son *jamòn ibérico* ou *pata negra*, délicieux jambon séché de montagne.

🍴 Gruta de las Maravillas
Pozo de la Nieve. **Tél.** *959 12 83 55.* 🕙 *10h-13h30, 15h-18h.* 🖼 🎥

Minas de Riotinto ❷

Huelva. **Carte routière** A2.
🚌 *Riotinto.* **Tél.** *959 59 00 25.*
🕙 *t.l.j. 10h30-15h, 16h-19h.*
🔒 *25 déc., 1er et 6 janv.* 🖼 🎥
www.parquemineroderiotinto.com

Pour se rendre aux mines à ciel ouvert de Riotinto, il faut quitter la N 435 de Huelva vers la Sierra de Aracena. Si les Phéniciens ont été les premiers à les exploiter, les Grecs, les Romains et les Wisigoths ont également puisé dans leurs réserves fer, cuivre, argent et autres minerais.

Le cratère est ouvert sur des parois rocheuses zébrées d'échancrures vertes et rouges. Dans le village, le Museo Minero retrace l'histoire de la compagnie minière Riotinto. Le week-end et les jours fériés, vous pouvez parcourir les mines installés dans les wagons d'un train « 1900 ».

🏛 Museo Minero
Plaza del Museo s/n. **Tél.** *959 59 00 25.*
🕙 *t.l.j.* 🖼 ♿ 🎥

Ayamonte ❸

Huelva. **Carte routière** A3. 🚶 *18 000.*
🚌 🛈 *Avda Ramon y Cajal s/n (959 47 09 88).* 🗓 *sam. matin.*

Avant l'achèvement du pont suspendu qui enjambe le cours inférieur du Guadiana depuis 1992, tout le trafic à destination de la côte portugaise de l'Algarve passait obligatoirement par Ayamonte. Le petit bac à fond plat qui franchit l'embouchure du fleuve fonctionne toujours, offrant ainsi une alternative aux voyageurs qui se rendent au Portugal. On peut tout à fait suivre la progression du bac du haut du clocher de l'Iglesia San Francisco, qui possède de beaux plafonds mudéjars.

Isla Cristina ❹

Huelva. **Carte routière** A3. 🚶 *18 000.*
🚌 🛈 *Calle San Francisco 12 (959 33 26 94).* 🗓 *jeu.* **www**.islacristina.org

Désormais entourée de marais, Isla Cristina était autrefois une île. Située à proximité de l'embouchure du Guadiana, c'est un important port de pêche au thon et à la sardine qui abrite toute une flotte de chalutiers. Grâce à son agréable plage de sable, le port est également devenu un lieu de villégiature. Sur le front de mer, de nombreux restaurants proposent d'excellents poissons et fruits de mer, fraîchement pêchés.

Chalutiers amarrés pour la nuit dans le port d'Isla Cristina

Pour les hôtels et les restaurants de la région, voir p. 214-215 et p. 230-231

Fresques évoquant la vie de Christophe Colomb au monastère de La Rábida

Punta Umbría ❺

Huelva. **Carte routière** A3.
🏃 14 000. 🚐 📋 🚶 Ciudad de Huelva
s/n (959 49 51 60). 🚐 lun.

Punta Umbría est l'une des principales stations balnéaires de la province de Huelva. Elle est située à l'extrémité d'un long promontoire, bordé par les Marismas del Odiel, d'un côté, et par une splendide plage de sable donnant sur le golfe de Cadix, de l'autre. Aujourd'hui, les villas du bord de mer sont surtout occupées par des vacanciers espagnols.

Un grand pont routier franchit les marécages en direction de Huelva. Mais il est préférable de suivre la trace des pionniers de la Río Tinto Company et de prendre le bac qui traverse les marais peuplés d'une myriade d'oiseaux.

Huelva ❻

Huelva. **Carte routière** A3.
🏃 130 000. 🚉 🚐 📋 🚶 Avenida
Alemania 12 (959 25 74 03). 🚐 ven.

Fondée par les Phéniciens sous le nom d'Onuba, Huelva a connu son apogée sous les Romains. Le début du commerce avec les Amériques lui a valu un regain de prospérité, mais elle a vite été supplantée par Séville. En 1755, le grand tremblement de terre qui ruina Lisbonne l'a presque rayée de la carte. Pourtant des faubourgs industriels se développent aujourd'hui autour des quais de l'Odiel.

Le fait que Christophe Colomb soit parti de Palos de la Frontera, de l'autre côté de l'estuaire, est le principal titre de gloire de Huelva. Cette page historique est remarquablement évoquée au **Museo Provincial** qui retrace également pas à pas le développement des mines de Riotinto. On peut ainsi y découvrir des vestiges archéologiques datant des débuts de l'extraction minière. À l'est de la ville, le barrio Reina Victoria a des allures de banlieue anglaise. Ce quartier fut construit au début du XXe siècle par la Riotinto Company pour y loger ses employés. Au sud de la ville,

Aiguière, Museo Provincial

le Monumento a Colón, assez maladroit, érigé en 1929, domine l'estuaire de l'Odiel.

🏛 **Museo Provincial**
Alameda Sundheim 13. **Tél.** 959 65 04 24. 🕐 mar.-sam. 9h-20h, dim. et j.f. 9h-15h. ♿

Monasterio de la Rábida ❼

Huelva. **Carte routière** A3.
🚌 de Huelva. **Tél.** 959 35 04 11.
🕐 mar.-dim. 10h-13h, 16h-18h15.
📷 ✓

En 1491, un navigateur génois exténué trouva refuge au monastère franciscain de La Rábida. Le roi Ferdinand et la reine Isabelle avaient refusé son projet de gagner l'Inde en faisant voile vers l'ouest. Le prieur Juan Pérez était le confesseur de la reine et il la persuada de revenir sur sa décision. L'année suivante, le marin, un certain Christophe Colomb, fut le premier Européen depuis les Vikings à atteindre l'Amérique.

Le monastère de La Rábida, bâti au XVe siècle sur des ruines maures, est désormais un mémorial consacré aux exploits de Colomb. Des fresques peintes en 1930 par Daniel Vásquez Díaz glorifient sa vie et ses découvertes. La Sala de las Banderas contient un petit coffret de terre provenant de chaque pays d'Amérique latine. Le cloître mudéjar, le jardin et la salle capitulaire sont également dignes d'intérêt.

CHRISTOPHE COLOMB EN ANDALOUSIE

Christophe Colomb – Cristóbal Colón en espagnol –, né en 1451 à Gênes en Italie, se forme à la navigation au Portugal. En 1492, il part de Palos de la Frontera et débarque à San Salvador, une île des actuelles Bahamas, persuadé d'avoir atteint les Indes.

Il effectue trois autres voyages, toujours à partir de l'Andalousie, et aborde le continent sud-américain et d'autres îles peuplées d'hommes que nous appelons toujours « Indiens » à cause de son erreur. Il meurt à Valladolid en 1506.

Christophe Colomb prend congé avant de lever l'ancre

Carte ancienne, Casa Museo de Martín Alonso Pinzón, Palos de la Frontera

Palos de la Frontera ❽

Huelva. **Carte routière** A3.
🏠 12 000. 🚌 ℹ️ *Parque Botánico José Celestino Mutis, Paraje de la Rábida (959 53 05 35).* 🛏️ *sam.*

Palos est une ville agricole peu avenante située sur la rive orientale du delta du Río Odiel ; toutefois son rôle de premier plan dans l'épopée de Christophe Colomb y attire nombre de visiteurs.

Le 3 août 1492, Colomb quitta Palos à bord de sa caravelle, la *Santa María*, suivi de la *Pinta* et la *Niña* commandées par Martín et Vicente Pinzón, deux frères originaires de Palos. Une statue de Martín Pinzón trône sur la place principale de Palos ; on a transformé sa maison en un petit musée de l'exploration, appelé **Casa Museo de Martín Alonso Pinzón**.

L'Iglesia San Jorge, de style gothico-mudéjar, date du XVe siècle. Elle possède un beau portail, que Colomb a franchi après avoir écouté la messe, avant de lever l'ancre. La célèbre caravelle était à quai dans un bassin envasé depuis. Aujourd'hui, Palos doit sa prospérité à la culture des fraises qui se gorgent de soleil sur des milliers d'hectares.

🏛 **Casa Museo de Martín Alonso Pinzón**
Calle Colón 24. **Tél.** 959 35 01 99.
⏱ *lun.-sam.*

Moguer ❾

Huelva. **Carte routière** A3. 🏠 15 000.
🚌 ℹ️ *Calle Castillo s/n (959 37 18 98).*
🛏️ *jeu.* **www**.aytomoguer.es

Une éclatante blancheur caractérise Moguer. Ébloui, on explore son dédale de courettes ombragées et de ruelles fleuries. Cette petite cité possède un ermitage du XVIe siècle, **Nuestra Señora de Montemayor** et un **Ayuntamiento** néoclassique. Deux autres monuments sont dignes d'intérêt. Le **Convento de Santa Clara** a été fondé au XIVe siècle. Ses murs crénelés dissimulent un splendide cloître

mudéjar en pierre finement ciselée. La cuisine, le réfectoire et le dortoir évoquent bien la vie des religieuses. Le **Monasterio de San Francisco** possède une église dotée d'une belle tour blanche et de portails baroques.

Moguer est la ville natale du poète Juan Ramón Jiménez, lauréat du prix Nobel de littérature en 1956. On peut découvrir sa vie et son œuvre dans la maison restaurée du poète, le **Museo de Zenobia y Juan Ramón Jiménez**.

🏛 **Museo de Zenobia y Juan Ramón Jiménez**
Calle Juan Ramón Jiménez 10.
Tél. 959 37 21 48. ⏱ *mar.-sam.*
⏱ *dim. apr.-m. et j.f.* 🚫 📷

⛪ **Convento de Santa Clara**
Plaza de las Monjas. **Tél.** 959 37 01 07. ⏱ *mar.-sam.* ⏱ *souvent ferm. le sam. ; j.f.* 🚫

La plage de Mazagón sur la Costa de la Luz

Mazagón ❿

Huelva. **Carte routière** A3. 🏠 3 500.
🚌 ℹ️ *Edificio Mancomunidad, Avda de los Conquistadores s/n (663 87 96 34).* 🛏️ *ven. soir.*

Dissimulée au milieu des pins à 23 km au sud-est de Huelva, Mazagón est l'une des stations balnéaires les plus isolées de la Costa de la Luz. Presque déserte en hiver, elle est assaillie en été par une horde de vacanciers, espagnols pour la plupart, occupés à pêcher ou à faire de la voile. Mais la foule se fait vite oublier car on peut longer, à cet endroit, la côte atlantique sur des kilomètres ou errer dans les dunes de sable sans rencontrer âme qui vive.

Nuestra Señora de Montemayor (XVIe siècle), à Moguer

La muraille maure de Niebla à El Condado

El Condado ⓫

Huelva. **Carte routière** B2. 🚆 🚌
Palma del Condado. 🛈 Calle Campo
Castillo s/n, Niebla Huelva (959 36 22
70). www.castillodeniebla.com

Les douces collines à l'est de
Huelva produisent quelques-
uns des meilleurs vins
d'Andalousie. Le Condado est
une région fertile couverte de
vignobles, dont l'étendue
couvre approximativement les
communes de Niebla, Palma
del Condado, Bollullos Par del
Condado et Rociana del
Condado.

Niebla est d'origine très
ancienne. Si son pont est
romain, ses solides murailles
sont maures, tout comme le
Castillo de Niebla, aussi connu
sous le nom de Castillo de los
Guzmanes, ruines d'un
château du XIIe siècle.

Autour de Niebla, les
vignobles côtoient les villages
qui se sont développés autour
des principales *bodegas*.
À Bollullos Par del Condado,
on trouve la plus grande
coopérative vinicole de toute
l'Andalousie ainsi que le
Museo del Vino. On peut y
découvrir les techniques de
vinification, goûter une vaste
sélection de vins de la région
et en acheter. Bollullos et
Palma del Condado produisent
des vins blancs réputés et
très agréables.

🏰 **Castillo de Niebla**
Calle Campo Castillo s/n. **Tél.** 959
36 22 70. ◯ lun.-dim. 10h-14h,
15h-18h.

🍷 **Museo del Vino**
Plaza Idelfonso Pinto s/n, Bollullos
del Condado. **Tél.** 959 41 05 13.
◉ pour rénovation.

El Rocío ⓬

Huelva. **Carte routière** B3. 🚆 2 500.
🚌 🛈 Centro Doñana, Avda de la
Canaliega s/n (959 44 38 08). ◉ mar.

Situé à la limite des marais
de Doñana *(p. 130-131)*,
El Rocío est, durant la plus
grande partie de l'année, une
paisible bourgade qui n'attire
guère les visiteurs.

Toutefois, pour la Romería
del Rocío en mai *(p. 38)*, près
d'un million de personnes
convergent vers le village.
La plupart sont des pèlerins
venus de toute l'Espagne en
car, en voiture, à cheval, en
char à bœufs ou à pied.

Leur but est l'**Ermita de
Nuestra Señora del Rocío**,
dont la statue miraculeuse
remonte à 1280. Outre les
pèlerins, une foule de curieux
est attirée par l'atmosphère de
fête et de musique qui règne
alors dans le village.

Matalascañas ⓭

Huelva. **Carte routière** A3.
🚆 1 200. 🚌 🛈 Avenida de las
Adelfas s/n (959 43 00 86). ◉ jeu.

Matalascañas bénéficie
d'un isolement naturel.
D'un côté, les dunes et les
forêts s'étendent jusqu'à
Mazagón, de l'autre côté,
elle profite de la tranquillité
de Doñana *(p. 130-131)*.

Matalascañas est la plus
grande station balnéaire
à l'ouest du Guadalquivir.
Des milliers de vacanciers
y séjournent en été. Au
programme : bains de soleil,
équitation, ski nautique et
discothèques…
Pendant la Romería del Rocío,
la station est littéralement
envahie.

Iglesia Nuestra Señora del Rocío

Le parc national de Doñana ⓮

L'observation des oiseaux

Le parc national de Doñana, créé en 1969, est l'une des plus vastes étendues marécageuses d'Europe. Le parc et les zones protégées (Parque Natural de Doñana) couvrent une superficie de 50 000 hectares de marais et de dunes de sable. Cette ancienne réserve de chasse des ducs de Medina Sidonia n'a jamais été favorable à l'installation de l'homme. En revanche, une faune très variée s'y épanouit librement, et des milliers d'oiseaux migrateurs y font halte en hiver, lorsque les marais sont à nouveau inondés après plusieurs mois de sécheresse.

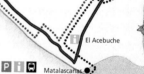

La végétation arbustive
Derrière les dunes, on trouve un épais tapis de lavande, de cistes et d'autres arbustes nains.

Le cade
Cette variété de génévrier (Juniperus oxycedrus) prospère dans les dunes, enfonçant profondément ses racines dans le sable.

Palacio del Acebrón

El Rocío

La Rocina

El Acebuche

Matalascañas

Palacio de Doñana

Laguna de Santa Olay

Les dunes côtières
Les dunes blanches, pouvant atteindre 30 m de haut, bordent la côte du parc. Poussées par les vents dominants de l'Atlantique, elles avancent continuellement.

L'étendue boisée de **Monte de Doñana** offre un refuge aux lynx, aux cerfs et aux sangliers.

Visite guidée
Au cours de la visite guidée sur des pistes accidentées, des guides chevronnés vous signalent les animaux difficiles à repérer tout en s'efforçant de préserver l'environnement.

LÉGENDE

▢	Marais
▢	Dunes
•••	Parque Nacional de Doñana
•••	Parque Natural de Doñana
▬	Route
☆	Point de vue
ℹ	Centre d'accueil
P	Parc de stationnement
🚌	Arrêt d'autocar

Pour les hôtels et les restaurants de la région, voir p. 214-215 et p. 230-231

Les cervidés

Le daim (Dama dama) *et le cerf élaphe* (Cervus elaphus) *vivent en liberté. Les cerfs engagent des luttes acharnées à la fin de l'été, saison des accouplements.*

Les marais servent de points d'eau aux animaux.

José Antonio Valverde

Marisma de Iznalcázar

Marisma Gallega

Rio Guadalquivir

Sanlúcar de Barrameda

Fábrica de Hielo

0   5 km

MODE D'EMPLOI

Carte routière B3. **Extérieur du parc** ◯ *t.l.j.* ⬤ *25 déc., 1er et 6 janv., Pentecôte.* ℹ️ *La Rocina* : **Tél.** *959 43 95 69.* ℹ️ *Palacio del Acebrón* : *expo. « L'homme et Doñana ».* ◯ *10h-21h.* ℹ️ *El Acebuche* : *accueil, exposition, café.* ◯ *8h-21h.* **Tél.** *959 43 96 29. Randonnées individuelles* : *La Rocina et Charco de la Boca ; El Acebrón depuis Palacio del Acebrón ; Laguna del Acebuche depuis Acebuche.* **Intérieur du parc** ◯ *été : lun.-sam. ; hiver : mar.-dim. ; visites guidées seul. ; départ d'El Acebuche : 8h, 15h ; Réservation obligatoire.* **Tél.** *959 44 38 08.* 📧 **www.**reddeparques nacionales.mma.es

L'aigle ibérique

Cet aigle très rare (Aquila adalberti) *se nourrit de petits mammifères.*

Le flamant rose

Pendant les mois d'hiver, les lacs salés et les marais fournissent aux flamants roses (Phoenicopterus ruber) *leurs aliments favoris : les crustacés.*

LE DERNIER REFUGE DU LYNX

Le lynx est l'un des mammifères les plus rares d'Europe. Environ quarante lynx ibériques (*Lynx pardinus*) ont trouvé refuge à Doñana. Leur pelage brun-jaune est tacheté de brun foncé. Cet animal timide a tendance à rester caché dans les broussailles. Il chasse principalement des lièvres et des canards, et à l'occasion des faons.

Le lynx est très difficile à observer

Les toits de tuiles rouges de Lebrija

Lebrija ⑮

Séville. **Carte routière** B3. 🏠 24 000.
🚌 🚉 **ℹ** *Casa de Cultura, Calle
Tetuán, 15 (955 97 40 68).* 🚲 *mar.*

La ville fortifiée de Lebrija
offre une vue splendide
sur le vignoble d'où provient
le célèbre xérès de la région
de Jerez (p. 226).

D'étroites rues pavées
mènent à l'**Iglesia Santa María
de la Oliva**, une mosquée
almohade du XIIᵉ siècle
transformée en église par
Alphonse X (p. 48).

Itálica ⑯

Séville. **Carte routière** B2
🚌 *depuis Plaza de Armas, Séville.*
Tél. *955 62 22 26.* 🕐 *avr.-sept :
mar.-sam. 8h30-21h, dim. et j.f.
9h-15h ; oct.-mars : mar.-sam.
9h-18h30, dim. 10h-16h.*

Itálica, l'une des premières
cités romaines d'Espagne, a
été fondée en 206 av. J.-C. par
Scipion l'Africain et a connu
une expansion rapide.

L'agglomération constituait
un centre stratégique et un
foyer culturel comptant
plusieurs milliers d'habitants.
Les empereurs Trajan et
Hadrien y
sont nés.
Le second,
qui régna au
IIᵉ siècle apr. J.-C.,
fit bénéficier sa
ville natale de ses
largesses en y édifiant
d'élégants monuments
de marbre.

Les archéologues supposent
que le déclin d'Itálica est en

**Mosaïque
romaine**

partie lié au changement de
cours du Guadalquivir. La ville
a certainement lentement
dépéri après la chute de
l'Empire romain, alors que
Séville s'est développée
à cette époque.

Au cœur du site, on
découvre les ruines d'un
amphithéâtre et quelques
vestiges sont exposés sur
place, mais la plupart des
trésors se trouvent au Museo
Arqueológico de Séville
(p. 97). On peut suivre les
anciennes rues à la recherche
des pavements de mosaïque
des villas. Il reste peu de
choses des temples et des
thermes de la ville pillée
au cours des siècles.

Le village de Santiponce est
tout proche. On y a mis au
jour des vestiges romains bien
mieux conservés que ceux
d'Itálica, en particulier des
thermes et un théâtre.

Sierra Norte ⑰

Séville. **Carte routière** B2.
🚉 *Estación de Cazalla y Constantina.*
🚌 *Constantina ; Cazalla.* **ℹ** *Calle
Paseo del Moro 2. Cazalla de la Sierra
(954 88 35 62).*

Au nord, la province de Séville
est limitée par une chaîne de
montagnes à l'aspect austère.
Baptisée Sierra Norte
de Sevilla, elle
s'intègre à
l'ensemble
de la Sierra
Morena qui
constitue une
frontière naturelle
entre l'Andalousie et
les plaines de la Manche et de
l'Estrémadure. La région,

faiblement peuplée, est
sillonnée par de nombreux
torrents. En été, on apprécie
sa relative fraîcheur après la
fournaise de Séville.

Curieusement, la principale
ville de la région, **Cazalla de
la Sierra**, est assez animée
car c'est l'un des endroits
les plus appréciés des jeunes
Sevillans durant le week-end.
Cazalla s'enorgueillit d'une
création originale, la Liquor de
Guindas, un curieux breuvage
à base de liqueur de cerise et
d'anis au goût déconcertant.
À l'est, **Constantina**, est plus
paisible et jouit d'une vue
superbe sur la campagne. Une
aura romantique entoure le
château en ruine, qui domine
la ville de très haut.

Les espaces peu fréquentés
de la Sierra Norte de Séville

Carmona ⑱

Séville. **Carte routière** B2. 🏠 25 000.
🚌 🚉 **ℹ** *Alcázar de la Puerta de
Sevilla s/n (95 419 09 55).* 🚲 *lun. et
jeu.* **www**.*turismo.carmona.org*

Dominant une plaine
fertile, Carmona est la
première ville importante
que l'on rencontre à l'est de
Séville en suivant la NIV (A4).
Une enceinte maure sépare
nettement la vieille ville des
faubourgs. Après avoir franchi
l'antique **Puerta de Sevilla**,
on découvre au gré d'un lacis
de ruelles tortueuses une
étonnante concentration de
palais et d'églises mudéjares.

L'élégante Plaza de San
Fernando sert d'écrin à la
façade Renaissance de
l'ancien hôtel de ville.
L'**Ayuntamiento** moderne,
tout proche, date du

Tombe de Servilla, Necrópolis Romana, Carmona

XVIIIᵉ siècle et sa cour abrite de belles mosaïques romaines. Non loin se dresse la plus belle église de Carmona, **Santa María la Mayor**, construite au XVᵉ siècle sur l'emplacement d'une mosquée dont le patio existe toujours. Ancienne résidence du roi Pierre Iᵉʳ, surnommé Pierre le Cruel (*p. 48*), les imposants vestiges de l'**Alcázar del Rey Don Pedro** dominent la ville. Une partie du palais a été transformée en parador (*p. 210*).

À la sortie de Carmona, on peut explorer les vestiges d'un vaste cimetière romain, la **Necrópolis Romana**. Un musée local présente des statues, du verre, des bijoux, des urnes mortuaires.

🏛 **Ayuntamiento**
Calle Salvador 2. *Tél.* 954 14 00 11. ⬜ lun.-ven. 🔵 j.f.

⛪ **Necrópolis Romana**
Avenida Jorge Bonsor 9. *Tél.* 954 14 08 11. ⬜ mar.-sam. 🔵 j.f.

Écija ⑲

Séville. **Carte routière** C2.
🏠 40 000. 🚃 🚌 ℹ️ Plaza de España 1, Ayuntamiento (955 90 29 33). 🔵 jeu.
www.turismoecija.com

En raison de son climat particulièrement torride, Écija est surnommée la « poêle à frire de l'Andalousie ». La Plaza de España, ombragée par des palmiers, constitue le centre de la vie sociale. Une foule s'y presse pour prendre le café, flâner sur ses bancs ou s'y promener tard la nuit.

Écija présente avec fierté onze clochers baroques, presque tous décorés d'azulejos éclatants (*p. 76*). L'élégante façade du **Palacio de Peñaflor** est, elle aussi,

baroque. Son portail de marbre rose est surmonté de colonnes torsadées, et un beau balcon de fer forgé court sur toute la façade. L'ornementation de l'église **Santa María**, sur la Plaza de España, est exubérante. Sa rivale la plus proche, l'**Iglesia de San Juan**, possède quant à elle un magnifique clocher.

🏛 **Palacio de Peñaflor**
C/ Caballeros 32. *Tél.* 954 83 02 73. ⬜ t.l.j. (seulement la cour).

Osuna ⑳

Séville. **Carte routière** C3.
🏠 17 500. 🚃 🚌 ℹ️ C/Carrera 82, Antiguo Hospital (955 82 14 00). 🔵 lun.

Statue, Iglesia del Carmen

Osuna fut une importante ville de garnison romaine, avant de décliner à l'époque médiévale. Toutefois, au XVIᵉ siècle, les puissants ducs d'Osuna rendirent sa prospérité à la ville. Dans les années 1530, ils fondèrent une grande église collégiale, la **Colegiata de Santa María**. On peut y voir un retable baroque et des tableaux de José de Ribera. Ils ont également fondé l'**Universidad**, agrémentée d'un charmant patio.

Quelques palais témoignent aussi de la gloire passée de cette ville, en particulier le **Palacio del Marqués de la Gomera**, de style baroque.

Estepa ㉑

Séville. **Carte routière** C3.
🏠 12 000. 🚌 ℹ️ Carre Aguilar y cano s/n (955 91 20 66). 🔵 lun., mer. et ven. www.estepa.com

Selon la légende, les habitants d'Estepa auraient préféré se suicider collectivement plutôt que de se rendre aux assiégeants romains en 207 av. J.-C. C'est aujourd'hui une paisible petite ville du sud-est de la province de Séville. Sa principale activité, qui en fait aussi la renommée, est la production de biscuits réputés : les *mantecados* et les *polvorones*. On prend plaisir à parcourir ses rues étroites aux palais ornés de grilles en fer forgé et à s'asseoir un moment sur la grand-place, pour contempler l'**Iglesia del Carmen** baroque.

Peinture murale sur la façade baroque du Palacio de Peñaflor, Écija

CORDOUE ET JAÉN

Avec sa célèbre mosquée et ses patios abondamment fleuris, Cordoue est, sans conteste, la perle du nord de l'Andalousie. Mais sa province permet également de découvrir les centres vinicoles de Montilla et Moriles et la splendeur baroque de Priego de Córdoba. Enfin, la région montagneuse de Jaén abrite les villes Renaissance d'Úbeda et de Baeza et de magnifiques réserves naturelles.

Située sur le Guadalquivir, le grand fleuve de l'Andalousie, Cordoue était un municipe romain il y a plus de deux mille ans. Mais son âge d'or date de la période islamique : au Xe siècle, elle était la capitale occidentale de l'Empire arabe et rivalisait avec Bagdad. Aujourd'hui encore, elle porte les traces d'une histoire longue et glorieuse et on y perçoit un mélange très particulier d'islam et de chrétienté.

La campagne proche de Cordoue est parsemée de monuments évoquant son passé arabe, comme le palais du calife à Medina Azahara. Au sud, la Campiña est une campagne fertile couverte d'oliviers et de vignes ou de tournesols et de blé. Ici et là, on rencontre un village blanc ou un château en ruine sur un piton rocheux. La Sierra Morena borne les provinces de Cordoue et de Jaén, au nord. Tel un torrent à truites, le Guadalquivir naît dans la Sierra de Cazorla, une région sauvage et escarpée de l'est de la province de Jaén. Au cours de l'histoire, les caravanes de marchands, les voleurs de grand chemin et les armées ont franchi les défilés de la Sierra Morena pour passer de Castille en Andalousie.

D'anciens châteaux perchés sur des hauteurs contrôlaient autrefois des points stratégiques à la frontière entre musulmans et chrétiens. Ils dominent aujourd'hui de paisibles oliveraies ponctuées de villes qui abritent des joyaux d'architecture postérieurs à la période de la Reconquête.

La ville de Jaén et sa cathédrale au premier plan

◁ Le mihrab de la mosquée de Cordoue orné d'admirables mosaïques byzantines (Xe siècle)

À la découverte de Cordoue et de Jaén

La vallée fertile du Guadalquivir délimite deux milieux naturels distincts : au nord, la chaîne de la Sierra Morena, sauvage et déserte ; au sud, un paysage de campagnes fertiles parsemées de villes historiques comme Priego de Córdoba. Cordoue et sa célèbre Mezquita se trouvent sur la rive nord du fleuve. Plus à l'est, les oliveraies de Jaén abritent deux joyaux de la Renaissance, Baeza et Úbeda. Ces villes peuvent constituer le point de départ d'une visite de la réserve naturelle de Cazorla, où cerfs et sangliers vivent dans un magnifique décor naturel.

La grand-rue de Cabra endormie

Belalcázar

Santa Eufemia

Zújar

Hinojosa del Duque

SIERRA MORENA TOUR

Torrecampo

Guadalmez

Puertollano

1

Alcaracejos

Añora

Pedroche

Conquista

Pozoblanco

Peñarroya-Pueblonuevo

N432

Bélmez

N502

Villanueva de Córdoba

A420

Morena

Fuente Obejuna

Cardeña

Sierra

Espiel

A421

SANTUARIO VIRGEN DE LA CABEZA

Brembézar

Villaviciosa de Córdoba

Embalse de Puente Nuevo

Embalse del Guadalmellato

N420

CÓRDOBA

Adamuz

6 MONTORO

ANDÚJAR

Embalse del Bembézar

N432

Villa del Río

A433

MEDINA AZAHARA **4**

CÓRDOBA (CORDOUE)

5

Bujalance

Arjon

Hornachuelos

Porcu

Embalse del Retortillo

Posadas

A306

3

CASTILLO DE ALMODÓVAR DEL RÍO

Guadajoz

A309

A305

A431

A4

NIV

N331

N432

Castro del Río

2 **PALMA DEL RÍO**

La Carlota

Fernán Núñez

Espejo

La Rambla

11 BAENA

Sevilla

7 MONTILLA

Doña Mencía

Alcaudete

AGUILAR **8**

A318

10 CABRA

A333

A309

A45

12

9 LUCENA

PRIEGO DE CÓRDOBA

Puente Genil

A340

Embalse de Cordobilla

Rute

A331

Benamejí

Iznájar

Grand

Les oliveraies s'étendent à perte de vue

Málaga

Pour les autres symboles de la carte, voir le rabat arrière de couverture

LA RÉGION D'UN COUP D'ŒIL

La ville de Cazorla, à la lisière
de la réserve naturelle

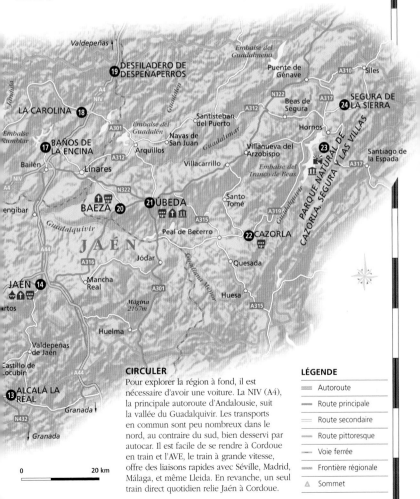

CIRCULER

Pour explorer la région à fond, il est
nécessaire d'avoir une voiture. La NIV (A4),
la principale autoroute d'Andalousie, suit
la vallée du Guadalquivir. Les transports
en commun sont peu nombreux dans le
nord, au contraire du sud, bien desservi par
autocar. Il est facile de se rendre à Cordoue
en train et l'AVE, le train à grande vitesse,
offre des liaisons rapides avec Séville, Madrid,
Málaga, et même Lleida. En revanche, un seul
train direct quotidien relie Jaén à Cordoue.

LÉGENDE

═══	Autoroute
───	Route principale
───	Route secondaire
───	Route pittoresque
───	Voie ferrée
───	Frontière régionale
△	Sommet

0   20 km

Palma del Río ❷

Cordoue. **Carte routière** C2.
🏯 19 500. 🚉 🚌 ℹ️ C/Santa Clara
s/n (957 64 43 70). 🛍️ mar.
www.palmadelrio.es

Les murailles almohades du
XIIᵉ siècle rappellent le passé
de ville frontière de ce
paisible bourg agricole, fondé
par les Romains il y a plus de
deux mille ans, sur la
voie reliant Cordoue
à Itálica *(p. 132)*.
L'**Iglesia de la
Asunción** datant du
XVIIIᵉ siècle, est
de style baroque.
Le monastère de
San Francisco
est devenu un
charmant hôtel
(p. 216) dont
l'ancien réfectoire
des franciscains
date du XVᵉ siècle.
Palma del Río est
la ville natale
d'El Cordobés,

**Clocher,
La Asunción**

l'un des plus célèbres *toreros*
espagnols. Dans sa jeunesse,
il s'échappait dans les
pâturages alentour pour
s'entraîner avec les taureaux.
Sa biographie, *Ou tu porteras
mon deuil*, évoque très
fidèlement la vie à Palma
après la guerre civile.

Castillo de Almodóvar del Río ❸

Cordoue. **Carte routière** C2.
Tél. 957 63 40 55. 🕐 mai-mi-
sept. : t.l.j. 11h-14h30, 16h-20h
(19h mi-sept.-avr.) 🖼️
www.castillodealmodovar.com

L'arrivée à Almodóvar del Río
est impressionnante : on voit
se détacher à l'horizon l'une
des silhouettes les plus
pittoresques d'Andalousie. Le
château mauresque, dont les
parties les plus anciennes
remontent au VIIIᵉ siècle,
surplombe la ville blanche.

Détail d'un panneau de bois
sculpté de la Medina Azahara

Medina Azahara ❹

Ctra Palma del Rio, km 8, Cordoue.
Carte routière C2. **Tél.** 957 35 55
06. 🕐 mar.-sam. 10h-18h30 (20h30
mai-sept.), dim. et j.f. 10h-14h. 🖼️
(gratuit pour les ressortissants de l'UE).

Ce palais, situé au nord-ouest
de Cordoue, fut élevé
au Xᵉ siècle par le Calife
Abd ar-Rahman III qui lui

Excursion dans la Sierra Morena ❶

L'âpre chaîne de la Sierra Morena couvre tout
le nord de l'Andalousie. Cette excursion d'une
journée, à partir de Cordoue, dans la partie la
moins peuplée de la province, vous permettra
d'explorer une région de collines couvertes de
chênes et de pins, où l'on chasse le cerf et le
sanglier, et la plaine de los Pedroches, où les
cigognes nichent sur les clochers. Cet itinéraire
permet une approche différente, peut-être
plus austère, de l'Andalousie.

Hinojosa del Duque ④
Appelée « Cathédrale de la Sierra », une
imposante église gothico-Renaissance
du XVᵉ siècle, San Juan Bautista,
abrite un retable baroque.

ÉMEUTE À FUENTE OBEJUNA

Le 23 avril 1476, les
habitants du village prirent
d'assaut le palais de
Don Fernando Gómez
de Guzmán, un seigneur
détesté. Il fut précipité
par la fenêtre. Quand
le juge demanda
qui l'avait tué,
ils répondirent

**Lope de Vega
(1562-1635)**

« Fuente Obejuna,
Monsieur ! » Et
personne ne fut puni, du moins si
l'on en croit la célèbre pièce de Lope
de Vega qui porte le nom du village.

Peñarroya-Pueblonuevo ②
C'était autrefois un important
centre d'extraction
du fer et du cuivre.

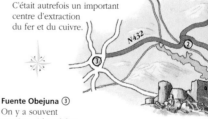

Fuente Obejuna ③
On y a souvent
représenté la célèbre
pièce de Lope de Vega.
Sur la place qui porte
son nom, l'église Nuestra
Señora del Castillo date
du XVᵉ siècle.

Bélmez ①
Les ruines d'un château
du XIIIᵉ siècle couronnent
une colline.

N432

---

donna le nom de son épouse favorite, Zahra. Rien ne fut trop précieux pour l'édifier et il fallut plus de 10 000 ouvriers pour transporter les matériaux provenant pour certains du Maghreb.

Le palais, construit sur trois niveaux, comportait une mosquée, la résidence du calife et de splendides jardins. Les sompteuses salles étaient ornées d'albâtre, d'ébène, de jaspe et de marbre. Hélas, sa gloire fut de courte durée. Après avoir été mis à sac par les Berbères en 1010, il servit pendant des siècles de carrière où l'on puisa des matériaux de construction. Les vestiges ne donnent qu'un faible aperçu de l'ancienne splendeur du palais, que l'on tente de restaurer peu à peu.

Córdoba (Cordoue) **5**

Voir p.140-146.

Montoro **6**

Cordoue. **Carte routière** D2. 🏘 9 600.
🚌 ℹ️ *Plaza de España 8 (957 16 00 89).*
📧 *mar.* **www**.montoro.es

Site privilégié sur un coude du Guadalquivir, Montoro existait déjà à l'époque des Grecs et des Phéniciens. Les ruelles escarpées ont un caractère typiquement andalou. Le pont massif, construit par Enrique de Egas, a été commencé sous le règne des Rois Catholiques *(p. 48-49)* et il a fallu plus de cinquante ans pour

l'achever. Pour y parvenir, les femmes de la ville ont vendu leurs bijoux ; on l'a donc baptisé **Puente de las Donadoras** (pont des Donatrices).

Sur la Plaza de España, on découvre la belle façade plateresque de l'**Ayuntamiento**, autrefois palais des ducs d'Albe, ainsi que l'église gothico-mudéjare de **San Bartolomé**. Si aujourd'hui, la culture de l'olivier est la principale activité économique, on y fabrique également des sacs de cuir et d'autres articles de maroquinerie de qualité.

Un pont du XVIe siècle franchit le Guadalquivir à Montoro

Belalcázar **5**
Une immense tour, unique vestige d'un château construit en 1466, domine l'horizon. Sebastián de Belalcázar, le conquérant du Nicaragua, y est né vers 1480.

Villaralto

Fuente la Lancha

Alcaracejos

▲ *PELAYO*

Añora **6**
Cette ville maintient la coutume des Cruces de Mayo (fête des Croix de mai, *p. 38*).

Pozoblanco **8**
Le 26 septembre 1984, le matador Paquiri y a été mortellement encorné par un taureau.

El Viso

CÓRDOBA

0 ————— 10 km

CARNET DE ROUTE

Itinéraire : 190 km
Où faire une halte : de nombreux points ombragés permettent de s'arrêter en chemin pour pique-niquer. Certains villages, comme Fuente Obejuna, ont des restaurants et des bars.

Pedroche 7
Un clocher de granit de 56 m de haut, dangereusement lézardé, domine le village.

LÉGENDE

▭▭ Circuit recommandé

═ Autre route

▲ Sommet montagneux

Cordoue pas à pas ❺

Statue de Maimonïde

Le cœur de Cordoue est la Judería, l'ancien quartier juif proche de la mosquée. On a l'impression que le temps s'y est arrêté il y a mille ans, lorsque Cordoue était l'une des grandes villes d'Occident, avec ses étroites rues pavées inaccessibles aux voitures, ses recoins secrets, ses grilles en fer forgé, ses minuscules ateliers d'orfèvres.

La plupart des édifices dignes d'intérêt se trouvent dans cette partie de la ville. Mais à quelques pas de la Grande Mosquée, les voitures passent sans s'arrêter devant la noria reconstituée sur le quai du Guadalquivir. On retrouve alors l'animation de la grande ville moderne, dont le centre est la Plaza de las Tendillas.

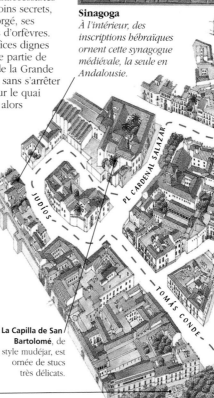

Sinagoga
À l'intérieur, des inscriptions hébraïques ornent cette synagogue médiévale, la seule en Andalousie.

La Capilla de San Bartolomé, de style mudéjar, est ornée de stucs très délicats.

Baños del Alcázar Califales
Ce hammam du Xe siècle abrite aujourd'hui un musée recréant l'histoire et les usages des bains.

★ Alcázar de los Reyes Cristianos
Les bassins et les fontaines créent l'atmosphère paisible des jardins du palais-forteresse des rois chrétiens, élevé au XIVe siècle.

LÉGENDE

– – – Itinéraire conseillé

Vers le Barrio de San Basilio

À NE PAS MANQUER

★ Alcázar de los Reyes Cristianos

★ Mezquita

Pour les hôtels et les restaurants de la région, voir p. 215-216 et p. 231-232

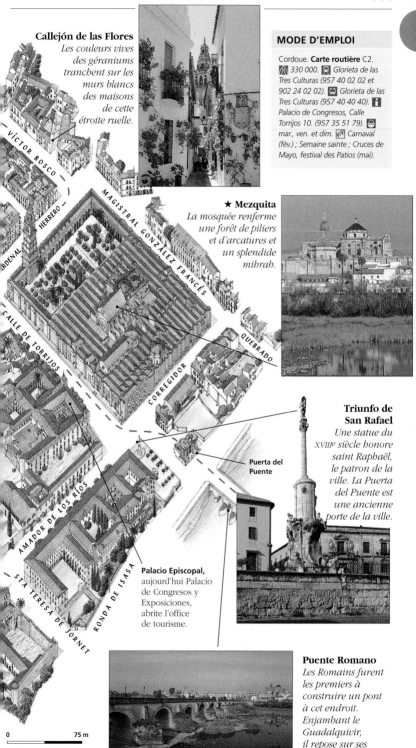

Callejón de las Flores
Les couleurs vives des géraniums tranchent sur les murs blancs des maisons de cette étroite ruelle.

MODE D'EMPLOI

Cordoue. **Carte routière** C2.
330 000. Glorieta de las Tres Culturas (957 40 02 02 et 902 24 02 02). Glorieta de las Tres Culturas (957 40 40 40). Palacio de Congresos, Calle Torrijos 10. (957 35 51 79). mar., ven. et dim. Carnaval (fév.) ; Semaine sainte ; Cruces de Mayo, festival des Patios (mai).

★ Mezquita
La mosquée renferme une forêt de piliers et d'arcatures et un splendide mihrab.

Triunfo de San Rafael
Une statue du XVIIIe siècle honore saint Raphaël, le patron de la ville. La Puerta del Puente est une ancienne porte de la ville.

Puerta del Puente

Palacio Episcopal,
aujourd'hui Palacio de Congresos y Exposiciones, abrite l'office de tourisme.

Puente Romano
Les Romains furent les premiers à construire un pont à cet endroit. Enjambant le Guadalquivir, il repose sur ses fondations d'origine.

0   75 m

À la découverte de Cordoue

La vieille ville serrée autour de la Mosquée constitue le cœur de Cordoue. La cité a probablement été fondée par les Carthaginois et son nom pourrait dériver de Kartuba, qui signifie « cité riche et précieuse » en phénicien. Elle devint ensuite un municipe romain où naquit le philosophe Sénèque. Mais son âge d'or se situe, sous le règne d'Abd ar-Rahman III, au Xe siècle, avec la création d'un califat indépendant dont elle était la capitale. Empire économique et culturel où musulmans, juifs et chrétiens cohabitaient harmonieusement, son influence s'étendit sur le monde occidental. Une guerre civile (p. 46-47) mit fin au califat, et la cité déclina après avoir été conquise en 1236 par Fernando III, bien que l'on ait encore construit quelques beaux édifices depuis lors.

Sculpture de Mateo Inurria

Naranjas y Limones, au Museo Julio Romero de Torres

« l'âme de Cordoue et la beauté de ses femmes », Julio Romero de Torres (1874-1930) a peint de nombreux nus, dans des poses souvent affectées. Mais un certain humour transparaît dans le tableau *Naranjas y Limones* (*Oranges et Citrons*, 1928).

🏠 Mezquita
Voir p. 144-145.

⚜ Alcázar de los Reyes Cristianos
C/Caballerizas Reales s/n. **Tél.** 957 42 01 51. ◻ mar.-ven. 8h30-19h30, sam. 9h30-16h30, dim. 9h30-14h30 ◖ lun. 🌫
Ce palais-forteresse a été édifié en 1328 par Alfonso XI. Fernando II et Isabel y ont résidé pendant la guerre contre les Maures de Grenade (p. 48). Ensuite, l'Alcázar devint le siège de l'Inquisition (p. 51), puis une prison. Les jardins agrémentés de bassins et de fontaines restent ouverts le soir en juillet et août. Des mozaïques romaines se trouvent derrière les murs du palais.

✡ Sinagoga
Calle Judíos 20. **Tél** 957 20 29 28. ◻ mar.-sam. 10h-14 h, 15h30-17h30, dim. 10h-13h30.
Construite vers 1315, c'est l'une des trois seules synagogues de cette période qui subsiste en Espagne. Les deux autres se trouvent à Tolède (Toledo), au sud de Madrid.
L'intérieur de ce petit édifice de style mudéjar, est orné d'inscriptions hébraïques et de beaux stucs.
La Judería, labyrinthe de ruelles, a peu changé depuis l'époque médiévale. Sur une place, une statue honore la mémoire de Maïmonide, médecin et philosophe juif né à Cordoue au XIIe siècle.

🏛 Baños del Alcázar Califales
Campo Santo de los Mártires.
◻ mar.-ven. 8h30-19h30, sam. 9h30-16h30, dim. et j.f. 9h30-14h30 🖼 gratuit le mer.
Bâti dans le palais d'Umayyad sous les ordres d'Al-Hakam II au Xe siècle, ce hammam reflète la disposition classique des bains romains : salles froides, salles chaudes et brûlantes. Celles-ci, très bien conservées, sont toutes voûtées et éclairées par des ouvertures en forme d'étoile. Un musée recrée l'histoire sociale et religieuse, et les usages des bains.

🏛 Museo Julio Romero de Torres
Plaza del Potro 1. **Tél.** 957 49 19 09. ◻ mar.-ven. 8h30-19h30, sam. 9h30-16h30 (dim. et j.f. 9h30-14h30) ◖ lun.
Présenté comme le peintre ayant le mieux su rendre

🏛 Museo de Bellas Artes
Plaza del Potro 1. **Tél.** 957 35 55 50. ◻ mar. 14h30-20h30, mer.-sam. 9h-20h30, dim. 9h-14h30.
Logé dans un ancien hospice de charité, ce musée n'est séparé du Museo Julio Romero de Torres que par un patio. On peut y voir des œuvres de Mateo Inurria (1867-1924) ainsi que des toiles de peintres de l'École de Séville (p. 64) comme Murillo, Valdés Leal et Zurbarán.

🎪 Plaza de la Corredera
Cette place à arcades de style castillan, bâtie au XVIIe siècle,

Un marché quotidien se tient Plaza de la Corredera

servit de cadre à des corridas ou à des manifestations publiques. Chaque jour, un marché s'y tient.

🏛 Palacio de Viana

Plaza Don Gome 2. *Tél. 957 49 67 41.* ⬜ *mar.-sam. 10h-19h, dim. 10h-15h.* ⬤ *lun.* 📷

Achetée par une caisse d'épargne en 1981, l'ancienne demeure de la famille Viana a conservé son aspect du XVIIe siècle. Le palais recèle

Fontaine centrale du jardin du Palacio de Viana (XVIIe siècle)

meubles, tapisseries et tableaux d'origine. Il possède quatorze patios, un jardin planté de citronniers et une fontaine entourée de roses.

🏛 Museo Arqueológico

Plaza Jerónimo Páez 7. *Tél. 957 35 55 17.* ⬜ *mar. 14h30-20h30, mer.-sam. 9h-20h30, dim. et j.f. 9h-14h30.* 📷

Ce palais Renaissance présente des antiquités romaines, dont des mosaïques, des poteries et des bas-reliefs, mais aussi de très beaux objets de la période islamique, comme le cerf de bronze niellé (Xe siècle) découvert à Medina Azahara *(p. 138).*

🏛 Puente Romano

Ce pont romain a été reconstruit par les Arabes. Face à la mosquée, se dresse la Puerta del Puente, érigée par l'architecte Hernán Ruiz en 1571.

Cerf de bronze hispano-arabe, Museo Arqueológico

🏛 Torre de la Calahorra

Tél. 957 29 39 29. ⬜ *t.l.j. oct.-avr. : 10h-18h ; mai-sept. : 10h-14h, 16h30-20h30.* 📷

Cette tour défensive a été construite au XIVe siècle pour verrouiller le Puente Romano. Elle abrite un très intéressant musée sur la vie quotidienne à Cordoue au Xe siècle.

LE CENTRE DE CORDOUE

LÉGENDE

▨ Pas à pas p. 140-141

Légende des symboles, *voir le rabat arrière de couverture*

La Mezquita de Cordoue

La Grande Mosquée de Cordoue
est le symbole le plus éclatant de la
domination musulmane en Espagne.
Abd ar-Rahman Ier *(p. 46)* a construit
la mosquée originelle entre 785 et
787. Puis l'édifice a été remanié et
agrandi au cours des siècles. Au
Xe siècle, al-Hakam II *(p. 46)* a
réalisé certains des aménagements
les plus remarquables, comme
le superbe mihrab (niche
orientée vers La Mecque) et la
maqsura (espace réservé au
calife). Finalement, au XVIe siècle,
on construisit une cathédrale
au centre de la mosquée.

Patio de los Naranjos
*Les fidèles y procédaient
à leurs ablutions avant
de prier.*

Torre del Alminar
*Ce clocher de 93 m de haut
renferme l'ancien minaret.
Des marches mènent au
sommet qui offre un point
de vue splendide sur la ville.*

**La Puerta del
Perdón**, de style
mudéjar, date de la
période chrétienne
(1377). Les pénitents y
recevaient l'absolution.

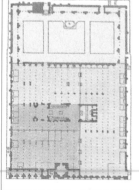

AGRANDISSEMENTS DE LA MEZQUITA

Abd ar-Rahman Ier construisit
la mosquée d'origine. Elle fut
agrandie par Abd ar-Rahman II,
al-Hakam II et al-Mansour.

**La Puerta de
San Esteban** a
été percée dans
une ancienne église
wisigothique.

LÉGENDE

☐ Mosquée de Abd ar-Rahman Ier

☐ Agrandissement par Abd ar-Rahman II

☐ Agrandissement par al-Hakam II

☐ Agrandissement par al-Mansour

☐ Patio de los Naranjos

À NE PAS MANQUER

★ Arcs et piliers

★ Capilla
de Villaviciosa

★ Mihrab

La cathédrale

La cathédrale, commencée en 1523, est caractérisée par un dôme italianisant. Elle est en grande partie l'œuvre de la famille d'Hernán Ruiz.

MODE D'EMPLOI

Calle Torrijos 10. *Tél.* 957 47 05 12. ⬤ *t.l.j. Horaires d'ouverture variables. Tél. pour précisions.* 🖼 🚻 *lun.-sam. 9h30 ; dim. et j.f. 11h, 12h et 13h.* **www.**mezquitadecordoba.org

La cathédrale renferme des stalles churrigueresques sculptées par Pedro Duque Cornejo en 1758.

Capilla Mayor

Capilla Real

★ Arcs et piliers

Le toit repose sur plus de 850 colonnes wisigothiques ou romaines de granit, de jaspe et de marbre. L'effet visuel est extraordinaire.

★ Mihrab

Cette niche à prière, richement ornée, abritait une précieuse copie du Coran. L'usure des dalles indique l'endroit où les fidèles tournaient sept fois à genoux.

★ Capilla de Villaviciosa

C'est la première chapelle chrétienne construite dans la mosquée en 1371 (admirables arcs polylobés).

Les patios de Cordoue

Traditionnellement, la vie familiale et sociale des Andalous est centrée sur le patio, qui constitue le cœur de l'habitation typique. Le patio permet à l'air et à la lumière de s'introduire dans la demeure. De plus, les orangers, les citronniers et les fleurs en pots qui l'envahissent en font une oasis de fraîcheur et un paisible lieu de retraite. On le décore d'arcades de brique, de tuiles de couleurs vives, d'éléments en fer forgé. Cordoue est fière de ses patios, quelles qu'en soient la taille et l'ornementation. Les plus beaux se trouvent dans les quartiers de San Lorenzo et de la Judería et dans le quartier de San Basilio, à l'ouest de la mosquée.

Poterie locale ornant un patio

Murs blanchis à la chaux   Effigie d'un saint   Orangers

Le festival des Patios *se déroule début mai (p. 38). Des dizaines de patios sont alors ouverts au public. Les mieux décorés remportent un prix très convoité.*

PATIO ANDALOU

Ce tableau de García Rodríguez (1863-1925) évoque un type de patio encore très répandu en Andalousie. Ses murs d'un blanc immaculé font particulièrement ressortir les couleurs vives des géraniums dans des pots en terre cuite. Le jasmin ajoute une douce note parfumée.

Des lampes de style mauresque, *à présent électriques, éclairent le patio en fin de soirée.*

Des azulejos, *autre héritage maure, ornent de nombreux patios, leur donnant des couleurs vives.*

De belles **grilles de fer forgé** *séparent l'espace privé du patio de la rue.*

Traditionnellement, au centre du patio, une **fontaine** *ou un puits fournissait l'eau.*

Montilla ❼

Cordoue. **Carte routière** C2. 🏠 *23 000.* 🚗 🚌 ℹ️ *Calle Capitan Alonso de Vargas 3 (957 65 24 62).* 🎉 *ven.*

Montilla est le centre d'une importante région vinicole. Son excellent vin blanc est élaboré de la même façon que le xérès *(p. 30-31)* et son goût est pratiquement identique. Des bodegas comme **Alvear** et **Pérez Barquero** accueillent des visiteurs sur rendez-vous.

Le **Convento de Santa Clara**, mudéjar, date de 1512 et le **château** du XVIIIe siècle. La bibliothèque municipale est située dans la **Casa del Inca**, ainsi baptisée parce que Garcilaso de la Vega, descendant des Incas du Pérou et auteur d'un des premiers livres sur le sujet, y vécut au XVIe siècle.

Le blason historique de la Bodega Pérez Barquero

🍷 **Bodega Alvear**
Avda María Auxiliadora 1.
Tél. *957 66 40 14.* ⏰ *t.l.j. sur r.-v.* 🚫 *dim. et j.f.*

🍷 **Bodega Pérez Barquero**
Avda de Andalucía 27. **Tél.** *957 65 05 00. Tél. pour prendre r.-v.*

Aguilar ❽

Cordoue. **Carte routière** C3. 🏠 *13 500.* 🚗 🚌 ℹ️ *Cuesta de Jesús, Edificio Antiquo Posito (957 66 15 67).* 🎉 *mar., jeu. et ven.*

Aguilar se distingue par une production intensive de vin, d'huile d'olive et de céramique. On peut y découvrir plusieurs demeures seigneuriales, mais sa principale curiosité est la **Plaza de San José**, une place octogonale, conçue en 1810.

Lucena ❾

Cordoue. **Carte routière** D2. 🏠 *40 000.* 🚌 ℹ️ *Castillo del Moral (957 51 32 82).* 🎉 *mer.* **www**.turlucena.com

Lucena, petite ville prospère, produit des meubles, des objets de cuivre et une céramique intéressante. À l'époque des califes de Cordoue *(p. 46)*, c'était un important centre intellectuel et commercial où prospérait une communauté juive dynamique.

L'**Iglesia de Santiago** a été bâtie en 1503 sur l'emplacement d'une ancienne synagogue. La **Torre del Moral** est l'unique vestige d'un château maure. Capturé au cours d'une bataille, le dernier sultan de Grenade, Boabdil, y fut incarcéré en 1483. Non loin, l'**Iglesia San Mateo**, du XVe siècle, renferme une remarquable sacristie baroque.

Le premier dimanche de mai, une cérémonie complexe en l'honneur de la Virgen de Araceli se déroule à Lucena.

Cabra ❿

Cordoue. **Carte routière** D2. 🏠 *21 000.* 🚌 ℹ️ *Calle Santa Rosalia 2 (957 52 01 10).* 🎉 *lun.* **www**.cabra.net

Situé au milieu des champs et d'immenses oliveraies, ce bourg fut, au IIIe siècle, le siège d'un évêché. L'ancien château a été converti en

Statue de saint Dominique, église de Santo Domingo à Cabra

école. On peut voir à Cabra quelques nobles demeures et l'**Iglesia Santo Domingo**, qui possède une intéressante façade baroque.

À la sortie de la ville, la **Fuente del Río**, source du Río Cabra, est un lieu ombragé, idéal pour pique-niquer.

Baena ⓫

Cordoue. **Carte routière** D2. 🏠 *20 000.* 🚌 ℹ️ *Virrey del Pino 5 (957 67 17 57).* 🎉 *jeu.* **www**.baena.es

L'huile d'olive de Baena est appréciée depuis l'époque romaine. L'**Iglesia Santa María la Mayor** domine cette petite ville blanche. Sur la Plaza de la Constitución, le bel hôtel de ville moderne jouxte la **Casa del Monte**, un palais à arcades du XVIIIe siècle. Durant les célébrations de la Semaine sainte, des milliers de joueurs de tambour envahissent les rues *(p. 34)*.

La façade de la Casa del Monte (XVIIIe siècle) **à Baena**

Pour les hôtels et les restaurants de la région, voir p. 215-216 et p. 231-232

Jaén ⑭

Les Arabes l'appelaient « Djayyan », le « lieu de passage des caravanes ». Le Castillo de Santa Catalina, une ancienne forteresse mauresque qui la domine, rappelle que Jaén contrôlait la principale route entre l'Andalousie et la Castille. Pendant des siècles, la région a servi de champ de bataille aux Maures et aux chrétiens *(p. 48-49)*. C'est la vieille ville qui recèle le plus d'édifices intéressants : on peut y admirer un grand nombre de belles demeures seigneuriales aux alentours de la cathédrale et dans le *barrio* de San Juan, et on y trouve aussi d'élégantes boutiques. Le soir, les bars des rues proches de la Plaza de la Constitución sont bondés.

Crucifix de bambou, Santa Clara

🏛 Catedral
Plaza de Santa Maria. ⬜ t.l.j.

La cathédrale a été édifiée au XVIᵉ siècle par Andrés de Vandelvira, à qui l'on doit plusieurs édifices à Úbeda *(p. 154-155)*. On a ajouté deux tours à la façade ouest au XVIIᵉ siècle. Les stalles du chœur sont superbement ouvragées, et le petit musée abrite des pièces d'orfèvrerie de grande valeur.

Chaque vendredi saint, entre 11 h 30 et 12 h 45, les fidèles peuvent vénérer le Linge de la Sainte Face. Sainte Véronique aurait utilisé ce linge pour essuyer le visage du Christ dont les traits se seraient imprimés sur le tissu.

Statue de la faç[ade] de la cathédra[le]

Les puissants remparts du Castillo de Santa Catalina

⛪ Castillo de Santa Catalina
Carretera al Castillo. **Tél.** 953 12 07 33 (office de tourisme), 953 23 00 00 (parador). ⬜ mar.-dim. ⬛ j.f.

On dit qu'Hannibal aurait érigé une tour sur la cime rocheuse qui surplombe la ville. Plus tard, les Maures y édifièrent une forteresse. Le roi Ferdinand III s'en empara en 1246 et fit bâtir un imposant château aux énormes remparts. Ce dernier a été restauré et on a construit à côté un parador *(p. 210-211)* de style médiéval.

Une route sinueuse monte vers la Torre del Homenaje et la chapelle du château. D'en haut, on jouit d'une belle vue sur la ville, les montagnes et les oliviers en rangs serrés.

🛁 Baños Árabes
Palacio Villardompardo, Plaza Santa Luisa de Marillac. **Tél.** 953 24 80 68. ⬜ été : mar.-ven. 9h-20h, sam.dim. 9h30-14h30 ; hiver : mar.-sam. 9h-20h15, dim. 9h-15h. ⬛ dim., j.f.

Ces bains du XIᵉ siècle, parfois baptisés « thermes d'Ali », un chef maure, présentent des plafonds percés de verrières en forme d'étoile, un dôme hémisphérique et deux vasques de faïence dans lesquelles on se baignait. On y accède par le Palacio de Villardompardo, qui abrite aussi un musée d'art naïf et un musée d'arts et traditions populaires.

L'HUILE D'OLIVE

Introduit en Andalousie par les Phéniciens, ou peut-être par les Grecs, l'olivier y a prospéré, et Jaén produit actuellement plus de 200 000 tonnes d'huile par an. La récolte des olives, en grande partie manuelle, commence en décembre. La qualité de l'huile est strictement contrôlée et une réglementation de *Denominación de Origen Controlada* a été mise en place. L'huile d'olive vierge, la meilleure, résulte de la première pression à froid : elle conserve donc sa saveur, ses vitamines et ses éléments nutritifs.

La récolte des olives en Andalousie, une tradition séculaire

Des arcs outrepassés supportent le dôme des Baños Árabes

L'autel de la Virgen de la Cupilla dans l'Iglesia de San Ildefonso

🔒 Capilla de San Andrés

Cette chapelle mudéjare, cachée dans une étroite ruelle, a été édifiée au XVIᵉ siècle, sans doute sur l'emplacement d'une synagogue. Son fondateur, Gutiérrez González, était le trésorier du pape Léon X et jouissait d'énormes privilèges. On y remarque en particulier une magnifique grille dorée, œuvre de Maestro Bartolomé de Jaén.

🔒 Iglesia de San Ildefonso

Cette église gothique présente des façades de styles différents. La première est gothique, ornée d'une mosaïque représentant la Vierge veillant sur Jaén pendant le siège de 1430 par les Maures ; la deuxième est plateresque *(p. 25)* et la troisième, néoclassique, a été édifiée par Ventura Rodríguez à la fin du XVIIIᵉ siècle. Une chapelle est consacrée à la Virgen de la Capilla, la patronne de Jaén, à laquelle est dédié le musée voisin.

🔒 Real Monasterio de Santa Clara

Fondé au XIIIᵉ siècle, juste après la reconquête de la ville par les chrétiens, c'est l'un des plus anciens monastères de Jaén. Son beau cloître a été construit vers 1581. L'église possède un magnifique plafond à caissons et abrite une curieuse effigie du Christ en bambou, originaire de l'Équateur. On peut y acheter d'excellentes pâtisseries préparées par les religieuses.

MODE D'EMPLOI

Jaén. **Carte routière** D2. 🏛 115 000. 🚆 *Paseo de la Estación s/n (902 24 02 02).* 🚌 *Plaza Coca de la Piñera s/n (953 25 01 06).* ℹ️ *Calle Maestra 18 (953 21 91 16).* 🗓 *jeu.* ⛪ *Semaine sainte (Pâques) ; Festivité de Nuestra Señora de la Capilla (11 juin) ; Feria de San Lucas (18 oct.) ; Romería de Santa Catalina (25 nov.).*

🏛 Museo Provincial

Paseo de la Estación 27.
Tél. 953 31 33 29.
🕐 *mar. 14h30-20h30, mer.-sam. 9h-20h30, dim. et j.f. 9h-14h30.*
Le bâtiment englobe des vestiges de l'église San Miguel et la façade d'un grenier à blé du XVIᵉ siècle. On peut y voir notamment un ensemble de sculptures et de céramiques grecques et romaines.

À deux pas, le mémorial de la Plaza de las Batallas évoque la défaite des Maures à Las Navas de Tolosa *(p. 48)* ainsi que celle des troupes napoléoniennes à Bailén *(p. 53).*

LE CENTRE DE JAÉN

Baños Arabes ①
Capilla de San Andrés ②
Catedral ④
Iglesia San Ildefonso ⑤
Real Monasterio de Santa Clara ③

0 — 250 m

Légende des symboles, *voir le rabat arrière de couverture*

Un château maure et une église en ruine couronnent la colline qui domine Alcalá la Real

Priego de Córdoba ⑫

Cordoue. **Carte routière** D2.
🏠 23 000. 🚏 ℹ️ *Carrera de las Monjas 1 (957 70 06 25).* 🗓️ *sam.*
www.turismodepriego.com

À l'écart des grands axes, Priego de Córdoba est une petite ville sans prétention au milieu d'une plaine fertile, au pied de La Tiñosa, le plus haut sommet de la province. Elle revendique toutefois le titre de capitale baroque de la région. On le lui concède bien volontiers à la vue des œuvres splendides créées par ses sculpteurs sur bois, ses doreurs et ses ferronniers.

La vieille ville a conservé son tracé labyrinthique de l'époque maure. Mais l'âge d'or de Priego fut le XVIIIe siècle. Il est lié à la création de la manufacture de soie. La ville a alors connu une véritable fièvre de construction, se couvrant d'élégantes demeures et de belles églises baroques.

Une porte fortifiée maure restaurée, bâtie sur des fondations romaines, donne accès au quartier médiéval, appelé le **Barrio de la Villa**. Des maisons parfaitement blanchies à la chaux bordent ses rues étroites et ses places fleuries. Le Paseo Colombia débouche sur l'Adarve, l'ancien chemin de ronde, qui propose un magnifique point de vue sur la campagne voisine. La belle **Iglesia de la Asunción** se trouve non loin.

Gothique à l'origine, elle fut convertie en église baroque au XVIIIe siècle par Jerónimo Sánchez de Rueda. Sa partie la plus remarquable est la chapelle du Sagrario, réalisée en 1784 par un artiste de Priego, Francisco Javier Pedrajas. Elle est couverte d'une profusion de sculptures, de volutes et autres ornements de stuc. En revanche, le maître-autel est de style plateresque *(p. 25).*

L'église baroque **Nuestra Señora de la Aurora** est le siège d'une confrérie. Chaque samedi, à minuit, ses membres, vêtus d'une grande cape, défilent dans les rues en chantant des hymnes et en recueillant des aumônes.

Les marchands de soie ont construit la plupart des belles demeures qui bordent la Calle del Río. Niceto Alcalá Zamora y est né en 1877, au n° 33. En 1931, ce brillant orateur devint président de la République espagnole, mais la guerre civile le contraignit à s'exiler. Sa maison natale abrite aujourd'hui l'office de tourisme.

À l'extrémité de cette rue, la **Fuente del Rey** – fontaine du Roi – exprime sans retenue toute l'exubérance du baroque, avec ses trois bassins.

Alcalá la Real ⑬

Jaén. **Carte routière** D2. 🏠 22 000.
🚏 ℹ️ *Fortaleza de la Mota (639 64 77 96).* 🗓️ *mar.* **www**.alcalareal.com.

Pendant la Reconquête *(p. 48-49)*, Alcalá était un point stratégique tenu par l'Ordre militaire de Calatrava. Aujourd'hui, sa grand-place s'orne de beaux monuments comme le **Palacio Abacial**, Renaissance, et la **Fuente de Carlo V** (fontaine de Charles Quint). Un château maure, la **Fortaleza de la Mota**, construit par les souverains de Grenade au XIVe siècle, domine la colline de la Mota. Le sommet offre un panorama splendide sur la vieille ville et la campagne environnante.

Statues du XVIe siècle ornant la Fuente del Rey à Priego de Córdoba.

Jaén ⓮

Voir p. 148-149.

Andújar ⓯

Jaén. **Carte routière** D2. 🏛 *40 000.*
🏛 🏛 🛈 *Torre del Reloj Plaza de Santa
Maria s/n (953 50 49 59).* 🚏 *mar.*

Andújar fut autrefois la cité
ibère d'Iliturgi, détruite par
Scipion l'Africain au cours
des guerres puniques *(p. 44)*.
Un pont romain à quinze
arches franchit toujours
le Guadalquivir.

L'église gothique **San
Miguel**, sur la grand-place,
abrite des tableaux d'Alonso
Cano. L'**Iglesia Santa María
la Mayor** présente une façade
Renaissance et un beau
clocher mudéjar. À l'intérieur,
on peut voir le célèbre *Christ
au jardin des Oliviers*, peint
par le Greco vers 1605.

La renommée d'Andújar
repose également sur sa
production de céramiques
traditionnelles et sur l'huile
d'olive *(p. 148)*, qui constitue
la base de la cuisine locale.

Santuario Virgen
de la Cabeza ⓰

Padres Trinitarios. **Carte routière** D2.
Tél. *953 54 90 15.* ⭘ *t.l.j. 10h-20h.*
♿ *www.santuariovirgencabeza.org*

Ce sanctuaire se trouve au
nord d'Andújar, au milieu
des chênes et des étendues
sauvages de la Sierra Morena
consacrées à l'élevage des
taureaux. Le sévère bâtiment

**L'actuelle statue de la Vierge,
Santuario de la Cabeza**

Un pont romain franchit le Guadalquivir à Andújar

de pierre, fondé au XIIIᵉ siècle
abrite une statue de la Vierge
très vénérée. Une tradition
veut qu'elle ait été envoyée
en Espagne par saint Pierre
en personne.

Au cours de la guerre civile
(p. 54-55), pendant neuf
mois, 230 gardes civils
barricadés dans le
sanctuaire ont
résisté à près de
20 000 soldats
républicains.
Le bâtiment a fini
par être la proie
des flammes.

Chaque année,
le dernier
dimanche d'avril,
plusieurs milliers
de pèlerins se
rendent au
sanctuaire pour
honorer la Virgen
de la Cabeza
(p. 39).

Baños de
la Encina ⓱

Jaén. **Carte routière** D2. 🚍 *de
Linares et Jaén.* **Tél.** *Callejon del
Castillo 1 (953 61 32 29,
Ayuntamiento).* ⭘ *mer.-dim.*
www.bdelaencina.com

Le calife al-Hakam II *(p. 46)* fit
construire cette forteresse sur
les contreforts de la Sierra
Morena en 967. Sa puissante
silhouette, avec ses quinze
tours et ses hauts remparts,
domine le village.

Pendant la foire de
printemps, une *romería*
(p. 38) se déroule à la
chapelle de la Virgen de la
Encina. Selon une tradition
locale, la Vierge serait apparue
miraculeusement sur un chêne
vert (*encina*, en espagnol).

La Carolina ⓲

Jaén. **Carte routière** E1. 🏛 *15 500.*
🏛 🛈 *Carretera Madrid-Cádiz km
269 (953 68 08 82).* 🚏 *mar. et ven.*

Fondée en 1767 par
Charles III, La Carolina fut
peuplée de colons originaires
d'Allemagne et des Flandres.
L'objectif du
souverain était de
favoriser le
développement
de la région et
d'accroître la
sécurité de ses
visiteurs. Son
ministre, Pablo de
Olavide, se fit
construire un
palais sur la grand-
place. À la sortie
de la ville, un
monument évoque
la bataille de Las
Navas de Tolosa. Le roi
Alphonse VIII de Castille se fit
guider par un berger entre les
collines de Las Navas et y
écrasa les Maures en 1212.

**Façade du palais
de Pablo de Olavide**

Desfiladero de
Despeñaperros ⓳

Jaén. **Carte routière** E1. 🛈 *Auto
via de Andalucia (A4) km 257,
Santa Elena, Jaén (953 66 43 07).*

Cette large brèche dans la
Sierra Morena est la principale
voie d'accès à l'Andalousie.
Dans le passé, les armées,
les caravanes et les brigands
l'ont empruntée.

Traversé par une autoroute
et une ligne de chemin de
fer, le défilé présente
d'intéressantes formations
rocheuses comme *Los Organos*
(les orgues) et le *Salto del
Fraile* (le saut du moine).

Baeza pas à pas ⓴

Nichée au milieu des oliveraies, cette petite ville se distingue par la richesse de ses édifices Renaissance. Elle a été classée au patrimoine mondial de l'Unesco en 2003. Appelée Beatia par les Romains, elle fut plus tard la capitale d'une principauté maure,

Blason, Casa del Pópulo

avant d'être conquise, en 1227, par Ferdinand III. Première ville d'Andalousie définitivement reprise aux Maures, elle fut alors peuplée de chevaliers castillans. Une période de splendeur s'ensuivit, dont l'apogée se situe au XVIᵉ siècle, avec la reconstruction de la cathédrale par Andrés de Vandelvira. Au début du XXᵉ siècle, Antonio Machado, l'un des plus grands poètes de sa génération, y vécut quelques années.

★ Palacio de Jabalquinto
Ce magnifique palais gothique possède une façade de style isabélin (p. 24) flanquée de beaux contreforts arrondis.

Antigua Universidad
De 1542 à 1825, cet édifice Renaissance et baroque a été le siège de l'une des premières universités espagnoles.

La Torre de los Aliatares est une tour construite par les Maures il y a mille ans.

Vers Úbeda

COMPAÑIA

PLAZA SANTA CRUZ

BEATO ÁVILA

SAN FELIP

BARBACANA

PLAZA DE ESPANA

MERCADERIAS

PASEO DE LA CONSTITUCIÓN

O. NARVAEZ

PASEO DE TUNDIDORES

GASPAR BECERRA

Ayuntamiento
Ce majestueux édifice plateresque (p. 25) servit autrefois de palais de justice et de prison. Les armoiries de Philippe II, de Juan de Borja et de la ville de Baeza ornent sa façade.

Casas Consistoriales Bajas

La Alhóndiga est l'ancienne halle au blé. Sa façade possède trois étages d'arcades.

★ Catedral
*Elle a été
reconstruite en 1567
par Andrés de
Vandelvira.
Sa Capilla
Sagrario possède
une belle grille
due à Bartolomé
de Jaén.*

Fuente de Santa María
*Cette fontaine en forme
d'arc de triomphe, achevée
en 1564, est l'œuvre de
l'architecte sculpteur Ginés
Martínez, de Baeza.*

**L'Antigua
Carnicería** abrite
aujourd'hui
le tribunal.

**Puerta de Jaén y
Arco de Villalar**
*L'arc de triomphe, érigé
pour se concilier
Charles Ier (p. 50) après
une rébellion, jouxte une
porte de la ville.*

PLAZA
SANTA
MARÍA

OBISPO MENGIBAR

SAN GIL

vers
Jaén

0   75 m

LÉGENDE

🚹 Information touristique

– – – Itinéraire conseillé

À NE PAS MANQUER

★ Catedral

★ Palacio de
Jabalquinto

★ Plaza del Pópulo

★ Plaza del Pópulo
*La Casa del Pópulo, un bel édifice plateresque
qui abrite maintenant l'office de tourisme,
domine une fontaine ornée d'une statue
ibéro-romaine entourée de lions.*

Úbeda ㉑

Hospital de Santiago, détail

Perchée sur une crête, Úbeda est un véritable musée de l'architecture de la Renaissance. Grâce au mécénat d'hommes parmi les plus influents de l'Espagne du XVIe siècle, comme le secrétaire d'État Francisco de las Cobos et son petit-neveu, Juan Vázquez de Molina, la ville est dotée d'un ensemble monumental dont le joyau est sans conteste la Plaza de Vázquez de Molina, bordée de palais et d'églises d'une grande élégance. La partie moderne d'Úbeda, au nord de la Plaza de Andalucía, contraste avec la vieille ville aux rues étroites. En 2003, Úbeda a été inscrite au patrimoine mondial de l'Unesco.

Capilla del Salvador : la grille de Maestro Bartolomé

🏛 Capilla del Salvador

Cette église était la chapelle privée de Francisco de los Cobos, enterré dans la crypte. Trois artistes ont pris part à la réalisation de ce chef-d'œuvre du XVIe siècle : Andrés de Vandelvira et Diego de Siloé ainsi que le sculpteur Esteban Jamete.

Bien que la chapelle ait été saccagée durant la guerre civile (p. 54-55), elle a conservé de nombreux trésors, en particulier un fragment d'un retable d'Alonso de Berruguete, la grille du chœur de Maestro Bartolomé de Jaén et la sacristie de Vandelvira.

Derrière la chapelle se trouvent deux autres édifices du XVIe siècle, les ruines du palais de la famille Cobos, doté d'une façade Renaissance, et l'Hospital de los Honrados Viejos.

La Baja del Salvador mène à la Plaza de Santa Lucía d'où part la Redonda de Miradores, une promenade qui suit l'ancien chemin de ronde et offre une superbe vue sur la campagne environnante.

🏛 Palacio de las Cadenas

Plaza de Vázquez de Molina. *Tél.* 953 75 08 97. ☐ *lun.-ven. 8h-15h, 17h-22h, sam., dim. et j.f. 9h-13h.* **www**.ubedainteresa.com

Deux lions de pierre montent la garde devant l'hôtel de ville qui occupe ce palais, construit par Vandelvira, au milieu du XVIe siècle pour Vázquez de Molina. Le nom de l'édifice vient des chaînes (*cadenas*) autrefois fixées aux colonnes de l'entrée principale. D'élégants lanternons de pierre surmontent les angles de la façade classique. L'édifice accueille un musée de la céramique locale et un beau patio ainsi que l'office de tourisme.

🏛 Parador de Úbeda

Plaza de Vázquez de Molina s/n. *Tél.* 953 75 03 45. Patio ☐ *t.l.j. aux non-résidents. Voir aussi p. 216.* Ce palais, construit au XVIe siècle et remanié au XVIIe siècle, était la résidence de Fernando Ortega Salido, doyen du chapitre de Málaga et chapelain d'El Salvador. L'austère palais, doté d'un beau patio, s'est désormais métamorphosé en hôtel qui a été baptisé « Parador del Condestable Dávalos », en l'honneur d'un célèbre héros de la Reconquête (p. 48-49).

🏛 Santa María de los Reales Alcázares

Construite sur l'emplacement d'une ancienne mosquée, cette église qui date en partie du XIIIe siècle est en cours de restauration. Elle possède une belle grille, œuvre de Maestro Bartolomé. Le cloître gothique présente un porche roman.

La Cárcel del Obispo (prison de l'évêque) jouxte l'église. Elle est ainsi nommée parce que les nonnes punies par l'évêque y étaient recluses. C'est aujourd'hui le palais de justice.

Des lions de pierre montent la garde devant le Palacio de las Cadenas

**Statue du portail principal
de l'église San Pablo**

🏛 Iglesia de San Pablo

Cette église possède trois
portails : l'entrée principale
est de style gothique tardif,
les deux autres sont de style
roman de transition et de style
isabélin. L'intérieur renferme
une abside du XIIIᵉ siècle et
une belle chapelle du
XVIᵉ siècle conçue par
Vandelvira. Un clocher
platéresque de 1537 domine
l'église. À deux pas, sur la
Plaza del 1° de Mayo, un
monument honore le poète
mystique San Juan de la Cruz.

🏛 Museo Arqueológico

Casa Mudéjar, C/ Cervantes 6.
Tél. *953 77 94 32.* ☐ *mar. 14h30-
20h30, mer.-sam. 9h-20h30, dim.
9h-14h30.* ☐ *j.f.*
Ce musée présente des
vestiges du néolithique à la
période islamique. On y
découvre des pierres
tombales du Iᵉʳ siècle
apr. J.-C., des œuvres maures
et mudéjares en bois et en
stuc. Le musée est aménagé
dans la Casa Mudéjar
(XVᵉ siècle), au milieu des
palais, des églises et des
couvents de la vieille ville.

🏛 Hospital de Santiago

Calle Obispo Cobos s/n. *Tél. 953
75 08 42.* ☐ *tte l'année : sam., dim.
11h-15h, 18h-22h ; été : lun.-ven.
8h-15h, 16h-22h ; hiver : lun.-ven.
8h-14h30, 17h-22h.*
Créé à l'initiative de l'évêque
de Jaén vers 1562, cet
immense hôpital désaffecté
a été réalisé par Vandelvira.
Sa façade est flanquée de
deux tours carrées. Une
fontaine agrémente le patio
aux colonnes de marbre. Un
escalier mène à une galerie
au plafond orné de fresques.
De nos jours, l'édifice abrite
le Palacio de Congresos

MODE D'EMPLOI

Jaén. **Carte routière** E2. 🏃
35 000. 🚉 *vers Linares-Baeza (953
62 00 62 et 902 24 02 02).* 🚌 *Calle
San José 6 (953 75 51 88).* ℹ *Palacio
Marques de Contadero, Calle Baja
del Marques 4 (953 75 55 21).*
🎉 *ven.* 🎭 *Semaine sainte (Pâques).*
www.ubedainteresa.com

y Exposiciones. À l'entrée,
on trouve un bureau
d'information, et à l'angle
du patio, un café.
Situées à deux pas, les
arènes d'Úbeda sont ouvertes
pour la *fiesta.*

**Les tours caractéristiques
de l'Hospital de Santiago**

LE CENTRE D'ÚBEDA

Capilla del Salvador ④
Hospital de Santiago ①
Iglesia de San Pablo ③
Museo Arqueológico ②
Palacio de las Cadenas ⑥
Parador de Úbeda ⑤
Santa María de los
  Reales Alcázares ⑦

0 ————— 250 m

Légende des symboles, voir le rabat arrière de couverture

Les ruines spectaculaires de La Iruela dominent la route à la sortie de Cazorla

Cazorla ②②

Jaén. **Carte routière** E2. 8 500.
Paseo del Santo Cristo 17
(953 71 01 02). lun. et sam.

Cazorla était prospère
à l'époque où les Romains
prospectaient les montagnes
pour y trouver de l'argent.
De nos jours, elle n'est guère
fréquentée que par les
visiteurs du Parque Natural de
Cazorla, Segura y Las Villas.

Malgré l'invasion des
bâtiments modernes, ses
ruelles sinueuses invitent
toujours à la flânerie entre
la Plaza de la Corredera et la
Plaza Santa María. Au-dessus
de la ville surgit le **Castillo de
la Yedra**, qui abrite un musée
folklorique.

Sur la route du parc, on
rencontre les vestiges de **La
Iruela**, une forteresse bâtie sur
un éperon rocheux, appréciée
des photographes. Le 14 mai,
les habitants de Cazorla fêtent
saint Isicio, l'un des sept
apôtres qui ont diffusé le
christianisme en Espagne
avant l'arrivée des Maures.

🏛 Castillo de la Yedra
Musée folklorique : **Tél.** 953 71 16
38. mar. 14h30-20h30, mer.-
sam. 9h-20h30, dim. et j.f.
9h-14h30.

Parque Natural de Cazorla, Segura y Las Villas ②③

Jaén. **Carte routière** E2.
Cazorla. Paseo del Santo
Cristo 17, Cazorla (953 72 01 02).

Les visiteurs qui viennent
pour la première fois sont
étonnés par la beauté et la
richesse de cette réserve
naturelle de 214 336 hectares,
avec ses bois touffus, ses
torrents fougueux, sa faune
variée. Les montagnes
escarpées culminent à
2 000 mètres au-dessus
de la source du Guadalquivir.

Les voitures sont admises
sur la route principale mais
les chemins forestiers leur
sont interdits. On peut
explorer le parc à pied
ou louer des chevaux ou
des VTT au **Centro de
Recepción e Interpretación
de la Naturaleza** (centre
d'accueil) situé dans la
réserve. Le centre procure
aussi des guides très
intéressants. Il est également
possible de chasser et de
pêcher à la ligne.

🏛 Centro de Recepción e Interpretación de la Naturaleza
Carretera del Tranco km 49, Torre
del Vinagre. **Tél.** 953 71 30 40.
t.l.j.

Segura de la Sierra ②④

Jaén. **Carte routière** E1. 2 200.
Ayuntamiento, Calle Regidor
Juan de Isla 1 (953 48 02 80).

Ce minuscule village, à
1 200 mètres d'altitude, est
dominé par un **château
maure** (pour le visiter,
demandez la clé au village).
En contrebas, on aperçoit des
arènes en partie taillées dans
le roc, utilisées surtout
pendant la *fiesta* de la
première semaine d'octobre.

L'huile d'olive de la région
de Segura de la Sierra est
l'une des quatre seules en
Espagne à bénéficier de la
*Denominación de Origen
Controlada (p. 148).*

Le château maure de Segura de la Sierra, au milieu des oliveraies

Pour les hôtels et les restaurants de la région, voir p. 215-216 et p. 231-232

La faune du Parc de Cazorla, Segura et Las Villas

La réserve naturelle de la Sierra de Cazorla accueille une faune très variée, surtout originaire de la région. Mais certaines espèces ont été introduites ou réintroduites pour la chasse. Les ornithologues y dénombrent plus d'une centaine

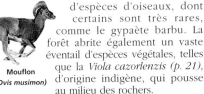

Mouflon
(Ovis musimon)

d'espèces d'oiseaux, dont certains sont très rares, comme le gypaète barbu. La forêt abrite également un vaste éventail d'espèces végétales, telles que la *Viola cazorlenzis (p. 21)*, d'origine indigène, qui pousse au milieu des rochers.

Le majestueux aigle royal (Aquila chrysaetus) *se nourrit de petits mammifères vivant dans la réserve.*

Le vautour fauve (Gyps fulvus) *se laisse tomber comme une flèche quand il aperçoit une proie.*

Le gypaète barbu (Gypaetus barbatus) *jette les os sur les rochers pour les briser afin d'en manger la moelle.*

LES PAYSAGES

Le charme de la région émane des sommets escarpés. L'eau en jaillit pour former les lacs et les ruisseaux de la vallée. La végétation dense constitue l'habitat idéal d'une faune très variée.

En automne, on rencontre très souvent le **cerf élaphe** (Cervus elaphus)*, qui a été réintroduit dans la région.*

Le **bouquetin** (Capra pyrenaica) *est incroyablement agile sur les rochers. Mais les rares survivants ne sortent qu'au crépuscule.*

La **loutre** (Lutra lutra) *vit autour des lacs et des torrents et est active à l'aube et au crépuscule.*

Le **sanglier** (Sus scrofa) *attend dans les bois pendant la journée et sort la nuit en quête de glands, de racines ou d'œufs d'oiseaux nichant sur le sol.*

CADIX ET MÁLAGA

L e sud de l'Andalousie est la patrie des villages blancs perchés sur les hauteurs. L'arrière-pays de Malaga recèle des montagnes boisées et le splendide site naturel de Garganta del Chorro. La région, qui s'étend au-delà des stations balnéaires de la Costa del Sol, abrite une faune variée qui vit en liberté dans la Serranía de Ronda. De Gibraltar à Cadix, la Costa de la Luz présente un littoral plus sauvage, qui est proche de la région du xérès.

Dans la province de Málaga, les montagnes abruptes semblent plonger dans la Méditerranée. Au XIXe siècle, des voyageurs anglais venaient passer l'hiver à Málaga ; puis dans les années 1960, l'industrie du tourisme naissante a baptisé cette étroite bande côtière « Costa del Sol » (la côte du soleil) y attirant un nombre croissant de visiteurs.

La construction anarchique d'immeubles a ainsi rapidement fait de Torremolinos un symbole des excès du tourisme de masse. Pendant ce temps, à Marbella, s'est développé un lieu de villégiature huppé pour stars du cinéma et émirs du pétrole.

Gibraltar, à l'histoire et à la géographie singulières, borne de façon bien nette la Costa del Sol. Les montagnes du Maghreb surgissent au-delà du détroit, et à Tarifa ou à Cadix, villes baignées de lumière africaine, on perçoit le raffinement de la culture hispano-maghrébine. À l'ouest de Gibraltar s'étend la Costa de la Luz, ou côte de la lumière (p. 32), dont une partie borde la province de Huelva. Peu fréquentée, elle est caractérisée par de longues plages de sable balayées par le vent, appréciées par les habitants de la région.

Des collines couvertes de vignobles s'étendent au nord de Cadix : c'est la patrie du xérès (p. 30-31). Pour y goûter, il faut visiter Jerez de la Frontera qui joua un rôle important à l'époque des guerres entre les Maures et les chrétiens (p. 48).

À Ronda, le Puente Nuevo (XVIIIe siècle) franchit le río Guadalevín

◁ La plage de Nerja, à l'est de Málaga, une station balnéaire très prisée de la Costa del Sol

Découvrir Cadix et Málaga

Un excellent réseau routier permet de visiter aisément les montagnes de la province de Málaga. Marbella ou Torremolinos sont des points de départ pour effectuer des excursions d'une journée dans les superbes Montes de Málaga ou dans les réserves naturelles de Grazalema et de la Serranía de Ronda. L'idéal est de déjeuner dans l'un des pittoresques *pueblos blancos*. Située en altitude, au cœur de cette région, la ville de Ronda bénéficie d'une lumière très pure qui magnifie son héritage monumental.

Plus à l'ouest, sur la côte atlantique où les promoteurs sont plus discrets, Cadix – ville portuaire autrefois importante – et les petits ports comme Puerto de Santa María, Chipiona et Sanlúcar de Barrameda offrent d'excellentes bases pour découvrir la contrée du xérès.

Une terrasse de restaurant près de la cathédrale de Málaga

LÉGENDE

═══	Autoroute
───	Route principale
───	Route secondaire
───	Route pittoresque
───	Voie ferrée principale
───	Voie ferrée secondaire
▬▬▬	Frontière nationale
▬▬▬	Frontière régionale
△	Sommet

LA RÉGION D'UN COUP D'ŒIL

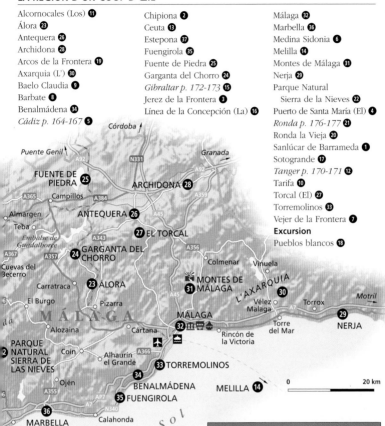

CIRCULER

L'aéroport international de Málaga *(p. 264)* est le plus fréquenté d'Andalousie. De là, la quatre-voies rapide N340 (E5) suit la côte jusqu'à Algésiras en contournant Torremolinos, Fuengirola et Marbella. Après Algésiras, elle devient plus étroite et continue vers Cadix.

La nationale A376 qui relie San Pedro de Alcántara à Ronda est splendide. La A382 (qui devient ensuite la A384) traverse le nord des deux provinces entre Jerez et Antequera. Elle devient alors une route à quatre voies, la A92, qui mène à Grenade. Sur la côte, le chemin de fer relie Málaga, Torremolinos et Fuengirola et, vers le nord, une autre ligne au départ de Málaga s'arrête à Alora, El Chorro et Fuente de Piedra. Un réseau de bus complexe permet de visiter les coins les plus reculés de ces provinces, à condition de s'armer de patience.

La plage de Nerja, au pied de la Sierra de Almijara, Costa del Sol

Entrée des Bodegas Barbadillo à Sanlúcar de Barrameda

Sanlúcar de Barrameda ❶

Cadix. **Carte routière** B3.
🏘 62 000. 🚌 ℹ️ Calzada del
Ejército s/n (956 36 61 10). 🛒 mer.

Ce port de pêche, dominé par le **Castillo de Santiago**, est situé à l'embouchure du Guadalquivir. De là, on peut rejoindre en bateau le Parque National de Doñana (p. 130-131). Christophe Colomb est parti de Sanlúcar en 1498, pour accomplir son troisième voyage vers les Amériques, ainsi que Magellan en 1519, pour réaliser le premier tour du monde.

Mais aujourd'hui, Sanlúcar est surtout connu pour le *manzanilla* (p. 30), un xérès sec et léger produit, entre autres, par les **Bodegas Barbadillo**. Les visiteurs et les amateurs de vin viennent y déguster une *copita* (un petit verre) de *manzanilla* à petites gorgées avec des *langostinos* (grosses crevettes).

L'église **Nuestra Señora de la O** (p. 24) possède de magnifiques plafonds mudéjars.

🍷 **Bodegas Barbadillo**
C/ Luis de Eguilaz 11. **Tél.** 956 38 55
00. 🕐 mar.-sam. 11h. 🚫 ♿

Chipiona ❷

Cadix. **Carte routière** B3. 🏘 17 000.
🚌 ℹ️ Calle del Castillo 5 (956 92 90
65). 🛒 lun. **www**.chipiona.org

Cette petite station balnéaire est entourée de vignobles. Elle possède une très belle plage, et, en été, quand les

Espagnols s'y pressent, il y règne une joyeuse atmosphère de vacances renforcée par la présence de calèches et d'artistes de rue. La grand-rue de la vieille ville offre de nombreux cafés et glaciers (*heladerías*) qui restent ouverts tard dans la nuit. L'église principale, **Nuestra Señora de Regla**, possède une source naturelle qui alimente une fontaine. Son cloître est décoré d'azulejos du XVIIe siècle.

Jerez de la Frontera ❸

Cadix. **Carte routière** B3. 🏘 186 000.
🚆 🚌 🛫 ℹ️ Alameda Cristina 7 (956
34 17 11). 🛒 lun.

Jerez, la capitale du xérès, est entourée à perte de vue de vignes plantées en rangs serrés. Depuis des siècles, des dynasties anglo-andalouses ont participé à la fabrication et au transport du xérès, comme Gonzáles-Byan ou Sanderman – mais aussi françaises, comme Domecq. On peut voir leurs blasons au-dessus de l'entrée des *bodegas*. La visite de leurs caves sombres, où les barriques sont ordonnées selon le système de la *solera* (p. 31), permet aux visiteurs d'apprendre à distinguer un xérès *fino* d'un *amontillado* ou d'un *oloroso* (p. 30).

La renommée internationale de Jerez repose aussi sur sa **Real Escuela Andaluza de Arte Ecuestre**, l'École royale d'art équestre. On peut y admirer le magnifique spectacle des chevaux andalous qui dansent ou assister à des séances de dressage.

À proximité, le **Centro Temático La Atalaya** abrite deux musées. Le **Palacio del Tiempo** présente l'une des plus riches collections d'horloges d'Europe. **El Misterio de Jerez** retrace l'histoire du xérès dans la région.

Les murs de la vieille ville limitent le Barrio de Santiago. Sur la Plaza de San Juan, le **Palacio de Pemartín**, du XVIIIe siècle, est le siège du Centro Andaluz de Flamenco. Il propose des expositions et des montages audiovisuels. L'**Iglesia San Mateo** datant du XVIe siècle se dresse non loin.

L'**Alcázar**, du XIe siècle, à demi restauré comprend une mosquée almohade transformée en église. Au nord de l'Alcázar, la sacristie de la **Catedral del Salvador** abrite un chef-d'œuvre de Zurbarán, la *Vierge enfant endormie*.

🎠 **Real Escuela Andaluza de Arte Ecuestre**
Avenida Duque de Abrantes s/n.
Tél. 956 31 96 35 (information).
Téléphoner pour r.-v. 🚫 ♿
www.realescuela.org

⚜️ **Alcázar**
Alameda Vieja s/n. **Tél.** 956 14 99
55. 🕐 t.l.j. 🚫 1er et 6 janv., 25 déc.
🚫 🅿️

🏛 **Centro Temático La Atalaya**
Calle Cervantes 3. **Tél.** 956 18 21
00. 🕐 mar.-dim. 🚫 🅿️ ♿

🎠 **Palacio de Pemartín**
Centro Andaluz de Flamenco, Plaza
de San Juan 1. **Tél.** 902 81 41 32.
🕐 lun.-ven. 🚫 j.f.

Horloge ancienne du Palacio del Tiempo, Jerez de la Frontera

El Puerto de Santa María ❹

Cadix. **Carte routière** B3. 🏛 *76 000.*
✈ 🚉 🚌 ℹ *Calle Luna 22 (956 54 24 13).* ⚓ mar. **www**.elpuertosm.es

Cette petite ville tranquille est l'un des grands ports d'exportation du xérès. On peut donc y visiter un certain nombre de *bodegas*, où des producteurs comme **Terry** et **Osborne** proposent des dégustations.

La ville comporte également quelques édifices dignes d'intérêt, comme le **Castillo San Marcos** du XIIIᵉ siècle et les **arènes** qui sont parmi les plus grandes et les plus célèbres d'Espagne. Sur la Plaza Mayor, l'**Iglesia Mayor Prioral**, une église gothique du XVIᵉ siècle, possède un chœur qui mérite une visite. Enfin, un certain nombre de beaux palais ou de demeures majestueuses sont disséminés dans la ville, ornés des blasons des puissantes familles qui se sont enrichies grâce au commerce colonial.

Le front de mer offre une série d'excellents restaurants de fruits de mer, parmi lesquels La Resaca (« la gueule de bois ») où, le soir, des gitans font découvrir un flamenco plein de fougue.

⛪ **Castillo San Marcos**
Plaza Alfonso X, El Sabio. **Tél.** *956 85 17 51.* ⏱ *oct.-mai : mar., jeu., sam. ; juin-sept. : mar.-dim.* ♿

🎪 **Plaza de Toros**
Plaza Elias Ahuja s/n. **Tél.** *956 54 15 78.* ⏱ *mar.-dim.* ♿

🍷 **Bodegas Osborne**
Calle de los Moros. **Tél.** *956 86 91 00.* ⏱ *lun.-ven. (tél. pour r.-v.).* 🔵 *j.f.* ♿ ▨

🍷 **Bodegas Terry**
Calle Toneleros s/n. **Tél.** *956 85 77 00.* ⏱ *lun.-ven. (tél. pour r.-v.).* 🔵 *j.f.* ♿ ▨

Le Castillo San Marcos (XIIIᵉ siècle) à El Puerto de Santa María

LES BODEGAS DE JEREZ

La visite des *bodegas* constitue l'un des principaux attraits de Jerez. Sur place, l'office de tourisme peut vous fournir la liste des *bodegas* et leurs horaires. Les visites les plus complètes sont proposées par González Byass, Pedro Domecq et Sandeman.

Real Escuela Andaluza de Arte Ecuestre

0   500 m

Bodega Sandeman
Centro Temático La Atalaya
Bodega Wisdom & Warter
Bodega Garvey
Bodega Williams & Humbert
Plaza de Toros
PZA. DE PEDRO ROMERO
CALLE PIZARRO
AV. DUQUE DEL ABRANTES
D. PASTORA
C. LUIS PÉREZ
P. DEL OLIVAR
CALLE SEVILLA
CALLE SANTO DOMINGO
NUÑO DE CAÑAS
C. JUAN BELMONTE
C. PONCE
GUADALETE
C. GAITÁN
MAMBLÓN
CALLE PORVERA
CALLE ZARAGOZA
CONCEDORES
C. PAJARETE
CALLE 29 DE OCTUBRE
CALLE
C. NUESTRA SEÑORA DE LA PAZ
C. ANCHA
CALLE LEALAS
PLAZA DE LOS ÁNGELES
CANCILLERÍA
ALAMEDA CRISTINA
PLAZA DE S. ANDRÉS
CALLE ROSARIO
CARACUEL
ADEOS
VALIENTES
C. GASPAR FERNÁNDEZ
C. GENERAL MOSCARDÓ
CLAVEL
CALLE MERCED
CALLE MURO
C. JUSTICIA
Palacio de Pemartin
Iglesia de San Juan
Convento de Santo Domingo
PLAZA RAFAEL RIVERA
CALLE BIZCONEROS
Bodega John Harvey
CALLE ALCALDESA
CALLE FRANCOS
EGUILAR
CALLE HONDA
DOCTRINA
C. GASPAR FERNÁNDEZ
CALLE ARCOS
Iglesia de San Mateo
RONDA DEL CARACOL
CAMPANILLAS
C. CASTE-LANOS
Iglesia de San Dionisio
Gare (1,5 km)
Gare routière (1 km)
PLAZA DE LOS PEONES
AMARGURA
PLAZA DE LA ASUNCIÓN
CALLE LARGA
CALLE MEDINA
C. SAN BLAS
C. ILDEFONSO
C. SALVADOR
J. L. DÍEZ
Bodega Pedro Domecq
CALLE BLANCOS
Catedral del Salvador
CONSISTORIO
PUERTA DE ROTA
CALLE CALZADA
CUESTA DE LA CHAPARRA
MANUEL MARÍA GONZÁLEZ
PLAZA DEL ARENAL
El Alcázar
CUESTA DE LA ALCUBILLA
Bodega González Byass

LÉGENDE

▨   *Bodega*

Légende des symboles, voir le rabat arrière de couverture

Cádiz (Cadix) ⑤

**Masque égyptien,
Museo de Cádiz**

Construite sur un rocher presque
entièrement cerné par la mer,
Cadix aurait été fondée par Hercule.
C'est certainement l'une des plus
vieilles cités d'Europe, créée en
1100 av. J.-C. par les Phéniciens
sous le nom de Gadir. Occupée
ensuite successivement par les
Carthaginois, les Romains et les
Maures, la ville resta prospère après la Reconquête
(*p. 48-49*) grâce au commerce avec le Nouveau Monde.
Enfin, en 1812, Cadix devint pendant quelque temps
la capitale de l'Espagne, où l'on promulgua la première
Constitution du pays (*p. 52*).

Saint Bruno en extase, de
Zurbarán, Museo de Cádiz

À la découverte de Cadix

Cadix a toujours suscité
le lyrisme des écrivains. En
1809, Lord Byron la décrivait
ainsi : « Cadix [...] est la ville la
plus charmante que j'aie
jamais vue [...] et peuplée
des plus belles femmes
d'Espagne. » Il faut pourtant
aujourd'hui traverser des
faubourgs sans intérêt avant
d'atteindre la vieille ville.

Pour apprécier la cité, flânez
d'abord sur les quais aux
jardins bien entretenus
et aux places ouvertes sur
la mer avant de vous faufiler
dans le centre (*p. 166-167*).

Le cœur de Cadix est un
dédale d'étroites ruelles
délabrées où des fleurs
poussent dans des boîtes
de conserve accrochées
aux murs à côté de
figures religieuses peintes
sur faïence. Des marchés
très animés se tiennent
sur des placettes. Des
marchands ambulants y
proposent des cornets de
crevettes roses.

La fierté de Cadix est son
carnaval (*p. 39*), qui donne
lieu à une explosion de joie.

🔒 Catedral
◯ *lun.-ven. 10h-18h30, sam. 10h-
16h30, dim. 13h-18h30.*
Baptisée « Nouvelle
Cathédrale » parce qu'elle a
été bâtie pour en remplacer
une autre plus ancienne,
c'est l'une des plus grandes
d'Espagne. De style baroque
et néoclassique, elle possède
un dôme couvert de tuiles
jaunes. L'intérieur est clair et
frais en été. Les stalles
sculptées proviennent d'un

monastère de chartreux.
L'une des gloires de Cadix,
le compositeur Manuel de
Falla (1876-1946), est enterré
dans la crypte, ainsi que
l'écrivain José Maria Pemán
(1887-1981), natif de la ville.

Le trésor de la cathédrale est
conservé dans le musée situé
place Fray Félix. On peut y
voir des ostensoirs en argent
incrustés de pierreries.

🏛 Museo de Cádiz
Plaza de Mina s/n. **Tél**. *956 20 33 68.*
◯ *mar.-sam. 9h30-20h30 ; dim.
9h30-14h30.* ⬤ *j.f.* ♿
Le rez-de-chaussée de ce
musée consacré à l'histoire de
Cadix présente des vestiges
archéologiques tels que des
sarcophages phéniciens et des
statues romaines, dont celle de
Trajan. Au premier étage, l'un
des plus grands musées de

LA CATHÉDRALE DE CADIX

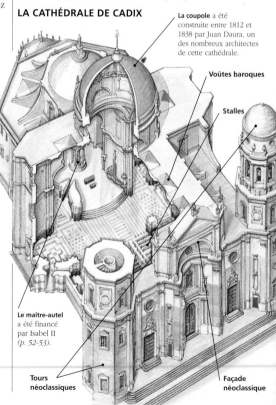

La coupole a été
construite entre 1812 et
1838 par Juan Daura, un
des nombreux architectes
de cette cathédrale.

Voûtes baroques

Stalles

Le maître-autel
a été financé
par Isabel II
(*p. 52-53*).

**Tours
néoclassiques**

**Façade
néoclassique**

peinture d'Andalousie expose notamment des œuvres de Rubens, de Murillo et de Zurbarán. Au troisième étage, on peut voir une collection de marionnettes réalisées pour les fêtes de village, et celles, plus récentes, d'hommes politiques contemporains.

🎭 Oratorio de San Felipe Neri

Calle Santa Inés s/n. *Tél.* 956 21 16 12. ◯ *lun.-sam. 10h-13h*

Un événement majeur survint le 19 mars 1812 dans cette église baroque du XVIIIe siècle : la proclamation d'une constitution libérale pour l'Espagne *(p. 52)*. Alors que les troupes de Napoléon assiégeaient Cadix pendant la guerre d'Indépendance *(p. 52)*, les membres du parlement provisoire se réunirent dans ce lieu pour rédiger un document qui inspirerait les libéraux de toute l'Europe. La Constitution, qui posait pour principes la limitation du pouvoir du monarque et la jouissance de droits nouveaux

Plaques commémoratives, Oratorio de San Felipe Neri

La Torre Tavira, la plus haute tour d'observation de Cadix

pour le citoyen, était en avance sur son époque et vouée à échouer. Dès que les Français furent repoussés hors d'Espagne, elle fut abrogée par Fernando VII.

🏛 Torre Tavira

Calle Marqués del Real Tesoro 10. *Tél.* 956 21 29 10. ◯ *t.l.j.* 🖼 🖼

Au début du XVIIIe siècle, alors que la majorité du commerce avec l'Amérique transitait par Cadix, les marchands de la ville se firent construire des tours d'observation afin de surveiller les allées et venues des bateaux, tant par intérêt commercial que pour leur propre divertissement. Plus de 100 tours de ce genre demeurent à Cadix, mais celle-là est la seule qui soit ouverte au public.

Cette tour, de style baroque, surplombe l'ancienne maison de Marqués de Ricaño ; elle

MODE D'EMPLOI

Cadix. **Carte routiière B4.**
🏘 150 000. 🚉 *Plaza de Sevilla s/n (902 24 02 02).* 🚌 *Plaza de la Hispanidad s/n (902 19 92 08).*
🛈 *Plaza San Juan de Dios II (956 24 10 01).* 🚢 *lun.* 🎭 *Carnaval (fév.), Semaine sainte (Pâques).*
www.cadizturismo.com

s'élève au centre de la vieille ville, et son point culminant atteint 45 m au-dessus du niveau de la mer. Au sommet, vous trouverez la première *cámera oscura* d'Espagne, système d'optique fondé sur un périscope, mais vous aurez aussi la vue sur les toits et sur la mer depuis ses quatre balcons.

Aux environs : au nord de la baie de Cadix, se trouve Rota, ville connue pour sa base navale hispano-américaine, et qui déclare posséder la plus importante population de caméléons en Espagne.

À l'extrême sud de la baie, la petite île de Sancti Petri questionne les archéologues : ils pensent qu'elle abritait un temple à Hercule érigé par les Phéniciens au XIIe siècle av. J.-C. à l'emplacement de la tombe mythique du héros devenu un dieu.

Entre ces deux points opposés, le reste de la baie forme la réserve naturelle Bahía de Cadix ; de nombreux oiseaux sauvages utilisent cette zone pour transiter entre le détroit de Gibraltar et le Parque Nacional de Doñana *(p. 130-131)*.

LE BATEAU EL VAPOR

Plutôt que de conduire sur l'isthme qui mène à Cadix, vous pouvez prendre le ferry depuis El Puerto de Santa Maria *(p. 163)*. Un catamaran rapide peut vous y conduire, mais la façon la plus charmante de faire le trajet est le *vaporcito* (« petit bateau à vapeur ») à coque en bois, qui met 40 min à traverser la baie. Il y a 5 départs par jour (6 en été). Prenez le premier bateau de la journée et revenez par le dernier pour profiter de la visite un jour entier. Tél. 629 46 80 14 ; www.vapordeelpuerto.com

El Vapor, un bateau à vapeur qui traverse la baie de Cadix

Pour les hôtels et les restaurants de la région, voir p. 216-218 et p. 233-236

Une heure et demie dans la vieille ville de Cadix

Cette promenade, qui part de l'Ayuntamiento (hôtel de ville), traverse trois mille ans d'histoire de Cadix. L'itinéraire débute sur la frange est de la cité, devant la baie de Cadix. Il mène au cœur du lacis de ruelles et de places, avant d'atteindre les jardins près de l'université. On perd rarement de vue la mer durant cette balade, qui permet également de découvrir le marché aux poissons de Cadix, son restaurant de poissons le plus célèbre, la plage, puis le front atlantique. La promenade se termine devant la monumentale cathédrale, avec son dôme doré dominant l'océan.

Les Murallas de San Carlos, dominant la baie de Cadix ⑤

Une ruelle où s'alignent les cafés, près de la Plaza San Juan de Dios

De la Plaza San Juan de Dios au Parque Genovés

De nombreux cafés et magasins bordent La Plaza San Juan, ornée de palmiers. L'Ayuntamiento ①, bâti en 1799 dans le style néoclassique, est l'œuvre de l'architecte Torcuato Benjumeda. Au nord de la place, prenez la Calle Nuevo ②, qui est au centre du quartier commercial de Cadix. Cette rue mène à la Plaza de San Francisco ③, l'une des nombreuses et minuscules places de la ville. Tournez à droite dans la Calle Isabel La Católica, qui devient la Calle Rafael de la Viesca et, *via* la Calle Doctor Zurita, débouche sur la Plaza de España, où se dresse le *Monumento a las Cortes* ④. En 1812, un parlement fut brièvement établi à Cadix, contre le pouvoir de Madrid ; mais la monarchie fit avorter cette tentative d'installer la démocratie. De l'autre côté de la place, prenez à gauche la Calle Fernando El Católico, qui mène aux Murallas de San Carlos ⑤, sur le front de mer, surplombant la baie de Cadix. Après les Murallas, prenez la Calle Honduras ⑥ à gauche, qui longe les digues. Vous passez alors devant l'Alameda Apodaca ⑦, l'un des nombreux jardins avec d'énormes dragonniers, et le Baluarte (rempart) de la Candelaria ⑧, à présent un centre d'art contemporain. Tournez à gauche dans l'Avenida Carlos III, passant devant l'Université et le beau Parque Genovés ⑨, avec sa grande allée d'arbres, son théâtre en plein air et son café.

Promenade dans le verdoyant Parque Genovés ⑨

CARNET DE ROUTE

Départ : Plaza San Juan de Dios.

Longueur : 4 km.

Pour s'y rendre : la Plaza San Juan de Dios se trouve à côté du port, à quelques minutes à pied des gares ferroviaire et routière.

Où faire une pause : sur la Plaza de la Catedral, La Terraza, restaurant familial, offre une vue fantastique sur la cathédrale.

Du Parador à la Playa de la Caleta

Au bout du Parque, s'élève le moderne et peu séduisant hôtel parador de Cadix ⑩. D'ici, vous pouvez rejoindre le cœur de la vieille ville. Prenez à gauche la Calle Benito Perez Galdos, en passant par la Plaza de Falla et le pittoresque Gran Teatro Falla ⑪, de couleur rose, tous deux nommés d'après Manuel de Falla, compositeur natif de la ville. Le théâtre de style néomudéjar, achevé en 1919, connaît son pic d'activité au cours du carnaval de février

Panorama depuis l'un des clochers de la Catedral de Santa Cruz ⑱

Topete, où se trouve le marché bigarré de la ville ; certains stands préparent de délicieux amuse-gueule à base de fruits de mer. De l'autre côté de la place, prenez la Calle Libertad, puis la Calle Desamparados, débouchant à droite dans la verdoyante Plaza de la Cruz Verde ⑭. Par les Calles Maria Arteaga et Rosa, vous rejoignez la plus célèbre plage de la ville, Playa de la Caleta, avec sa maison de bains du XIXᵉ siècle ⑮ et son école nautique. La plage fait face au vieux port et à deux petits forts ; l'un d'entre eux, San Sebastián, fut jadis le site du village phénicien de Gadir, 1100 av. J.-C., et d'un temple dédié à Kronos.

De la Caleta à la cathédrale

De la Caleta, la Calle de Nájera rejoint le front de mer à Campo del Sur, mais cela vaut la peine de prendre la Calle Venezuela pour traverser le quartier des poissonniers, jusqu'à la Calle San Félix où se trouve le plus célèbre restaurant de poissons de la région, El Faro ⑯ (ouvert à 13h). Le restaurant et le bar à tapas sont excellents. Remontez San Félix jusqu'au front de mer puis tournez à gauche dans Campo del Sur ⑰, où des bâtiments de couleurs pastel s'étendent jusqu'à la magnifique Catedral de Santa Cruz ⑱ commencée en 1722 et achevée seulement en 1838. Plusieurs architectes ont contribué à son mélange de styles baroque, rococo et néoclassique. La vue depuis le haut du clocher vaut l'escalade.

[Carte de Cadix avec itinéraire]

0   300 m

LÉGENDE

••• Itinéraire

de Cadix *(p. 39)*. La Calle Galdos se transforme ici en Calle Sacramento, la plus animée des rues commerçantes. Vous passez ensuite devant l'Oratorio de San Felipe Neri ⑫ et la surprenante Torre Tavira ⑬, qui offre le point de vue le plus élevé sur la ville. Depuis la Calle Alcalá Sacramento, tournez à droite dans la Plaza

Vue sur la cathédrale depuis la Torre Tavira ⑬

Retable sculpté, Iglesia de Santa
María la Coronada, Medina Sidonia

Medina Sidonia ❻

Cadix. **Carte routière** B4.
🏠 *11 500*. 🚌 🛈 *Plaza Iglesia
Mayor s/n (956 41 24 04)*. 🛒 *lun.*

Tandis que vous roulez sur la
N440, entre Algésiras et Jerez,
Medina Sidonia apparaît
soudain, d'une blancheur
étonnante, au sommet d'une
colline. La ville fut prise aux
Maures en 1264 par
Alfonso X, et au cours du
XVe siècle, la famille Guzmán
fut établie en tant que ducs
de Medina Sidonia pour
défendre les terres s'étendant
jusqu'à la baie de Cadix.
Après la Reconquête
(p. 48-49), la famille fit
fortune grâce à des
investissements aux
Amériques, et Medina Sidonia
devint l'un des plus
importants duchés d'Espagne.
L'**Iglesia de Santa María la
Coronada** est l'édifice le plus
important de la ville. Établie
sur les fondations d'un
château au XVe siècle, après
la Reconquête, elle constitue
un bel exemple de gothique
andalou. À l'intérieur, on
trouve un ensemble d'œuvres
d'art religieuses datant de
la Renaissance, dont des
tableaux et un retable doté
de panneaux délicatement
sculptés.

Vejer de la Frontera ❼

Cadix. **Carte routière** B5.
🏠 *13 000*. 🛈 *à l'Ayuntamiento,
C/Marques de Tamarón 10 (956 45
17 36)*. **www**.turismovejer.com

Jouissant d'un cadre agréable
au sommet d'une colline,
Vejer de la Frontera fut l'un
des premiers lieux occupés
par les envahisseurs
musulmans en 711, peu
après qu'ils eurent vaincu
les Wisigoths non loin de là
(le lieu exact de la bataille
est inconnu).
   La partie la plus ancienne
de la ville est ceinte d'une
muraille irrégulière protégée
par trois tours et percée de
quatre portes. À l'intérieur de
la partie fortifiée, s'élèvent le
château arabe et l'église
paroissiale, l'Iglesia Parroquial
del Divino Salvador, qui fut
bâtie sur le site d'une
mosquée entre les XIVe et
XVIe siècles dans un alliage
de styles gothique et mudéjar.
En dehors des murailles,
le Palacio del Marqués de
Tamaron, belle demeure des
XVIIe et XVIIIe siècles est à voir.

Le phare du Cabo de Trafalgar,
Costa de la Luz

Barbate ❽

Cadix. **Carte routière** B4. 🏠
22 000. 🛈 *C/Vásquez de Mella 2
(956 43 39 62)*. **www**.barbate.es

Située à l'embouchure du
fleuve du même nom, dans
une région de marais salants,
Barbate est la plus importante
agglomération de la côte entre
Cadix et Tarifa. La ville elle-
même ne présente pas grand
intérêt, mais deux petits
centres de vacances à
proximité valent d'être visités.
   Un peu plus au
sud, **Zahara de los
Atunes** se trouve près
d'une des meilleures
plages de la côte.
L'industrie de la pêche
est très importante
dans la région. La
spécialité culinaire de
Barbate est le *mojama*,
du thon salé de la
même manière que le
jamón serrano.
À l'intérieur des terres,
le long de la princi-
pale route côtière
N340, se dressent de
nombreux alignements
d'éoliennes produisant
de l'électricité pour le
réseau national.

Les murailles fortifiées entourant la vieille ville de Vejer de la Frontera

CENTRALES ÉOLIENNES

Au nord de Tarifa, comme le vent souffle avec une grande régularité, des éoliennes ont été installées pour produire de l'électricité. L'Espagne possède la deuxième plus importante production d'énergie éolienne au monde après l'Allemagne, et le pays prévoit de tirer 20 % de ses besoins énergétiques à partir de ressources renouvelables en 2020. Ceux qui les critiquent font valoir que les éoliennes ne fonctionnent qu'avec des vents forts et qu'elles sont inesthétiques.

Une centrale éolienne au nord de Tarifa

La route partant de Barbate vers le nord (au-delà du port de pêche) grimpe au sommet d'un cap bordé de falaises et planté de pins, puis replonge vers la petite station balnéaire de **Los Caños de Meca**, fréquentée par les hippies dans les années 1970, et qui conserve son aspect insouciant.

Non loin de là, sur une brève pointe sableuse, s'élève un phare marquant le **Cabo de Trafalgar** (cap de Trafalgar), qui donna son nom à la bataille navale du 21 octobre 1805. Tôt le matin, ce jour-là, l'amiral anglais Nelson décida d'affronter les flottes alliées espagnole et française. Inférieurs en effectifs et en canons, les Anglais vainquirent l'ennemi sans perdre un seul bateau. Nelson, cependant, fut frappé par une balle de mousquet à la fin de la bataille, et mourut peu après.

Baelo Claudia ⓽

Bolonia, Cadix. **Carte routière** B4. **Tél.** 956 10 67 96. ⬜ juin-sept. : mar.-sam. 9h-20h, dim. 10h-14h ; oct., mars-mai : mar.-sam. 9h-19h, dim. 10h-14h ; nov.-fév. : mar.-sam. 9h-18h, dim. 10h-14h. 🎟️ (gratuit pour les membre de l'UE). www.juntadeandalucia.es/cultura/museos

Le site romain de Baelo Claudia, établi sur la côte au IIe siècle avant J.-C., a acquis de l'importance grâce au commerce avec l'Afrique du Nord ainsi qu'à ses activités de salage et de saumurage du poisson.

L'empereur Claudius (41-54) éleva Baelo Claudia au statut de municipalité, mais son prestige fut bref car le site fut détruit par un tremblement de terre au IIe siècle et fut abandonné au VIe siècle. Les ruines, qui comprennent un théâtre, une nécropole et plusieurs colonnes, se trouvent dans un décor spectaculaire près d'une belle plage, à côté de Bolonia.

Une statue de Trajan à Baelo Claudia

Tarifa ⓾

Cadix. **Carte routière** B4. 🏠 16 000. 🚌 🛈 Paseo de la Alameda s/n (956 68 09 93). 🗓️ mar. www.tarifaweb.com

Tarifa, capitale européenne de la planche à voile (p. 32), doit son nom à Tarif ben Maluk, un chef maure du VIIIe siècle.

Le **Castillo de Guzmán el Bueno** (Xe siècle) est le lieu d'une légende. En 1292, Guzmán, qui défendait Tarifa devant les Maures, apprit que, s'il ne se rendait pas, son fils pris en otage serait exécuté. Plutôt que de capituler, Guzmán jeta son épée pour que les ravisseurs achèvent son enfant avec celle-ci.

🏰 **Castillo de Guzmán el Bueno** Calle Guzmán el Bueno. **Tél.** 956 68 09 93. ⬜ mar.-dim. 🎟️

Parque Natural de Los Alcornocales ⓫

Cadix et Málaga. **Carte routière** B4. 🛈 Plaza San Jorge 1, Alcalá de los Gazules (956 41 33 07). www.alcornocales.org

Cette réserve naturelle doit son nom aux *alcornocales*, chênes-lièges, qui poussent ici en grand nombre. Ils sont faciles à identifier car la partie basse de leur tronc a été dépouillée de son écorce, révélant le cœur du bois, rouge. L'extrémité sud du parc

Chênes-lièges dans le Parque Natural de Los Alcornocales

est coupée par de profondes vallées appelées *canutos*, dans lesquelles subsistent de rares vestiges d'anciennes forêts européennes.

Hormis sa faune, la région possède peu d'attraits, sauf les villes de Jimena de la Frontera, Castellar de la Frontera et Medina Sidonia (p. 168), et plusieurs grottes contenant des peintures préhistoriques.

Tanger ⑫

Porteur d'eau, Grand Socco

Tanger se trouve à 45 minutes environ d'Algésiras : on peut facilement s'y rendre en ferry pour la journée. En dépit de sa proximité des côtes espagnoles, ce port fondé par les Berbères vers 1000 av. J.-C. procure un vif dépaysement. Tanger vibre des mille couleurs de l'Orient et des rumeurs de sa médina. Dans leurs ateliers situés dans des ruelles cachées, ses artisans fabriquent des objets traditionnels vendus dans les boutiques et sur les éventaires des rues commerçantes. À deux pas, des grilles de fer forgé laissent entrevoir des cours fraîches et paisibles.

Le dédale de la Médina vu du Grand Socco

LA VILLE D'UN COUP D'ŒIL

Dar El Makhzen ①
Casbah ②
Grand Socco ⑥
Grande Mosquée ④
Hôtel Continental ③
Légation américaine ⑦
Rue es-Siaghin ⑤

[Plan de la ville de Tanger avec les rues et les points d'intérêt]

PLACE DU TABOR — RUE RIAD SULTAN — Casbah — PLACE DE LA KASBAH — RUE LAITOUN — PLACE DE L'ARSENAL — Hôtel Continental ③ — Dar El Makhzen — RUE DE LA KASBAH — RUE INANE EL KAPTAN — RUE SIDI BEN RAISOUL — RUE MAIMOUNI — RUE DAR EL BAROUD — RUE BEN ABDESSADEK — RUE LUCCUS — RUE DU BAIN — PLACE DE LA FUENTE NUEVA — RUE NATERIA — RUE SEBOU — RUE M. TORRES — RUE DES CHRETIENS — RUE DU COMMERCE — RUE IMA EL KBIR — Grande Mosquée ④ — AVENUE HASSANIER — RUE D'ITALIE — Parc de la Mendoubia — RUE ES SIAGHIN ⑤ — RUE TOUAHINE — RUE MOKHTAR AHARDAN — PLACE DU PROGRES — RUE SIDI BOU ABIB — Grand Socco ⑥ — RUE SALAH EDDIN EL AYOUBI — RUE DU FOUR — Légation américaine ⑦ — RUE DU PORTUGAL

0 — 100 m

Légende des symboles *voir le rabat arrière de couverture*

🏛 Dar el-Makhzen

Place de la Casbah. **Tél.** 212 39 93 20 97. ◯ *mer.-lun.* 📷
Le sultan Moulay Ismaïl, qui a unifié le Maroc au XVIIe siècle, fit construire ce palais dans la casbah. Les sultans y vécurent jusqu'en 1912. Il abrite aujourd'hui un musée qui présente les produits de l'artisanat traditionnel marocain : tapis, céramiques, broderie et fer forgé. Les salles d'exposition sont disposées autour d'une cour centrale aux piliers finement ciselés. Enfin, la salle de Fez expose des corans enluminés.

🏚 Casbah

La casbah, ou citadelle, située au point le plus élevé de la médina, remonte à l'époque romaine. Les sultans y vivaient avec leur cour, à l'abri de ses solides murailles et de ses quatre portes massives. Des remparts, on découvre un beau point de vue sur la médina, le port et le détroit de Gibraltar.
Le Dar el-Makhzen et d'autres palais, l'ancienne prison, le trésor, et les cours de justice autour de la place Méchouar sont tous situés dans l'enceinte de la casbah.

Façade du Dar el-Makhzen, le musée des Arts traditionnels marocains

☾ Grande Mosquée

Des minarets vert et blanc dominent cet édifice, construit au XVIIe siècle par le sultan Moulay Ismaïl. Une belle porte ornée laisse imaginer qu'elle renferme des trésors. Mais les non-musulmans n'y sont pas admis.

🏛 Grand Socco

Les habitants des montagnes du Rif viennent troquer leurs produits sur cette grand-place très animée. Son nom officiel, place du 9-avril-1947, commémore une visite du sultan Mohammed V.

Pour les hôtels et les restaurants de la région, voir p. 216-218 et p. 233-236

MODE D'EMPLOI

Maroc. **Carte routière** B4.
315 000. d'Algésiras par
Trasmediterranea (956 66 52 00,
ferry et hydrofoil) ; de Gibraltar
par Tour Africa (350 77 666).
29, boulevard Pasteur (212
39 94 80 50). **Langues :** arabe ;
français. **Devise :** dirham.
Visa : les détenteurs d'un
passeport français, belge,
suisse ou canadien, en cours
de validité n'en ont pas besoin
pour un séjour de moins de
90 jours.

La façade richement ornée de la Grande Mosquée

🚇 Légation américaine
8, Zankat America. **Tél.** 212 39 93 53
17. ⏱ lun., mer. et jeu. ou sur r.-v.
Ce palais, offert par le sultan
Moulay Slimane en 1821, a
abrité la mission diplomatique
des États-Unis jusqu'en 1961.
C'est aujourd'hui un musée
des Beaux-Arts qui organise
régulièrement des expositions.

🚇 Hôtel Continental
Rue Dar El Baroud. **Tél.** 212 39 93
10 24. ⏱ t.l.j.
De nombreuses intrigues se
sont nouées dans cet hôtel.
C'est toujours l'endroit idéal
pour boire un thé à la menthe.

L'ÈRE DE LA ZONE INTERNATIONALE
De 1932 à son incorporation
au Maroc en 1956, Tanger a
été une zone internationale,
exempte de droits de douane
et contrôlée par un comité
de 30 pays. Pendant cette
période, la ville fut un vrai
paradis pour les espions et
les contrebandiers. Mais
Tanger a également attiré des
artistes célèbres comme Henri
Matisse, Joseph Kessel, Camille
Saint-Saëns, Paul Morand, Jack
Kerouac ou Orson Welles.

Orson Welles hanta autrefois
les rues de Tanger

🚇 Rue es-Siaghin
Axe le plus fréquenté à
l'époque romaine, c'est
l'artère la plus animée de la
médina. Elle propose une
profusion extraordinaire de
marchandises ; les
propriétaires des boutiques
offrent souvent un thé afin
de faire entrer les visiteurs
à l'intérieur.

Ceuta ⑬

Carte routière C4. 76 000.
d'Algésiras. Calle Edrissis,
Baluarte de los Mallorquines (856
20 05 60). www.ceuta.es

La plus proche des deux
enclaves espagnoles en
Afrique du Nord
mérite une visite si
vous avez envie de
mettre un pied sur ce
continent sans quitter
l'Espagne (vous devrez
cependant montrer une
carte d'identité ou un
passeport à l'entrée),
ou bien si vous êtes
en route pour le Maroc. Ceuta
se trouve seulement à 19 km
des côtes andalouses.
La ville est surplombée par
une colline, nommée Monte
Hacho, sur laquelle se dresse
un fort occupé par l'armée
espagnole. À Ceuta, vous
pourrez découvrir des vestiges
phéniciens et arabes, des
églises du XVIIᵉ au XIXᵉ siècle,
ainsi que plusieurs musées,
dont le **Museo de la Legión**,
dédié à la Légion étrangère
espagnole.
Les boutiques de la ville
permettent de s'adonner au
shopping sans payer de taxe.

Influence européenne dans
l'architecture à Ceuta

🏛 Museo de la Legión
Paseo de Colon. **Tél.** 699 97 61 51.
⏱ lun.-sam. 10h-13h30, 16h-18h

Melilla ⑭

Carte routière E5. 69 000.
de Málaga ou d'Almería (voir
p. 265). Palacio de Exposiciones
y Congresos, Calle Fortuny 3 (952 67
54 44). www.mellilaturismo.com

La seconde enclave espagnole
en Afrique du Nord, colonisée
en 1497, se trouve à 150 km
au sud d'Adra (dans la
province d'Almería), sur la
côte marocaine. Pour vous
y rendre, il faut prendre
un ferry : la traversée dure
6 heures depuis l'Andalousie,
mais Melilla vaut vraiment
le détour.
Cette ville s'enorgueillit
d'être un lieu où coexistent
paisiblement les quatre
cultures qui la composent :
chrétienne, musulmane, juive
et hindoue. Les principaux
sites se situent dans **Melilla La
Vieja** (vieille ville) érigée au
XIVᵉ siècle sur un promontoire
qui s'avance sur la mer : elle
regroupe quatre secteurs
fortifiés et séparés par des
douves et des murs.
Les parties de la ville
datant du XIXᵉ et du XXᵉ siècle
sont très agréables pour se
promener car elles abritent
de nombreux splendides
immeubles Art nouveau
et Art déco.
Melilla et Ceuta sont
entourées par de hautes
clôtures pour éviter que
des immigrés illégaux ne
pénètrent sur le territoire
de l'Union européenne.

Gibraltar ⑮

La Grande-Bretagne s'est emparée de Gibraltar en 1704, au cours de la guerre de Succession d'Espagne *(p. 52)*. Neuf ans plus tard, le Rocher lui a été attribué « à perpétuité » par le traité d'Utrecht ; depuis, elle invoque toujours cette clause face aux prétentions de l'Espagne. Véritable verrou de la Méditerranée, Gibraltar a joué un rôle essentiel à l'époque coloniale. Chaque année, près de 4 millions de personnes passent la frontière à La Línea pour visiter ce petit morceau d'Angleterre greffé au flanc de l'Andalousie, avec ses pubs, ses *fish and chips*, sa livre sterling et ses *bobbies*.

Un magot de Gibraltar

Le Donjon
La partie basse de ce château maure bâti au VIIIe siècle sert toujours de prison.

Galeries du Siège
Les casernes souterraines occupent 50 km de galeries.

THE GREAT SIEGE TUNNELS

Frontière espagnole

Téléphérique
Un téléphérique fonctionne du centre de la ville au sommet du Rocher. Culminant à 425 m d'altitude, il est souvent noyé dans la brume.

La piste de l'aéroport de Gibraltar enjambe la route de La Línea.

Pour les hôtels et les restaurants de la région, voir p. 216-218 et p. 233-236

Grotte de Saint Michael
*Durant la Seconde Guerre
mondiale, ces grottes
abritaient un hôpital
militaire. On y donne
aujourd'hui des concerts.*

Le ravin des Singes abrite
les singes sans queue de
Gibraltar. On prétend que
les Anglais conserveront le
Rocher tant que les singes
y vivront.

À l'extrême sud,
Europa Point
regarde au-delà
du détroit, vers
le Maghreb.

MODE D'EMPLOI

Royaume-Uni. **Carte routière**
C4. 🏠 *35 000.* ✈ *Gibraltar.*
🚌 *Gare de Waterport.* ℹ *Square
de la cathédrale, maison du duc
de Kent (956 77 49 50).* 🛒 *mer.,
sam.* 🎉 *Fête nationale (10 sept.).*
Gibraltar Museum ◷ *lun.-sam.*
◓ *j.f.* 📷 **Donjon, tunnels,
grotte de Saint Michael, ravin**
◷ *t.l.j.* ◓ *25 déc., 1ᵉʳ janv.* 📷
♿ **Devise** : *livre de Gibraltar,
livre sterling.* **Visa** : *non requis
pour les ressortissants de l'UE,
de la Suisse et du Canada.*
www.gibraltar.gov.uk

La Línea de la Concepción,
et, en arrière-plan, Gibraltar

La Línea de
la Concepción 🔟

Cadix. **Carte routière** C4.
🏠 *60 000.* 🚌 ℹ *Avenida de
20 Abril s/n (956 76 99 50).*
🛒 *mer.* **www.lalinea.ws**

La Línea est la ville située du
côté espagnol de la frontière.
Son nom évoque l'ancien mur
de démarcation, démoli lors
de l'invasion napoléonienne
pour empêcher les Français
de l'utiliser. C'est maintenant
une ville très animée, et ses
nombreux hôtels attirent
les visiteurs, car ils proposent
des prix bien plus intéressants
que ceux de Gibraltar.

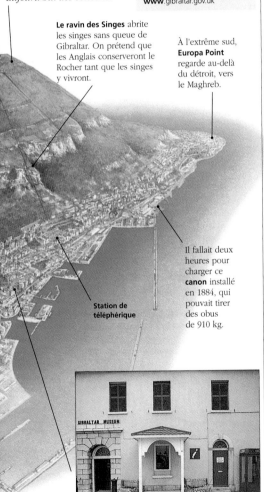

**Station de
téléphérique**

Il fallait deux
heures pour
charger ce
canon installé
en 1884, qui
pouvait tirer
des obus
de 910 kg.

L'élégante marina de Sotogrande

Sotogrande 🔟

Cadix. **Carte routière** C4. 🏠 *2 000.*
🚌 *San Roque.* ℹ *C/San Felipe s/n
(956 69 40 05).* 🛒 *dim.*

Les citoyens aisés de
Gibraltar résident dans les
belles villas à Sotogrande,
une élégante localité
résidentielle située au nord
sur la Costa del Sol. Ils
disposent d'un port de
plaisance, rempli de yachts
splendides. Les terrains de
golf aux alentours (p. 32)
sont impeccablement
entretenus et les restaurants
ne manquent pas.

Le Gibraltar Museum
*Construit sur les fondations d'un bain
maure, ce musée présente l'histoire de
Gibraltar sous l'autorité britannique.*

Circuit des *pueblos blancos* ⑱

Dans cette région de l'Andalousie, s'installer dans les plaines signifiait être à la merci des razzias. C'est pourquoi les habitants préféraient vivre dans des villages fortifiés. L'aspect de ces *pueblos blancos* – ainsi nommés en raison de leurs maisons blanches, fidèles à la tradition mauresque – semble être resté inchangé depuis des siècles. Ce circuit vous donnera l'impression de traverser l'histoire, mais ces villages pittoresques sont aujourd'hui avant tout des bourgs agricoles très actifs.

Zahara de la Sierra ③ Ce beau village blanc, accroché au flanc d'une colline et dominé par les ruines d'un château, a été classé monument national.

Ubrique ②
Nichée au pied de la Sierra de Ubrique, la ville est maintenant un centre prospère spécialisé dans la maroquinerie.

Grazalema ④ Situé au cœur du parc naturel de la Sierra de Grazalema, ce village détient le record pluviométrique d'Espagne.

Arcos de la Frontera ①
Située en un point stratégique, cette ville est fortifiée depuis des siècles. Elle offre des vues plongeant sur la vallée du Guadalete.

Jimena de la Frontera ⑧
Le village est entouré de collines couvertes de chênes-lièges et d'oliviers, où les taureaux paissent en liberté. Un château maure en ruine – ouvert au public – le domine.

SEVILLA

CADIZ, JEREZ

El Bosque
A372

Benamahoma

A373

Embalse de los Hurones

Benaocaz

A374

Charco de los Hurones

PARQUE N. SIERRA GRAZAL.

SIERRA DE UBRIQUE

CA5221

Cortes de la Frontera

A373

Río Hozgarganta

A375

PARQUE NATURAL DE LOS ALCORNOCALES

Río Guadiaro

CA503

La Sauceda

CA3331

A369

Emb. de Z.

CA5013

Gaucín ⑦
On y découvre un panorama sans équivalent embrassant la Méditerranée, l'Atlantique, le rocher de Gibraltar et, au-delà du détroit, les montagnes du Rif au Maroc.

0   10

Setenil ⑤
Ce village blanc, en partie troglodytique, est construit au flanc d'une gorge creusée dans le tuf par le Río Trejo.

Ronda ⑥
Efficacement protégée par la gorge du Tajo, Ronda fut l'une des dernières villes reprises aux Maures. C'est le berceau de la tauromachie *(p. 176-177)*.

LÉGENDE

▬▬ Itinéraire proposé

═══ Autre route

CARNET DE ROUTE

Itinéraire : 205 km.
Où faire une pause ? Ronda offre un vaste choix d'hôtels (p. 218) et de restaurants (p. 235). Arcos de la Frontera possède un parador (p. 216), des hôtels et des restaurants. Gaucín, Jimena de la Frontera et Zahara de la Sierra ont plusieurs hôtels et restaurants. Grazalema a un hôtel familial et Setenil quelques bars et un hôtel. Ubrique a un hôtel.

Arcos de la Frontera ⑲

Cadix. **Carte routière** B3.
🏙 30 000. ℹ Plaza del Cabildo s/n (956 70 22 64). 🚌 ven.
www.ayuntamientoarcos.org

Le site d'Arcos est habité depuis la préhistoire. Sa position stratégique a favorisé l'implantation de la ville romaine d'Arcobriga, puis, plus tard, de la citadelle de Medina Arkosh, sous le califat de Cordoue *(p. 46)*. La ville a été prise en 1264 par les troupes d'Alfonso X *(p. 48)*.

Arcos semble être l'archétype de la ville blanche maure, avec son dédale de ruelles qui serpentent vers un château. Son cœur est constitué par la Plaza de España depuis laquelle vous jouirez d'un splendide point de vue sur la plaine brûlée par le soleil. La place est bordée par un superbe **parador** *(p. 216)* et par l'**Iglesia de Santa María de la Asunción**, de style gothique tardif et baroque et qui possède des stalles et un retable dignes d'intérêt ; un petit musée abrite le trésor de l'église. **San Pedro** est une église gothique massive bâtie près de la falaise. De son clocher, on peut contempler l'à-pic et le Guadalete qui coule au fond de la gorge. À côté, le **Palacio del Mayorazgo** possède une façade Renaissance très décorée. L'**Ayuntamiento** présente de beaux plafonds mudéjars.

🏛 **Palacio del Mayorazgo**
Calle San Pedro 2.
Tél. 956 70 30 13 (Casa de Cultura). ◯ t.l.j. ♿

🏛 **Ayuntamiento**
Plaza del Cabildo 1.
Tél. 956 70 00 02.
◯ lun.-ven. ● j.f.

Le théâtre romain, au cœur des ruines d'Acinipo (Ronda la Vieja)

Ronda la Vieja ⑳

Málaga. **Carte routière** C3. 🚍 🚌
Ronda. **Tél.** 95 221 36 40 et 630 42 99 49. ℹ Plaza España 9 (952 87 12 72). ◯ mer.-sam. 9h-15h30, dim. 10h-15h. **Cuevas de la Pileta :** visites guidées deux fois par jour.
www.turismoderonda.es

Ronda la Vieja est le nom donné aux vestiges de la cité romaine d'Acinipo, à 12 km au nord-ouest de Ronda *(p. 176-177)*. Prospère au Ier siècle apr. J.-C., elle déclina ensuite, sa position la rendant plus difficile à défendre que sa voisine Arunda, l'actuelle Ronda, qui se développa alors.

Les ruines sont magnifiquement situées à flanc de colline. Le monument le plus important est le théâtre, mais, en parcourant le site, on peut encore distinguer les fondations des maisons, du forum et des autres édifices.

À 22 km de Ronda la Vieja, en suivant la C339, les **Cuevas de la Pileta** renferment de belles peintures rupestres datées de 25000 av. J.-C. *(p. 43)*.

L'église baroque Santa María de la Asunción

Pour les hôtels et les restaurants de la région, voir p. 216-218 et p. 233-236

Ronda pas à pas ㉑

Assiette peinte à la main, Ronda

Ronda est bâtie sur un plateau entaillé par une gorge profonde. Véritable nid d'aigle, la ville fut l'un des derniers bastions musulmans en Andalousie : les chrétiens ne s'en emparèrent qu'en 1485. La vieille ville maure est perchée au sud de la faille. C'est un *pueblo blanco* caractéristique *(p. 174)*, aux murs d'une blancheur aveuglante, aux ruelles pavées de galets, aux fenêtres protégées de grilles de fer forgé. De l'autre côté de la gorge, la ville moderne, El Mercadillo, possède la plus ancienne Plaza de Toros d'Espagne.

★ Puente Nuevo
À la fin du XVIIIᵉ siècle, la construction de ce pont qui enjambe la gorge constitua un véritable exploit technique.

Le Convento de Santo Domingo était le siège local de l'Inquisition.

Vers El Mercadillo, les arènes et le parador de Ronda *(p. 218)*

Casa del Rey Moro
De ce palais du XVIIIᵉ siècle construit sur les fondations d'un palais maure, 365 marches mènent à la rivière.

Mirador El Campillo

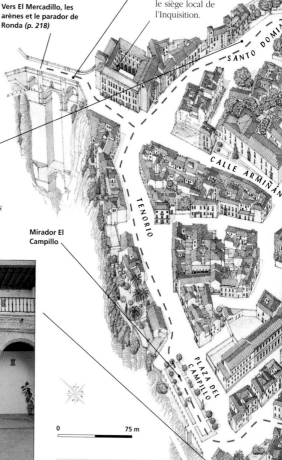

SANTO DOMINGO

CALLE ARMIÑÁN

TENORIO

PLAZA DEL CAMPILLO

0   75 m

★ Palacio Mondragón
Ce palais a été en grande partie reconstruit après la Reconquête (p. 48-49), mais son patio à arcades est orné de mosaïques et de stucs maures d'origine.

À NE PAS MANQUER

★ Palacio Mondragón

★ Puente Nuevo

Pour les hôtels et les restaurants de la région, voir p. 216-218 et p. 233-236

Palacio del Marqués de Salvatierra
D'étranges représentations de scènes bibliques et d'Indiens d'Amérique ornent la façade de ce palais de style Renaissance construit au XVIIIᵉ siècle.

Vers le Puente Viejo, et les Baños Árabes

MARQUÉS DE SALVATIERRA

Santa María la Mayor
Le minaret et le mihrab de la mosquée du XIIIᵉ siècle, qui se trouvait jadis à la place de cette église, ont subsisté.

Le minaret de San Sebastián est tout ce qui reste d'une mosquée du XIVᵉ siècle.

CARMEN

ESCALERA

ARMIÑÁN

PLAZA DUQUESA DE PARCENT

MODE D'EMPLOI

Málaga. **Carte routière** C3.
🏨 34 000. 🚉 *Avda Andalucía s/n (902 24 02 02).* 🚌 *Pl. Concepción García Redondo s/n (952 87 22 62).* 🛈 *Pl. de España 1 (952 87 12 72).* 🚢 *dim.* 🎉 *Semaine sainte (Pâques), Fiesta Romería Virgen de la Cabeza (mai), Feria de Málaga (août), Feria de Pedro Romero (sept.).*
Casa del Rey Moro ☐ *jardins seul.* 🏛 **Palacio del Marqués de Salvatierra** 🚫 *au public.*
Palacio Mondragón ☐ *t.l.j.* 🏛 ♿ **Plaza de Toros et Museo Taurino** ☐ *t.l.j.* 🏛 ♿
Baños Árabes ☐ *t.l.j.*

Ayuntamiento
L'hôtel de ville composite a été remanié au XXᵉ siècle. Il présente une façade à deux étages d'arcades et possède un plafond mudéjar.

LÉGENDE

– – – Itinéraire conseillé

LES CORRIDAS À RONDA

Les arènes de Ronda sont considérées comme le temple de la tauromachie et chaque aspirant matador rêve de s'y produire. Inaugurées en 1785, elles sont parmi les plus importantes d'Espagne. Des *aficionados* viennent de toute la péninsule pour jouir de l'atmosphère singulière de la Corrida Goyesca *(p. 36)*, que des millions de personnes suivent à la télévision. Le style classique de Ronda, plus austère que celui de l'exubérante école de Séville, a été mis au point par Pedro Romero, né en 1754 et considéré comme le père de la tauromachie moderne.

Romero affronta plus de 6 000 taureaux

Parque Natural Sierra de las Nieves ㉒

Carte routière C3. 🛈 Palacio de Mondragón, Plaza de Mondragón, Ronda (952 87 11 71).

Classé par l'Unesco réserve de la biosphère, cette vaste zone s'étend entre Parauta, à l'est, Tolox, à l'ouest, El Burgo, au nord, et Istán, au sud. Ce parc se caractérise par son alternance de sommets (s'élevant juqu'au pic de Torrecilla à 1 919 m) et de crevasses ; le gouffre atteignant 1 100 m est l'un des plus profonds du monde. On peut notamment faire de l'escalade ou de la spéléologie, mais également emprunter des sentiers de randonnée balisés, de divers niveaux de difficulté.

Un peu plus loin vers le sud, près d'Ojén, Refugio de Juana offre la possibilité de faire une balade à travers la forêt qui mène à un beau point de vue sur la côte.

Oliveraies entre les villages d'Álora et d'Antequera

Álora ㉓

Málaga. Carte routière C3. 🚶 13 000. 🚉 🚌 🛈 Plaza Baja de la Despedía (952 49 55 77). 🛒 lun. **www**.aldra.es

Pueblo blanco caractéristique (p. 174-175) de la vallée du Río Guadalhorce, Álora est un gros bourg agricole qui domine un paysage de vergers et d'oliveraies.

Ses ruelles pavées de galets rayonnent à partir de l'**Iglesia de la Encarnación**, qui date du XVIIIe siècle. Chaque semaine a lieu un marché. Sur la plus haute des collines dominant Álora se trouve le **Castillo** et un cimetière bien entretenu.

♠ Castillo Árabe
Calle Ancha. **Tél.** 95 249 83 80 (office de tourisme). ⬜ t.l.j.

Garganta del Chorro ㉔

Málaga. Carte routière C4. 🚉 El Chorro. 🚌 Parque Ardales. 🛈 Avda Constitución s/n (952 49 55 77).

À 12 km en amont d'Álora, la vallée fertile du Guadalhorce recèle une des merveilles naturelles de l'Espagne. La gorge du Chorro est une immense brèche de 180 m de profondeur, taillée dans la roche calcaire. À certains endroits, elle mesure à peine 10 mètres de large et le torrent impétueux s'y engouffre en mugissant. Toutefois, la centrale hydroélectrique qui a été implantée à la sortie du canyon jure quelque peu avec la nature sauvage et la beauté du lieu.

Le **Carmino del Rey**, inauguré par Alfonso XIII en 1921, est un sentier à pic qui permettait de passer d'un côté du canyon à l'autre sur un pont. Mais aujourd'hui celui-ci est très dangereux et il est vivement déconseillé de s'y engager.

De nombreuses activités de plein air peuvent être pratiquées depuis le proche village d'El Chorro.

Fuente de Piedra ㉕

Málaga. Carte routière C3. 🚉 🚌 🛈 C/ Castillo (952 73 54 53).

La Laguna de la Fuente de Piedra est le plus grand des lacs qui se sont formés dans cette région de marais, au nord d'Antequera. Il abrite une foule d'oiseaux, notamment des flamants

La Garganta del Chorro, le profond canyon creusé par le río Guadalhorce

roses : chaque année en mars, jusqu'à 25 000 spécimens viennent s'y reproduire, avant de retourner en Afrique (attention, les années de sécheresse ne sont pas favorables à la reproduction). On peut aussi y voir des grues, des hérons, des guêpiers, des aigrettes garzettes, ainsi que plusieurs variétés de canards et d'oies. Leur nombre a augmenté considérablement depuis que la région est devenue une réserve naturelle.

Une route transversale partant de la N334 mène au bord du lac, où l'on peut observer à loisir les oiseaux. Il est interdit de pénétrer dans l'eau.

Formations rocheuses calcaires du Parc naturel du Torcal

Arco de los Gigantes (XVIᵉ siècle) à Antequera

Antequera ㉖

Málaga. **Carte routière** D3.
🏛 42 000. 🚌 🚍 🛈 Plaza San Sebastián 7 (952 70 25 05). 🗓 mar.
www.aytoantequera.com

L'ancienne Anticaria des Romains est une ville de la vallée du Guadalhorce, au marché animé. Elle joua autrefois un rôle stratégique : c'était une ville fortifiée maure qui participait à la défense du royaume de Grenade.

Antequera possède de nombreuses églises, dont celle de **Nuestra Señora del Carmen** qui renferme un exubérant retable baroque. À l'ouest de la ville, la **Plaza de Toros** du XIXᵉ siècle abrite également un musée de la tauromachie. Perché sur une

colline qui domine la cité, le **Castillo Árabe**, l'ancienne forteresse maure, a été bâti au XIIIᵉ siècle sur le site d'un fort romain. On n'y a pas accès, mais on peut suivre la muraille, après être passé sous l'**Arco de los Gigantes**, édifié au XVIᵉ siècle. On a une belle vue depuis la **Torre del Papabellotas**. Dans la ville, le **Palacio de Nájera** abrite le Musée municipal qui expose une remarquable statue de bronze romaine représentant un éphèbe.

À la périphérie de la ville se trouvent trois dolmens qui ont probablement servi de chambres funéraires à des chefs de tribus. Le plus ancien et le plus massif doit avoir entre 4000 et 4500 ans.

🎫 **Plaza de Toros**
Crta de Sevilla s/n. **Tél.** 952 70 81 42. 🗓 mar.-dim. Museo Taurino 🗓 sam., dim., j.f.

🏛 **Palacio de Nájera**
Coso Viejo s/n. **Tél.** 952 70 40 21. 🗓 jusqu'en 2011. 🗓

🏛 **Dolmens**
🗓 mar.-sam. 9h-18h, dim. 9h30-14h30 🗓 🗓 mar.

El Torcal ㉗

Málaga. **Carte routière** D3. 🚌 🚍 Antequera. 🛈 Antequera (952 70 25 05).

Le **Parque Naturale del Torcal** est une énorme butte de calcaire exposée au vent et à la pluie qui ont sculpté ses formes étranges. Il offre un vaste réseau de sentiers à partir d'un centre d'accueil. Les promenades de moins de 2 heures sont jalonnées de

flèches jaunes ; les circuits plus longs sont marqués de rouge. Dans le parc naturel, on peut découvrir des gorges, des grottes, des rochers en forme de champignon et de nombreuses autres curiosités géologiques. On peut y rencontrer des renards, des belettes, des aigles, des faucons et des vautours. La flore est variée et on trouve notamment des orchidées sauvages.

Archidona ㉘

Málaga. **Carte routière** D3.
🏛 8 200. 🚌 🚍 🛈 Plaza Ochavada 2 (952 71 64 79). 🗓 lun.

Cette petite ville mérite que l'on s'y arrête pour voir son extraordinaire **Plaza Ochavada**, une place octogonale construite au XVIIIᵉ siècle dans un style français, qui reprend certains éléments andalous traditionnels. L'**Ermita Virgen de Gracia** offre un beau point de vue sur la campagne.

La place octogonale Ochavada (XVIIIᵉ siècle) à Archidona

Nerja

Málaga. **Carte routière** D3.
🏛 *18 000.* 🚌 🚋 **ℹ** *Calle Puerta
del Mar 2 (952 52 15 31).* 🏖 *mar.*
www.nerja.org

Cette station à la mode, située
à l'extrémité orientale
de la Costa del Sol, au pied
de la belle Sierra de Almijara,
est perchée sur une falaise
qui surplombe une succession
d'anses sablonneuses. La
partie la plus animée de
la cité est une promenade
aménagée le long du
promontoire rocheux
baptisé **El Balcón de Europa**
(le Balcon de l'Europe). Elle
est bordée d'une série de
cafés et de restaurants dont
les terrasses offrent une belle
vue d'ensemble sur la côte.
À la périphérie de Nerja, on
construit de plus en plus de
résidences de vacances, aussi
bien des villas, dotées pour la

La ville de Nerja domine la mer depuis le Balcón de Europa

plupart d'une piscine privée,
que des immeubles en
copropriété.

En 1959, on a découvert au
nord-est de la ville une série
de grottes d'un grand intérêt
archéologique, les **Cuevas de
Nerja**. Les peintures rupestres
(p. 42) qu'elles abritent ont
environ 20 000 ans.

Seules quelques-unes
des immenses salles sont
ouvertes au public. L'une
d'elles a été transformée
en un étonnant auditorium
souterrain.

🕳 **Cuevas de Nerja**
Carretera de las Cuevas de Nerja.
Tél. *952 52 95 20.* 🕐 *t.l.j.* 📷

Málaga ㉜

Málaga. **Carte routière** D3. 🏛
650 000. ✈ 🚌 🚋 **ℹ** *Pasaje de
Chinitas 4 (951 30 89 11).* 🏖 *dim.*
www.malagaturismo.com

Port prospère,
Málaga est la
deuxième ville
d'Andalousie. La
première impression
du visiteur est peu
flatteuse, à la vue de
ses laides banlieues,
de ses piètres tours
d'habitation et de
ses grues rouillées.
Pourtant, Málaga est
une ville chargée d'histoire,
qui exprime bien l'âme
vibrante de l'Andalousie.

La ville phénicienne
de Malaca *(p. 42-43)* était
un important comptoir
commercial de la péninsule
ibérique. Après la victoire
de Rome sur Carthage en
206 av. J.-C. *(p. 44)*, elle
devint un port romain très
actif qui commerçait avec
Byzance. Mais l'âge d'or de
Málaga se situe après 711 : les
Maures en firent le principal
débouché maritime de
Grenade. Puis la ville fut prise
par les chrétiens en 1487
après un siège sanglant.

Les derniers Maures furent
expulsés *(p. 50-51)* après
s'être révoltés sans succès.

Après un long déclin, la
ville a retrouvé la prospérité
au XIXᵉ siècle, grâce à son vin
apprécié dans toute l'Europe.
Malheureusement,
le phylloxéra, la
terrible maladie de
la vigne qui faisait
alors des ravages,
atteignit Málaga,
ruinant ses
vignobles.

La **cathédrale**,
véritable cœur de
la vieille ville, a
été commencée
en 1528 par Diego
de Siloé, mais
elle présente
un curieux
mélange de
styles.

**Cathédrale
de Málaga,
détail de la façade**

Sa construction a été
interrompue par un
tremblement de terre en 1680.
Puis, en 1765, on a renoncé à
achever la seconde tour, car
les fonds manquaient. C'est
pourquoi elle est surnommée
« La Manquita » (la Manchote).

Le Museo de Bellas Artes
a été transformé en **Museo
de Picasso**, qui abrite de
nombreuses œuvres de
l'artiste, natif de la
ville *(p. 54)*.

Théâtre

**Puerta
Principal**

Entrée

**Puerta de
las Columnas**

Plaza de Armas

Pour les hôtels et les restaurants de la région, voir p. 216-218 et p. 233-236

L'Axarquia 30

Málaga. **Carte routière** D4.
Avda de la Constitución, Cómpeta
(952 55 36 85). **www**.competa.es

L'arrière-pays de l'Axarquia a beaucoup de charme avec ses belles collines derrière Torre del Mar et Nerja, et avec sa ville principale, **Vélez-Málaga**, ses rues anciennes et les vestiges d'un château.

Cómpeta se révèle être un meilleur point de départ pour faire des excursions : ville productrice de vins doux, elle se situe à 12 km seulement de la côte, par des routes de montagne. À partir de là, il est intéressant de découvrir la « route mudéjar » qui se dirige vers **Archez** et **Salares**, dont les églises ont conservé pour tours les minarets en brique datant des XIIIe et XVe siècles.

Deux autres villages méritent une visite : **Frigiliana**, proche de la côte et facilement accessible depuis Nerja, et **Comares** (au nord-est de Vélez-Málaga), perché au sommet d'un mont pierreux d'où on jouit d'une vue superbe.

Une rue étroite du Barrio de San Sebastián, Vélez Málaga

Montes de Málaga 31

Málaga. **Carte routière** D3. vers Colmenar. Lagar de Torrijos, sur la C345 au km 544, 3 *(951 04 51 00).*

Au nord et à l'est de Málaga s'étendent les belles collines des Montes de Málaga. Elles forment le **Parque Natural de Montes de Málaga** où la faune prospère dans les broussailles parfumées de lavande et d'autres plantes aromatiques sauvages. De temps en temps, on aperçoit des chats sauvages et des oiseaux de proie.

Les randonneurs peuvent suivre des chemins balisés. Une ferme a été restaurée et convertie en musée ethnologique. Entre Málaga et le parc, la C345 offre de magnifiques points de vue sur la mer située en contrebas.

La **Casa Natal de Picasso**, où le célèbre peintre a passé ses premières années, est désormais le siège de la Fondation Picasso.

Le **Castillo de Gibralfaro**, un château maure en ruine du XIVe siècle, se trouve sur la colline située juste derrière l'Alcazaba. On découvre alors un beau point de vue sur la vieille ville, le port et les arènes de Málaga situés juste en dessous. La route du parador mène elle aussi au sommet de la colline et offre également de belles échappées sur la ville.

À l'est de Málaga, sur la route de Vélez Málaga, se trouve la plage familiale de Rincón de la Victoria *(p. 33).*

🏛 **Museo de Picasso**
Calle San Agustín 8. **Tél.** 952 60 27 31. ○ mar.-dim. 10h-20h.

🏛 **Casa Natal de Picasso**
Pl de la Merced 15. **Tél.** 952 06 02 15. ○ lun.-dim. 9h30-20h, j.f. 10h-14h.

⚜ **Castillo de Gibralfaro**
○ mar.-dim. 9h-18h.

⚜ **Alcazaba**
Calle Alcazabilla s/n. **Tél.** 952 21 60 05. ○ mar.-dim. 9h30-19h.

🏛 **Museo Arqueológico**
Calle Alcazabilla. **Tél.** 952 21 60 05. ○ mar.-dim 9h30-19h.

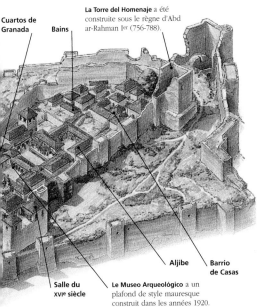

Cuartos de Granada

Bains

La Torre del Homenaje a été construite sous le règne d'Abd ar-Rahman Ier (756-788).

Aljibe

Barrio de Casas

Salle du XVIe siècle

Le Museo Arqueológico a un plafond de style mauresque construit dans les années 1920.

L'Alcazaba de Málaga
La vaste forteresse de Málaga a été édifiée entre le VIIIe et le XIVe siècle, sur le site d'une ville romaine. En 1951, on a découvert un théâtre du Ier siècle – qui n'a été que partiellement mis au jour – juste devant l'entrée de l'Alcazaba. Le Museo Arqueológico est vraiment digne d'intérêt : il abrite une collection d'objets phéniciens, romains et maures, entre autres de belles céramiques.

Torremolinos, la capitale touristique tapageuse de la Costa del Sol

Torremolinos ③

Málaga. **Carte routière** D3.
🏃 50 000. 🚉 🚌 🛈 *Plaza Blas Infante 1 (95 237 95 12)*. 🛆 *jeu*.
www.ayto-torremolinos.org

L'ancien village des années 1950 est devenu une véritable ville hérissée de grands immeubles. Située sur un promontoire qui sépare deux plages, elle est l'une des stations les plus fréquentées de la Costa del Sol, où une clientèle essentiellement britannique, allemande et scandinave venait passer des vacances à bon marché. La ville a bénéficié de transformations : on a dépensé des fortunes pour élargir les plages en répandant des millions de tonnes de fin sable doré, pour aménager des places, une promenade et des espaces verts.
   Si les bars anglais sont nombreux à Torremolinos, l'atmosphère de la station est de moins en moins turbulente, en particulier sur la plage de Carihuela, proche de la station voisine de Benalmádena. La plage de Bajondillo jouxte le centre animé de la ville.

Benalmádena ③

Málaga. **Carte routière** D4.
Tél. 952 56 96 62. 🕐 *mar.-dim. 10h30-14h, 16h-19h30*.
www.stupabenalmadena.org

On ne s'attend pas à trouver le plus imposant monument bouddhiste d'Europe sur la Costa del Sol ! Cet élégant stupa, inauguré en 2003, a été construit par la communauté religieuse locale, menée par Lopon Tsechu Rinpoche, en coopération avec la municipalité.
   La flèche dorée qui couronne le stupa atteint 33 m. À l'intérieur, les murs ont été peints par des artistes népalais. Du sol au plafond de l'édifice, de nombreux objets ont été cachés et scellés.

Fuengirola ③

Málaga. **Carte routière** C4.
🏃 53 000. 🚉 🚌 🛈 *Avda Jesús Santos Rein 6 (95 246 74 57)*. 🛆 *mar., sam. et dim.* **www**.fuengirola.org

Reposant au pied des montagnes grises et ocre de la Serranía de Ronda, Fuengirola est situé dans un site magnifique. On peut y voir les ruines du château que fit construire Abd ar-Rahman III au bord du fleuve. Avec 6 800 m de plages, la ville est devenue une station balnéaire destinée

Caisses de poisson frais, Fuengirola

au tourisme de masse. C'est surtout un public familial qui vient y passer les vacances d'été. On peut assister à des fêtes locales.

Marbella ③

Málaga. **Carte routière** C4.
🏃 120 000. 🚌 🛈 *Paseo Marítimo (95 277 14 42)*. 🛆 *lun. et sam. (Puerto Banús)*. **www**.marbella.es

Marbella est l'une des stations balnéaires les plus huppées d'Europe. Les familles royales, les stars de cinéma et d'autres

Yachts et vedettes à moteur dans la marina très fermée de Marbella – lieu de villégiature très huppé

Pour les hôtels et les restaurants de la région, voir p. 216-218 et p. 233-236

VIVRE AU SOLEIL

On imagine souvent que la Costa del Sol était habitée par des pêcheurs au rythme de vie harmonieux. Il est vrai que l'invasion du tourisme a ruiné l'économie traditionnelle, basée sur la pêche et l'agriculture, et la beauté naturelle de la côte. Mais la réalité décrite en 1936 par l'écrivain anglais Laurie Lee était moins idyllique : « […] des villages de pêcheurs où des hommes à la poitrine étroite, dans leur haine de la mer, maudissaient leur place au soleil ». Aujourd'hui, les Andalous ne se plaignent guère de leur prospérité.

Lithographie représentant le port de Málaga au XIXᵉ siècle

membres de la jet-set y passent leurs vacances, dans d'élégantes villas ou dans l'un de ses luxueux hôtels. En hiver, la principale distraction locale est le golf (*p. 32-33*).

Marbella est parvenue à préserver sa vieille ville, vraiment charmante. Plusieurs rues mènent de l'artère principale, l'Avenida Ramón y Cajal, à la Plaza de los Naranjos, la place la plus importante, plantée d'orangers (elle en tire son nom).

Les vestiges des murailles arabes de la cité se dressent dans une rue adjacente, la Calle Carmen, qui mène à l'**Iglesia de Nuestra Señora de la Encarnación**, datant du XVIIᵉ siècle. Le **Museo del Grabado Contemporáneo** se trouve tout près ; il expose des œuvres de Miró, de Picasso et de Tàpies.

De l'autre côté de l'Avenida Ramón y Cajal, le **Paseo de la Alameda** est un parc où les bancs sont décorés d'azulejos colorés. De là, la route vers le front de mer, l'Avenida del Mar, est bordée de sculptures de Salvador Dalí.

L'Avenida Ramón y Cajal, en direction de l'ouest, se transforme en N340. Le long de la première partie de cette route se trouvent les demeures les plus chères de la ville. À l'autre bout de l'avenue, vous pourrez découvrir Puerto Banús, la plus chic des marinas en Espagne.

Au-delà de Puerto Banús, la station San Pedro de Alcántara est très paisible. La plupart de ses élégantes

résidences de vacances sont situées à la lisière de la ville, très près des terrains de golf.

🏛 **Museo del Grabado Contemporáneo**
C/ Hospital Bazan s/n. **Tél.** 952 76 57 41. ☐ mar.-sam. ● j.f.

Estepona ㊲

Málaga. **Carte routière** C4.
🚶 46 000. ☐ 🛈 Avda San Lorenzo 1 (95 280 09 13). ☐ mer. et dim. www.infoestepona.com

Cet ancien village de pêcheurs situé à mi-chemin entre Marbella et Gibraltar ne semble pas particulièrement séduisant à première vue, avec ses grands hôtels et ses immeubles longeant la côte, mais on peut noter son

La place ombragée de las Flores, cachée au cœur d'Estepona

caractère typiquement espagnol : des orangers bordent les rues et les paisibles **Plaza Arce** et **Plaza de las Flores**, où des hommes âgés lisent le journal assis sur les bancs, pendant que des enfants jouent au football autour d'eux. Estepona possède aussi quelques bons restaurants de poisson et des bars à tapas relativement bon marché. La plage est assez agréable et les soirées de cette petite station sont plutôt tranquilles. C'est pourquoi elle est fréquentée par des familles accompagnées de jeunes enfants.

Toutefois, près d'Estepona, on trouve une plage nudiste à la mode, la Costa Natura (*p. 32-33*).

Moment de détente à San Pedro de Alcántara

GRENADE ET ALMERÍA

L'est de l'Andalousie est dominé par la Sierra Nevada, la plus haute montagne de la péninsule Ibérique. À ses pieds s'étend Grenade, l'ancienne capitale d'un royaume maure dont le palais, l'Alhambra, semble tout droit sorti des Mille et Une Nuits. La province de Grenade est parsemée de forteresses en ruine, témoins d'un passé guerrier. Quant à l'intérieur aride de la province d'Almería, les réalisateurs de cinéma l'ont utilisé pour y tourner des westerns.

La cité de Grenade, fondée par les Ibères, est située à la jonction de la Sierra Nevada et de la plaine. Pendant plus de deux siècles, elle a été la capitale d'un royaume maure qui comprenait aussi les provinces d'Almería et de Málaga. Sur une crête qui domine la ville se dresse la citadelle royale de l'Alhambra, un splendide ensemble de palais et de jardins.

Dans cet intérieur montagneux de la province, sur le flanc sud de la Sierra Nevada, les villages des Alpujarras, entourés de champs en terrasses, semblent se cramponner aux roches au milieu des ravins.

La province de Grenade jouit d'un climat subtropical qui permet de cultiver des avocatiers et des chérimoliers (p. 36). On y trouve un grand nombre d'hôtels et de résidences de vacances. À l'est de Grenade, le paysage devient plus aride. Autour de Guadix, fondée par les Phéniciens, des milliers de gens vivent encore dans des maisons troglodytiques. On a retrouvé à Baza une statue de déesse ibérique antérieure à la conquête romaine et à Los Millares, près d'Almería, les traces d'une implantation humaine vieille de 4 000 ans.

Port prospère à l'époque maure, Almería revit aujourd'hui grâce à une forme originale d'agriculture : des serres de plastique vert permettent de cultiver des fruits et des légumes tout au long de l'année.

Sur la côte du Cabo de Gata, des villages et des baies isolées sommeillent toute l'année au soleil.

Le château Renaissance de La Calahorra, au pied de la Sierra Nevada

◁ La fontaine de la cour des Lions, à l'Alhambra de Grenade, repose sur le dos de douze lions

À la découverte de Grenade et d'Almería

Grenade et l'Alhambra constituent sans doute le principal attrait de la région. Mais celle-ci possède bien d'autres atouts. Grâce à un bon réseau routier, la Sierra Nevada enneigée ou la Costa Tropical aux eaux claires sont à quelques heures de Grenade, ainsi que de jolies villes anciennes dans des sites spectaculaires, comme Montefrío et Alhama de Granada. En partant d'Almería, on peut aisément se rendre dans la région de Tabernas, qui ressemble à l'Arizona et où l'on a tourné de nombreux « westerns spaghetti », ou encore sur les plages isolées du Parque Natural de Cabo de Gata. Les villages aux murs blancs ont tous du charme.

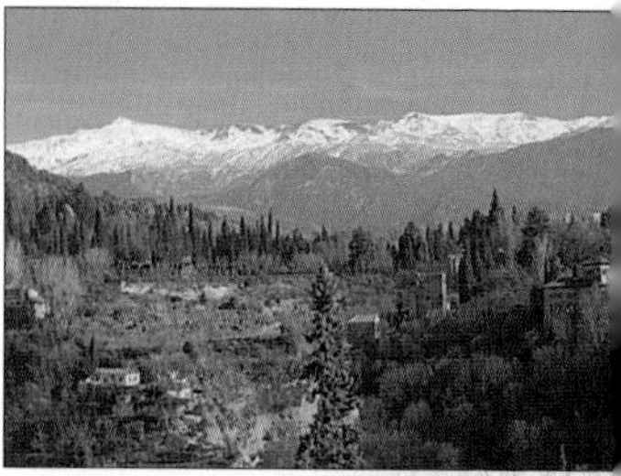

L'Alhambra, avec les sommets enneigés de la Sierra Nevada à l'arrière-plan

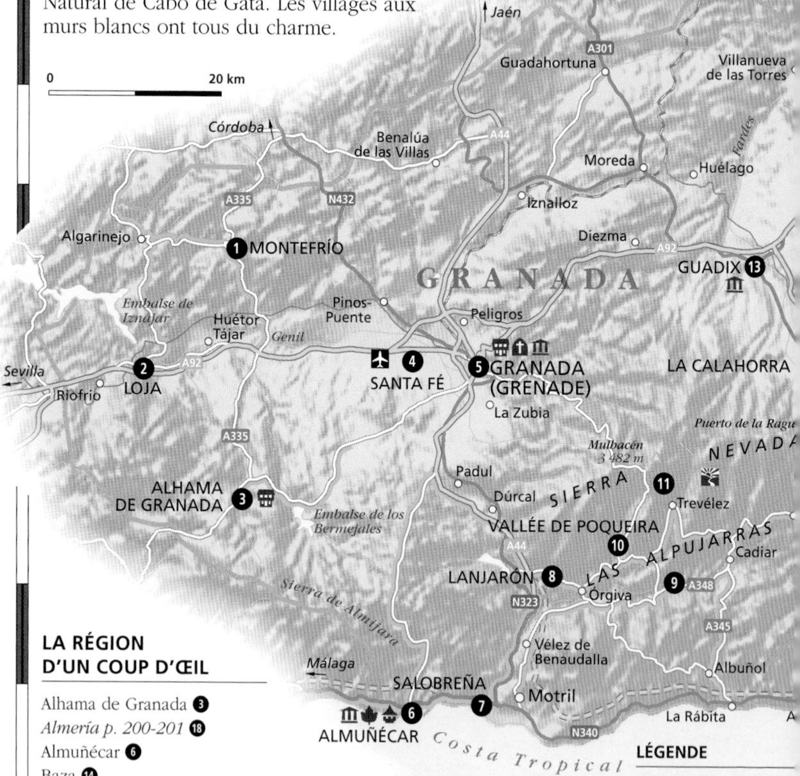

LA RÉGION D'UN COUP D'ŒIL

Alhama de Granada 3
Almería p. 200-201 18
Almuñécar 6
Baza 14
Granada (Grenade) *p. 190-196* 5
Guadix 13
La Calahorra 12
Lanjarón 8
Loja 2
Montefrío 1
Níjar 21
Parque Natural de Cabo de Gata 19
Roquetas de Mar 17
Salobreña 7
San José 20
Santa Fé 4
Sierra Nevada 11
Sorbas 22
Tabernas 16
Vallée de Poqueira 10
Vélez Blanco 15

Excursion

Las Alpujarras 9

LÉGENDE

- Autoroute
- En construction
- Route principale
- Route secondaire
- Route pittoresque
- Voie ferrée principal
- Voie ferrée seconda
- Frontière régionale
- Sommet

Pour les autres légendes de la carte, *voir le rabat arrière de couverture*

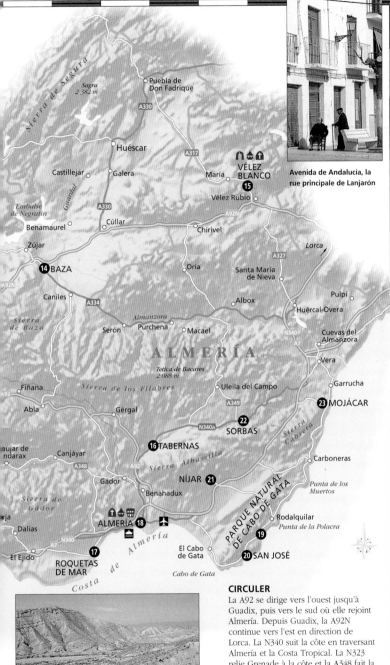

Sagra
2 382 m

Sierra de Segura

Puebla de
Don Fadrique

A330

Huéscar

A317

Castillejar   Galera

María   VÉLEZ
BLANCO
15

Vélez Rubio

Embalse
de Negratín   A330

Benamaurel   Cúllar   Chirivel

A92N

Zújar   Lorca

A327

14 BAZA   Oria   Santa María
de Nieva

A92N

Caniles   A334   Albox   Pulpí

Huércal-Overa

Sierra
de Baza   Almanzora   Cuevas del
Almanzora

Serón   Purchena   Macael   N340

A7

A L M E R Í A   Vera

Tetica de Bacares
2 088 m

Fiñana   Sierra de los Filabres   Uleila del Campo   Garrucha

A92

Abla   Gérgal   A349   **23** MOJÁCAR

22
SORBAS   Sierra
Cabrera

N340a

16 TABERNAS

aujar de
ndarax   Canjáyar   Sierra Alhamilla   Carboneras

A348

Gádor   NÍJAR **21**   Punta de los
Muertos

Sierra de
Gádor   Benahadux   PARQUE NATURAL
DE CABO DE GATA

rja   Rodalquilar
Dalias   ALMERÍA **18**   **19**   Punta de la Polacra

A7 N340   Costa de Almería

El Ejido   **17**   El Cabo
de Gata   **20** SAN JOSÉ
ROQUETAS
DE MAR   Cabo de Gata

Costa

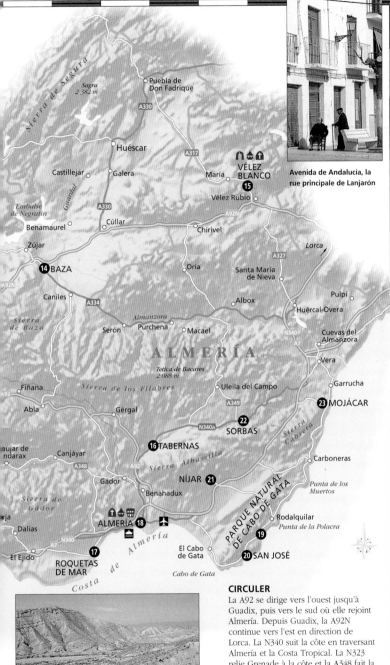

Avenida de Andalucía, la
rue principale de Lanjarón

Décor typique des « westerns spaghetti », près de Tabernas

CIRCULER

La A92 se dirige vers l'ouest jusqu'à
Guadix, puis vers le sud où elle rejoint
Almería. Depuis Guadix, la A92N
continue vers l'est en direction de
Lorca. La N340 suit la côte en traversant
Almería et la Costa Tropical. La N323
relie Grenade à la côte et la A348 fait la
jonction entre les villages des Alpujarras.
Trois trains par jour circulent entre
Grenade et Almería, mais aucun
ne dessert la côte. Les autocars sont
fréquents sur les grands axes à partir
de ces deux villes.

Les maisons blanches d'Alhama de Granada perchées au bord de la gorge, au milieu des oliviers

Montefrío ❶

Grenade. **Carte routière** D3.
🏠 7 000. 🚌 ℹ️ *Plaza de España 1
(958 33 60 04).* 🗓️ *lun.*

Quand on arrive à Montefrío
par la route, en venant du
sud, on découvre un
splendide panorama : un
ensemble de toits de tuiles
rouges et de maisons aux
murs blancs montant à
l'assaut d'un rocher
escarpé. Le village est
dominé par les vestiges
d'une forteresse maure
et par l'**Iglesia de la
Villa**, qui date du
XVIe siècle. L'**Iglesia
de la Encarnación**,
néoclassique, au
centre de la ville,
serait l'œuvre de
l'architecte Ventura
Rodríguez (1717-
1785). Montefrío
est également
renommé pour
son excellente
charcuterie.

**Clocher du Templo de
San Gabriel à Loja**

Loja ❷

Grenade. **Carte routière** D3.
🏠 21 000. 🚌 🚌 ℹ️ *Calle
Licenciado Moreno 1 (958 32 39 49).*
🗓️ *lun.* **www.**aytoloja.org

Une forteresse maure en
ruine se dresse au-dessus de la
vieille ville, qui avait été érigée
en un point stratégique, au
bord du Río Genil. La façade
Renaissance du **Templo de San
Gabriel** (1566) est l'œuvre de
Diego de Siloé. Surnommée la
« ville de l'eau », Loja possède
plusieurs belles fontaines.

À l'est de la ville, l'impétueux
Río Genil pénètre dans les
gorges de Los Infiernos.
À **Riofrío**, plusieurs restaurants
servent la truite locale.

Alhama de Granada ❸

Grenade. **Carte routière** D3. 🏠
6 000. 🚌 ℹ️ *Carrera de Francisco de
Toledo (958 36 06 86).* 🗓️ *ven.*
www.turismodealhama.org

Les Arabes appelaient
la ville al-Hamma
(la source chaude).
On peut encore
voir d'anciens
bains à l'**Hotel
Balneario**, à la
sortie de la ville.
La cuisine défaite
subie par les
Maures lors de la
prise d'Alhama
par les chrétiens
en 1482 allait
mener, à brève
échéance,
à l'humiliation
finale du royaume nasride de
Grenade en 1492 (p. 48).
Le dôme de l'**Iglesia de
Carmen**, du XVIe
siècle, présente de
belles peintures,
mais il a été très
endommagé durant la
guerre civile. D'étroites
rues bordées de maisons
d'un blanc immaculé
mènent à l'**Iglesia de la
Encarnación**, fondée par
les Rois Catholiques
(p. 48-49) au
XVIe siècle. On dit que
certains ornements

sacerdotaux encore portés de
nos jours ont été brodés par
la reine Isabel. L'église
possède un remarquable
clocher Renaissance conçu
par Diego de Siloé. À
proximité, l'**Hospital de la
Reina**, du XVIe siècle, abrite
maintenant une bibliothèque.

🏨 **Hotel Balneario**
Calle Balneario. **Tél.** 958 35 00 11.
🕐 *mars.-nov.*

🏨 **Hospital de la Reina**
Calle Vendederas s/n. **Tél.** 958 36
06 43. 🕐 *mar.-ven. 11h-13h30,
16h-20h, sam. 10h-13h.*

Santa Fé ❹

Grenade. **Carte routière** D3.
🏠 12 500. 🚌 🚌 ℹ️ *Arco de
Sevilla, Calle Isabel la Católica 7
(958 51 31 10).* 🗓️ *jeu.*
www.lavegadegranada.es

L'armée des Rois Catholiques
établit son camp à cet endroit
quand elle mit le siège devant
Grenade (p. 48). La tente de
la reine Isabel brûla et le roi
Fernando ordonna alors de
construire une ville. Son
nom, « Sainte Foi », fut
choisi par la reine qui
était très pieuse.
C'est à Santa Fé
que les Maures
capitulèrent en
1492 et que Christophe
Colomb reçut l'accord
des deux monarques pour
effectuer son célèbre
voyage (p. 127). La tête
coupée d'un Maure
taillée dans la pierre
orne symboliquement
la flèche de l'église
paroissiale.

**Flèche de
l'église, Santa Fé**

Granada (Grenade) ❺

Voir pages 190-196.

Almuñécar ❻

Grenade. **Carte routière** D3.
🏛 *22 000.* 🚌 ℹ *Avenida Europa
s/n (958 63 11 25).* 🚃 *ven.*
www.almunecar.info

Almuñécar se trouve sur
la côte la plus spectaculaire
du Sud de l'Espagne, où l'on
cultive la canne à sucre
depuis mille ans, la **Costa
Tropical** *(p. 32)*. Les
Phéniciens y ont fondé un
comptoir appelé Sexi, puis
les Romains y ont construit
un aqueduc, toujours en
fonction. En 1936, l'écrivain
anglais Laurie Lee effectua un
long voyage en Espagne.
Il décrivit ainsi Almuñécar
dans *Un beau matin d'été :*
« Ce petit village proche
de la ruine venait mourir
le long d'une bande de sable
gris qui un jour, certains
au moins l'espéraient,
attirerait les touristes. »

Almuñécar est effectivement
devenu une station balnéaire
et des immeubles bordent
maintenant ses plages. Le
Castillo de San Miguel domine
la vieille ville. On peut voir
dans les environs de la ville
un jardin botanique, le **Parque
Ornitológico** et une ancienne

Le Castillo de San Miguel domine le village d'Almuñecar

fabrique romaine où l'on
faisait sécher le poisson. Le
Museo Arqueológico expose
des objets phéniciens.

♜ **Castillo de San Miguel**
⬜ *mar.-dim.* 🖼

🦅 **Parque Ornitológico**
Plaza de Abderraman s/n. *Tél.* 609
41 28 69. ⬜ *t.l.j.* 🖼

🏛 **Museo Arqueológico
Cueva de Siete Palacios**
Casco Antiguo. ⬜ *mar.-dim.* 🖼

Salobreña ❼

Grenade. **Carte routière** E3.
🏛 *10 500.* 🚌 ℹ *Plaza de Goya s/n
(958 61 03 14).* 🚃 *mar. et ven.*

Vu de loin, Salobreña
ressemble à un paquebot
blanc voguant sur une mer
ondoyante de cannes à sucre.

Ses étroites ruelles aux
maisons blanches grimpent
vers la colline fortifiée
d'abord par les Phéniciens,
puis par les Maures. Du
Castillo Árabe, qui a été
restauré, on peut contempler
les pics de la Sierra Nevada
(p. 197). La plage de la
station est partiellement
bordée de constructions
modernes.

♜ **Castillo Árabe**
Falda del Castillo, Calle Andrés
Segovia. *Tél.* 958 61 03 14.
⬜ *mar.-dim.* 🖼 🖼

Lanjarón ❽

Grenade. **Carte routière** E3.
🏛 *24 000.* 🚌 ℹ *Avda de la
Alpujarra s/n (958 77 04 62).*
🚃 *mar. et ven.* **www**.lanjaron.es

De nombreuses sources
dévalent les pentes de la Sierra
Nevada et la petite ville
thermale de Lanjarón, située
au seuil des Alpujarras *(p. 198-
199)*, est fréquentée depuis
longtemps par les curistes.
De juin à octobre, on vient
prendre ses eaux réputées.
L'eau de Lanjarón est
également mise en bouteille et
vendue dans toute l'Espagne.

Bien que Lanjarón occupe
un site agréable, son ambiance
est plutôt mélancolique.
La station ne s'anime qu'au
début du festival de San Juan
(p. 35). On se livre alors à une
bataille d'eau très agitée dans
les rues de Lanjarón.

♨ **Balneario**
Balneario de Lanjarón. *Tél.* 958 77
01 37. ⬜ *t.l.j.* ● *mi-déc.-mi-fév.*
🖼 ♿

Le village de Salobreña au milieu des champs de canne à sucre

Grenade ❺

Le guitariste Andrés Segovia (1893–1987) décrivait Grenade comme un « lieu de rêve, où le Seigneur [avait] déposé la semence de [son] âme ». La ville a été la capitale de la dynastie nasride (p. 48-49) de 1238 à 1492, date à laquelle les Rois Catholiques s'en sont emparés. À l'époque des Maures, grâce à ses savants, Grenade était réputée pour être un brillant foyer de culture. Sous la domination chrétienne, la ville s'est couverte d'édifices Renaissance. Après avoir connu une période de déclin au XIXe siècle, Grenade attire les visiteurs en s'efforçant de faire revivre son histoire.

Pièce du Museo Arqueológico

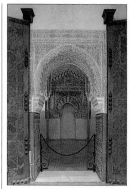

Entrée du mihrab dans le Palacio de la Madraza

☷ Alhambra et Generalife
Voir pages 194-196.

Façade de la cathédrale

⌂ Catedral
C/Gran Via 5. **Tél.** *958 22 29 59.*
Enrique de Egas commença la construction de la cathédrale en 1523. Diego de Siloé, un maître de la Renaissance, la poursuivit à partir de 1528 et conçut notamment sa façade. Le splendide chœur circulaire s'appuie sur des colonnes corinthiennes. Sous son dôme, des vitraux du XVIe siècle, de Juan del Campo, représentent la Passion. La façade occidentale est d'Alonso Cano, un artiste baroque né à Grenade et enterré dans la cathédrale, qui abrite un grand nombre de ses œuvres, notamment dans le chœur, des peintures illustrant la vie de la Vierge.

⌂ Capilla Real
C/Oficios 3. **Tél.** *958 22 92 39.*
La chapelle royale a été érigée par Enrique de Egas, entre 1505 et 1507, pour les Rois Catholiques. Une belle grille

de Maître Bartolomé de Jaén isole le mausolée et le maître-autel. Sur le retable du sculpteur Felipe de Vigarney, une fresque représentant la chute de Grenade (p. 48-49). Les gisants, en marbre de Carrare, de Ferdinand et d'Isabelle furent sculptés en 1517 par Domenico Fancelli, ceux de Jeanne la Folle et de son mari Philippe le Beau par Bartolomé Ordóñez.

La sacristie abrite d'autres statues des Rois Catholiques et des trésors artistiques, comme des tableaux de Van der Weyden et de Botticelli. La couronne d'Isabel et l'épée de Fernando sont exposées en vitrine.

☷ Palacio de la Madraza
Calle Oficios 14. **Tél.** *958 24 34 84.*
○ *lun.-ven.* &
Cet édifice, dont la façade date du XVIIIe siècle, fut une université arabe, avant de devenir l'hôtel de ville. Il renferme un oratoire du XIVe siècle avec un mihrab finement décoré.
Aujourd'hui il fait partie de l'université de Grenade.

☷ Corral del Carbón
Calle Mariana Pineda s/n. **Tél.** *958 22 59 90.* ○ *lun.-ven. 10h30-13h, 17h-20h, sam. 10h30-13h.* &
Cette cour entourée de portiques était à l'époque maure un caravansérail animé. Après la Reconquête, elle a servi de théâtre. Elle abrite aujourd'hui des boutiques artisanales et un centre culturel.

☷ Casa de los Tiros
Calle Pavaneras 19. **Tél.** *958 57 54 66.* ○ *mar. 14h30-20h30, mer.-sam. 9h-20h30, dim. et j.f. 9h-14h30.*
Ce palais-forteresse de style Renaissance a été édifié au XVIe siècle. Il était alors la demeure d'une grande famille qui avait reçu le Generalife en partage après la chute de Grenade (p. 48-49). Elle possédait entre autres une épée ayant appartenu à Boabdil (p. 49) ; celle-ci est représentée sur la façade. L'édifice doit son nom aux mousquets qui garnissait ses créneaux – *tiros* signifiant « coup de feu » en espagnol.

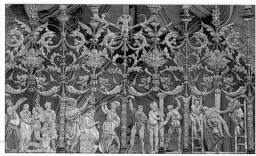

Reja **de Maître Bartolomé de Jaén fermant le chœur de la Capilla Real**

⛩ Mirador de San Nicolás

Cette place est l'endroit idéal
pour admirer le coucher du
soleil et le spectacle étonnant
des toits de tuile dégringolant
jusqu'au Río Darro ; sur l'autre
rive, l'Alhambra se dresse, avec
la Sierra Nevada en arrière-plan.

⛩ El Bañuelo

Carrera del Darro 31. **Tél.** *958 22 97 38.*
◯ *mar.-sam. 10h-14h.* ⬛ *j.f.*
Situés près du Río Darro,
ces bains maures du XIᵉ siècle
possèdent des voûtes en brique,
et leurs colonnes incorporent
des chapiteaux d'origine
romaine, wisigothique et arabe.

🏛 Museo Arqueológico

Carrera del Darro 43. **Tél.** *958 22 56
40.* ◯ *mar. 14h30-20h30, mer.-sam.
9h-20h30, dim. 9h-14h30.*
La Casa de Castril, un élégant
palais Renaissance, avec un beau
portail platéresque, présente des
antiquités ibères, phéniciennes
et romaines, découvertes dans
la province de Grenade.

Coupole dans le sanctuaire du Monasterio de la Cartuja

🏛 Palacio Carlos V

Alhambra. **Tél.** *958 02 79 00.*
◯ *mar.-sam. 9h-14h.* ⬛ *j.f.*
Ce palais de Charles Quint,
situé dans l'enceinte de
l'Alhambra, abrite le Museo
Hispano-Musulmán et
le Museo de Bellas Artes.
Le magnifique vase de
l'Alhambra, datant du
XVᵉ siècle, est la pièce
maîtresse des collections.

🔐 Monasterio de la Cartuja

Tél. *958 16 19 32.* ◯ *t.l.j.* 🅰
Cette chartreuse, fondée
en 1516, a été élevée sur
un terrain cédé par Gonzalve
de Cordoue, le « Gran
Capitán ». Une admirable
coupole d'Antonio Palomino
couronne le sanctuaire. La
sacristie churrigueresque
(p. 25) est du sculpteur
Luis Cabello.

LE CENTRE DE GRENADE

LÉGENDE

▨ Pas à pas *p. 192-193*

0   250 m

Légende des symboles, *voir le rabat arrière de couverture*

L'Albaicín pas à pas

Plaque d'une maison d'Albaicín

C'est dans ce quartier accroché au flanc de la colline opposée à l'Alhambra que l'on retrouve le plus les origines maures de Grenade. L'Albaicín possédait plus de trente mosquées dont on peut encore déceler quelques traces. Les étroites ruelles pavées sont bordées de villas à la décoration mauresque, aux jardins isolés du monde extérieur par de hauts murs. Le soir, quand le parfum du jasmin se répand dans l'air, montez donc au Mirador de San Nicolás. La vision des toits de tuiles et de l'Alhambra rougeoyant au soleil couchant est extraordinaire.

Rue de l'Albaicín
Escarpées, les rues de l'Albaicín forment un labyrinthe. Bien des rues portent le nom de cuesta, qui signifie « montée ».

Real Chancillería
Commanditée par les Rois Catholiques, la chancellerie royale fut achevée en 1587. Son patio est attribué à Siloé.

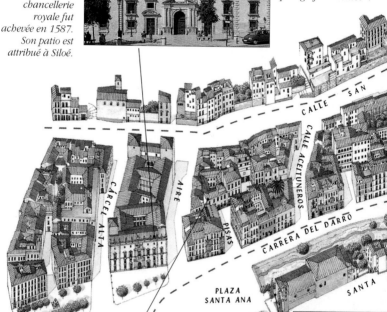

CALLE SAN J
CALLE ACEITUNEROS
CÁRCEL ALTA
AIRE
PISAS
CARRERA DEL DARRO
PLAZA SANTA ANA
SANTA A

0   50 m

La Casa de los Pisas expose des œuvres appartenant à l'ordre des Frères hospitaliers, fondé par saint Jean de Dieu au XVIᵉ siècle.

À NE PAS MANQUER

★ El Bañuelo

★ Iglesia de Santa Ana

★ Museo Arqueológico

★ Iglesia de Santa Ana
À l'extrêmité de la plaza Nueva, cette église mudéjare en brique datant du XVIᵉ siècle possède un élégant portail plateresque et un plafond à caissons.

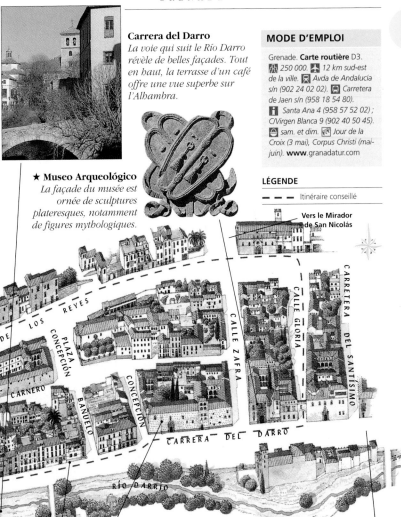

Carrera del Darro
La voie qui suit le Río Darro révèle de belles façades. Tout en haut, la terrasse d'un café offre une vue superbe sur l'Alhambra.

★ Museo Arqueológico
La façade du musée est ornée de sculptures platiresques, notamment de figures mythologiques.

MODE D'EMPLOI

Grenade. **Carte routière** D3.
🚶 *250 000.* ✈ *12 km sud-est de la ville.* 🚌 *Avda de Andalucía s/n (902 24 02 02).* 🚉 *Carretera de Jaen s/n (958 18 54 80).*
ℹ️ *Santa Ana 4 (958 57 52 02) ; C/Virgen Blanca 9 (902 40 50 45).*
📅 *sam. et dim.* 🎉 *Jour de la Croix (3 mai), Corpus Christi (mai-juin).* www.granadatur.com

LÉGENDE

– – – Itinéraire conseillé

Vers le Mirador de San Nicolás

CARRERA DEL SANTISIMO

CALLE GLORIA

CALLE ZAFRA

DE LOS REYES

PLAZA CONCEPCIÓN

CARNERO

BAÑUELO

CONCEPCIÓN

CARRERA DEL DARRO

RÍO DARRO

Le Convento de Santa Catalina de Zafra a été fondé en 1521.

Vers le Sacromonte

SACROMONTE

Les gitans de Grenade vivaient autrefois dans les grottes de cette colline. Les voyageurs du XIXe siècle pouvaient assister à des démonstrations spontanées de flamenco. De nos jours, presque tous les gitans sont partis, mais le soir on y propose, à l'intention des touristes, des spectacles de flamenco de qualité inégale (p. 244). Une abbaye bénédictine, l'**Abadía del Sacromonte**, couronne la colline ; elle conserve les reliques de San Cecilio, le saint patron de Grenade.

Gitans dansant le flamenco, XIXe siècle

★ El Bañuelo
De petites ouvertures en forme d'étoile laissent pénétrer la lumière dans ces bains maures du XIe siècle, bien conservés.

L'Alhambra de Grenade

Grâce à une subtile utilisation de l'espace, de l'eau et de l'ornementation, l'Alhambra (la Rouge, en arabe) semble féerique. Cet ensemble de palais a été construit sous la dynastie nasride. Pour exorciser la triste réalité à laquelle ils étaient confrontés – celle d'un pouvoir sur le déclin –, les émirs ont cherché à créer une sorte de paradis sur terre en utilisant, avec un art consommé, des matériaux modestes (de la céramique, du stuc et du bois). Soumis aux injures du temps et au pillage, l'Alhambra a été restaurée avec soin, et cet ensemble reste incomparable.

Sala de la Barca

★ **Salón de Embajadores**
Le plafond de cette somptueuse salle des Ambassadeurs, construite entre 1334 et 1354, représente les sept ciels de la cosmogonie musulmane.

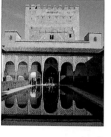

★ **Patio de Arrayanes**
Le bassin de la cour des Myrtes bordé d'arcades reflète la lumière dans les salles voisines.

Patio de Machuca

Entrée

Patio del Mexuar
C'est dans cette salle du Conseil, achevée en 1365, que l'émir écoutait les suppliques de ses sujets et réunissait ses ministres.

PLAN DE L'ALHAMBRA

Vers le Generalife

L'Alhambra comprend les Casas Reales, l'Alcazaba du XIIIᵉ siècle, le palais de Charles Quint (p. 50) et le Generalife (p. 196), situé en dehors de ce plan.

LÉGENDE
- Casas Reales (voir ci-dessus)
- Palais de Charles Quint
- Alcazaba
- Jardines del Partal et Alhambra Alta
- Autres édifices

Palacio del Partal

Une tour et son pavillon, avec un portique à cinq arches, sont tout ce qui reste du plus ancien palais de l'Alhambra.

MODE D'EMPLOI

Réservation vivement recommandée. Par téléphone : depuis l'Espagne 902 44 12 21 ; depuis l'étranger 00 34 915 37 91 78. Ou par Internet **www. alhambratickets.com** 🖥 2.
⭘ 8h30-20h t.l.j. (18h en hiver). **Nocturnes :** *été : mar. -sam. 22h-23h30 ; hiver : ven.-sam. 20h-21h30.* 📷 🎫 🍴

Appartements de Washington Irving

Baños Reales

Jardin de Lindaraja

La Sala de las Dos Hermanas est considérée comme l'ultime éclat de l'architecture musulmane d'Espagne.

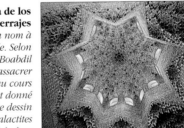

Sala de los Reyes

Cette vaste salle de banquets était utilisée lors de fêtes somptueuses. Le plafond est orné de peintures sur cuir, datant du XIVe siècle, qui représentent des scènes de chasse et de chevalerie.

Puerta de la Rawda

★ Sala de los Abencerrajes

Cette salle doit son nom à une noble famille. Selon la légende, Boabdil (p. 48-49) fit massacrer ses membres au cours d'un banquet donné dans cette salle. Le dessin de la coupole à stalactites s'inspire du théorème de Pythagore.

Le palais de Charles Quint *(p. 50)*, un édifice Renaissance, a été ajouté à l'Alhambra à partir de 1526.

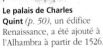

★ Patio de los Leones

La cour des Lions bordée d'arcades qui reposent sur 124 fines colonnes de marbre. Douze lions de marbre portent la vasque de la fontaine.

À NE PAS MANQUER

★ Patio de Arrayanes

★ Patio de los Leones

★ Sala de los Abencerrajes

★ Salón de Embajadores

Grenade : le Generalife

Situé au nord de l'Alhambra, le Generalife ou Djannat al-Arif en arabe, servait de résidence d'été aux souverains nasrides. Ils pouvaient se soustraire aux vicissitudes de la vie quotidienne dans la quiétude de ce lieu plus proche du ciel que de la ville. Parmi les diverses étymologies retenues pour son nom, la plus séduisante est sans doute celle de « jardin du paradis suprême ». À l'origine, au XIIIᵉ siècle, les jardins comportaient des vergers et des pâturages, mais ils ont subi de nombreux remaniements. Un festival international de musique et de danse (p. 35) se déroule ici chaque année.

Patio de la Acequía
Ce jardin oriental clos est conçu autour d'un long bassin central agrémenté de toute une série de jets d'eau en gracieux arceaux.

Sala Regia

Jardines Altos (jardins suspendus)

L'Escalera del Agua est descendue par un filet d'eau courante.

Dans le **Patio de los Cipreses**, ou patio de la Sultane, Soraya, épouse de l'émir Abu al-Hassan, rencontrait secrètement son amant, le chef des Abencerajes.

Entrée

Le **patio de Polo** était la cour où les visiteurs, venus au palais à cheval, laissaient leur monture.

Patio del Generalife
Les Jardines Bajos (jardins d'en bas) s'insèrent entre l'Alhambra et le Generalife. Le Patio del Generalife les surplombe, juste avant l'enceinte principale.

Les sommets majestueux de la Sierra Nevada culminent par endroits à plus de 3 000 m au-dessus du niveau de la mer

Las Alpujarras ❾

Voir pages 198-199.

Vallée de Poqueira ❿

Barranco de Poqueira, Grenade.
Carte routière E3. 🏠 *Plaza de la Libertad 7, Pampaneira (958 76 31 27).*

La plupart de ceux qui visitent les Alpujarras s'arrêtent au niveau de cette vallée profonde et escarpée au-dessus d'Orgiva, et c'est assurément le meilleur lieu où se rendre pour une excursion. Elle rassemble trois jolis villages très préservés : **Pampaneira**, **Bubión** et **Capileira**. Chacun d'entre eux représente le style architectural des Alpujarras, qui fait écho à celui des montagnes de l'Atlas au Maroc. Les maisons blanchies à la chaux sont accolées les unes aux autres, comme au hasard : on a l'impression qu'elles se sont agrégées de manière aléatoire. De leurs toits plats émergent des cheminées extravagantes. Les rues sont rarement droites, et parfois elles débouchent sur de courts tunnels.

Il est possible de faire des balades à pied ou à cheval entre les villages en contemplant de beaux paysages. Vous verrez des champs en terrasse irrigués par un ingénieux système qui récolte l'eau de la montagne. Quelques moulins nous rappellent un mode de vie en train de disparaître.

Sierra Nevada ⓫

Grenade. **Carte routière** E3. 🚌 *depuis Grenade.* 🏠 *Parque Nacional Sierra Nevada Centro de Visitantes « El Dornajo », Carretera de Sierra Nevada Km 23, Güéjar Sierra (958 34 06 25).* **www.**reddeparquesnacionales.mma. es/parques/sierra/index.htm

La Sierra Nevada compte quatorze sommets culminant à plus de 3 000 m. La neige tient jusqu'en juillet et recommence à tomber en automne. La route la plus haute d'Europe (fermée à la circulation) rejoint une station de sports d'hiver, à 2 100 m d'altitude, et passe au pied des deux plus hauts sommets, le **Pico Veleta** (3 398 m) et le **Mulhacén** (3 482 m). L'altitude et la proximité de la Méditerranée expliquent la grande diversité de la faune et de la flore. La Sierra Nevada constitue ainsi l'habitat d'aigles royaux, de papillons rares et de 60 espèces de fleurs que l'on trouve uniquement ici.

La Sierra Nevada a été classée parc national en 1999 et son accès est limité.

Les responsables du parc organisent des excursions en minibus avec des guides vers les sommets, depuis des lieux de rendez-vous des deux côtés de la montagne : Hoya de la Mora (au-dessus de la station de ski, côté Grenade) et Hoya del Portillo (au-dessus de Capileira dans les Alpujarras). L'observatoire de la Sierra Nevada se situe à 2 800 m sur le flanc nord.

La Calahorra ⓬

Grenade. **Carte routière** E3. 🚌 *Guadix.* 🏠 *Plaza Ayuntamineto 1 (958 67 71 32).* 🕐 *mer. 10h-13h, 16h-18h.*

Un mur austère flanqué de tours cylindriques entoure le château de La Calahorra, perché au-dessus du village. Rodrigo de Mendoza, fils du cardinal Mendoza, le fit construire entre 1509 et 1512 pour son épouse ; il fit venir pour cela des architectes et des artisans d'Italie. À l'intérieur, on trouve un patio Renaissance agrémenté d'un escalier et de piliers sculptés en marbre de Carrare.

Le château de La Calahorra domine le village du même nom

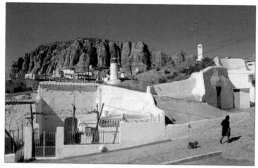

Habitations troglodytiques à Guadix

Diego de Siloé travailla à la **cathédrale**, à partir du XVe siècle, qui ne fut achevée qu'au XVIIIe siècle. Non loin de l'**Alcazaba** du IXe siècle, l'**église mudéjare de Santiago** conserve un beau plafond à caissons. Le **Palacio de Peñaflor**, du XVIe siècle, est totalement restauré.

🏛 **Museo Al Fareria**
Calle San Miguel 59. ⏰ *t.l.j.* ▧

🏛 **Cueva-Museo de Costumbres Populares**
Ermita Nueva s/n. ⏰ *t.l.j.* ▧

Guadix ⑬

Grenade. **Carte routière** E3. 🏯
20 100. 🚌🚉 **ℹ** *Avenida Mariana Pineda s/n (958 66 26 65).* 🚌 *sam.*
www.guadixymarquesado.org

Le quartier troglodytique, avec ses 2 000 grottes habitées, est la principale attraction de Guadix. Ses habitants affirment qu'ils préfèrent vivre là parce qu'ils jouissent ainsi d'une température constante toute l'année. Le **Museo Al Fareria** et le **Cueva-Museo de Costumbres Populares** présentent leur mode de vie. Il y a près de deux mille ans, Guadix exploitait des mines de fer, de cuivre et d'argent aux alentours. Prospère à l'époque des Maures et juste après la Reconquête, la ville a décliné au XVIIIe siècle.

Baza ⑭

Grenade. **Carte routière** E2.
🏯 20 000. 🚌 **ℹ** *Plaza Mayor s/n (958 86 13 25).* 🚌 *mer.*

En fouillant une nécropole en 1971, on a découvert une grande figure féminine assise qui atteste l'ancienneté

Trevélez ④
Bâti à l'ombre du Mulhacén, ce village typique des Alpujarras est fameux pour son jambon séché.

Excursion dans les Alpujarras ⑨

La région des Alpujarras se situe sur le versant sud de la Sierra Nevada, couvert de chênes et de noyers. Ses maisons à toit plat ne se rencontrent nulle part ailleurs en Andalousie. La spécialité locale, assez rustique, est le *plato alpujarreño*, à base de filet de porc, de boudin et de saucisse ; on l'accompagne du vin rosé de la Sierra de Contraviesa. L'artisanat local propose des petits tapis (*p. 242*) tissés à la main et des rideaux aux motifs d'influence mauresque.

Orgiva ①
C'est la principale ville de la région ; on y trouve une église baroque et un marché animé le jeudi.

Vallée de Poqueira ②
Trois villages typiques des Alpujarras se nichent dans cette pittoresque vallée : Capileira, Bubión et Pampaneira (*p. 197*).

Fuente Agria ③
Les gens viennent de loin pour boire l'eau minérale gazeuse et riche en fer de Fuente Agria.

▲ *MULHACÉN*
3 479 m

SIERRA

Trevélez

GR-21

Juviles

Poqueira

② ③ *Pórtugos*

Pitres

GR-413

Guadalfeo

A348

A348

①

LANJARÓN
GRANADA

SIERRA DE LA

des cultures de la région de Baza. Baptisée « La Dame de Baza » *(p. 43)*, elle représente sans doute une déesse ibère et a environ 2400 ans. Bien que l'original se trouve à Madrid, le **Museo Arqueológico** de Baza en a une copie.

La **Colegiata de Santa María**, de style Renaissance, possède un porche platéresque et un beau clocher du XVIIIe siècle.

Une fête haute en couleur a lieu début septembre *(p. 36)* : la ville voisine de Guadix dépêche à Baza un émissaire, El Cascamorras, pour essayer d'en ramener l'effigie convoitée de la Vierge du **Convento de la Merced**. À Baza, on l'asperge d'huile et il est pourchassé jusqu'à Guadix par des jeunes enduits d'huile eux aussi. Arrivé à Guadix, on le conspue alors pour être revenu les mains vides.

🏛 **Museo Arqueológico**
Plaza Mayor s/n. *Tél.* 958 86 19 47. ⏱ *t.l.j. 10h-14h, 16h-18h30.*

Vélez Blanco ⓯

Almería. **Carte routière** F2. 🏘 *2 200.* 🚉 *Vélez Rubio.* ℹ *Centro de Visitantes Almacén del Trigo, Avenida Marqués de Los Vélez s/n (950 41 53 54).* 📅 *mer.*

Ce charmant petit village est dominé par le puissant **Castillo de Vélez Blanco**, construit entre 1506 et 1513 par le premier marquis de Los

Le village de Vélez Blanco dominé par son château du XVIe siècle

Vélez. L'intérieur du château a été richement décoré par des artisans italiens. Malheureusement, son splendide patio Renaissance a été cédé au Metropolitan Museum de New York.

L'**Iglesia de Santiago**, située dans l'artère principale du village, associe des éléments gothiques, Renaissance et mudéjars.

Près de Vélez Blanco, la **Cueva de los Letreros** renferme des peintures rupestres qui datent de 4000 av. J.-C. environ. Une des figures représente un homme cornu portant une faucille ; une autre représente l'Indalo, sans doute un être surnaturel doté de pouvoirs magiques, qui est toujours le symbole d'Almería.

⛫ **Castillo de Vélez Blanco**
Tél. 607 41 50 55. ⏱ *mer.-sam.* 🚫

🕳 **Cueva de los Letreros**
Camino de la Cueva de los Letreros. *Tel* 617 88 28 08. ⏱ *t.l.j. 12h-16h.* 🚫

Yegen ⑥
Le village de Yegen, offre une superbe vue sur un cirque montagneux.

↑ *LA CALAHORRA*

Cadiar ⑤
Durant la *fiesta* d'octobre *(p. 36)*, il coule du vin de la fontaine située au centre de la ville.

LÉGENDE

▬ Itinéraire proposé

═ Autre route

▲ Sommet montagneux

0 ——————— 10 km

Puerto de la Ragua ⑧
Ce col, à près de 2 000 m d'altitude, mène à Guadix ; il est souvent enneigé en hiver.

Válor ⑦
Aben Humeya, qui dirigea une révolte des Morisques *(p. 50)*, naquit dans ce village. On y mime chaque année à la mi-septembre une bataille entre Maures et chrétiens *(p. 36)*.

CARNET DE ROUTE

Itinéraire : 85 km. **Où faire une pause ?** *Orgiva et Trevélez offrent des bars, des restaurants et des hôtels (p. 219). On trouve à Bubión des hôtels et un bon restaurant (p. 237). La pompe à essence d'Orgiva est la dernière avant Cadiar.*

Almería

L'ancienne al Mariyat, « le miroir de la mer », était l'un des principaux ports du califat de Cordoue et un centre commercial actif qui exportait les tissus de soie, de coton et de brocart qu'il fabriquait. Après la prise de la ville par les Rois Catholiques, elle connut trois siècles de déclin. Au XIXᵉ siècle et au début du XXᵉ siècle, l'industrie minière et la construction d'un nouveau port ramenèrent la prospérité, mais elle prit brusquement fin avec le déclenchement de la guerre civile (p. 54-55). De nos jours, Almería présente toujours des influences nord-africaines, avec ses maisons à toit plat, ses environs désertiques et ses palmiers. Un service de ferry assure la liaison avec le Maroc.

Moment de repos sur la Plaza Vieja

Détail du portail Renaissance de la cathédrale d'Almería

L'Alcazaba du Xᵉ siècle domine la vieille ville d'Almería

♣ Alcazaba

C/ Almanzor s/n. **Tél.** 950 17 55 00. ◻ mar.-dim. ◼ 25 déc., 1ᵉʳ jan.
Cette forteresse arabe vieille d'un millier d'années offre un magnifique point de vue sur la ville. Elle a été restaurée et ses murs renferment de beaux jardins et une chapelle mudéjare. C'est la plus grande forteresse jamais construite par les Maures : elle couvre une superficie de plus de 2,5 ha et sa muraille mesure 430 m de long. Abd ar-Rahman III entreprit sa construction en 955, mais elle subit de nombreux remaniements par la suite. L'Alcazaba résista à deux grands sièges, mais elle finit par être prise par les Rois Catholiques (p. 48-49) en 1489. On peut voir leur blason sur la Torre del Homenaje, qui a été édifiée sous leur règne.

Autrefois, on sonnait la cloche de l'Alcazaba pour indiquer aux fermiers des campagnes voisines le moment d'irriguer les champs.

🔒 Catedral

Des pirates barbaresques ont souvent effectué des offensives sur Almería. C'est pourquoi la cathédrale ressemble plus à une forteresse qu'à un lieu de prière, avec ses quatre tours, ses murs épais et ses étroites fenêtres. La mosquée qui s'élevait à cet endroit fut transformée en église, mais le tremblement de terre de 1522 la détruisit. Diego de Siloé commença à bâtir l'édifice actuel en 1524. La façade Renaissance est l'œuvre de Juan de Orea, qui sculpta également les magnifiques stalles de noyer. Les nefs et le maître-autel sont gothiques.

🔒 Templo San Juan

Cette église a été construite à la place d'une ancienne mosquée d'Almería, dont on peut encore voir des vestiges : un des murs extérieurs et, à l'intérieur, un beau mihrab à coupole du XIIᵉ siècle. Assez endommagée durant la guerre civile, l'église a été abandonnée jusqu'en 1979, et restaurée depuis.

▦ Plaza Vieja

Également nommée Plaza de la Constitución, c'est une place à arcades datant du XVIIᵉ siècle. L'Ayuntamiento, un bel édifice à la façade crème et rose, édifié en 1899, donne sur la place.

La Plaza Vieja (XVIIᵉ siècle), place piétonne, est entourée d'élégantes arcades

♨ Puerta de Purchena

Aujourd'hui située au cœur de la ville, c'était autrefois l'une des principales portes d'Almería. Elle est entourée de rues commerçantes, comme l'ample Paseo de Almería bordé d'arbres. Cette artère est le centre vital d'Almería, avec ses cafés, son Teatro Cervantès et le marché tout proche.

⚕ Centro Rescate de la Fauna Sahariana

C/ General Segura 1. *Tél.* 950 28 10 45. ☐ Tél. pour prendre r-v.
Ce centre de protection abrite des espèces menacées originaires du Sahara, dont des gazelles. Bien acclimatés, des animaux ont déjà été expédiés en Afrique pour aider à repeupler des réserves.

🏛 Museo de Almería

Carretera de Ronda 91.
Tél. 950 17 55 10. ☐ mar.
14h30-20h30, mer.-sam.
9h-20h30, dim. 9h-14h30.
🎫 gratuit pour les ressortissants de l'U.E.
www.losmillares.info

Entrée bigarrée d'une grotte gitane dans le quartier de La Chanca

Ce musée est consacré à deux civilisations préhistoriques, Los Millares (chalcolithique) et El Argar (âge de bronze). Neuf cents pièces sont présentées.

Aux environs :
Los Millares, à 17 km au nord d'Almería, est l'un des sites les plus importants de l'âge du bronze découverts en Europe. Entre 2700 et 1800 av. J.-C. environ

Gazelle du Sahara

MODE D'EMPLOI

Almería. **Carte routière** 4F.
🚂 170 000. 🚌 Plaza de la Estación (950 27 37 06). 🚉 Plaza de la Estacion (950 262098).
ℹ Parque Nicolás Salmerón s/n (950 27 43 55). ☐ mar., ven. et sam. 🎉 Semaine sainte (Pâques), Feria d'Almería (dernière sem. d'août). www.andalucia.org

(p. 42-43), près de 2 000 personnes y ont vécu. Les fouilles de 1891 ont permis de découvrir des vestiges d'habitations, des structures défensives et une nécropole qui contient plus d'une centaine de tombes.

Ses habitants vivaient de l'agriculture et savaient aussi forger des outils, des armes et des ornements en cuivre qu'ils extrayaient dans la Sierra de Gádor toute proche.

⛏ Los Millares

Santa Fé de Mondújar. *Tél.* 677 90 34 04. ☐ mer.-dim. 10h-14h.
www.losmillares.info

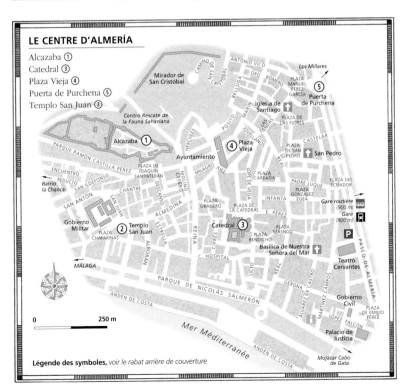

LE CENTRE D'ALMERÍA

Alcazaba ①
Catedral ③
Plaza Vieja ④
Puerta de Purchena ⑤
Templo San Juan ②

Légende des symboles, *voir le rabat arrière de couverture*

0   250 m

LES « WESTERNS SPAGHETTI »

On trouve deux villes du Far West à l'ouest de Tabernas, à deux pas de la nationale N340. Ces *poblados del Oeste*, où des cascadeurs ont souvent simulé des attaques de banque ou des rixes de saloon, datent des années 1960 et 1970. La région, avec son paysage qui évoque l'Arizona, ses coûts avantageux et son soleil perpétuel, était le lieu idéal pour tourner des westerns spaghetti. Pour réaliser *Le Bon, la Brute et le Truand*, Sergio Leone a fait édifier un ranch, puis des plateaux de tournage ont surgi dans le désert. Les gitans des environs interprétaient les Indiens ou les Mexicains. On vient encore parfois y tourner.

Et pour quelques dollars de plus de Sergio Leone

Tabernas ⓰

Almería. **Carte routière** F3.
🏰 3 000. 🚌 🛈 *sur la route principale (950 52 50 30).* ⛵ *mer.*

Une forteresse maure perchée sur une colline domine la ville de Tabernas et le paysage semi-désertique qui l'entoure. Cette région a servi de décor à de nombreux westerns spaghetti.

Dans les environs de Tabernas, un centre de recherche consacré à l'énergie solaire met à profit l'exceptionnel ensoleillement du sud de l'Andalousie.

Roquetas de Mar ⓱

Almería. **Carte routière** F3.
🏰 34 000. 🛈 *Avenida Mediterraneo 2 (950 33 32 03).*

Une grande partie de la plaine côtière du sud de la région est occupée par d'imposantes serres en plastique, où sont cultivés fleurs et légumes pour l'exportation. Dans ce paysage singulier se dresse Roquetas de Mar, avec son château du XVIIIᵉ siècle et son phare, accueillant tous deux des expositions, ainsi qu'un aquarium avec des poissons tropicaux et méditerranéens.

🐠 Aquarium
Avenida Reino de España.
Tél. *950 09 16 00 36.* ⬜ *t.l.j.* 🔗
www.aquariumroquetas.com

Almería ⓲

Voir p. 200-201.

Parque Natural de Cabo de Gata ⓳

Almería. **Carte routière** F4. 🚌 *vers San José.* 🛈 *Centro de Visitantes de las Amoladeras, Carretera Cabo de Gata km 6 (950 16 04 35).*
Parc ⬜ *t.l.j. 10h-15h.*

À l'intérieur des 29 000 ha du parc naturel du Cabo de Gata, on découvre de hautes falaises de roche volcanique, des dunes de sable, des étendues salées et quelques jolis petits villages de pêcheurs. Un phare signale la pointe du cap, près de l'Arrecife de las Sirenas (récif des Sirènes). Le parc comprend une bande de fond marin de 2 km de large, où la flore et la faune sous-marines sont protégées ; l'eau limpide attire les amateurs de plongée.

La zone de dunes et de trous d'eau saumâtre qui s'étend entre le cap et la Playa de San Miguel est l'habitat naturel de jujubiers épineux.

Parmi les 170 espèces d'oiseaux recensées dans le parc, on y trouve le flamant rose, l'avocette, le sirli de Dupont et le vautour fauve. On tente de réintroduire le phoque moine, qui s'est éteint dans les années 1970.

La limite nord du parc, où l'on trouve une zone de pêche des cormorans, est marquée par la Punta de los Muertos (pointe des Morts) ; on dit que les corps des marins naufragés étaient rejetés à cet endroit-là.

San José ⓴

Almería. **Carte routière** F3. 🏰 1 000. 🚌 🛈 *Calle Correos s/n (950 38 02 99).* 🎪 *dim. (Pâques et été).*

À l'intérieur du parc naturel, dans une belle anse sablonneuse, la petite station balnéaire de San José, en pleine expansion, est dominée par l'aride **Sierra de Cabo de Gata**. À proximité, on

Le phare surplombant la falaise du parc naturel du Cabo de Gata

Le port du village de pêcheurs de La Isleta

trouve la Playa de los Genoveses (*p. 33*). Le long de la côte, on rencontre encore **Rodalquilar**, un bourg autrefois important car on y extrayait de l'or, et **La Isleta**, un hameau de pêcheurs.

Níjar ㉑

Almería. **Carte routière** F3.
🏠 *3 000.* 🚌 ℹ️ *Plaza García Blanes (950 36 01 23).* 🛒 *mer.*
www.nijar.es

Níjar se trouve au milieu d'une oasis où poussent les agrumes, à la limite de la sévère Sierra de Alhamilla. Sa renommée provient de la poterie très colorée et des *jarapas*, des petit tapis et des couvertures tissés à la main, que l'on y fabrique. La vieille ville est typiquement andalouse, avec ses étroites ruelles et ses balcons de fer forgé ornés de fleurs.

L'église **Nuestra Señora de la Anunciación**, du XVIe siècle, présente un plafond mudéjar à caissons, délicatement marqueté. La plaine aride située entre Níjar et la mer s'est développée grâce à l'irrigation.

Dans la mémoire des Espagnols, le nom de Níjar est associé à un violent fait divers qui s'y est produit dans les années 1920 (*voir ci-contre*).

Sorbas ㉒

Almería. **Carte routière** F4.
🏠 *3 000.* 🚌 ℹ️ *Centro de los Visitantes Yesares, Calle Terraplen 9 (950 36 44 76).* 🛒 *jeu.*

Sorbas est perché au bord d'un profond ravin au fond duquel coule le Río de Aguas.

Deux édifices de ce village méritent une visite, l'**Iglesia Santa María**, du XVIe siècle, et un palais du XVIIe siècle qui aurait été une résidence d'été du duc d'Albe.

La poterie traditionnelle assez rustique de Sorbas ne manque pas d'intérêt.

Non loin de Sorbas, la réserve naturelle de **Yesos de Sorbas** est une zone très particulière. Il s'agit d'une région karstique, où l'action de l'eau a creusé des centaines de galeries et de salles souterraines dans les couches de gypse et de calcaire. Pour explorer les grottes, les spéléologues doivent demander l'autorisation aux services de l'environnement andalous. À la surface, le sillon vert de la vallée fertile du Río de Aguas traverse des collines érodées et arides. Dans la région vivent des tortues et des faucons pèlerins.

Mojácar ㉓

Almería. **Carte routière** F3.
🏠 *7 000.* 🚌 ℹ️ *Calle Glorieta 1 (950 61 50 25).* 🛒 *mer. et dim.*

De loin, le village de Mojácar, avec ses maisons blanches, miroite comme un mirage. Les chrétiens se sont emparés du village en 1488 et les Maures ont été expulsés par la suite. Après la guerre civile (*p. 54-55*), la bourgade est tombée en ruine car la plupart de ses habitants avaient émigré. Dans les années 1960, les touristes ont découvert Mojácar, ce qui a déclenché une nouvelle ère de prospérité. La porte de la muraille est le seul élément d'origine, car Mojácar a été entièrement reconstruit.

Façade d'une *pensión* pittoresque à Mojácar

NOCES DE SANG À NÍJAR

Bodas de Sangre (Noces de sang), une pièce de Federico García Lorca (*p. 55*), est inspirée d'un fait divers survenu à Níjar en 1928. Sous la pression de sa sœur, Paquita la Coja avait accepté d'épouser un nommé Casimiro. Mais elle s'enfuit avec son cousin quelques heures avant la cérémonie. Casimiro en fut humilié et la sœur dépitée, car elle avait conçu des espoirs sur la dot. On retrouva le cousin tué par balle et Paquita à moitié étranglée. Le crime fut imputé à la sœur et à son mari – le frère de Casimiro. Déshonorée par cette terrible aventure, Paquita vécut en recluse jusqu'à sa mort en 1987. Lorca n'a jamais visité Níjar, il a écrit sa pièce en se fondant sur les comptes rendus des journaux.

Le dramaturge et poète Federico García Lorca (1899-1936)

LES BONNES ADRESSES

HÉBERGEMENT

De toute l'Espagne, c'est certainement l'Andalousie qui offre les hébergements les plus charmants : château restauré ou pension familiale, palace somptueux ou ferme perdue dans la campagne. Les voyageurs au budget limité apprécieront les pensions et les auberges de jeunesse, tandis que les refuges de montagne feront le bonheur des randonneurs. À la

Portier de l'Hotel
Alfonso XIII

campagne, les chambres d'hôte sont une option répandue et agréable. Dans toute l'Andalousie, maisons et appartements peuvent se louer à la semaine. Le climat andalou se prête aussi fort bien au camping, excepté des mois de novembre à mars. Les tableaux p. 212-219 recensent les meilleurs hôtels de Séville et de la région, du plus simple au plus luxueux.

L'Hospedería de San Francisco, Palma del Río *(p. 216)*

CHOISIR UN HÔTEL

À Séville, les hébergements les plus intéressants se situent dans le centre-ville, notamment à Santa Cruz *(p. 70-83)*. Les hôtels les moins chers sont de petites pensions familiales hors des grandes artères. Le stationnement pose toujours problème dans le centre-ville : il est donc préférable de réserver un hôtel avec parking

surveillé, ou bien situé dans les faubourgs. Les localités des environs de Séville, comme Carmona *(p. 132)*, constituent une alternative intéressante.

À Grenade, les hôtels sont concentrés dans deux quartiers : celui de l'Alhambra, paisible, et le quartier du centre, plus animé et meilleur marché. Si vous désirez sortir le soir, optez pour un hébergement dans le centre.

À Cordoue, le quartier recommandé aux visiteurs qui se déplacent à pied est la Judería *(p. 140)*.

Sur la côte andalouse, les hôtels appartiennent pour la plupart à des chaînes modernes, qui accueillent des voyages organisés, mais on trouve aussi des hôtels plus intimes, tenus par des familles et appréciés par les Espagnols comme par les visiteurs étrangers. Si vous êtes en quête de repos, vous trouverez d'excellents petits hôtels un peu à l'intérieur des terres ; la campagne en regorge, notamment dans les villages

blancs entre Arcos de la Frontera *(p. 175)* et Ronda *(p. 176)*, ou encore autour de Cazorla *(p. 156)*.

Deux petites chaînes ont un réseau croissant d'hôtels dans l'ouest de l'Andalousie : le luxueux groupe Fuerte et la chaîne Tugasa, bon marché.

LE CLASSEMENT DES HÔTELS ET LES SERVICES

En Andalousie, les hôtels sont classés en catégories et possèdent des étoiles, qui leur sont délivrées par les autorités touristiques régionales. Les hôtels (abréviation : H) sont dotés de une à cinq étoiles, les pensions (P) de une à deux. Les étoiles sont attribuées davantage en fonction des prestations de l'hôtel (ascenseur, climatisation, etc.) que de la qualité du service. La plupart des hôtels ont des restaurants, ouverts aux non-résidents. En revanche, les Hotel-Residencias (HR) n'en ont pas, mais ils servent parfois le petit déjeuner.

La terrasse de l'Alhambra Palace *(p. 218)*, avec une vue superbe sur Grenade
◁ Bar de la Calle Gerona, Séville

LES PARADORS

Les paradors sont des hôtels de trois à cinq étoiles, qui dépendent du ministère du Tourisme. Les plus beaux sont installés dans des édifices historiques : châteaux, monastères, palais et pavillons de chasse, mais certains occupent aussi des bâtiments récents dans des sites superbes. Bien que le parador ne soit pas nécessairement le meilleur hôtel de la ville, on est assuré d'y trouver un certain niveau de confort : les chambres sont souvent spacieuses. Leur restaurant propose toujours des plats régionaux et variés.

Pour loger dans un parador durant la haute saison, ou dans un établissement plus petit, il est vivement recommandé de réserver (p. 209).

LE PRIX DES HÔTELS

Les hôtels sont tenus d'afficher leurs tarifs à la réception et dans les chambres. En règle générale, les prix sont fonction du nombre d'étoiles. Pour une chambre double, il faut compter de 30 euros par nuit dans la pension une étoile la moins chère, à 250 euros dans un hôtel cinq étoiles.

À la campagne, les hôtels sont en général moins chers qu'en ville. Les prix indiqués p. 212-219 sont ceux pratiqués en moyenne saison ou en haute saison. Cette dernière s'étend de juillet à août, mais elle peut aller d'avril jusqu'à octobre. En ville, les hôtels majorent leurs prix durant les grandes *fiestas*, comme la Semana Santa (p. 38) à Séville. La période de Pâques est particulièrement courue, et notamment par les Espagnols ; les tarifs correspondent à ceux de la haute saison, mais mieux vaut se faire préciser la disponibilité et les prix des chambres à l'avance.

La plupart des tarifs sont indiqués par chambre, et les prix des repas par personne, hors *IVA* (TVA).

La piscine de l'Hotel Alfaros, Cordoue *(p. 215)*

Restaurant d'un hôtel luxueux

RÉSERVATION ET ENREGISTREMENT

Hors saison, les réservations ne sont pas indispensables à la campagne, sauf si vous souhaitez loger dans un hôtel en particulier. En revanche, en haute saison, il est nécessaire de réserver par téléphone, par Internet ou par l'intermédiaire d'une agence de voyages. Il en va de même pour obtenir une chambre répondant à certains critères : avec vue, au calme ou avec un grand lit (les lits jumeaux sont la norme).

Dans beaucoup de stations balnéaires, les hôtels ferment en hiver : avant votre départ, mieux vaut vérifier que les établissements où vous prévoyez de loger sont effectivement ouverts.

En pleine saison, pour un long séjour, certains hôtels vous demanderont de verser de 20 à 25 % du prix au moment de la réservation. Vous pouvez réserver par téléphone et payer par carte bancaire dans la plupart des hôtels. En cas d'annulation, il est préférable de s'y prendre au moins une semaine à l'avance. Sinon, l'hôtel risque de conserver une partie ou la totalité des sommes versées. Habituellement, une chambre réservée n'est pas gardée au-delà de 20 h. Il faut donc penser à prévenir si vous prévoyez d'arriver plus tard. À l'enregistrement, on vous demandera votre passeport ou votre carte d'identité.

Les hôteliers attendent en général que vous libériez la chambre à midi, vous pouvez ensuite laisser vos bagages dans l'hôtel le reste de la journée sans que cela pose problème.

La superbe entrée d'un hôtel dans une demeure sévillane ancienne

Hostal de San José, Aguilar

COMMENT PAYER

La grande majorité des
établissements, exception faite
des chambres d'hôte les plus
modestes, accepte les cartes
de crédit. Certains grands
hôtels demandent parfois aux
clients de signer un reçu de
carte de crédit en blanc à leur
arrivée. Cette pratique est

totalement illégale et
vous êtes en droit de
refuser de signer.

En Andalousie, aucun
hôtel ne prend de
chèque bancaire
ordinaire, même s'il est
émis par une banque
espagnole.

Il est d'usage, dans
les hôtels, de laisser un
pourboire au porteur
et à la femme de
chambre. Donnez un
ou deux euros. Dans
les restaurants d'hôtel,
le service est compris
mais vous avez tout
loisir d'arrondir
l'addition, en laissant
un pourboire qui
représente 5 à 10 %
du total.

LES LOCATIONS

La Costa del Sol et la
côte de Grenade et
d'Almería regorgent de
villas et d'appartements que
l'on peut louer à la semaine.
De nombreuses villes offrent
des locations meublées, plus
avantageuses financièrement
qu'un hôtel. Vous trouverez
les renseignements utiles dans
les offices de tourisme locaux.
À l'intérieur des terres, de
plus en plus de maisons et de
fermes sont proposées à la

location. En France, des
d'agences de voyages,
comme **Iberrail** ou des sites
Internet comme **Bertrand
Vacances** permettent de
réserver des appartements
et des paradors. De
nombreuses agences
travaillent avec le **RAAR**
(le réseau de logements
ruraux andalous).

Les prix varient beaucoup :
une villa pour quatre, avec
piscine, ne coûte que autour
de 240 euros par semaine
à l'intérieur des terres,
mais dépassera 950 euros
la semaine dans une station
balnéaire cotée. Mi-hôtel,
mi-appartement de vacances,
le *villa turística* (village
de vacances) constitue
une alternative intéressante.

LES CHAMBRES D'HÔTE

En Andalousie, plus de
500 *casas rurales* proposent
des chambres d'hôte, allant du
majestueux *cortijo* (manoir) à
la petite ferme « bio ». Les
services offerts ne sont pas
nombreux, mais l'accueil est
chaleureux, et la cuisine
maison délicieuse.

Les réservations peuvent
s'effectuer par le **RAAR** ou
bien directement auprès
des propriétaires.

ADRESSES

HÔTELS

**Asociación de
Hoteles de Sevilla**
Calle San Pablo 1, Casa
A Bajo, 41001 Séville.
Tél. *954 22 15 38.* www.
hotelesdesevilla.com

**Asociación de
Hoteles Rurales de
Andalucía (AHRA)**
Avda Niceto Alcalá.
Zamora 12, 14800 Priego
de Córbora.
Tél. *957 54 08 01.*
www.ahra.es

Fuerte hotels
www.fuerteshoteles.com

Guía Rural
Tél. *963 70 67 55.*
www.guiarural.com

Tugasa hotels
www.tugasa.com

PARADORS

Central de Reservas
Calle Requena 3,
28013 Madrid.
Tél. *90 254 79 79.*
www.parador.es

Iberrail France
57, rue de la Chaussée-
d'Antin, 75009 Paris.
Tél. *01 40 82 63 63.*
www.iberrail-agence-
voyage.fr

LOCATIONS ET CHAMBRES D'HÔTE

RAAR
Sagunto 8-10-3,
04004 Almería.
Tél. *950 28 00 93.*
www.raar.es

Bertrand Vacances
www.bertrand
vacances.com

AUBERGES DE JEUNESSE

**Central de Reservas
de Inturjoven**
Calle Miño 24, 41011
Séville. **Plan** 3 A4.
Tél. *90 251 00 00.*
www.inturjoven.com

REFUGES DE MONTAGNE

**Federación Andaluza
de Montañismo**
Calle Santa Paula 23, 2°
planta, 18001 Grenade.
*(tte l'année : lun.-jeu.
8h30-13h30 16h-20h,
ven. 9h-13h30 ;
été : lun.-ven. 9h-14h.)*
Tél. *958 29 13 40.*
www.fedamon.com

CAMPINGS

**Club de Camping
y Caravanning de
Andalucía**
Calle Francisco Carrión
Mejías 13, 41003 Séville.
Tél. *95 422 77 66.*

**Federación Andaluza
de Campings**
Tél. *958 22 35 17.* www.
campingsandalucia.es

HANDICAPÉS

Viajes 2000
Paseo de la Castellana
228 -30, 28046 Madrid.
Tél. *91 323 25 23.*
Fax *91 314 73 07.*
www.viajes2000.com

IHD
Boîte postale 62, 83480
Puget-sur-Argens, France.
Tél. *04 94 81 61 51.*
Fax *04 94 81 6143.*

L'auberge de jeunesse rustique de Cazorla, près de la réserve naturelle

AUBERGES DE JEUNESSE ET REFUGES DE MONTAGNE

Pour profiter du vaste réseau andalou d'*albergues juveniles* (auberges de jeunesse), vous devrez acheter une carte internationale si vous ne possédez pas de carte équivalente de votre pays. Les tarifs pour l'hébergement et le petit déjeuner vont de 5 à 10 euros par personne. Les réservations s'effectuent directement auprès de l'auberge, ou par le bureau central d'Inturjoven – **Central de Reservas de Inturjoven.**

Dans des régions de montagne reculées, les randonneurs pourront loger dans les refuges qui sont des abris avec cuisine et dortoirs. Les refuges figurent sur les cartes détaillées des montagnes et des parcs nationaux. Ils sont gérés par la **Federación Andaluza de Montañismo.**

TERRAINS DE CAMPING

L'Andalousie compte plus de 110 campings, dont beaucoup sont concentrés sur la côte, mais aussi à l'extérieur des grandes villes et à la campagne. Ces campings sont généralement bien équipés, avec eau courante, électricité...

La carte de camping est utile. Elle peut être utilisée au moment de l'enregistrement dans le camping et comprend aussi une assurance responsabilité civile. Les cartes sont émises par les clubs de camping et de caravaning.

La **Federación Andaluza de Campings** distribue une carte des campings de la région, comprenant leur adresse de site Internet et la description de leurs diverses prestations.

VOYAGEURS HANDICAPÉS

Peu d'hôtels sont équipés pour accueillir des personnes handicapées. En revanche, quelques auberges de jeunesse le sont. Le site Internet Barrera Cero (http://barrera-cero. com) propose des informations sur les hôtels équipés pour accueillir les personnes handicapées et permet de préparer son voyage en fonction des sites

Logo d'un hôtel cinq étoiles

adaptés : plages, restaurants...

En Espagne, la Confederación Coordinadora Estatal de Minusválidos Fisicos de España, aussi appelée **Servi-COCEMFE** *(p. 257)*, et **Viajes 2000** possèdent des informations sur les hôtels équipés pour accueillir des handicapés en Andalousie.

L'association **IHD** propose des hébergements, des transports, des soins ainsi que d'autres services aux personnes handicapées qui passent leurs vacances sur la Costa del Sol.

AUTRES INFORMATIONS

Tous les ans, la **Dirección General de Turismo** d'Andalousie publie le *Guía de Hoteles, Pensiones, Apartamentos, Campings y Agencias de Viajes.* Ce guide recense le nombre d'étoiles et les prestations de tous les hôtels, pensions, campings et auberges de jeunesse de la région.

Lorsque vous aurez choisi le type d'hébergement qui vous convient et la région, il est recommandé d'envoyer un fax ou un email, ou bien de téléphoner pour obtenir les informations récentes sur les prestations et les prix. Les hôtels de la liste *(p. 212-219)* ont été répertoriés selon les tarifs de la haute saison. Par conséquent, à certaines dates, les prix des chambres, des appartements et des pensions peuvent être moins élevés.

Une charmante chambre d'hôte

Les meilleurs paradors d'Andalousie

Parador est un ancien mot espagnol désignant un hébergement qui accueille des voyageurs de rang respectable. À la fin des années 1920, un réseau national d'hôtels d'État, appelés paradors, a vu le jour en Espagne. Beaucoup sont installés dans des châteaux, des palais ou des monastères, d'autres dans des édifices récents sur des sites touristiques. Ils sont généralement bien signalés et faciles à trouver. Tous offrent un grand confort et proposent une cuisine régionale.

Parador de Ronda
Ce parador surplombe les gorges du Tage, en face de la vieille ville de Ronda. Certaines chambres ont une vue superbe (p. 218).

Parador de Carmona
Installé dans le palais de Pierre le Cruel, le parador mauresque de Carmona, constitue une excellente base pour découvrir Séville (p. 214).

HUELVA ET PROVINCE
DE SÉVILLE

SÉVILLE

CADIX ET
MÁLAGA

Parador de Mazagón
Ce parador récent, agréablement situé près d'une longue plage de sable, est un bon point de départ pour découvrir le parc de Coto Doñana (p. 215).

Parador de Arcos de la Frontera
Situé dans l'un des superbes pueblos blancos, ce parador possède une vaste terrasse d'où la vue porte loin sur le Guadalete (p. 216).

0   500 m

Parador de Cazorla
Cette résidence de montagne retirée est blottie dans la forêt de l'une des plus grandes réserves naturelles d'Andalousie, non loin des sources du Guadalquivir (p. 215).

Parador de Jaén
Cette forteresse reconstruite, avec ses fenêtres en arc et ses salles voûtées, se dresse au sommet d'une colline dominant la ville (p. 216).

Parador de Úbeda
L'établissement, installé dans l'un des nombreux édifices Renaissance d'Úbeda, possède un superbe patio (p. 216).

CORDOUE
ET JAÉN

GRENADE
ET ALMERÍA

Parador de Granada
Les réservations sont indispensables pour loger dans ce superbe couvent du XVe siècle, construit par les Rois Catholiques dans les jardins de l'Alhambra (p. 219).

Parador de Mojácar
Non loin de la plage, cet édifice blanc moderne, qui possède une vaste terrasse, est inspiré du style cubique de l'architecture de Mojácar (p. 219).

Choisir un hôtel

Les hôtels suivants couvrent une large gamme de prix. Les chambres possèdent une salle de bains, un téléviseur, la climatisation, et, sauf indication contraire, sont accessibles aux personnes handicapées. La plupart disposent d'Internet. Les établissements sont classés par quartier dans Séville, et par région. Pour les renvois au plan, voir *pages 112-117*.

CATÉGORIE DE PRIX
Pour une nuit dans une chambre double standard à la haute saison, toutes taxes comprises.
€ moins de 75 €
€€ de 75 à 125 €
€€€ de 125 à 175 €
€€€€ de 175 à 225 €
€€€€€ plus de 225 €

SÉVILLE

EL ARENAL Hotel Montecarlo   €€€

Gravina 51, 41007 **Tél.** *954 21 75 03* **Fax** *954 21 68 25* **Chambres** *51*   **Plan** *1 B5 (5 B2)*

Cette élégante gentilhommière du XVIIIe siècle, dotée de deux cours avec portails et grilles en fer forgé et ornées de magnifiques céramiques, se trouve dans la meilleure partie de la ville, à proximité des sites historiques, du Guadalquivir et du quartier commerçant. Le personnel du restaurant est exceptionnellement accueillant. **www.hotelmontecarlosevilla.com**

EL ARENAL Taberna del Alabardero   €€€

C/Zaragoza 20, 41001 **Tél.** *954 50 27 21* **Fax** *954 56 36 66* **Chambres** *7*   **Plan** *3 B1 (5 B3)*

Ancienne demeure du poète sévillan J. Antonio Castevany, ce petit hôtel est installé au-dessus d'un des meilleurs restaurants de la ville (p. 228). Toutes les chambres bénéficient d'une décoration individuelle, avec de beaux meubles anciens et d'élégantes tentures. La cour centrale est illuminée par une verrière. **www.tabernadelalabardero.com**

EL ARENAL Vincci la Rabida   €€€

C/Casterlar 24, 41001 **Tél.** *954 50 12 80* **Fax** *954 21 66 00* **Chambres** *81*   **Plan** *3 B1 (5 C4)*

Proche des boutiques, des restaurants et des arènes, cette magnifique demeure du XVIIIe siècle allie des tons chaleureux avec des meubles de couleur sombre et de confortables lits en fer forgé. Certaines chambres offrent une vue très agréable sur la jolie cour centrale. **www.vinccihoteles.com**

EL ARENAL Hotel Melia Colon   €€€€

Canalejos 1, 41001 **Tél.** *954 50 55 99* **Fax** *595 22 09 38* **Chambres** *217*   **Plan** *3 B1 (5 B3)*

Hôtel de luxe rénové situé dans le vieux quartier, le Melia Colon semble être une étape incontournable dans le monde de la tauromachie, surtout à cause de son emplacement entre la cathédrale, la Torre del Oro et les arènes, et il est entouré de restaurants et de bars. C'est l'endroit idéal pour repérer le gotha espagnol durant la Semana Santa. **www.solmelia.com**

LA CAMPANA Hotel Cervantes   €€€€

C/Cervantes, 10, 41004 **Tél.** *954 90 02 80* **Fax** *954 90 05 36* **Chambres** *72*   **Plan** *6 D1*

Cet hôtel de la chaîne Best Western se trouve dans le quartier animé de La Campana, près des principaux sites touristiques et à 20 min à pied du parc d'attractions Isla Magica. Deux grandes verrières confèrent une certaine élégance à cet établissement agrémenté d'une cour intérieure sévillane typique. **www.hotel-cervantes.com**

LA CARTUJA Barcelo Renacimiento   €€€

Isla de la Cartuja, 41092 **Tél.** *954 46 22 22* **Fax** *954 46 04 28* **Chambres** *295*   **Plan** *1 C2*

Hôtel ultramoderne, de classe supérieure, situé sur l'île de la Cartuja, à 20 min à pied du quartier historique, le Barcelo Renacimiento est considéré comme le meilleur établissement de la ville pour les réunions, conférences et autres événements d'affaires. Le Wi-Fi et le centre de congrès sont appréciés des hommes d'affaires. **www.barcelorenacimiento.com**

LA MACARENA Hotel Tryp Macarena   €€

San Juan de Ribera, 2, 41009 **Tél.** *954 37 58 00* **Fax** *954 38 18 03* **Chambres** *331*   **Plan** *2 E3*

Bien qu'un peu éloigné du centre historique, le Tryp Macarena reste attrayant grâce à un arrêt de bus proche. La piscine sur le toit permet de faire un plongeon après une journée de visites. Il est parfois un peu bruyant, mais sa situation proche du Guadalquivir est fort agréable. **www.solmelia.com**

LA MACARENA Patio de la Cartuja   €€

C/Lumbreras 8 & 10, 41002 **Tél.** *954 90 02 00* **Fax** *954 90 20 56* **Chambres** *56*   **Plan** *1 C4*

Cet hôtel original est né de la transformation d'un ensemble d'anciennes demeures dotées de vastes patios. Situés dans le quartier bohème de La Macarena, les appartements sont simples mais bien équipés. L'hôtel est à quelques minutes à pied de la cathédrale et de Santa Cruz et est équipé d'un parking, une rareté à Séville. **www.patiosdesevilla.com**

LA MACARENA Casa Romana Hotel Boutique   €€€

C/Trajano 15, 41003 **Tél.** *954 91 51 70* **Fax** *954 37 31 91* **Chambres** *26*   **Plan** *1 C5 (5 C1)*

Les chambres du Casa Romana sont disposées autour d'une cour centrale. Équipées de tout le confort d'un hôtel 4 étoiles, elles allient sobriété et élégance, et certaines ont un jacuzzi. Parmi les offres spéciales disponibles sur Internet, des billets pour un spectacle de flamenco sont inclus avec votre réservation. **www.hotelcasaromana.com**

Légende des symboles, *voir le rabat arrière de couverture.*

LA MACARENA Casa Sacristía de Santa Ana 🔲 🍴 🏃 🗐 €€€

Almeda de Hercules 22, 41002 **Tél.** *954 91 57 22* **Fax** *954 90 53 16* **Chambres** *25* **Plan** *1 C4*

Cette sacristie du XVIIIᵉ siècle méticuleusement restaurée est aujourd'hui un charmant hôtel dont les chambres donnent sur une cour centrale. Situé sur la Plaza Almeda de Hercules, l'hôtel est proche de nombreux bars et restaurants. Il comporte lui-même un excellent restaurant et le Wi-Fi gratuit. **www.sacristiadesantaana.com**

LA MACARENA Alcoba del Rey de Sevilla 🔲 🍴 🗐 €€€€

C/Bécquer 9, 41002 **Tél.** *954 91 58 00* **Fax** *954 91 56 75* **Chambres** *15* **Plan** *2 D3*

Ce petit hôtel chic regorge de nombreux détails créant une atmosphère romantique. Le mobilier comprend objets en verre, azulejos, coussins en soie et objets d'art – tout est à vendre. Chaque chambre, décorée avec élégance, porte le nom d'un personnage célèbre de la période maure. **www.alcobadelrey.com**

MAESTRANZA Picasso 🗐 €

Calle San Gregorio 1, 41004 **Tél.** *954 21 08 64* **Fax** *954 21 08 64* **Chambres** *15* **Plan** *3 C2 (6 D5)*

Le Picasso se trouve en plein cœur de Séville, sur l'itinéraire de la procession de la Semana Santa, que l'on peut admirer depuis les balcons des chambres. Cet emplacement de choix en fait un établissement très prisé à Pâques ; assurez-vous de réserver bien à l'avance. Proche des principaux sites et à 10 min de la Foire de Séville. **www.grupo-piramide.com**

PARQUE MARÍA LUISA Alfonso XIII 🔲 🍴 🏊 🏃 🗐 €€€€€

C/San Fernando 2, 41004 **Tél.** *954 91 70 00* **Fax** *954 91 70 99* **Chambres** *147* **Plan** *3 C3*

Cet hôtel légendaire de Séville, bâti dans le style néomudéjar comme s'il s'agissait d'une demeure royale, offre un accueil somptueux. Les chambres sont décorées avec opulence. Chandeliers de cristal, colonnes de marbre et palmiers ornent les pièces communes. Il y a aussi un bar et un restaurant chic. **www.alfonsoxiii.com**

SANTA CRUZ La Hosteria del Laurel 🔲 🍴 €€

Plaza de los Venerables 5, 41004 **Tél.** *954 22 02 95* **Fax** *954 21 04 50* **Chambres** *20* **Plan** *4 D2 (6 E4)*

Cet hôtel est installé dans un bâtiment historique au cœur de Santa Cruz. Son bar et son restaurant *(p. 229)* sont fréquentés par la clientèle locale. Proche des boutiques et de sites historiques tels que le Real Alcázar, la cathédrale et les arènes, dans un quartier où il fait bon se promener. **www.hosteriadellaurel.com**

SANTA CRUZ La Casa del Maestro 🗐 €

C/Almudena 5, 41002 **Tél.** *954 50 00 07* **Fax** *954 50 00 06* **Chambres** *11* **Plan** *6 E2*

Ancienne résidence du célèbre guitariste de flamenco Niño Ricardo, cette maison de ville jaune et ocre s'élève autour d'une cour intérieure qui déborde de plantes et de fleurs. Les chambres sont plutôt petites mais bénéficient de nombreuses attentions telles qu'une carafe d'eau glacée et des chocolats placés auprès du lit. **www.lacasadelmaestro.com**

SANTA CRUZ YH Giralda Hotel 🏃 🗐 €€

C/Abades 30, 41004 **Tél.** *954 22 83 24* **Fax** *954 22 70 19* **Chambres** *14* **Plan** *3 D1 (6 D4)*

Le YH Giralda est idéalement situé au cœur du barrio de Santa Cruz, dans un palais du XVIIIᵉ siècle reconverti et entièrement rénové mais qui conserve néanmoins son caractère original. Toutes les chambres sont insonorisées et sont équipées de salles de bains, de la climatisation et du chauffage. **www.yh-hoteles.com**

SANTA CRUZ Hotel Alminar 🔲 🏃 🗐 €€€

C/Álvarez Quintero 52, 41004 **Tél.** *954 29 31 93* **Chambres** *12* **Plan** *3 C1 (6 D4)*

Dans une rue tranquille près de la cathédrale, ce petit hôtel se trouve dans un bâtiment historique plein de charme. Les chambres, toutes équipées d'Internet et d'un minibar, ont une décoration élégante et moderne. Vous pourrez vous détendre dans le patio central et utiliser le parking public à proximité. **www.hotelalminar.com**

SANTA CRUZ Petit Palace Santa Cruz 🔲 🍴 🏃 🗐 €€€

C/Muñoz y Pavón 18, 41004 **Tél.** *954 22 10 32* **Fax** *954 22 50 39* **Chambres** *46* **Plan** *6 E3*

Installé dans un édifice typiquement andalou, ce bel hôtel-boutique possède un intérieur au design dernier cri. Les chambres sont spacieuses et très bien équipées, avec entre autres le Wi-Fi, un téléviseur à écran plat et d'épais peignoirs molletonnés. **www.hthoteles.com**

SANTA CRUZ EME fusionhotel 🔲 🍴 🏊 🏃 🗐 €€€€

C Alemanes 27, 41004 **Tél.** *954 56 00 00* **Fax** *954 56 10 00* **Chambres** *60* **Plan** *3 C2 (6 D4)*

En face de la cathédrale et de la Giralda, cet hôtel 5 étoiles possède plusieurs terrasses panoramiques, une piscine, un Spa et quatre excellents restaurants. Pour un séjour grand luxe, réservez l'une des chambres de l'« Estancias Collection », avec son service personnalisé 24h/24, ses terrasses privées et ses piscines. **www.emehotel.com**

SANTA CRUZ Hotel Inglaterra 🔲 🍴 🗐 €€€€

Plaza Nueva 7, 41001 **Tél.** *954 22 49 70* **Fax** *954 56 13 36* **Chambres** *90* **Plan** *3 B1 (5 C3)*

Le bâtiment actuel a été construit en 1967, mais l'hôtel date de 1857, quand il était le fleuron de Séville. Orné d'exquises céramiques sévillanes, de meubles anciens et de tableaux, l'Inglaterra fait face à la Plaza Nueva et à l'hôtel de ville, dans le centre historique, à 2 min à pied de la cathédrale et de la Giralda. **www.hotelinglaterra.es**

SANTA CRUZ Casa Numero Siete 🗐 €€€€€

C/Virgenes 7, 41004 **Tél.** *954 22 15 81* **Fax** *954 21 45 27* **Chambres** *76* **Plan** *3 D1 (6 E3)*

Dotée de quelques chambres seulement, cette élégante maison d'hôtes est l'un des plus ravissants et romantiques établissements de Séville. Le décor comprend antiquités et objets de famille. Le Casa Numero Siete possède également un somptueux salon équipé d'un bar et offre de délicieux petits déjeuners. **www.casanumero7.com**

SANTA CRUZ Las Casas del Rey de Baeza
€€€€€

Plaza Jesus de la Redencion 2, 41003 **Tél.** *954 56 14 96* **Fax** *954 56 14 41* **Chambres** *41* **Plan** *4 D1 (6 E4)*

Dans un décor aussi attrayant qu'unique, cet hôtel marie avec finesse le passé et le présent. Les murs blanchis à la chaux se teintent des ocres et des rouges de la cour, ombragée par des passages voûtés. À l'intérieur vous attendent un sol de pierre et des tons naturels, ainsi que les chambres dont la décoration est chic et moderne. **www.hospes.es**

TRIANA Abba Triana Hotel
€€

Plaza Chapina, 41010 **Tél.** *954 26 80 00* **Chambres** *137* **Plan** *3 A1 (5 A3)*

Profitez du spectaculaire panorama sur le Guadalquivir, dans cet hôtel qui propose les derniers outils technologiques dans un décor ultramoderne. Piquez une tête dans la piscine sur le toit, ou explorez le quartier : de l'Abba Triana, on peut sans peine rejoindre à pied tous les sites intéressants de la ville. **www.abbatrianahotel.com**

HUELVA ET PROVINCE DE SÉVILLE

ALCALA DE GUADAIRA Hotel Oromana
€€

Av de Portugal, 41500 **Tél.** *et Fax 955 68 64 00* **Chambres** *31*

À la lisière de la ville historique d'Alcalá, à seulement 15 km de Séville, cet hôtel est installé dans une superbe demeure des années 1920. Il est entouré d'un vaste parc équipé d'une piscine découverte. Le personnel accueillant et le bon restaurant servant des spécialités locales ajoutent à son attrait. **www.hoteloromana.com**

ARACENA Finca Buen Vino
€€

Los Marines, 21293 **Tél.** *959 12 40 34* **Fax** *959 50 10 29* **Chambres** *4*

Une merveilleuse maison d'hôtes installée dans une élégante villa, sur une colline entourée d'oliviers et de citronniers. Les propriétaires cultivent leurs propres légumes bio qu'ils utilisent pour préparer petits déjeuners, thés et soupers fins (réservés aux clients). Vous pouvez dormir dans la villa ou bien louer l'un des cottages. **www.fincabuenvino.com**

ARACENA La Casa Noble
€€€€€

C/Campito 35, 21200 **Tél.** *959 12 77 78* **Fax** *959 12 62 18* **Chambres** *6*

Cette belle demeure andalouse datant de 1914 a été restaurée pour offrir aux visiteurs tout le confort moderne, tout en conservant son charme ancien. Les chambres possèdent des draps somptueux, une douche à effet de pluie et un Jacuzzi, avec une belle vue sur le château. Le personnel est aux petits soins. **www.lacasanoble.net**

AYAMONTE Riu Atlantico
€€€€

Punta del Moral, 21470 **Tél.** *959 62 10 00* **Fax** *959 62 10 03* **Chambres** *359*

Au pied de l'eau, le Riu Atlantico se trouve près de la frontière portugaise et du célèbre golf d'Isla Canela. Cette oasis de tranquillité est entourée de piscines au sein d'un paysage tropical. Les clients peuvent utiliser le Spa, le gymnase et le sauna. Le petit déjeuner et le dîner sont inclus dans le prix des chambres. **www.riu.com**

CARMONA Casa de Carmona
€€€

Plaza de Lasso 1, 41410 **Tél.** *954 19 10 00* **Fax** *954 19 01 89* **Chambres** *34*

Ce palais du XVIe siècle décoré dans un alliage de styles ancien et contemporain a été transformé en un hôtel qui a figuré dans de nombreuses revues de mode. Les chambres et les suites sont remplies d'objets d'art et de meubles somptueux, et il y a un superbe restaurant. C'est un point de chute idéal pour explorer la province de Séville. **www.casadecarmona.com**

CARMONA Parador de Carmona
€€€

C/Alcázar, 41410 **Tél.** *954 14 10 10* **Fax** *954 14 17 12* **Chambres** *63*

Ce magnifique parador, juché sur une falaise, était à l'origine une forteresse, édifiée par les Maures, et devint le palais du roi chrétien Pierre le Cruel. Les murs sont ornés de tapisseries et les objets anciens abondent. Les chambres ont une vue imprenable sur la campagne. Vaste piscine en plein air, et l'un des meilleurs restaurants de la région. **www.parador.es**

CASTILLEJA DE LA CUESTA Hacienda de San Ignacio
€€€

C/Real 190, 41950 **Tél.** *954 16 92 90* **Fax** *954 16 14 37* **Chambres** *13*

Cette agréable propriété fut jadis un monastère jésuite, puis une *hacienda* andalouse. Le beau patio central est dominé par d'énormes palmiers, et l'excellent restaurant est installé dans l'ancien pressoir à huile. Les chambres sont fonctionnelles, peu sophistiquées, mais les pièces communes sont fabuleuses. **www.haciendasanignacio.com**

CAZALLA DE LA SIERRA Las Navezuelas
€

Ctra Cazella-Ed Pedroso, 41370 **Tél.** *954 88 47 64* **Fax** *954 88 45 94* **Chambres** *10*

Dans cette ferme tenue par une famille, les chambres spacieuses sont décorées de tissus artisanaux. Une occasion exceptionnelle de loger dans un authentique *cortijo* (ferme) andalou. Les chambres donnent sur les vastes plantations d'oliviers et de chênes-lièges, et les repas faits maison sont servis dans la salle à manger. **www.lasnavezuelas.com**

CAZALLA DE LA SIERRA Hospederia La Cartuja
€€

Ctra Cazella-Constantina km 2.5, 41370 **Tél.** *954 88 45 16* **Fax** *954 88 47 07* **Chambres** *14*

Cet ancien monastère a été transformé par son audacieux propriétaire en une charmante retraite pour artistes. Peintres, sculpteurs et musiciens offrent parfois leurs productions contre le gîte ; une galerie montre des œuvres réalisées par les artistes résidents, toutes en vente. Choisissez une chambre, une suite ou la villa. **www.cartujadecazalla.com**

MAZAGON Parador de Mazagón
🍴 ♨ 🛏 €€€

Ctra San Juan de Puerto-Matalascañas km 30, 21130 **Tél.** *959 53 63 00* **Fax** *959 53 62 28* **Chambres** *63*

Sur la côte de Huelva, ce parador moderne est situé entre une plage de sable et une forêt de pins, offrant une vue superbe de la région. Vous pouvez en profiter pour visiter le Parque Nacional de Doñana, à 30 km. L'hôtel propose aussi des activités sur place, et il possède une piscine et un Jacuzzi. **www.parador.es**

El ROCIO Hotel Toruño
🍴 🛏 €€

Plaza Acebuchal 22, 21750 **Tél.** *959 44 23 23* **Fax** *959 44 23 38* **Chambres** *30*

Cette charmante villa aux murs blanchis à la chaux est proche de l'ermitage contenant l'image de la vierge d'El Rocío. Apprécié par les amateurs d'oiseaux, Le Toruño est à la lisière du Parque Nacional de Doñana, l'une des plus vastes étendues marécageuses et réserves naturelles d'Europe. Les prix doublent durant le pèlerinage d'El Rocío. **www.toruno.es**

CORDOUE ET JAÉN

BAEZA Hotel Fuentenueva
🍴 ♨ 🛏 €€

Calle del Carmen 15, 23440 **Tél.** *953 74 31 00* **Fax** *953 74 32 00* **Chambres** *13*

Installé dans une maison du XIXᵉ siècle qui fut jadis une prison pour femmes, cet hôtel offre tout le confort souhaité, avec même une bibliothèque, un café, une salle de conférences, un jardin japonais et le Wi-Fi. Les chambres très modernes sont équipées de baignoires à hydromassage. Six appartements indépendants sont aussi disponibles. **www.fuentenueva.com**

CAZORLA Molino de la Farraga
🛏 €€

Camino de la Hoz, 23470 **Tél.** *953 72 12 49* **Fax** *953 72 12 49* **Chambres** *8*

À la lisière du merveilleux village de Cazorla, cet ancien moulin rénové, construit il y a deux siècles, est un véritable havre de paix, entouré d'une abondante végétation et d'un vaste jardin. Les chambres sont simples mais très jolies. Il existe également une annexe pour davantage d'intimité. **www.molinolafarraga.galeon.com**

CAZORLA Parador de Cazorla
🚗 🍴 ♨ €€€

Sierra de Cazorla, 23470 **Tél.** *953 72 70 75* **Fax** *953 72 70 77* **Chambres** *34*

Au sein de la vaste réserve naturelle de la Sierra de Cazorla, forêts et montagnes offrent un cadre superbe à ce parador moderne, conçu avec une note campagnarde. Juché sur le flanc d'une colline, l'hôtel offre une vue imprenable depuis les chambres, qui sont bien équipées. En saison, le restaurant sert du gibier local. **www.parador.es**

CORDOUE Maestre
🚗 🍴 🛏 €€

C/Romero Barros 4-6, 17003 **Tél.** *957 47 24 10* **Fax** *957 47 53 95* **Chambres** *26*

Près de la Mezquita, au centre de Cordoue, cet hôtel sans prétention s'élève au cœur de plusieurs jolies cours intérieures andalouses, avec céramiques colorées, fontaines et plantes grimpantes. Il est très bien placé pour visiter la ville. Le Maestre propose aussi des appartements indépendants. Parking privé souterrain. **www.hotelmaestre.com**

CORDOUE Casa de los Azulejos
🍴 🛏 €€

C/Fernando Colón 5, 14002 **Tél.** *957 47 00 00* **Fax** *957 47 54 96* **Chambres** *8*

La « maison des azulejos » est une demeure enchanteresse du XVIIᵉ siècle, sise dans une cour dotée d'exquises céramiques locales, de grilles en fer forgé et de verdure. Les chambres sont fraîches et modernes, équipées d'Internet. L'excellent restaurant propose une fusion de cuisine andalouse et sud-américaine. **www.casadelosazulejos.com**

CORDOUE Eurostar Ciudad de Córdoba
🚗 🍴 🛏 €€€

Avenida de Cadiz, 14003 **Tél.** *957 10 36 00* **Fax** *957 10 36 01* **Chambres** *90*

Édifié dans le cœur historique et culturel de la ville, cet hôtel se trouve à 10 min en taxi du centre commercial et financier. Renommé pour son excellent centre d'affaires, l'hôtel organise aussi régulièrement des expositions de tableaux, photographies et autres arts visuels. **www.eurostarsciudaddecordoba.com**

CORDOUE Hospes Palacio de Baílio
🚗 🍴 ♨ 🏋 🛏 €€€

Ramirez de las Casas Deza 10-12, 14012 **Tél.** *957 49 89 93* **Fax** *957 49 89 94* **Chambres** *53*

Entouré d'un parc magnifique, avec des jasmins, des citronniers et des orangers, cet hôtel est installé dans les anciens greniers, écuries et hangars à diligences d'un palais bâti entre le XVIᵉ et le XVIIᵉ siècles. La décoration intérieure offre une merveilleuse fusion de style ancien et contemporain, avec tous les équipements modernes. **www.hospes.es**

CORDOUE Hotel Eurostar Las Adelfas
🚗 🍴 ♨ 🏋 🛏 €€€

Avenida de la Arruzafa, 14012 **Tél.** *957 27 74 20* **Fax** *957 27 27 94* **Chambres** *101*

Grâce à sa situation dans le quartier huppé d'El Brillante, c'est l'une des résidences les plus calmes de la ville, à seulement 10 min du centre. On sert une cuisine remarquable, et le jardin en terrasse est un merveilleux endroit où manger. Le lieu bénéficie aussi d'une grande piscine entourée d'une pelouse avec chaises longues. **www.eurostarslasadelfas.com**

CORDOUE Hotel Hesperia
🚗 🍴 ♨ 🏋 🛏 €€€

Avenida Fray Albino, 1, 14009 **Tél.** *957 42 10 42* **Fax** *957 29 99 97* **Chambres** *104*

Au bord du Guadalquivir, jouissant d'une merveilleuse vue sur la ville, l'Hesperia possède une piscine spectaculaire au milieu d'une cour andalouse traditionnelle. Sur le toit en terrasse, le café-bar La Azotea est un endroit très original au cœur de Cordoue. Les chambres sont modernes, avec le Wi-Fi gratuit. **www.hesperia-cordoba.com**

CORDOUE Maciá Alfaros

C/Alfaros 18, 14001 **Tél.** *957 49 19 20* **Fax** *957 49 22 10* **Chambres** *144*

€€€€

Situé dans une rue animée, mais efficacement insonorisé, l'Alfaros est un hôtel d'aspect contemporain installé dans trois cours de style néomudéjar. L'une d'entre elles, pavée de marbre, contient une élégante piscine. Plutôt destiné aux hommes d'affaires, cet hôtel propose le Wi-Fi, entre autres équipements. Chambres confortables. **www.maciahoteles.com**

JAÉN Hotel Husa Europa

Plaza de Belen 1, 23001 **Tél.** *953 22 07 04* **Fax** *953 22 26 92* **Chambres** *38*

€€

Très bien placé sur le circuit de la Renaissance andalouse (Jaén-Baeza-Úbeda), ce paisible hôtel se trouve au cœur du principal quartier de restaurants et de tapas de la ville. Il est idéal pour les hommes d'affaires et les visiteurs. À côté, le complexe sportif possède une grande piscine chauffée. Petits déjeuners continentaux uniquement. **www.husa.es**

JAÉN Parador de Jaén

Castillo de Santa Catalina, CP, 23009 **Tél.** *953 23 00 00* **Fax** *953 23 09 30* **Chambres** *71*

€€€

Perché sur la colline de Santa Catalina, ce parador offre une vue superbe sur la ville. L'intérieur est dans le style arabe authentique ; les pièces communes sont ornées de voûtes en pierre croisées. Toutes les chambres ont une vue panoramique. Parmi les spécialités du restaurant : la soupe froide à l'ail et la terrine de perdrix. **www.parador.es**

PALMA DEL RIO Hospedería de San Francisco

Av de Pio XII 35, 14700 **Tél.** *957 71 01 83* **Fax** *957 71 02 36* **Chambres** *35*

€€

Quelques-unes des chambres de ce monastère franciscain du XVᵉ siècle réaménagé sont d'anciennes cellules de moines, ornées de cuvettes peintes à la main et de couvre-lits tissés par des nonnes. La cuisine utilise les produits bio provenant du potager de l'hôtel, et les repas sont servis dans le charmant vieux réfectoire. **www.casasypalacios.com**

UBEDA El Postigo Zenit

C/Postigo 5, 23400 **Tél.** *953 75 00 00* **Fax** *953 75 53 09* **Chambres** *26*

€€

Cet hôtel moderne possède une décoration aux tons chauds, accentués par la pierre, avec tous les équipements destinés à vous assurer un séjour confortable. Prenez un verre dans le salon doté d'une cheminée, ou un bain de soleil au bord de la piscine. Le Wi-Fi gratuit est disponible dans tout l'hôtel. **www.zenithoteles.com**

UBEDA Parador de Úbeda

Plaza Vàzquez de Molina 1, 23400 **Tél.** *953 75 03 45* **Fax** *953 75 12 59* **Chambres** *36*

€€€

Dominant la grand-place d'Úbeda, ce parador occupe une ancienne résidence aristocratique du XVIᵉ siècle. Le bâtiment à la façade recouverte de carreaux bleus et blancs s'élève au-dessus d'une cour Renaissance à deux niveaux. Les chambres, hautes de plafond, sont ornées de meubles traditionnels, et le restaurant propose des plats régionaux. **www.parador.es**

ZUHEROS Zuhayra

C/Mirador 10, 14870 **Tél.** *957 69 46 93* **Fax** *957 69 47 02* **Chambres** *18*

€

Le charme principal de cet hôtel modeste est sa situation dans une ville blanche au pied de hautes collines. Le bâtiment moderne reprend le style de la demeure noble qu'il remplace. C'est un excellent lieu où résider pour faire des randonnées dans la Sierra Subbética, et l'hôtel loue des VTT. Le restaurant sert des spécialités locales. **www.zercahoteles.com**

CADIX ET MÁLAGA

ARCOS DE LA FRONTERA Casa Grande

C/Maldonado 10, 11630 **Tél.** *956 70 39 30* **Fax** *956 71 70 95* **Chambres** *7*

€€

Charmant hôtel tenu par une famille, dans une demeure du XVIIIᵉ siècle portant encore l'écusson de son premier propriétaire. Chaque chambre possède une décoration unique, pleine de caractère. Chaleureux et plein de touches personnelles, telles que la marmelade faite maison au petit déjeuner. Superbe vue depuis la terrasse. **www.lacasagrande.net**

ARCOS DE LA FRONTERA Parador de Arcos de la Frontera

Plaza del Cabildo, 11630 **Tél.** *956 70 05 00* **Fax** *956 70 11 16* **Chambres** *24*

€€€

Ancienne maison de magistrat, cette demeure perchée sur une falaise au-dessus de la vieille ville abrite un élégant parador. La vaste terrasse offre une vue spectaculaire, et les chambres sont disposées autour de patios ornés de beaux carrelages, de puits et de fontaines. Les chambres sont confortables, certaines avec Jacuzzi. **www.parador.es**

CADIX Pension Centro-Sol

Manzanares, 7, 11010 **Tél.** *956 28 31 03* **Fax** *956 28 31 03* **Chambres** *19*

€€

Une sympathique petite pension dans un quartier pittoresque de la ville. Situé dans une charmante ruelle, l'immeuble néoclassique comporte une entrée au carrelage remarquable. La pension se situe près des gares routière et ferroviaire, et à seulement 15 min de la plage de Santa Maria del Mar. **www.hostalcentrosolcadiz.com**

CADIX Hotel Playa Victoria

Glorieta Ingenerio La Cierva, 4, 11010 **Tél.** *956 20 51 00* **Fax** *956 26 33 00* **Chambres** *188*

€€€

Établi sur le front de mer, le Playa Victoria s'enorgueillit de ses mesures de recyclage. L'hôtel est bâti dans un intrigant alliage de pierre locale et de verre bleu, avec du marbre et du bois à l'intérieur. Les pièces communes sont ornées de meubles design et une sculpture spectaculaire est suspendue au plafond. **www.palafoxhoteles.com**

Catégorie de prix, *voir p. 212.* **Légende des symboles,** *voir le rabat arrière de couverture.*

CANOS DE MECA La Breña

Av Trafalgar 4, 11160 (Cádiz) **Tél.** *956 43 73 68* **Fax** *956 43 73 68* **Chambres** *7*

Les plages de la Costa de la Luz figurent parmi les plus belles et les mieux préservées d'Espagne. Ce charmant hôtel de bord de mer est peint en bleu et blanc ; chambres et suites sont simples et spacieuses. La plupart ont vue sur le rivage. Excellent restaurant proposant un menu andalou moderne. Fermé nov.-jan. **www.hotelbrena.com**

CASTELLAR DE LA FRONTERA Casa Convento La Almoraima

Finca La Almoraima, 11350 **Tél.** *956 69 30 50* **Fax** *956 69 32 14* **Chambres** *20*

Au cœur d'une forêt protégée de chênes-lièges méditerranéens, cet ancien couvent a été transformé en un paisible hôtel. Le cloître est rempli de fleurs, et les pièces communes sont ornées d'objets anciens. Les chambres sont simples. L'hôtel peut organiser des excursions dans la région. **www.la-almoraima.com**

CORTES DE LA FRONTERA Casa Rural Ahora

C/Lepanto 40, Bda El Colmenar, 29013 **Tél.** *et* **Fax** *952 15 30 46* **Chambres** *9*

Retraite rurale dotée d'un restaurant bio, l'Ahora s'élève au creux d'une pittoresque vallée traversée par un ruisseau bouillonnant. La plage est à une heure de route. Vous pouvez aussi profiter des bains turcs, massages et traitements à l'argile. L'endroit est idéal pour la relaxation et la remise en forme. **www.ahoraya.es**

GIBRALTAR The Rock

3 Europa Road, Gibraltar **Tél.** *956 77 30 00* **Fax** *956 77 35 13* **Chambres** *104*

Construit en 1932 par le marquis de Bute, le premier hôtel 5 étoiles de Gibraltar continue de séduire par son style et son service à l'ancienne. Perché sur la falaise au-dessus de la ville, il offre d'innombrables prestations : salon de coiffure et de beauté, casino… Il est apprécié des hommes d'affaires autant que des visiteurs. **www.rockhotelgibraltar.com**

GRAZALEMA Hotel Fuerte Grazalema

Baldio de los Alamillos Carretera A-372, 11610 **Tél.** *956 13 30 00* **Fax** *956 13 30 01* **Chambres** *77*

Au cœur de la réserve naturelle de Grazalema, proche du village blanc du même nom, et à quelques minutes en voiture de Ronda, le Fuerte Grazalema est destiné aux amoureux de la nature. L'hôtel loue VTT et chevaux, et organise des randonnées. Cuisine régionale. Une salle est réservée à l'accès à Internet. **www.fuertehoteles.com**

MÁLAGA Sallés Hotel Málaga Centro

C/Maroles 6, 29007 **Tél.** *952 07 02 16* **Fax** *952 28 33 60* **Chambres** *148*

Cet hôtel 4 étoiles rénové, propose au choix des chambres chaleureuse et classique, ou moderne et fonctionnelle. Toutes sont équipées d'une salle de bains spacieuse et d'un minibar gratuit de boissons non alcoolisées. Sur le toit, vous trouverez une piscine où vous pourrez vous rafraîchir et admirer la vue. **www.salleshotel.com**

MARBELLA El Fuerte

Av El Fuerte, 29602 **Tél.** *952 92 00 00* **Fax** *952 82 44 11* **Chambres** *263*

Premier hôtel construit à Marbella, El Fuerte reste l'un des meilleurs. Impossible de le manquer : un grand bâtiment rose entouré d'un jardin tropical. Les chambres les plus agréables donnent sur la mer. L'hôtel possède deux piscines, l'une chauffée et l'autre en plein air, ainsi qu'un centre de beauté et de remise en forme. **www.fuertehoteles.com**

MARBELLA Marbella Club Hotel

Blvr Principe von Hohenlohe, 29600 **Tél.** *952 82 22 11* **Fax** *952 82 98 84* **Chambres** *137*

Bâti pour un prince dans les années 1950, ce complexe ultra luxueux possède deux piscines (dont une couverte) et un vaste jardin tropical. Situé sur le « Golden Mile » entre Marbella et Puerto Banus, il comprend un golf de classe internationale et un Spa. Les chambres ont des salles de bains en marbre et les villas, leur propre piscine chauffée. **www.marbellaclub.com**

MIJAS Club Puerta del Sol

Ctra Fuengirola-Mijas km 4, 29650 **Tél.** *952 48 64 00* **Fax** *952 48 54 62* **Chambres** *130*

Situé au pied de la Sierra de Mijas, ce complexe hôtelier moderne offre des chambres spacieuses, avec une vue superbe sur Fuengirola et la côte. Les prestations incluent gymnase, piscines couverte et découverte, ainsi que d'autres équipements sportifs. C'est un lieu parfait pour les enfants, et les plages sont juste à côté. **www.hotelclubpuertadelsol.com**

NERJA Hostal Miguel

C/Almirante Ferrádiz 31, 29780 **Tél.** *et* **Fax** *952 52 15 23* **Chambres** *9*

Ce sympathique hôtel de style marocain date des années 1960. Les chambres sont décorées avec goût ; toutes sont équipées d'un ventilateur au plafond, d'un mini réfrigérateur et d'un vaste balcon. On peut prendre le petit déjeuner sur le toit en terrasse, et le salon propose une sélection de livres et de magazines. **www.hostalmiguel.com**

OJEN La Posada del Ángel

C/Mesones 21, 29610 **Tél.** *952 88 18 00* **Chambres** *17*

Construite en 2001, La Posada del Ángel propose 17 chambres décorées avec soin, chacune dans un style unique mais toutes riches du charme andalou. L'hôtel se trouve à 15 min de Marbella, dans la ville blanche d'Ojén, dans la Sierra de las Nieves. Des activités sont proposées, dont des stages de peinture. **www.laposadadelangel.net**

EL PUERTO DE SANTA MARÍA Monasterio de San Miguel

C/Virgen de los Milagros 27, 11500 **Tél.** *956 54 04 40* **Fax** *956 54 05 25* **Chambres** *150*

Installé dans un monastère baroque du XVIIIe siècle, cet hôtel est idéal pour découvrir Cadix, les bodegas de Jerez, et les bars à tapas de Puerto de Santa María. Les chambres ne sont pas vraiment à la hauteur des pièces communes, mais on peut profiter du grand jardin et les prestations sont excellentes. **www.jale.com**

RINCON DE LA VICTORIA Molino de Santillán

🖼 🍴 ⛱ 📺 🗐   €€

Ctra de Macharaviaya km 3, 29730 **Tél.** *952 40 09 49* **Fax** *952 40 09 50* **Chambres** *22*

Perché sur une colline boisée, ce charmant hôtel est installé dans une demeure andalouse traditionnelle. Les chambres sont peintes dans des tons chauds ; toutes ont une vue impressionnante. Proche de la plage, l'hôtel offre un vaste éventail d'activités de plein air. Le restaurant sert les produits bio du potager. Fermé 7-31 jan. **www.molinodesantillan.es**

RONDA Parador de Ronda

🖼 🍴 ⛱ 📺 🗐   €€€

Plaza España, 29400 **Tél.** *952 87 75 00* **Fax** *952 87 81 88* **Chambres** *78*

Au bord de la célèbre falaise de Ronda, non loin du centre-ville, ce parador moderne offre une vue à couper le souffle sur les gorges, surtout depuis les suites du dernier étage. Les chambres sont très lumineuses et décorées avec goût. Le parador est entouré d'un vaste jardin, avec une piscine découverte juste au bord de la falaise. **www.parador.es**

SANLUCAR DE BARRAMEDA Los Helechos

🖼 🍴 🗐   €

Plaza Madre de Dios 9, 11540 **Tél.** *956 36 13 49* **Fax** *956 36 96 50* **Chambres** *54*

Orné de céramiques et de plantes, Los Helechos est un charmant hôtel de bord de mer. Les chambres sont claires, spacieuses et décorées avec grâce et simplicité, autour d'une cour pleine de verdure. Le personnel sympathique offre de bons conseils et peut organiser des visites au Parque Nacional de Doñana, non loin. **www.hotelloshelechos.com**

TARIFA Hurricane

🍴 ⛱ 📺 🗐   €€€

Ctra N340 km 78, 11380 **Tél.** *956 68 49 19* **Fax** *956 68 03 29* **Chambres** *33*

À Tarifa, paradis de la planche à voile, l'hôtel Hurricane est dédié à ce sport. Le bâtiment audacieux s'élève au cœur d'un jardin tropical descendant jusqu'à la plage, dans un des coins les moins saturés de la côte espagnole, avec une belle vue sur la côte africaine. Les chambres sont décorées dans un style andalou authentique. **www.hotelhurricane.com**

TOLOX Cerro de Hijar

🍴 🗐   €

Cerro de Hijar, 29019 **Tél.** *952 11 21 11* **Fax** *952 11 97 45* **Chambres** *18*

Cet hôtel offre une vue fabuleuse sur le joli village blanc de Tolox. La propriété est de style andalou, avec une cour centrale et des chambres spacieuses. De nombreuses activités de plein air peuvent être pratiquées : équitation, excursions… Le restaurant renommé sert des spécialités locales et des vins produits par la maison. **www.cerrodehijar.com**

TORREMOLINOS Hotel Miami

🍴 ⛱   €

C/Aladino 14, 29019 **Tél.** *952 38 52 55* **Fax** *952 37 85 08* **Chambres** *26*

Avec ses murs blanchis à la chaux, ses céramiques, balcons et plantes en pot, le Miami offre un agréable répit sur la trépidante Costa del Sol, avec en bonus, une piscine. Les chambres sont simples et varient en termes d'équipements et de taille mais elles sont toutes confortables. Le personnel est sympathique et de bon conseil. **www.residencia-miami.com**

VEJER DE LA FRONTERA Casa Cinco

🍴 🗐   €€

C/Sancho IV El Bravo 5, 11150 **Tél.** *956 45 50 29* **Fax** *956 45 11 25* **Chambres** *4*

Cet élégant petit hôtel au sommet d'une colline vise à stimuler les cinq sens. Toutes les chambres sont décorées individuellement, avec un mélange de meubles contemporains et traditionnels du monde entier. Des détails agréables tels que des lecteurs de CD ajoutent à son charme. Réservations pour deux nuits au minimum. **www.hotelcasacinco.com**

GRENADE ET ALMERÍA

ALMERÍA AM Husa Catedral

🖼 🍴 ♿ 🗐   €€

Plaza Catedral 8, 04002 **Tél.** *950 27 81 78* **Fax** *950 27 81 17* **Chambres** *110*

Ce charmant hôtel 4 étoiles, installé dans un manoir de 1850, est idéalement situé sur la place de la cathédrale. Les chambres sont décorées avec élégance, dans des tons neutres. Le Wi-Fi gratuit est disponible dans tout l'hôtel. Sur le toit, vous trouverez un solarium et une terrasse avec une belle vue. Le petit déjeuner est compris. **www.husa.es**

GRENADE Pensión Landázuri

🍴   €

Cuesta de Gomérez 24, 18009 **Tél.** *958 22 14 06* **Chambres** *15*

Cette pension bon marché possède deux terrasses offrant une magnifique vue de la ville. Les chambres sont simples mais spacieuses, et celles du dernier étage (réservez bien à l'avance) ont une vue fabuleuse sur l'Alhambra. Celles qui ne sont pas équipées de salle de bains se révèlent très peu onéreuses. **www.pensionlandazuri.com**

GRENADE Posada del Toro

🖼 🍴 ♿ 🗐   €€

C/Elvira 25, 18010 **Tél.** *958 22 73 33* **Fax** *958 21 62 18* **Chambres** *15*

Installé dans un bâtiment de 1862, cet hôtel allie charme classique et confort moderne, grâce à une rénovation complète. Proche de l'Albaicín, de la Plaza Nueva (où vous pouvez prendre un bus pour l'Alhambra) et de la cathédrale, le Posasa del Toro offre une connexion Internet dans chaque chambre. **www.posadadeltoro.com**

GRENADE Room Mate Migueletes

🖼 ♿ 🗐   €€€

C/Benalúa 11, 18010 **Tél.** *958 21 07 00* **Fax** *958 21 07 02* **Chambres** *25*

Ce petit hôtel chic jouit d'une situation exceptionnelle dans l'Albaicín, à quelques mètres de la Plaza Nueva. Parmi les 25 chambres figurent deux suites : l'une avec Jacuzzi et une superbe vue de l'Alhambra ; l'autre, dans une tour, donne sur la vieille ville et l'Alhambra. Le lieu est charmant et romantique. **www.casamigueletes.com**

Catégorie de prix, *voir p. 212.* **Légende des symboles,** *voir le rabat arrière de couverture.*

GRENADE Parador de Granada

C/Real de la Alhambra, 18009 **Tél.** *958 22 14 40* **Fax** *958 22 22 64* **Chambres** *36*

Cet élégant parador, au cœur des jardins parfumés au jasmin de l'Alhambra, est un ancien couvent dont le cloître a été transformé en une oasis d'arbres et de fleurs. Depuis les chambres, on peut entendre les fontaines du Generalife et profiter de la vue époustouflante sur la ville et le palais. Réservez très à l'avance. **www.parador.es**

LOJA La Bobadilla

Finca La Bobadilla, 18300 **Tél.** *958 32 18 61* **Fax** *958 32 18 10* **Chambres** *62*

C'est l'un des plus luxueux hôtels d'Europe, conçu comme un village andalou labyrinthique entouré de son propre domaine. Toutes les chambres et suites sont différentes, équipées de tous les conforts imaginables. Sa piscine est de la taille d'un lac, et il offre un vaste choix de sports et d'activités. **www.barcelo.com**

MECINA BOMBARÓN Casas Rurales Benarum

C/Casas Blancas 1, 18450 **Tél.** *958 85 11 49* **Chambres** *15*

Niché dans une petite ville des Alpujarras, cet hôtel offre un confort somptueux dans un cadre relaxant. Chaque bungalow possède cuisine, salon avec cheminée, lave-linge, barbecue et salle de bains avec douche à hydromassage. Parmi les activités de plein air : tir à l'arc, randonnées et promenades en montgolfière. **www.benarum.com**

MOJACAR Parador de Mojácar

Playa de Mojácar, 04638 **Tél.** *950 47 82 50* **Fax** *950 47 81 83* **Chambres** *98*

L'architecture de ce parador moderne qui se dresse sur la côte ensoleillée d'Almería fait écho aux maisons blanches carrées de Mojácar. Les chambres vastes et claires possèdent une terrasse avec une merveilleuse vue sur la mer, et le restaurant sert des spécialités locales. Excellents équipements pour les sports nautiques. **www.parador.es**

MONACHIL La Almunia del Valle

Camino de la Umbria, 18193 **Tél.** *et Fax 958 30 80 10* **Chambres** *10*

Dans les hauteurs de la Sierra Nevada, cette retraite raffinée est entourée d'un grand jardin. L'hiver, elle n'est qu'à 20 min en voiture des pistes de ski ; l'hôtel propose des formules complètes. L'été, on peut se détendre à côté de la piscine, apprécier le panorama montagneux ou se promener dans le jardin ombragé. **www.laalmuniadelvalle.com**

MOTRIL Casa de los Bates

Ctra Nacional 340 km 329.5, 18600 **Tél.** *958 34 94 95* **Fax** *958 83 41 31* **Chambres** *4*

Avec une vue superbe sur la mer, les montagnes et le château de Salobreña, la Casa de los Bates est une maison du XIXe siècle à l'atmosphère aristocratique – objets anciens, portraits de famille et piano de concert. Les chambres sont décorées dans des tons pastel, et au petit déjeuner vous dégusterez de délicieux jus de fruits frais tropicaux. **www.casadelosbates.com**

NIGUELAS Alquería de Los Lentos

Camino de los Molinos, 18657 **Tél.** *958 77 78 50* **Fax** *958 77 78 48* **Chambres** *16*

L'Alquería constitue un somptueux refuge pour ceux qui désirent visiter les Alpujarras, la Sierra Nevada et Grenade. Toutes les chambres sont des suites, bien équipées et décorées. Les romantiques peuvent réserver la dénommée « Corral de la Luna » (Étable de la Lune) qui offre chaleur et intimité. **www.alquerialoslentos.com**

ORGIVA Taray

Ctra A-348 km 18 (Tablate-Abuñol), 18400 **Tél.** *958 78 45 25* **Fax** *958 78 45 31* **Chambres** *15*

Cet hôtel rural aux murs blanchis à la chaux se dresse au milieu d'un merveilleux jardin d'oliviers et d'orangers. Les chambres ressemblent à de petits appartements, mais le Taray propose aussi des suites. Activités de plein air telles que l'équitation. L'hôtel est équipé pour les personnes handicapées, avec des chambres adaptées. **www.hoteltaray.com**

PECHINA Balneario de Sierra Alhamilla

Pechina, 4359 **Tél.** *950 31 74 13* **Fax** *950 31 75 51* **Chambres** *19*

Cet hôtel de cure situé dans la Sierra Alhamilla a retrouvé sa gloire du XVIIIe siècle. Les eaux thermales sont depuis longtemps connues pour leurs vertus curatives – les Romains et, plus tard, les Arabes installèrent ici des bains. Parmi les traitement proposés : piscine d'eau chaude en plein air, applications de boue et massages.

ROQUETAS DE MAR Hotel Playaluna

Urb. Playa Serena, Roquetas de Mar, 04740 **Tél.** *950 18 48 00* **Fax** *950 18 48 14* **Chambres** *496*

Situé en face de la plage de Serena, cet hôtel possède une grande piscine. Avec ses trois clubs pour tous âges, c'est l'endroit idéal pour les familles. Excellent centre de remise en forme et de beauté, réservé aux plus de 16 ans. Des formules tout compris avec des offres avantageuses sont proposées sur Internet. **www.hotelesplaya.com**

SAN JOSE Cortijo El Sotillo

Ctra San José, 04118 **Tél.** *950 61 11 00* **Fax** *950 61 11 05* **Chambres** *20*

Installé dans une élégante ferme du XVIIIe siècle au cœur du beau parc naturel de Cabo de Gata et de Níjar, El Sotillo est un point de départ parfait pour une randonnée dans les collines volcaniques. Les plages de cette magnifique bande côtière sont proches (court trajet en voiture). Le restaurant propose les légumes du potager. **www.cortijoelsotillo.com**

TURRE El Nacimiento

Cortijo El Nacimiento, 4639 **Tél.** *950 39 06 73* **Chambres** *5*

Dans un paysage intact, cette ancienne ferme isolée est tenue par un couple accueillant. Formules nuit et petit déjeuner, et dîners végétariens (sur commande) préparés avec les produits de la ferme. Les chambres sont jolies, et la terrasse offre une vue fabuleuse. Le nec plus ultra : la piscine d'eau naturelle. Fermé mi-jan.-mi-fév. **www.page.to/elnacimiento**

RESTAURANTS, CAFÉS ET BARS

En Andalousie, une sortie au restaurant est un véritable événement. Famille et amis commencent à déguster des tapas en début de soirée, pour rester à table au-delà de minuit. Les meilleurs restaurants sont en fait des tavernes et des bars à tapas servant des produits

Spécialités de la maison

frais. Les établissements p. 228-237 ont été sélectionnés pour leur cuisine et leur ambiance. Vous trouverez les tapas et un glossaire gastronomique p. 224-225, ainsi qu'une présentation des spécialités à manger (p. 222-223) et à boire (p. 226-227).

La salle du restaurant El Churrasco, Cordoue (p. 232)

LA CUISINE ANDALOUSE

L'Andalousie possède deux types de cuisines, celle de la côte et celle de l'intérieur des terres. Sur les huit provinces, cinq régions sont baignées par la mer, et une sixième, Séville, compte un grand fleuve. La cuisine des côtes se distingue par sa grande diversité de poissons et de crustacés. Le plus célèbre plat de poisson est le *pesca'íto frito* (poisson frit). Le poisson apparaît naturellement dans les menus, contrairement à la viande qui est plus chère. Il n'empêche que l'on trouve du jambon et des côtes de mouton dans les tapas.

À l'intérieur des terres, on mange des ragoûts consistants, à base de jambon et de saucisses, et des plats de gibier, de porc, d'agneau et de poulet. Les salades et les légumes sont délicieux, tout comme le gaspacho, la spécialité andalouse à base de tomates et de poivrons. L'Andalousie est le premier producteur mondial d'huile d'olive, qui parfume toute sa cuisine.

QUAND MANGER

Les Espagnols prennent deux petits déjeuners, ou *desayuno*. Le premier est un repas léger, souvent composé de pain grillé accompagné d'huile d'olive ou de beurre, de confiture et de *café con leche* (café au lait).

Le second, plus consistant, se prend entre 10 h et 11 h, parfois dans un café : un *bocadillo* ou *mollete* (sandwich ou petit pain blanc), avec du jambon, de la saucisse ou du fromage ; une

tranche épaisse de *tortilla de patatas* (omelette de pomme de terre) ou un *suizo* ou *torta de aceite* (brioche). Les *churros* (longs beignets) s'achètent surtout dans la rue. Ce repas est accompagné de café, jus de fruits ou bière. Vers 13 h, les bars commencent à s'animer,

Dégustation de tapas

les clients viennent prendre une bière ou une *copa* de vin avec des tapas. Vers 14 h ou 14 h 30, les bureaux et les magasins ferment pour l'*almuerzo* (déjeuner), le repas principal de la journée, qui se prend vers 14 h ou 15 h, suivi par la *siesta*. Vers 17 h 30 ou 18 h, les cafés, *salones de té* (salons de thé) et les *pastellerías* (pâtisseries) se remplissent pour la *merienda* (goûter) : pâtisseries, gâteaux et sandwichs accompagnés de café, thé ou jus de fruits.

Vers 20 h 30, les bars à tapas se remplissent. *La cena* (le dîner) est servie autour de 21 h, bien que certains établissements commencent le service plus tôt pour les touristes. L'été, les gens dînent jusqu'à minuit, alors que dans beaucoup de pays, les restaurants ferment à 23 h. Les Espagnols aiment déjeuner dehors la semaine et dîner à l'extérieur le week-end.

COMMENT S'HABILLER

Bien que la tenue de ville (veste et cravate) soit rarement exigée, les Espagnols s'habillent élégamment pour sortir. Côté plage, les tenues sont décontractées.

Bar sur la Calle Gerona, derrière l'Iglesia de Santa Catalina (p. 91), Séville

LIRE LE MENU

En espagnol, le menu se dit la *carta*. Le mot *menú* désigne exclusivement le menu du jour. Certains restaurants plus élégants proposent un *menú de degustación*, qui permet de goûter à six ou sept spécialités du chef. Les plats du jour sont souvent inscrits sur un tableau noir, ou ajoutés au menu.

La *carta* commence par les *sopas* (soupes), *ensaladas* (salades), *entremeses* (hors-d'œuvres), *huevos y tortillas* (œufs et omelettes), et *verduras y legumbres* (plats de légumes).

Parmi les légumes, salades et plats à base d'œufs, certains conviennent aux végétariens, mais d'autres peuvent être servis avec des morceaux de jambon. Mieux vaut se renseigner lors de la commande.

Parmi les plats principaux, citons les *pescados y mariscos* (poissons et fruits de mer) et *carnes y aves* (viande et volaille). La paella et autres plats de riz figurent souvent parmi les entrées. On peut aussi choisir un ou deux plats n'importe où dans la carte. Des desserts et gâteaux (*postres*) sont proposés, mais bien souvent les Andalous préfèrent terminer le repas par des fruits frais.

L'élégante salle à manger de l'Egaña Oriza à Séville *(p. 230)*

AVEC LES ENFANTS

Les enfants sont généralement les bienvenus dans les restaurants, qui sont toutefois rarement dotés d'équipements spécifiques à l'exception de ceux situés à la campagne.

FUMEURS, NON-FUMEURS

Il est interdit de fumer dans tous les lieux publics depuis le 1er janvier 2006. Si certains petits établissements sont entièrement fumeurs, on trouve généralement des zones non-fumeurs.

EN FAUTEUIL ROULANT

Téléphonez (ou demandez à votre hôtel de se renseigner) pour réserver et savoir si l'accès est possible. La loi espagnole exige que tout nouveau bâtiment public soit accessible en fauteuil roulant, ce qui est le cas des restaurants les plus récents.

VINS

Les vins fino secs se marient très bien avec les fruits de mer, le jambon *serrano*, les olives, soupes et les entrées. Les vins des repas proviennent généralement de Ribera del Duero, Rioja, Navarra ou Penedés. Les bars à tapas servent parfois des vins de Valdepeñas ou La Mancha. Les *olorosos* se boivent souvent en digestif *(p. 30-31* et *p. 226-227)*.

COMBIEN PAYER

Les bars à tapas et les petits restaurants familiaux (*bar-restaurantes*) sont les plus économiques. La plupart des restaurants proposent un *menú del día*, souvent composé de trois plats, dont le prix est nettement inférieur au choix à la carte.

En mangeant à *la carta*, l'addition peut rapidement dépasser le prix moyen, surtout avec des plats chers, comme le jambon *ibérico* et des fruits de mer. Si la sole, l'espadon, le colin et d'autres poissons sont bon marché, ils sont probablement surgelés. Les crustacés, tels le homard et les langoustines, et certains poissons sont souvent facturés au poids. L'addition (*la cuenta*) comprend le service, et parfois un petit supplément pour le couvert. Les prix sur le menu ne comprennent généralement pas les 6 % d'*IVA* (TVA), ajoutés au moment de l'addition. Le pourboire est laissé à l'appréciation du client. Les Espagnols laissent rarement plus de 5 % de pourboire et se contentent souvent d'arrondir le montant de l'addition.

Ambiance conviviale au Manolo Bar, dans le Parque María Luisa *(p. 98-99)*, Séville

Les saveurs de l'Andalousie

L'Andalousie est vaste, bordée d'un côté par la Méditerranée et de l'autre par l'Atlantique. Dans les terres, on découvre de majestueuses montagnes et des collines, des oliveraies et des champs de tournesol. La cuisine est aussi variée, avec un fabuleux choix de poissons, de viandes et de gibiers, ainsi qu'une grande richesse de fruits et légumes mûris au soleil. Le *tapeo* (tournée des bars à tapas) est une institution régionale ; autour de Grenade, ces amuse-gueules sont encore servis gratuitement avec les boissons. Sur la Costa del Sol, l'afflux d'étrangers a vu l'installation de restaurants de style international, mais ailleurs, les recettes classiques persistent.

Olives et huile d'olive

Vaste choix pour grignoter dans un bar à tapas

TAPAS

Le *tapeo*, ou tournée des tapas, fait partie de la vie quotidienne en Andalousie. Les bars possèdent souvent leur spécialité, comme des *croquetas* faites maison (croquettes de pommes de terre fourrées de viande ou de morue), ou bien des jambons excellents, ou encore des *albóndigas* (boulettes de viande). On accompagne volontiers les tapas d'un verre de xérès *fino*, sec et glacé, ou d'une bière pression *(una caña)*. Autrefois les tapas étaient gratuites, mais cette tradition a quasiment disparu.

POISSONS ET CRUSTACÉS

Étant donné la longueur de sa bande côtière, le Sud de l'Espagne offre toutes les variétés de produits de la mer : morue, merlu, crevettes, écrevisses, palourdes, couteaux, poulpe, seiche, sole et thon. Presque toutes les stations balnéaires proposent du *pescaíto frito*, à l'origine un plat de Málaga, préparé avec le poisson frais du jour. À Cadix, on le sert dans un joli cornet de papier. Non loin, à Sanlúcar, il faut absolument goûter aux

Jamón iberico belota

Morcilla à l'oignon

Morcilla au riz

Salchichón ibérico belota

Chorizo rosario picante

Lomo embuchado

Sélection de délicieux *embutidos* espagnols (viandes séchées)

PLATS RÉGIONAUX ET SPÉCIALITÉS

L'Andalousie est indissociable de nombreuses images liées à l'Espagne : le rythme envoûtant du flamenco, les beaux villages blancs, la corrida… et les tapas. On peut facilement faire un repas complet de ces délicieux amuse-gueules. Ne manquez pas les appétissants jambons de Jabugo et de Trévelez, réputés dans toute l'Espagne, ou les assiettes de poisson frais frit relevé d'un jus de citron. Un verre de xérès glacé (le nom vient de Jerez, principal lieu de production) est délicieusement rafraîchissant dans la chaleur torride de l'été et c'est l'alcool préféré dans les *fiestas* méridionales. Si le porc, particulièrement le fameux *jamón*, demeure la viande la plus prisée localement, le bœuf, le canard, le porc et l'agneau sont aussi appréciés, subtilement parfumés au laurier.

Grenades

Gaspacho *Cette soupe froide est confectionnée avec tomates, vinaigre, croûtons, ail, huile d'olive et poivrons rouges.*

Marchand des quatre saisons au milieu de son étalage

autant de soin que les vins fins. Le petit déjeuner méridional consiste en des tranches de pain toastées recouvertes de fines tranches de tomates aspergées d'un filet d'huile d'olive. Le climat chaud est idéal pour les fruits et légumes : pêches, papayes, kakis, mangues, à côté des tomates, asperges, aubergines et artichauts. Le gaspacho, soupe de tomates froide, est un classique, mais le *salmorejo*, plus épais et garni d'œuf dur et de jambon haché, est encore plus savoureux.

langoustines *(langostinos)* douces et juteuses.

VIANDES ET GIBIER

En Andalousie, le porc est roi. Les célèbres jambons de Jabugo (au sud-ouest) et de

**Crevettes et sardines
au marché local**

Trévelez, préparés avec des porcs aux pieds noirs élevés en plein air, figurent parmi les meilleurs d'Espagne. Mais le bœuf est aussi apprécié. Il est courant de voir de vastes champs pleins de taureaux (certains destinés à la corrida mais la plupart à l'abattage). L'un des plats les plus populaires est le *rabo de toro* (queue de bœuf). Une grande variété de viandes salées est produite ici. Dans les sierras sauvages, en saison, vous trouverez une abondance de gibier, à côté des plats campagnards à base d'agneau et de lapin.

FRUITS ET LÉGUMES

Les champs et collines de l'Andalousie sont recouverts d'oliveraies, et les meilleures huiles sont classées avec

AU MENU

Chocos con habas Seiche préparée avec haricots, vin blanc et feuilles de laurier.

Pato a la Sevillana Succulent canard mitonné avec oignons, poireaux, carottes et laurier, plus une goutte de xérès. Spécialité de Séville.

Rabo de toro Classique andalou, à base de tranches de queue de bœuf braisées avec légumes et laurier, plus un doigt de xérès, jusqu'à ce qu'elles soient fondantes.

Salmorejo cordobés Onctueuse purée de tomate épaissie avec des croûtons de pain.

Torta de camarones Délicieux beignets de petites crevettes entières.

Tortilla del Sacromonte Spécialité de Grenade : omelette à la cervelle, rognons ou autres abats, poivrons et petits pois.

Huevos a la Flamenca *Les œufs sont cuits au four dans un plat en terre cuite avec légumes, jambon et chorizo.*

Pescaíto Frito *Très appréciés au bord de la mer, les petits poissons sont trempés dans la pâte et frits à l'huile d'olive.*

Tocino de Cielo *Dessert à la crème onctueuse nappé de caramel. Son nom signifie « lard divin ».*

Choisir les tapas

Les tapas, parfois appelées *pinchos*, sont des amuse-gueules créés en Andalousie au XIXe siècle pour accompagner le xérès. Les serveurs avaient l'habitude de couvrir les verres avec une soucoupe ou *tapa* (couvercle) pour les protéger des mouches ; par la suite, ils se servirent d'un morceau de fromage ou de pain, puis d'une assiette d'olives accompagnant les boissons. Autrefois gratuites, les tapas sont aujourd'hui généralement payantes, et on peut en faire un délicieux petit repas. Faites votre choix parmi tout un éventail appétissant, depuis les rondelles de saucisson jusqu'à des plats chauds à base de viande, poisson ou légumes.

Assortiment d'olives verte

Patatas bravas, *plat à base de pommes de terre frites dans une sauce épicée.*

Almendras fritas, *amandes grillées et salées.*

Albondigas *(boulettes de viande)*, tapa *nourrissante souvent servie dans une sauce tomate épicée.*

Banderillas *canapés percés d'un cure-dents – à avaler d'une seule bouchée.*

Calamares fritos *anneaux de calamar saupoudrés de farine et frits à l'huile d'olive. Généralement garnis d'une rondelle de citron.*

Jamón serrano, *jambon salé et séché à l'air montagnard.*

SUR LE COMPTOIR À TAPAS

Alcachofas Artichauts généralement servis en saumure

Almejas Palourdes

Berenjenas rebozadas Aubergines grillées

Boquerones al natural Anchois frais à l'ail et à l'huile d'olive. Souvent servis frits aussi

Buñuelos de bacalao Beignets de morue salées

Cacahuetes Cacahuètes

Calamares a la romana Anneaux de calmar frits

Callos Tripes

Caracoles Escargots

Carne en salsa Viande en sauce

Champiñones Champignons de Paris sautés et servis dans une sauce légère à l'ail et au persil

Chipirones a la plancha Petits calmars grillés accompagnés d'une sauce à l'ail et au persil

Chopitos Beignets de seiche

Chorizo al vino Chorizo cuit au vin

Chorizo diablo Chorizo flambé au cognac

Costillas Travers de porc

Criadillas Testicules de taureau

Croquetas Croquettes

Ensaladilla rusa Salade russe à la mayonnaise

Gambas pil pil Gambas épicées, aillées et frites

Habas con jamón Fèves sautées avec du *jamón serrano*

Magro Porc à la sauce au paprika et à la tomate

Manitas de cerdo Pieds de porc

Mejillones Moules

Merluza a la romana Merlu frit

BARS À TAPAS

Le plus petit village possède toujours au moins un café où les gens du cru viennent boire un verre, manger des tapas et discuter. Le dimanche et pendant les fêtes, les bars les plus populaires sont remplis de familles. Dans les grandes villes, la coutume est de faire la tournée des bars, pour en goûter les spécialités. Une tapa égale une portion, tandis qu'une *ración* en vaut deux ou trois. En général, on déguste les tapas debout ou sur un tabouret au bar, plutôt qu'à une table, où l'on devra habituellement payer un supplément.

Grand choix dans un bar à tapas animé

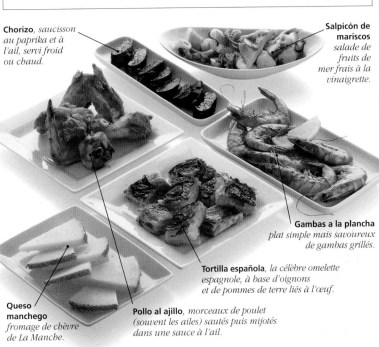

Chorizo, *saucisson au paprika et à l'ail, servi froid ou chaud.*

Salpicón de mariscos *salade de fruits de mer frais à la vinaigrette.*

Gambas a la plancha *plat simple mais savoureux de gambas grillés.*

Tortilla española, *la célèbre omelette espagnole, à base d'oignons et de pommes de terre liés à l'œuf.*

Queso manchego *fromage de chèvre de La Manche.*

Pollo al ajillo, *morceaux de poulet (souvent les ailes) sautés puis mijotés dans une sauce à l'ail.*

---

dans une pâte légère

Migas Croûtons frits et assaisonnés avec divers ingrédients

Montaditos Mini sandwichs avec diverses garnitures

Morcilla Boudin noir

Muslitos del mar Croquettes de crabe tenues par une pince

Orejas de cerdo Oreilles de porc

Paella Plat de riz à la viande, au poisson et/ou aux légumes

Pan de ajo Pain à l'ail

Patatas a lo pobre Pommes de terre sautées à l'oignon et aux poivrons rouges et verts

Patatas alioli Morceaux de pommes de terre dans une mayonnaise à l'ail

Pescaítos fritos Poissons passés à la farine et frits

Pescaditos Petits poissons frits

Pimientos Poivrons verts frits

Pimientos rellenos Poivrons farcis

Pinchos morunos Brochettes maures, en général au porc

Pulpo Poulpe

Quesos Fromages espagnols

Rabo de toro Queue de bœuf

Revueltos Œufs brouillés avec asperges ou champignons

Salmonetes Rouget

Sardinas Sardines, frites ou grillées

Sepia a la plancha Seiche grillée

Sesos Cervelle, généralement d'agneau ou de veau

Truita de patates Nom catalan de la *tortilla española*

Verdura a la plancha Légumes grillés

Que boire en Andalousie ?

Pichet de sangría

Troisième région vinicole d'Espagne, l'Andalousie produit des boissons renommées, comme le xérès *(p. 30-31).* Des festivals célébrant la *vendimia* (les vendanges) se tiennent dans toute la région *(p. 36).* Bars et cafés sont des institutions, et une grande partie de la vie publique se déroule autour d'une tasse de café. Commencez la journée par un café au comptoir, buvez du xérès ou de la bière à midi, prenez du vin à table et terminez vos repas par un café et une *copa* de digestif.

Les vendanges *(vendimia)* sont fêtées dans toute l'Andalousie

Fino de Jerez

Manzanilla de Sanlúcar

Fino de Montilla

VINS

L'Andalousie donne quelques jeunes vins blancs de table, comme le Castillo de San Diego, le Marqués de la Sierra et des vins d'El Condado *(p. 129).* La plupart des vins de table – *tinto* (rouge), *blanco* (blanc) et *rosado* (rosé) – proviennent d'autres régions d'Espagne. Les établissements plus élégants servent du rioja, du ribera del duero, du navarra et du penedés. Regardez sur l'étiquette la *denominación de origen* (indiquant l'origine et la qualité). Les *cosecha,* assez jeunes, sont les moins chers ; les *crianza* et *reserva* sont plus vieux et plus coûteux. Les vins pétillants, *cava,* proviennent souvent de Catalogne.

Les vins ordinaires de Valdepeñas et de La Mancha sont servis dans les bars à tapas. Ils sont parfois additionnés de *gaseosa,* une limonade pétillante légèrement sucrée : le mélange *(tinto de verano)* est très rafraîchissant.

Castillo de San Diego

FINO

Le *fino* est la boisson andalouse par excellence. Commandez un *fino,* ou une *copa de vino fino.* En fonction de l'établissement, on vous servira un xérès pâle et sec de Jerez de la Frontera *(p. 162),* un montilla-moriles sec de la province de Cordoue, ou un manzanilla sec, qui est un xérès de Sanlúcar de Barrameda *(p. 162).* Vous pouvez aussi demander une marque précise, par exemple un Tío Pepe, un xérès de la bodega González Byass à Jerez, un Gran Barquero, de Montilla *(p. 147)* ou un Solear, un Manzanilla de la bodega Barbadillo à Sanlúcar. Le Manzanilla est la boisson fétiche de la Feria de Abril à Séville *(p. 38).* Le *fino* contient plus d'alcool qu'un vin de table (environ 15 °). Ce vin, qui se boit légèrement frais, est souvent servi dans un verre à pied court, dont le haut est plus étroit que le bas (le verre se tient par la base, pas au milieu). Toutefois, dans certains bars rustiques, le *fino* est servi dans un grand verre droit, appelé *copita* ou *vasito.*

Le *fino* accompagne souvent des entrées et des tapas, et son goût sec se marie parfaitement avec le *jamón serrano.*

BIÈRE

Plusieurs bières blondes sont brassées en Andalousie. Toutes sont vendues en bouteille, et certaines sont aussi disponibles à la pression. La bière pression accompagne souvent les tapas, surtout en été. Demandez *una caña.* La Cruz Campo est une excellente bière locale. La San Miguel est quelquefois plus connue à l'étranger.

Una caña de cerveza

Cruz Campo en bouteille

Eau-de-vie anisée
(aguardiente)

**Moscatel
de Málaga**

**Coñac Lepanto
de Jerez**

AUTRES APÉRITIFS ET DIGESTIFS

L'alcool anisé est souvent appelé *aguardiente*, terme qui désigne tous les alcools distillés. Il peut être doux ou sec. On le boit du petit déjeuner *(desayuno)* jusqu'au thé *(merienda)*, souvent accompagné de petits gâteaux, surtout durant les fêtes. Il se prend aussi en digestif, après dîner.

La *sangría* est un punch de vin rouge, avec des fruits. Avec les tapas, goûtez aussi aux vins apéritifs veloutés, comme l'*amontillado*, l'*oloroso* ou le *palo cortado (p. 31)*, produits à Jerez et Montilla. Avec le dessert, essayez un *moscatel* ; le plus connu est le vin de Málaga de cépages Pedro Ximénez ou muscatel. Goûtez aussi un xérès « cream » de Jerez. Après dîner, vous pouvez boire une eau-de-vie avec le café. Les eaux-de-vie espagnoles, qui viennent essentiellement des *bodegas* à xérès de Jerez, sont appelées *coñac* dans les bars. La plupart des bodegas produisent au moins trois marques, à différents prix, souvent placées sur des étagères dont la hauteur correspond au niveau de qualité. Le Magno est une bonne eau-de-vie milieu de gamme ; les marques haut de gamme sont le Lepanto et Larios 1886.

On peut également goûter au rhum produit sur la côte sud où sont cultivées des cannes à sucre.

**Amontillado de Jerez,
vin apéritif**

CAFÉ

Le matin, les Espagnols prennent souvent du *café con leche* (une moitié de lait chaud, une moitié de café), fréquemment servi dans un verre. Les enfants et les insomniaques préféreront un *leche manchada* : beaucoup de lait chaud, avec un « nuage » de café.

Le *cortado* est un café avec un peu de lait.

Café solo

Après dîner, vous pourrez prendre un *café solo*, proche de l'expresso, servi dans une petite tasse ou un petit verre.

Le café espagnol se fait dans des percolateurs avec du café torréfié *(torrefacto)* et un peu de sucre.

**Café
con leche**

AUTRES BOISSONS

La plupart des bars et cafés servent des infusions *(infusiones)*. Les meilleures sont : *poleo-menta* (menthe), *manzanilla* (camomille) et *tila* (tilleul). Le *zumo de naranja natural* (orange pressée), délicieux mais assez cher, n'est pas disponible partout. Le *mosto* est du jus de raisin. Dans toute l'Espagne, l'eau du robinet est potable, mais les Andalous préfèrent l'eau minérale, comme celle de Lanjarón *(p. 189)*. Elle est soit *sin gas* (plate), soit *con gas* (pétillante). Dans la plupart des villages, on trouve aussi du lait de chèvre frais.

**Eau minérale
de Lanjarón**

**Orange
pressée**

**Camomille
(manzanilla)**

CHOCOLAT CHAUD

Originaire du Mexique, le chocolat a été importé en Europe par les *conquistadores*. Les Aztèques buvaient du *tchocolatl*, une boisson amère poivrée à base de cacao, durant leurs célébrations sacrées. Les religieuses vivant aux colonies ajoutèrent du sucre au cacao, créant une boisson plus conforme au goût européen. Au cours du XVIe siècle, le chocolat gagna en popularité. L'Espagne détenait le monopole de l'exportation des graines de cacao, et la « formule » du chocolat resta un secret d'État durant plus d'un siècle. Vers 1830, un écrivain anglais estimait que le chocolat était aux Espagnols ce que le thé est aux Anglais.

Chocolat chaud

**Préparation
du tchocolatl**

Choisir un restaurant

Dans ce guide, les restaurants ont été sélectionnés pour leur rapport qualité/prix, leur emplacement et leur ambiance. Les restaurants sont classés par quartier, puis par ordre alphabétique dans chaque catégorie de prix, depuis le moins coûteux jusqu'au plus onéreux. Pour les renvois aux plans, voir *pages 112-117*.

CATÉGORIE DE PRIX
Comprend entrée, plat et dessert au dîner pour une personne, avec une demi-bouteille de vin, plus les suppléments dont le service et les taxes.

€ moins de 25 €
€€ de 25 à 35 €
€€€ de 35 à 45 €
€€€€ plus de 45 €

SÉVILLE

ALAMEDA Torre de los Perdigones
€€
Casa Resolana s/n, 41009 **Tél.** *954 90 93 53*
Plan 1 D3

Au pied d'une tour ancienne, entouré d'un parc verdoyant, ce restaurant est un endroit idéal pour se détendre. La carte est traditionnelle, avec une touche personnelle. Goûtez au *arroz caldoso* (riz mijoté) ou au *magret de pato con salsa de miel y lemon* (magret de canard au miel et au citron). Un groupe joue sur la terrasse en été.

EL ARENAL Mesón de la Infanta
Tapas
€
C/Dos de Mayo 26, 41002 **Tél.** *954 56 15 54*
Plan 3 B2 (5 C5)

La Mesón de la Infanta, installée dans un bâtiment récemment restauré au cœur du quartier d'Arenal, propose un excellent choix de plats traditionnels, dont de délicieux *guisos* (ragoûts). Le bar à tapas est une institution de Séville, avec une époustouflante sélection de jambons locaux et d'*embutidos* (charcuterie), à côté des classiques habituels.

EL ARENAL El Cabildo
Plaza del Cabildo, 41001 **Tél.** *954 22 79 70*
Plan 3 C2 (5 C4)

Certains des anciens murs arabes de ce restaurant délicieusement suranné ont été conservés. Toutes les spécialités andalouses traditionnelles sont au menu, préparées avec des produits frais locaux. Essayez une assiette de poisson frit frais, ou les *revueltos* sévillans (œufs brouillés avec divers ingrédients), accompagnés du robuste vin local.

EL ARENAL Enrique Becerra
Tapas
€€€
C/Gamazo 2, 41001 **Tél.** *954 21 30 49*
Plan 3 B1 (5 C4)

Installé dans une résidence rénovée du XIXᵉ siècle, ce somptueux bar-restaurant offre une belle sélection de recettes de poisson et de viande. Les plats du jour privilégient la cuisine familiale. L'apéritif classique est un excellent xérès Manzanilla, à faire suivre de tapas ou de spécialités comme l'agneau rôti aux pignons de pin. Fermé dim. et en août.

EL ARENAL La Isla
Tapas
€€€
C/Arfe 25, 41001 **Tél.** *954 21 26 31*
Plan 3 B2 (5 C4)

Cet attrayant restaurant, bien situé, propose de délicieuses spécialités de fruits de mer galiciennes, dont le turbot, la brème et les *percebes* (anatifes). Des plats andalous comme le ragoût de bœuf figurent aussi au menu. Il y a également un petit bar à tapas où vous pourrez goûter de fabuleuses gambas, des huîtres et un vaste choix de jambons locaux.

EL ARENAL El Burladero
Tapas
€€€€
Hotel Colón, C/Canalejas 1, 41001 **Tél.** *954 50 55 99*
Plan 3 B1 (5 B3)

Cet élégant hôtel-restaurant aménagé dans un majestueux bâtiment du XIXᵉ siècle est décoré d'objets de la corrida. Au menu, caviar et filet mignon côtoient des plats locaux comme le *puchero* (pot-au-feu) et une très belle version du classique *rabo de toro* (queue de bœuf braisée) andalou. Un bar à tapas haut de gamme se trouve à l'étage.

EL ARENAL Taberna del Alabardero
Tapas
€€€€
C/Zaragoza 20, 41001 **Tél.** *954 50 27 21*
Plan 3 B1 (5 C3)

Dans une belle demeure ornée de céramiques, la Taberna del Alabardero est l'un des meilleurs et des plus charmants restaurants de Séville. Vous y dégusterez une époustouflante cuisine espagnole contemporaine faite avec les produits de saison. À découvrir : le bistro bon marché pour des repas plus modestes et le snack-bar dans une salle voûtée.

LA MACARENA ConTenedor
€
San Luis 50, 41003 **Tél.** *954 91 63 33*
Plan 2 E4

Restaurant branché et accueillant situé juste en face de l'église San Luis, dans le quartier bohème de la Macarena, ConTenedor sert les produits du marché, dans un mélange inspiré entre autres de saveurs traditionnelles. Des expositions d'art sont organisées les lundi et dimanche. Fermé pendant la Semana Santa, la Feria de Abril et en août.

LA MACARENA El Rinconcillo
€
Calle Gerona 42, 41003 **Tél.** *954 22 31 83*
Plan 6 E2

Réputé pour être le plus ancien restaurant de Séville (bâti vers 1670), il reste fidèle à ses racines traditionnelles, avec des jambons et des viandes des collines de Huelva, des plats végétariens comme les épinards aux poix chiches, et sa spécialité : la pêche du jour de Cadix. Il propose également un *menú de degustación*, avec une bonne sélection de vins locaux.

Légende des symboles, *voir le rabat arrière de couverture*

LA MACARENA Eslava

Tapas 🍽️ €€

C/Eslava 3, 41002 **Tél.** *954 90 65 68*

Plan 1 C4

Cet endroit apprécié des Sévillans n'est pas renommé pour son décor, rudimentaire ; son point fort est sa cuisine andalouse créative. La salle à manger propose un vaste menu de fruits de mer et d'excellentes salades, tandis que le bar sert de savoureuses tapas concoctées avec des produits frais. Venez tôt pour avoir une table. Fermé dim. soir et lun.

PARQUE MARÍA LUISA Egaña Oriza

♿ 🍽️ 🅿️ €€€€

C/San Fernando 41, 41004 **Tél.** *954 22 72 54*

Plan 3 C3 (6 D5)

Blotti contre les murs enserrant les jardins de l'Alcázar, l'Egaña Oriza se trouve dans une belle demeure du début du XXe siècle. On mange dans un jardin d'hiver très lumineux, et la cuisine basque moderne et sophistiquée privilégie le poisson. Les plats de viande et les desserts sont aussi délicieux et la carte des vins est superbe. Fermé sam. midi, dim.

PARQUE MARÍA LUISA Salvador Rojo

♿ 🍽️ 🅿️ €€€€

C/San Fernando 23, 41004 **Tél.** *954 22 97 25*

Plan 3 C3 (6 D5)

Élégant établissement situé en face de l'ancienne Fábrica de Tabaco, le Salvador Rojo propose une cuisine espagnole contemporaine. Les produits frais locaux sont préparés avec inventivité : essayez les crevettes sautées au riz thaï et les fabuleux desserts. Vins espagnols classiques, avec d'excellents crus moins connus. Fermé dim. et en août.

SANTA CRUZ El Rincón de Anita

Tapas ♿ 🍽️ 🅿️ €

Plaza del Cristo de Burgos 23, 41004 **Tél.** *954 21 74 61*

Plan 6 E2

Cet exquis petit restaurant est décoré de céramiques colorées, de bois vernis, d'images des processions de la Semana Santa et de beaucoup de plantes vertes. C'est l'endroit idéal pour goûter d'excellentes spécialités andalouses. Essayez le *cola de toro* (queue de bœuf), les rognons au xérès et les desserts maison. Tapas classiques au bar.

SANTA CRUZ Corral del Agua

🍽️ €€

Callejón del Agua 6, 41004 **Tél.** *954 22 48 41*

Plan 3 C2 (6 D/E5)

Il est très agréable de dîner dans ce patio jouxtant les jardins du Real Alcázar, avec ses grilles en fer forgé ornées de plantes grimpantes et une fontaine de marbre. La salle à manger est décorée de meubles anciens et de tableaux. Le menu offre des spécialités de saison, préparées dans la plus parfaite tradition. Fermé dim.

SANTA CRUZ Don Raimundo

♿ 🍽️ €€

Argote de Molino 26, 41004 **Tél.** *954 22 33 55*

Plan 3 C2 (6 D4)

Ancien couvent du XVIIe siècle aux murs de pierre et aux impressionnants chandeliers. Les *langostinos* (langoustines) sont la spécialité et le menu s'éloigne de la tradition andalouse avec les *costillitas* (côtelettes) de sanglier cuites au four à bois, la tortilla de *camarones* (petites crevettes) et le ragoût de fruits de mer. Fermé dim.

SANTA CRUZ Doña Elvira

♿ 🍽️ €€

Plaza de Doña Elvira 6, 41004 **Tél.** *954 21 54 83*

Plan 3 C2 (6 D5)

Ce restaurant est lié à la légende de Don Juan : Tenorio et Doña Inez s'y retrouvaient pour des rendez-vous galants. Dehors, sous les arbres, on dégustera des plats traditionnels : gaspacho, paella, ragoûts, thon, crevettes et une remarquable *fritura de pescados* (assortiment de poissons frits). Il faut réserver ou bien arriver tôt.

SANTA CRUZ El Giraldillo

🍽️ €€

Plaza Virgen de los Reyes 2, 41004 **Tél.** *954 421 45 25*

Plan 3 C2 (6 D4)

Si proche de la Giralda que vous aurez l'impression d'être à l'intérieur. Plus chic et plus cher que ses voisins, avec quelques tables disposées sur le trottoir, El Giraldillo propose des plats typiques (paella, assiette de poissons frits, queue de bœuf braisée), à côté du potage aux calmars et, pour le dessert, un superbe gâteau au chocolat.

SANTA CRUZ La Hosteria del Laurel

Tapas ♿ 🍽️ €€

Plaza de los Venerables 5, 41004 **Tél.** *954 22 02 95*

Plan 4 D2 (6 E4)

Intégré à l'hôtel Laurel (p. 213), c'est ici que l'écrivain José Zorilla aurait rédigé le conte original de Don Juan de Tenorio. Ce restaurant et bar à tapas propose un bel éventail de jambons de montagne et de viandes de Huelva, ainsi que des poissons de la côte de Cadix. L'une des meilleures adresses du barrio de Santa Cruz.

SANTA CRUZ La Juderia

♿ 🍽️ €€

Calle Caño y Cueto 13 **Tél.** *954 41 20 52*

Plan 4 D2 (6 E4)

Ce restaurant traditionnel niché dans les ruelles de Santa Cruz élargit le menu andalou typique avec l'agneau de Castille et le bœuf d'Avila, de premier choix. Selon leur disponibilité, essayez d'autres spécialités telles que le pâté de foie maison, le saumon fumé d'Alaska ou le poisson salé de Conil.

SANTA CRUZ Santo

♿ 🍽️ 🅿️ €€

Calle Argote de Molino 29, 41004 **Tél.** *954 56 00 00*

Plan 3 C1 (6 D4)

Installé à l'intérieur de l'EME Fusionhotel 5 étoiles, près de la cathédrale et de la Giralda, ce restaurant propose une carte créative. Vous découvrirez la *sopa de mangos con vieiras* (soupe de mangue aux Saint-Jacques) et la *presa iberica lacada con polenta* (épaule de porc ibérique laquée à la polenta) ainsi que des plats mariés avec des vins.

SANTA CRUZ La Albahaca

♿ 🍽️ 🅿️ €€€

Plaza de Santa Cruz 12, 41004 **Tél.** *954 22 07 14*

Plan 4 D2 (6 E4)

Sur la charmante plaza de Santa Cruz, verdoyante et dominée par une croix en fer forgé, La Albahaca est l'un des plus authentiques restaurants du quartier. Son beau décor – une demeure des années 1920 meublée d'antiquités du XVIIe siècle – en fait l'endroit idéal pour goûter sa cuisine d'influence basque, à côté d'excellents plats locaux. Fermé dim.

SANTA CRUZ Becerrita

C/Recaredo 9, 41004 **Tél.** *954 41 20 57*

Tapas 🅰 🄴 🅈   €€€

Plan 2 E5 (6 F3)

Magnifique restaurant au décor chaleureux de style andalou moderne. Parmi les délicieuses spécialités régionales, d'exceptionnelles croquettes de queue de bœuf, ou le chevreau au thym. Le bar propose un vaste choix de tapas qui change quotidiennement, au gré des saisons. Fermé dim. soir et en août.

SANTA CRUZ Casa Imperial

Calle Imperial 29, 41003 **Tél.** *954 50 03 00*

Tapas 🅰 🄷 🄴   €€€

Plan 4 D1 (6 E3)

Situé à l'intérieur de l'hôtel Casa Imperial (5 étoiles), le restaurant est ouvert aux non-résidents. C'est l'endroit idéal où dîner loin de l'agitation de Santa Cruz. Les cours élégantes de ce palais du XVe siècle abritent le bar et la salle à manger, qui proposent des tapas traditionnelles et des repas complets de l'Espagne du Nord et du Sud.

SANTA CRUZ Casa Robles

C/Álvarez Quintero 58, 41001 **Tél.** *954 56 32 72*

🅰 🄷 🄴   €€€

Plan 3 C1 (6 D3)

Au cœur de Séville, près de la cathédrale, cet élégant restaurant est orné de tableaux, d'impressionnantes statues et de jolies céramiques. Bien que le menu privilégie les fruits de mer, il propose aussi de nombreux plats de viande locaux, impeccablement préparés et présentés. Les desserts, en particulier, sont de petites œuvres d'art.

SANTA CRUZ Santa Cruz

Plaza de los Venerables, 41004 **Tél.** *954 22 35 83*

🅰 🄷 🄴   €€

Plan 4 D2 (6 E4)

Cette vaste demeure bien préservée comprend trois espaces : un intérieur orné de colonnes, une grande terrasse et un Salón Taurino, qui présente des œuvres d'art inspirées par la corrida. Le menu épouse la tradition, avec la queue de bœuf braisée et un vaste choix de poissons : boulettes, merlu et morue, frite ou cuite au vinaigre.

TRIANA Kiosko de las Flores

C/Betis (Triana), 41010 **Tél.** *954 27 45 76*

🅰 🄷   €

Plan 3 A2 (5 A5)

Installé sur les bords du Guadalquivir, ce restaurant possède une merveilleuse terrasse offrant une belle vue sur la vieille ville. Le poisson est sa spécialité – essayez l'assiette de poissons variés frits, ou faites votre choix dans la carte des poissons grillés. Des plats de viande sont également proposés.

TRIANA Casa Cuesta

Calle Castilla 1, 41010 **Tél.** *954 33 33 35*

Tapas 🄴   €€

Plan 3 A2

Excellente trouvaille dans les rues de Triana, près du Puente Isabel II, la Casa Cuesta est ouverte t.l.j. jusqu'à 1h du matin. Ce café-restaurant inauguré en 1880 a conservé une grande partie de ses céramiques et mobilier originels. Plats traditionnels de Triana, jambons de montagne et poissons de la côte. Tapas ou menu toute la journée.

TRIANA Abades Triana

C/Betis 69 (Triana), 41010 **Tél.** *954 28 64 59*

🅰 🄷 🄴 🅈   €€€€

Plan 3 A2 (5 A5)

Ce restaurant propose une excellente cuisine internationale et méditerranéenne dans un cadre superbe au bord du fleuve, avec une vue spectaculaire sur la ville. Vous pouvez réserver une table dans El Cubo, partie privée du restaurant tout en verre, des murs au sol « flottant ». Des menus de dégustation sont également servis.

EN DEHORS DU CENTRE (À L'EST) Tribeca

Calle Chavez Nogales 3, 41003 **Tél.** *954 42 60 00*

🅰 🄴   €€€€

Plan 4 E2

Parfum de Manhattan en plein Séville, le Tribeca est l'un des endroits les plus chic de la ville. La carte, conçue par les chefs Pedro et Jaime Gimenez, fait écho au décor moderne et minimaliste, mais propose aussi de généreux plats traditionnels mis au goût du jour (spécialité d'agneau) et du poisson frais de la Costa de la Luz. Fermé dim.

HUELVA ET PROVINCE DE SÉVILLE

ALJARAQUE Las Candelas

Av de Huelva 3, 21110 **Tél.** *959 31 83 01*

🅰 🄴 🅈   €€

Situé dans un village à 6 km de Huelva, ce restaurant, décoré de motifs maritimes, est une véritable institution. Sans surprise, le menu méditerranéen privilégie les produits de la mer, avec la lotte à la sauce aux amandes, mais propose aussi un grand choix de plats de viande. Vins espagnols traditionnels. Fermé dim. ainsi que les 24, 25 et 31 déc.

CARMONA Molino de la Romero

C/Sor Angela de la Cruz, 41410 **Tél.** *954 14 20 00*

Tapas 🅰 🄷 🄴   €€

Installé dans un bâtiment du XVe siècle, utilisé à l'origine par les Maures pour produire de l'huile d'olive, puis comme grenier, ce restaurant propose une carte vaste et variée allant d'assiettes régionales élaborées à une grande sélection de tapas. Il possède une salle à manger simple, et un restaurant plus chic. Ouvert au déjeuner et au dîner.

CARMONA San Fernando

C/Sacramento 3, 41410 **Tél.** *954 14 35 56*

🄴 🅈   €€

Une élégante demeure datant de 1700 abrite ce restaurant raffiné qui propose une cuisine régionale de saison. Le *salmorejo*, épais potage à la tomate garni d'œuf dur et de jambon, est délicieux, et le *bacalao* (morue salée) peut par exemple être préparé avec une délectable encre de calmar et une sauce à l'ail. Fermé dim. soir, lun. et en août.

Catégorie de prix, *voir p. 228.* **Légende des symboles,** *voir le rabat arrière de couverture.*

CARMONA Casa de Carmona

🦽 🔲 📋 €€€

Plaza de Lasso 1, 41410 **Tél.** *954 19 10 00*

Ce restaurant vaut autant pour son cadre – il est situé dans la cour majestueuse d'un palais – que pour sa carte moderne sans chichi. Il se trouve à 30 km à l'est de Séville, dans le beau village de Carmona. Abrité dans les anciennes écuries du palais, ce restaurant est un établissement élégant, mais aucune tenue spéciale n'est exigée.

HUELVA El Portichuelo

Tapas 🦽 📋 🍴 €€

Avda Vázquet López 15, 21110 **Tél.** *959 24 57 68*

Restaurant sans prétention du centre-ville, El Portichuelo sert des plats andalous traditionnels dans la salle à manger et au bar, où est également proposée une sélection de tapas. Les excellents jambons locaux figurent en bonne place, à côté des poissons et des crustacés. Une bonne cuisine confectionnée avec des produits régionaux. Fermé dim.

HUELVA Farqueo

Tapas 🦽 🔲 🍴 📋 🍴 €€

Glorieta de las Canoas, Muelle de Levante, 21003 **Tél.** *959 25 26 90*

Situé au cœur du port, Farqueo jouit d'une très belle vue et possède une admirable salle à manger à l'étage, où l'on peut apprécier une délicieuse cuisine andalouse moderne, dont la morue à la sauce aux crustacés. Dans le bar, très fréquenté, on peut déguster des tapas et écouter du jazz le jeudi soir. Fermé dim. soir ; 1er-15 sept.

HUELVA Las Meigas

🦽 📋 🍴 €€€

Avda Guatamala 44, 21003 **Tél.** *959 27 19 58*

Ce restaurant galicien sert des fruits de mer ultrafrais. Les Gallego sont connus dans tout le pays pour leurs talentueuses recettes de poisson, qui est préparé ici avec simplicité – grillé, en croûte de sel ou servi dans le style Gallego – pour mettre en valeur sa fraîcheur. Fabuleux desserts maison. Fermé dim.

ISLA CRISTINA Casa Rufino

Tapas 🔲 📋 🍴 €€

Av de la Playa, 21410 **Tél.** *959 33 08 10*

Cet endroit très prisé est au bord de la plage. Le menu propose du poisson accompagné de huit sauces différentes, dont la lotte à la sauce aux raisins secs. La Casa Rufino est réputée pour ses crustacés ultrafrais, et pour son excellente cave comprenant tous les classiques. Fermé le soir (sauf juil.-oct.) ; Pâques ; 22 déc.-2 fév.

JABUGO Mesón 5 Jotas

Tapas 🦽 🔲 📋 €€

Ctra San Juan del Puerto, 21290 **Tél.** *959 12 10 71*

De fabuleux jambons de Jabugo sont confectionnés ici, et le bar-restaurant adjacent est l'endroit idéal où les goûter. C'est le premier et le meilleur d'une chaîne de bars à tapas qui ont fleuri dans tout le pays. En plus des assiettes de charcuterie, vous pouvez essayer des plats de porc ibérique tels que la *presa de paletilla al mesón*.

OSUNA Dona Guadalupe

🦽 🔲 📋 €€

Plaza de Guadalupe 6–8, 41640 **Tél.** *954 81 05 58*

Ce restaurant traditionnel tenu par une famille se trouve au cœur de la ville historique d'Osuna, avec une agréable terrasse en plein air. Le menu privilégie les classiques andalous : le *rabo de toro* (queue de bœuf) et le faisan de montagne sauvage au riz figurent parmi les favoris. Fermé mar. ; 1er-15 août.

OSUNA Casa del Marqués

🦽 🔲 📋 🍴 €€€

Calle San Pedro 20, 41640 **Tél.** *954 81 22 23*

À l'intérieur du majestueux hôtel 4 étoiles Casa del Marqués de Gomera, ce restaurant se déploie autour d'une cour intérieure aux magnifiques colonnes. Le menu privilégie le poisson : sole, brème et morue dans une grande variété de sauces ; mais aussi le *solomillo* (aloyau) à la sauce au xérès doux, ou cuit avec du pâté de canard. Fermé lun. soir.

PALOS DE LA FRONTERA El Bodegón

Tapas 📋 €€

C/Rábida 46, 21810 **Tél.** *959 53 11 05*

Une ancienne cave à vins pittoresque abrite ce restaurant décontracté dont le menu propose des classiques tels que le poisson cuit au sel et la viande grillée au bois de chêne vert. Le menu ne propose pas un choix pléthorique, mais les ingrédients sont sélectionnés avec soin et le résultat est toujours délicieux. Fermé mar. ; 16-30 sept.

SANLUCAR LA MAYOR La Alqueria

Tapas 🦽 🔲 📋 🍴 €€€€

Hacienda de Benazuza, C/Vírgen de las Nieves, 41800 **Tél.** *955 70 33 44*

La cuisine de ce spectaculaire restaurant installé à l'intérieur d'un hôtel de luxe s'inspire des feux d'artifice culinaires du célèbre chef Ferran Adriá. Attendez-vous à l'inattendu, préparez-vous à être ébloui en optant par exemple pour le *menú de degustación* aux minuscules merveilles. Il faut réserver. Ouvert le soir seul. et fermé dim. et lun.

CORDOUE ET JAÉN

BAEZA Juanito

📋 €€

Paseo Arca del Agua, 23440 **Tél.** *953 74 00 40*

Ce confortable hôtel-restaurant est tenu par une famille au cœur des oliveraies. L'excellente cuisine maison repose sur des recettes à base d'huile d'olive. Essayez les artichauts ou le *cabrito con habas*, du chevreau au fèves. Les desserts de la maison sont à pâlir. Fermé dim. soir et lun.

BAEZA Vandelvira   🅰🖼📋🍷   €€

Calle San Francisco 14, 23440 **Tél.** *953 74 81 72*

Nommé d'après l'architecte qui a dessiné la majeure partie de la ville historique de Baeza, cet ancien couvent dominicain du XVe siècle est doté d'une spacieuse cour intérieure. Ce décor d'époque dissimule une cuisine moderne renommée proposant des spécialités comme le pâté de perdrix ou l'aloyau de bœuf. Fermé dim. soir et lun.

BAILEN Zodíaco Libra   *Tapas* 🅰🖼📋🍷   €€

Antigua Ctra Madrid-Cádiz km 294, 23710 **Tél.** *953 67 10 58*

Un hôtel moderne doté d'un grand restaurant très fréquenté. L'été, le menu propose un choix de soupes froides, dont l'*ajo blanco* (ail blanc) aux amandes. Parmi d'autres spécialités, les œufs brouillés au jambon, aux asperges et aux crevettes, et la perdrix. Par beau temps, on peut manger sur la ravissante terrasse ombragée.

CORDOUE Almudaina   🅰📋   €€€

Jardines de los Santos Mártires 1, 14004 **Tél.** *957 47 43 42*

Jadis résidence de l'évêque Léopold d'Autriche, cette demeure abrite un restaurant servant des plats locaux typiques inspirés des diverses cultures qui ont modelé la ville de Cordoue. Le *salmorejo* cordouan est excellent. Vous pouvez aussi essayer la lotte aux tomates mijotées. Fermé dim. soir.

CORDOUE El Blasón   *Tapas* 🖼📋   €€€

C/José Zorrila 11, 14008 **Tél.** *957 48 06 25*

Typique demeure andalouse installée autour d'un patio orné de céramiques, c'est l'endroit idéal où essayer un vaste choix de spécialités cordouanes, dont de robustes ragoûts de viande et les merveilleux desserts maison. El Blasón possède aussi un café et bar à tapas très vivant. Bien situé, près du principal quartier commerçant de la ville.

CORDOUE Caballo Rojo   *Tapas* 🖼📋🍷   €€€

C/Cardenal Herrero 28, 14003 **Tél.** *957 47 53 75*

Juste à côté de la Mezquita, cet adorable restaurant possède une cour centrale avec des balcons en fer forgé ornés de fleurs. Les plats s'inspirent de traditions anciennes, dont des recettes maures et séfarades. Essayez l'agneau au miel ou la salade séfarade aux champignons sauvages, asperges, poivrons grillés et morue salée.

CORDOUE El Churrasco   *Tapas* 🅰🖼📋🍷   €€€

C/Romero 16, 14008 **Tél.** *957 29 08 19*

Cette demeure andalouse a pour spécialité la viande grillée, mais les soupes telles que le *salmorejo* sont aussi excellentes. Les salles à manger sont disposées autour de deux cours ; vous pourrez dîner sous un citronnier parfumé dans l'adorable Patio del Limonero, ou prendre l'apéritif dans les caves à vin. Fermé à Pâques, en août et à Noël.

CORDOUE Taberna Pepe de la Judería   *Tapas* 🅰🖼📋   €€€

C/Romero 1, 14003 **Tél.** *957 20 07 44*

L'un des plus séduisants restaurants de Cordoue depuis son ouverture en 1928. Dînez dans une merveilleuse cour ornée de fleurs, ou installez-vous dans l'une des salles à manger décorées de photos des clients illustres. Goûtez au *flamenquín* (rouleaux frits au veau et au jambon) ou à l'inventif gaspacho à la cerise et à la menthe.

JAÉN Casa Vicente   *Tapas* 🅰🖼📋   €€

C/Cristo Rey 3, 23007 **Tél.** *953 23 22 22*

Dans un cadre classique au thème tauromachique, la Casa Vicente sert des plats typiques de Jaén. Le délicieux *menú de degustación* comprend des spécialités locales comme le ragoût d'agneau ou des artichauts servis dans une sauce délicate. Prenez l'apéritif au bar, qui offre aussi un ensemble de tapas simples. Fermé dim. soir.

JAÉN Casa Antonio   🅰📋🍷   €€€€

C/Cristo Rey 3, 23007 **Tél.** *953 27 02 62*

Cet élégant restaurant à l'audacieux décor moderne de bois blond sert une excellente cuisine andalouse contemporaine. La tradition est réinventée avec style et créativité : goûtez aux carpaccios de crevettes ou de thon de Huelva. La Casa Antonio propose aussi un excellent *menú de degustación*. Fermé dim. soir et lun.

PALMA DEL RIO El Refectorio (Hospedería de San Francisco)   🅰🖼🍷   €€€

Av Pio XII 35, 14700 **Tél.** *957 71 01 83*

Dînez dans le réfectoire de cet ancien monastère du XVe siècle, transformé en un élégant hôtel *(p. 216)*. Le restaurant propose un menu andalou toujours renouvelé, avec de nombreux plats typiques de Cordoue. En automne et en hiver, le gibier figure en bonne place. L'été, le dîner est servi dans une charmante cour éclairée aux chandelles.

ÚBEDA El Seco   *Tapas* 🅰📋   €€

C/Corazon de Jesús 8, 23400 **Tél.** *953 79 14 52*

Excellente trouvaille au cœur de la superbe ville Renaissance d'Úbeda, El Seco est un chaleureux restaurant de famille dont la salle à manger est modeste mais immaculée. Au menu, de bons plats maison : délicieuses croquettes, gibier de saison, potages et ragoûts campagnards. Fermé le soir (sauf ven. et sam.) et en juillet.

ÚBEDA La Abadía   🅰🖼📋   €€€

Calle San Juan de la Cruz 10, 23400 **Tél.** *953 79 26 45*

Le mélange de design moderne et d'architecture du XVe siècle – fenêtres croisées, murs en pierre, voûtes – fait de ce restaurant l'un des endroits les plus chic où manger à Úbeda. Parmi les entrées, le pâté de perdrix et les anchois aux poivrons rouges grillés. Plats peu nombreux mais excellents : morue, bar, ou viandes de premier choix.

Catégorie de prix, *voir p. 228.* **Légende des symboles**, *voir le rabat arrière de couverture.*

CADIX ET MÁLAGA

ARCOS DE LA FRONTERA El Convento
C/Marqués de Torresoto 7, 11630 **Tél.** *956 70 32 22*

Ce charmant restaurant est installé dans une demeure du XVIIIe siècle, autour d'une cour intérieure. On y sert une cuisine locale originale, dont la délicieuse perdrix à la sauce aux amandes, et l'*abajao*, soupe aux asperges sauvages et aux œufs. El Convento abrite également un confortable hôtel. Fermé 7-21 jan., 1er-7 juil., 1er-7 nov.

LOS BARRIOS Mesón El Copo
Autovía Cádiz-Málaga km 111 Palmones, 11370 **Tél.** *956 67 77 10*

Dans le village de Palmones, à 9 km de Los Barrios, la Mesón El Copo est l'une des valeurs les plus sûres de cette partie de la côte. Goûtez aux superbes poissons : anchois frits, homard, bar. En entrée, commandez des *coquinas* (palourdes), et continuez avec de l'*arroz con mariscos* (du riz aux fruits de mer). Fermé dim.

BENAHAVIS Los Abanicos
C/Málaga 15, 296 79 **Tél.** *952 85 51 31*

Au cœur du ravissant village de Benahavis, un restaurant réputé et à la qualité constante, décoré de jolis *abanicos* (éventails) peints. Goûtez aux plats régionaux, dont la *paletilla de cordero* (épaule d'agneau), délectable spécialité maison. Très fréquenté le dimanche midi : il faut donc penser à réserver. Fermé mar. (sauf juil. et août).

BENAOJAN Molino del Santo
Bda. Estación, 29370 **Tél.** *952 16 71 51*

Ce moulin à eau restauré se trouve au cœur d'un paysage montagnard idyllique, avec des tables disposées au bord d'une rivière bouillonnante. Vous pourrez y déguster des spécialités régionales et internationales, dont des plats végétariens. Produits locaux (jambons de montagne, légumes frais). Réservation conseillée. Fermé 1er déc.-15 fév.

CADIX Freiduria Cerveceria Las Flores
Tapas
Plaza Topete 4, 11009 **Tél.** *956 22 61 12*

Le *pescaíto frito* (assortiment de poissons frits) est le grand classique andalou et chaque ville possède plusieurs *freidurias* (échoppes de poissons frits). Celle-ci est la meilleure de Cadix. Commandez votre poisson (depuis le requin jusqu'aux calmars) frit puis emballé pour être emporté et mangé où vous voudrez. Mais vous pouvez aussi le déguster sur la terrasse.

CADIX Balandro
Tapas
C/Alameda Apodaca 22, 11004 **Tél.** *956 22 09 92*

Le Balandro est un élégant restaurant à la cuisine créative et sophistiquée. La spécialité de la maison est le poisson, préparé avec imagination, mais de nombreux plats de viande sont aussi servis. Essayez la salade de poulpe ou les médaillons de bœuf au porto. Le bar à tapas est moins cher. Fermé dim. soir ; lun. (sauf juil. et août) ; dim. (juil. et août).

CADIX El Faro
Tapas
C/San Félix 15, 11011 **Tél.** *902 21 10 68*

Situé dans le vieux quartier des pêcheurs de Cadix, El Faro possède une atmosphère chaleureuse. Le menu, merveilleux mélange de moderne et de traditionnel, change tous les jours, avec les *tortillitas de camarones* (beignets de crevettes), ou des plats de riz aux crustacés de la baie. Il y a aussi un bar à tapas populaire.

CADIX Ventorillo del Chato
Vía Augusta Julia, 11011 **Tél.** *956 25 00 25*

Cette pittoresque auberge, installée dans un ancien relais de poste du XVIIIe siècle, près de la mer, propose une authentique cuisine andalouse. Elle concocte des recettes avec les superbes poissons frais de la baie, et des viandes et légumes du cru. Très fréquenté le dimanche midi, quand les familles délaissent la plage. Fermé dim. soir.

ESTEPONA La Alborada
Puerto Deportivo de Estepona, 29680 **Tél.** *952 80 20 47*

Ce restaurant sert une excellente paella et d'autres plats de riz tels que l'*arroz a la banda* (sorte de risotto au poisson). Il propose aussi un délicieux *pescaíto frito* (assortiment de poissons frits) et de savoureux desserts maison tels que le *pudin de almendras* (crème onctueuse aux amandes). Très belle vue sur le port depuis la terrasse. Fermé mer. et nov.

ESTEPONA Lido
Hotel Las Dunas, Urb La Boladilla Baja, 29680 **Tél.** *952 80 94 00*

Situé à proximité de l'hôtel de luxe Las Dunas, ce restaurant chic sert une cuisine contemporaine aux accents internationaux. On déjeune et dîne sur la terrasse, ou bien dans un élégant jardin d'hiver. Parmi les spécialités maison, la mousse de foie gras et les cannellonis au poisson. Fermé le soir et lun., mar.

FUENGIROLA Portofino
Edificio Perla 1, Paseo Maritimo 29, 29640 **Tél.** *952 47 06 43*

Ce restaurant de poissons est apprécié pour son service accueillant et sa bonne cuisine italienne : brochettes de poissons et de crustacés, délicieuses moules gratinées. Il propose aussi des plats andalous traditionnels, servis en généreuses portions. La terrasse donne sur le luxueux port de plaisance. Ouvert le soir seul. de juin à oct. Fermé lun. ; 1er-15 juil.

GAUCIN La Fructuosa

Calle Convento 67, 29480 **Tél.** *617 69 27 84/952 15 10 72*

Le sol dallé, les poutres apparentes, les murs chaulés et l'ancien pressoir à vins contribuent à la douillette atmosphère de ce restaurant méditerranéen/marocain. Goûtez au fromage de chèvre frais aux gouttelettes de miel. Des tables sont disposées sur la terrasse, offrant une vue époustouflante sur la côte africaine. Ouvert ven. et sam. soir ; fermé nov.-janv.

GIBRALTAR The Rib Room Restaurant

Rock Hotel, Europa Road **Tél.** *73000*

Institution de Gibraltar, surtout le dimanche midi, le Rib Room associe des plats anglais à la tradition espagnole et à un parfum d'Afrique. Le menu est plus chic que celui des restaurants du voisinage : rosbif aux ceps, médaillons de porc aux poivrons grillés, risotto à la citrouille et à la pancetta, sole de Douvres, ainsi que des plats végétariens.

GIBRALTAR The Waterfront

Queensway Quay, Marina Bay **Tél.** *45666*

En face de la principale marina de Gibraltar, c'est l'endroit idéal pour un déjeuner léger ou un dîner au coucher du soleil. Le menu est international : ailes de poulet Cajun, currys, et beaucoup d'éléments américains (hamburgers, steaks) ou européens (pâtes, steak au poivre). Par beau temps, un barbecue de la mer est organisé sur le quai. Fermé mar.

JEREZ DE LA FRONTERA Bar Juanito

Tapas

C/Pascaderia Vieja 8, 11403 **Tél.** *956 33 48 38*

Ce bar à tapas et restaurant à la séduisante atmosphère est réputé pour ses très généreuses portions de tapas. Un fabuleux choix en est proposé. On peut aussi dîner de plats plus substantiels : ragoûts et plats mijotés traditionnels, et un excellent *pescaíto frito* (assortiment de poissons frits) de la baie. Fermé dim. soir et lun.

JEREZ DE LA FRONTERA La Mesa Redonda

C/Manuel de la Quintana 3, 11402 **Tél.** *956 34 00 69*

Ce charmant restaurant de famille demeure très populaire auprès des habitants de Jerez pour son excellente cuisine. Le menu créatif, qui varie avec la saison, propose des plats de poisson, de viande et de gibier. Goûtez à la *mojama* (thon séché) en entrée, et ne manquez pas le spectaculaire *salteado* de bœuf. Fermé dim. ; 15 juil.-16 août.

MÁLAGA Antigua Casa de Guardia

Tapas

C/Alameda Principal 18, 29015 **Tél.** *952 21 46 80*

C'est le plus vieux bar de Málaga, installé dans l'ancien poste de garde auquel il doit son nom. Sa spécialité est le xérès, versé d'un des énormes tonneaux derrière le bar. Accompagnez-le de quelques tapas simples : une assiette de crevettes ou de moules, ou bien encore de *boquerones* (anchois) argentés, qui ne ressemblent en rien à leurs cousins salés. Fermé dim.

MÁLAGA Mesón Astorga

Tapas

C/Gerona 11, 29006 **Tél.** *952 34 25 63*

De délicieux produits locaux associés à un grand talent culinaire font de ce restaurant au décor traditionnel une excellente adresse. Essayez les aubergines frites nappées de mélasse, ou le porc aux raisins et aux pignons. Dans le bar à tapas très animé, vous pourrez déguster les généreuses *raciones* en compagnie de Malaguènes. Fermé dim.

MÁLAGA Café de Paris

C/Vélez Málaga 8, 29016 **Tél.** *952 22 50 43*

Ce restaurant à la décoration classique et élégante se cache derrière une façade discrète. Il sert une sublime cuisine espagnole et méditerranéenne moderne. Les plats inventifs sont subtilement présentés, particulièrement dans le *menú de degustación*. Excellente carte des vins et service impeccable. Fermé dim. soir et lun.

MANILVA Macues

Puerto Deportivo de la Duquesa Local 13, 26961 **Tél.** *952 89 03 95*

Dans ce restaurant haut de gamme situé à l'extrémité de la Costa del Sol, vous pourrez déguster de bons plats internationaux et espagnols sur la terrasse dominant l'impressionnant port de plaisance. Parmi les spécialités de la maison, les poissons cuits au sel et de juteuses viandes grillées au charbon de bois. Ouvert seulement au dîner. Fermé lun.

MARBELLA Altamirano

Plaza Altamirano 3, 29600 **Tél.** *952 82 49 32*

Au cœur de la merveilleuse vieille ville de Marbella, cet accueillant restaurant tenu par une famille est doté d'une jolie terrasse. Parmi les plats maison, une abondance de produits de la mer comme l'assiette de poissons frits, typique de la région. Personnel charmant. C'est l'une des adresses au meilleur rapport qualité-prix dans ce quartier. Fermé mer.

MARBELLA Areté

Calle Mediterráneo 1, 29600 **Tél.** *952 77 73 34*

Installé dans un coin du front de mer (Paseo Maritimo), ce refuge d'allure moderne propose une *cocina andaluza* diététique (l'un des deux propriétaires-cuisiniers est aussi médecin). Les recettes changent tous les mois et les plats du jour sont toujours légers. Des œuvres d'artistes locaux sont exposées à l'Areté.

MARBELLA La Comedia

Plaza de la Victoria, 29600 **Tél.** *952 77 64 78*

Institution depuis 1998 du Casco Antiguo de Marbella, La Comedia a changé de propriétaire mais poursuit la même philosophie « Un tour du monde en trois plats » : un choix époustouflant de recettes du monde entier y est proposé, souvent mêlées de tradition andalouse. Sur l'une des plus jolies places de la vieille ville. Fermé lun.

Catégorie de prix, *voir p. 228.* **Légende des symboles,** *voir le rabat arrière de couverture.*

MARBELLA Santiago
Tapas

C/Paseo Maritimo 5, 29600 **Tél.** *952 77 00 78*

Ouvert depuis plus de cinquante ans, c'est probablement le meilleur restaurant de fruits de mer de la Costa del Sol. Il propose tous les jours 40 à 50 plats de poissons et de crustacés. Le bar sert des tapas, mais la Tabernita de Santiago attenante en offre aussi un énorme choix (plus de 500). Réservez votre table chez Santiago bien à l'avance.

MARBELLA Garum

Paseo Maritimo 3, 29600 **Tél.** *952 85 88 58*

Timo Hamalainen, anciennement de La Comedia, a installé sa cuisine d'inspiration internationale dans un espace sur le front de mer, avec une grande terrasse fermée, et où l'on peut prendre le petit déjeuner. Le saumon et les hamburgers sont préparés avec soin, à côté de classiques locaux (*rosada, solomillo*) et de recettes thaï et mexicaines.

MARBELLA Toni Dalli

El Oasis, Ctra de Cádiz km 176, 29600 **Tél.** *952 77 00 35*

Institution du quartier chic de Marbella depuis 1981. Vous passerez une soirée mémorable en dînant dans cette splendide demeure blanche flanquée de palmiers. La cuisine d'inspiration italienne comprend pâtes maison, viandes et poissons. Musique *live* parfois assurée par Toni Dalli en personne, qui fit jadis carrière en Californie. Fermé au déjeuner.

MARBELLA El Portalón
Tapas

Ctra Cádiz-Málaga (N340) km 178, 29600 **Tél.** *952 82 78 80*

Les élégantes salles à manger de ce classique restaurant andalou ouvrent sur un jardin débordant de fleurs. Les viandes et les poissons, cuits dans un four en brique traditionnel, sont excellents. Vous pouvez aussi déguster des tapas avec un verre de vin local dans l'agréable *vinoteca* attenante. Fermé dim. (sauf en août).

MIJAS El Castillo

Plaza de la Constitución, Pasaje de los Pescadores 2, 29650 **Tél.** *952 48 53 48*

Sur la place centrale d'un village blanc enchanteur, ce restaurant de style rustique propose des plats andalous et internationaux que l'on peut déguster sur la terrasse. Des spectacles de flamenco sont organisés certains soirs (en général mar., jeu. et dim. ; appelez pour confirmer). Fermé ven.

EL PUERTO DE SANTA MARIA Casa Flores
Tapas

C/Ribera del Rio 9, 11500 **Tél.** *956 54 35 12*

Ce restaurant de famille est doté d'une série de salles à manger intimes ornées de jolies céramiques, de tableaux et d'objets liés à la corrida. Il propose un choix spectaculaire de poissons et de crustacés, depuis les crevettes rayées locales jusqu'à des mets plus rares tels que les bernacles.

EL PUERTO DE SANTA MARIA El Faro de El Puerto

Ctra de Fuentebravia km 0.5, 11500 **Tél.** *956 87 09 52*

Installé dans une élégante villa entourée d'un jardin, ce restaurant est le plus raffiné du remarquable trio qu'il forme avec El Faro et le Ventorillo del Chato à Cadix. Le menu propose des interprétations sophistiquées de recettes modernes et les desserts sont délicieux. Vous pourrez apprécier un cigare cubain pour terminer le repas.

RONDA Traga trapas
Tapas

Calle Nueva 4, 29400 **Tél.** *952 87 72 09*

Situé au centre-ville, dans une rue piétonne très fréquentée, ce restaurant sert une cuisine innovante sous forme de tapas, avec des mini-prix correspondants. La sélection comprend le saumon mariné au citron et à la vanille, et les champignons sauvages sautés aux oignons espagnols et garnis de jambon Serrano. Fermé lun.

RONDA Del Escudero

Paseo de Blás Infante 1, 29400 **Tél.** *952 87 13 67*

Doté d'un incomparable jardin près des célèbres arènes de Ronda, cet élégant restaurant offre une vue spectaculaire sur la vallée, pour accompagner sa cuisine andalouse traditionnelle. Optez pour le menu de midi, au bon rapport qualité-prix, que vous pourrez déguster sur la terrasse verdoyante panoramique. Fermé dim. soir.

RONDA Pedro Romero

C/Virgen de la Paz 18, 29400 **Tél.** *952 87 11 10*

En face des arènes de Ronda, ce restaurant est orné de tableaux et de photos de toreros célèbres, ainsi que de costumes anciens et de têtes de taureaux empaillées. Il sert une bonne cuisine campagnarde : queue de bœuf braisée et lapin au thym, à côté de plats mijotés traditionnels. Bonne sélection de vins espagnols.

SAN FERNANDO Venta de Vargas
Tapas

Plaza de San Juan Vargas, 11100 **Tél.** *956 88 16 22*

Ce restaurant populaire, immortalisé par le mythique Camarón de la Isla, possède une atmosphère très flamenco. Commandez des *raciones* de classiques tels que les *aliñadas* (salade de pommes de terre) ou essayez les ragoûts et les poissons frais de la baie. Terminez avec un *tocino del cielo*, un flan crémeux arrosé de caramel. Fermé dim. soir et lun.

SAN ROQUE Villa Victoria (Los Remos Rest)

Ctra San Roque-La Linea 351 km 2.8, Campamento, 11314 **Tél.** *956 69 84 12*

Installé dans une ancienne demeure victorienne au décor méditerranéen, ce restaurant sert des plats exquis. L'accent est mis sur les produits de la mer de première fraîcheur ; le *menú de degustación* comprend des beignets de crevettes et des orties de mer. On goûtera aussi aux spécialités de saison, dont les champignons sauvages. Fermé dim. soir et lun.

SANLÚCAR DE BARRAMEDA Casa Bigote

Tapas 🚻 🖥 📋 🍷 €€€

C/Bajo de Guía 10, 11540 **Tél.** 956 36 26 96

À l'embouchure du Guadalquivir, cette taverne de marins typique est une légende dans toute l'Andalousie. Le bar à tapas, orné de jambons et de tonneaux, en propose de fabuleuses au poisson. Dans le *comedor* aux poutres apparentes, vous pouvez aussi dîner de *langostinos de Sanlúcar* (grosses crevettes rayées) et de poissons frais. Fermé dim. et en nov.

TARIFA Arte-Vida

🚻 🖥 📋 €€

Ctra Nacional 340 km 79.3, 11380 **Tél.** 956 68 52 46

Un fabuleux hôtel installé au milieu des dunes de la grande plage de Tarifa. Son joli café-restaurant au décor simple et chic sert salades, pizzas et poissons grillés, à côté d'autres plats plus exotiques tels que la soupe thaï à la noix de coco. Au menu pour le dessert, de délicieux gâteaux et brownies à déguster avec un café. Vue sur la côte africaine.

TARIFA Mesón de Sancho

Tapas 📋 €€€

Ctra Cádiz-Málaga km 94, 11380 **Tél.** 956 68 49 00

Auberge classique à la sortie de Tarifa, sur la route d'Algésiras. Ce restaurant chaleureux propose plusieurs menus comprenant de robustes plats de viande andalous tels que le bœuf aux champignons. Il sert aussi un éventail de généreuses *raciones* au bar. Sancho est très apprécié par les familles, surtout le dimanche midi.

TORREMOLINOS Bar Restaurante Casa Júan

Tapas 🖥 📋 €€

C/San Ginés 18–24, 29620 **Tél.** 952 37 35 12

Ce restaurant populaire du front de mer agrémenté d'une grande terrasse prépare de bons plats comme un *arroz con bogavante* (du riz au homard) ou la *fritura malagueña*, inspirés d'anciennes recettes familiales (fournies par la mère et la grand-mère de Júan). Ouvert depuis que le boom touristique a transformé cet ancien village de pêcheurs. Fermé lun.

TORREMOLINOS Frutos

Tapas 🚻 🖥 📋 🍷 €€€€

Av de la Riviera 80, 29620 **Tél.** 952 38 14 50

Ce restaurant incontournable parmi les établissements de la Costa del Sol sert de superbes plats de viande et de poisson. Il possède aussi une terrasse et deux salles à manger où vous pourrez déguster du cochon de lait, suivi d'un *arroz con leche*. La remarquable cave à vins peut être visitée. À l'entrée, un bar à tapas sert des repas légers. Fermé dim. soir.

VÉJER DE LA FRONTERA Venta Pinto

Tapas 🚻 🖥 📋 🍷 €€

Calle La Barca de Véjer, 11150 **Tél.** 956 45 08 77

Véjer de la Frontera est une ville magique perchée sur une colline de la Costa de la Luz, dont le lacis de ruelles étroites rappelle le passé maure. Ce joli restaurant installé dans un ancien relais de poste à 3 km du centre-ville sert des versions créatives de plats régionaux. Dans le bar à tapas animé, on peut aussi acheter des spécialités locales.

ZAHARA DE LOS ATUNES Casa Juanito

Tapas 🚻 🖥 📋 🍷 €€

C/Sagasta 7, 11393 **Tél.** 956 43 92 11

Situé dans un joli village de pêcheurs (et petite station balnéaire), ce restaurant typiquement andalou possède une grande terrasse à quelques pas de la plage. Le poisson est la spécialité de la maison, en particulier le thon, qui donne son nom à la ville. La salle à manger comprend un bar à tapas. Fermé mer. (sauf en août) et en jan., nov., déc.

GRENADE ET ALMERÍA

ALMERÍA Club de Mar

🔲 🚻 🖥 📋 €

Playa de la Almadrabillas 1, 04007 **Tél.** 950 23 50 48

Dégustez poissons frais et crustacés dans ce club nautique du front de mer, où bourgeois et marins se mêlent sur la terrasse donnant sur le port. Parmi les spécialités, la *bullabesa* (bouillabaisse espagnole) et la *fritura* (assortiment de poissons frits). Vous pourrez aussi vous régaler avec le bon menu du midi.

ALMERÍA Rincón de Juan Pedro

Tapas 📋 €

C/Federico Castro 2, 04130 **Tél.** 950 23 58 19

À découvrir sur le circuit des tapas d'Almería : ce bar sert un merveilleux éventail de tapas – incluses dans le prix d'un verre. Vous pouvez aussi dîner de manière plus substantielle : *raciones*, spécialités de viande et de poisson, ou plats locaux tels que le *trigo a la cortijera* (ragoût aux baies, à la viande et à la saucisse). Fermé lun.

ALMERÍA Casa Sevilla

Tapas 🚻 📋 €€

Calle Rueda López, 04001 **Tél.** 950 27 29 12

Ce restaurant est devenu une institution : une fois par mois, son bar à tapas et quatre salles privées se transforment en un club de vins où goûter à quelque 8 000 crus régionaux et internationaux. À d'autres moments on appréciera ces vins avec la pêche du jour : lotte à la sauce aux amandes et au vin blanc, ou tartare de saumon. Fermé dim. et lun. soir.

ALMERÍA Bodega Bellavista

🚻 🖥 📋 🍷 €€€

Urbanización Bellavista, Llanos del Alquián, 04130 **Tél.** 950 29 71 56

Dans un cadre inattendu près de l'aéroport, ce restaurant au décor délicieusement suranné propose un éventail de plats andalous classiques et innovants. Poissons et crustacés dominent, mais vous pouvez aussi goûter à du bœuf ou à du chevreau de qualité supérieure. Vaste choix de vins provenant de toute l'Espagne. Fermé dim. soir et lun.

Catégorie de prix, *voir p. 228.* **Légende des symboles,** *voir le rabat arrière de couverture.*

ALMERÍA Valentin

€€

Calle Tenor Iribarne 19, 4001 **Tél.** *950 26 44 75*

Niché juste derrière la Puerta Purchena, porte centrale d'Almeria, c'est le meilleur endroit pour manger du poisson. *Marisqueria* à part entière (endroit spécialisé dans les crustacés), Valentin propose entre autres des minuscules crevettes blanches et rouges et du *bogavante* (homard), en plus de la sélection du marché. Fermé lun. et en sept.

BUBIÓN Teide

Tapas

€

C/Carretera 70, 18412 **Tél.** *958 76 30 37*

Perdu dans les immensités des Alpujarras, ce restaurant installé dans une maison de pierre entourée d'un charmant jardin sert des plats traditionnels comme le chevreau rôti et de généreuses salades de légumes locaux. Il offre aussi des tapas gratuites avec un verre, selon l'ancienne tradition andalouse. Fermé mar. ; 15-30 juin.

GRENADE Antigua Bodega Castañeda

Tapas

€

C/Almireceros 1–3, 18010 **Tél.** *958 21 54 64*

Avec ses céramiques anciennes, ses énormes tonneaux et son aspect rustique, Bodegas Castañeda est l'un des plus agréables et des plus authentiques bars à tapas de Grenade. Essayez le jambon de Trevélez qui fond dans la bouche ou la grande variété de poissons en bocaux. Un verre de xérès glacé est une manière parfaite de commencer la soirée.

GRENADE Chikito

Tapas

€

Plaza del Campillo 9, 18009 **Tél.** *958 22 33 64*

L'ancêtre du Chikito est un café que fréquentaient Garcia Lorca et ses amis. Parmi les spécialités, les fèves au jambon et l'omelette du Sacromonte à la cervelle, bien meilleure qu'il n'y paraît. Et pourquoi ne pas essayer les *piononos* (gâteaux à l'anis) ? Des tapas sont servies au bar en brique, orné de céramiques peintes. Fermé mer.

GRENADE Mirador de Morayma

€€

C/Pianista Garcia Carrillo 2, 18010 **Tél.** *958 22 82 90*

Situé dans l'Albaicin, avec vue sur l'Alhambra, ce charmant restaurant possède un patio. Il prépare des plats locaux tels que le *remojón* (salade d'oranges et de morue) et le chevreau sauté à l'ail. La carte des vins comprend des crus biologiques produits par la maison. Fermé dim.

GRENADE Velázquez

Tapas

€€€

C/Profesor Emilio Orozco 1, 18010 **Tél.** *958 28 01 09*

L'ambiance est chaleureuse et la cuisine pleine d'imagination, avec des interprétations modernes de plats maures tels que la *pastella* (tourte de pigeon aux pignons et aux amandes) et l'onctueuse soupe aux amandes. Il possède aussi un bar animé où vous pourriez déguster des tapas avec de bons vins locaux et du xérès. Fermé dim. et en août.

GRENADE Ruta del Veleta

€€€€

Ctra Sierra Nevada 136, km 5,400 Cenes de la Vega, 18190 **Tél.** *958 48 61 34*

Sur la route sinueuse de la Sierra Nevada, non loin de Grenade, ce restaurant traditionnel est réputé pour sa généreuse cuisine régionale. Le décor de textiles et de cruches en céramique des Alpujarras s'accorde bien avec les plats tels que le chevreau rôti et les bons poissons. En saison, vous pouvez essayer le gibier.

GRENADE Carmen de San Miguel

€€€€

Plaza Torres Bermejas 3, 18009 **Tél.** *958 22 67 23*

Goûtez un *arroz caldoso con conejo y codorniz* (du riz et son bouillon de caille et lapin) ou le *menú de degustación* pour découvrir les spécialités de ce joli restaurant décoré dans le style maure. Les produits ultrafrais sont préparés par un jeune chef talentueux et imaginatif. Merveilleuse vue depuis la terrasse. Fermé dim.

LOJA La Finca

€€€€

Hotel La Bobadilla, Autovía Granada-Sevilla, 18300 **Tél.** *958 32 18 61*

Vaut le détour depuis l'*autovía*. Dans cet exceptionnel restaurant intégré à un hôtel de luxe, le chef cuisine avec inventivité les légumes frais, les chapons et le porc, le gibier (en saison) et les poissons. Vous pourrez faire une folie avec le splendide *menú de degustación* et apprécier l'atmosphère romantique de la terrasse. Fermé au déjeuner.

MOTRIL Tropical

€€

Av Rodriguez Acosta 23, 18600 **Tél.** *958 60 04 50*

Simple auberge servant un vaste choix de plats andalous typiques dans un classique décor de bord de mer. Parmi les spécialités, la *zarzuela de mariscos* et le *choto a la brasa* (rôti de chevreau). Au dessert, essayez le sorbet de *chirimoya* (pomme cannelle). Fermé dim. et en juin.

ORGIVA El Limonero

€

Calle Yáñez 27, 18400 **Tél.** *958 78 51 57*

Après douze années d'activité, El Limonero est devenu une institution du chef-lieu des Alpurrajas. Parmi les spécialités : jarret de bœuf, solimillo d'agneau, dorade et saumon à la vapeur. L'accent est mis sur la diététique, avec des salades et des pâtes inventives. Ouvert le soir (à partir de 19h) et le midi. au déjeuner seulement.

VERA Terraza Carmona

Tapas

€€

Calle del Mar 1, 04620 **Tél.** *950 39 07 60*

Hôtel sans prétention doté d'un restaurant couronné de plusieurs prix. Parmi les spécialités, d'excellents fruits de mer et des plats régionaux inhabituels tels que les *gurullos con conejo* (pâtes au lapin). Gibier en saison, avec le sanglier aux olives et aux amandes. Vous pouvez aussi découvrir le joli bar à tapas. Fermé lun. ; 8-21 jan.

BOUTIQUES ET MARCHÉS

En Andalousie, faire les boutiques est une activité des plus agréables, surtout lorsqu'elle est abordée à l'espagnole. Ici, les courses se font au rythme du temps qu'il fait et respectent toujours la sacro-sainte *siesta*. Le lèche-vitrine s'effectue sans précipitation aucune et est ponctué de multiples pauses café, avec ou sans tapas.

Robe de flamenco
à pois traditionnelle

Bien que des chaînes de magasins commencent à s'implanter aux quatre coins de l'Espagne, les villes et villages du Sud regorgent de boutiques et de magasins typiquement andalous. L'Andalousie est renommée pour son artisanat traditionnel de qualité, avec un vaste choix de céramique, maroquinerie, marqueterie, bijoux en argent en filigrane, et ses délicieuses confiseries. La meilleure façon de découvrir les nombreux vins consiste à visiter une *bodega*. Celles de Jerez, Montilla, Málaga et Sanlúcar de Barrameda proposent des vins réputés. Dans les magasins, peu de vendeurs parlent français, mais ils sont en général très aimables.

Calle de las Sierpes, l'une des rues les plus animées de Séville

HORAIRES D'OUVERTURE

En Espagne, les magasins ferment généralement à l'heure de la sieste (à l'exception des grands magasins et des boutiques de souvenirs des grandes villes). La plupart ouvrent à 9 h 30 et ferment à 13 h 30, puis ouvrent à nouveau vers 16 h 30 ou 17 h pour fermer vers 20 h. Les boutiques de vêtements ouvrent rarement avant 10 h. Les horaires changent aussi pendant l'été et certains magasins ferment durant la canicule de l'après-midi, alors que d'autres restent ouverts plus longtemps, pour les touristes.

Certains commerces – surtout dans les petites villes – ferment le samedi après-midi, mais cette habitude tend à disparaître.

Les soldes ont lieu en janvier et juillet, mais certains magasins proposent aussi des offres spéciales avant Noël ou bien commencent les soldes fin décembre.

COMMENT PAYER

Les Espagnols continuent à régler la majeure partie de leurs achats en espèces. Beaucoup de commerces, surtout les plus grands, acceptent les cartes bancaires, mais rares sont ceux qui prennent les chèques de voyage.

Les articles achetés en soldes ne sont pas échangés. Les grands magasins ont tendance à délivrer des avoirs, plutôt que de rembourser leurs clients. Mieux vaut donc se renseigner à l'avance.

L'un des styles
d'assiettes de Séville

TAXES ET EXEMPTIONS

Les visiteurs qui viennent de pays hors UE peuvent récupérer les 15 % de TVA (qui se dit **IVA**, prononcez « iva ») sur les articles achetés dans les grands magasins, comme Cortefiel et El Corte Inglés. Pour chaque article dont le prix dépasse 90 €, vous devrez demander un formulaire à la caisse principale du magasin. Ce document devra absolument être tamponné par les douanes dans un délai de 3 mois. Il vous faudra ensuite demander le remboursement aux entreprises compétentes, elles ont des guichets aux aéroports et aux postes frontaliers espagnols.

Profusion d'éventails chez Díaz, Calle de las Sierpes à Séville

**Chapeaux de la Sombrerería
Hererederos de J. Russi à Cordoue**

SHOPPING À SÉVILLE

Son mélange exceptionnel
d'artisanat régional traditionnel
et de superbe design moderne
fait de Séville une ville très
agréable pour y faire
des achats.

Le quartier qui entoure
la Calle Tetuán et la Calle
de las Sierpes piétonne
(p. 74), abrite des magasins
traditionnels et modernes.
C'est un quartier élégant
aux rues animées regorgeant
d'articles les plus divers.

Vittorio & Lucchino
proposent des vêtements
de style andalou, tandis que
Loewe vend d'élégants
bagages et sacs à main, dans
de jolis coloris et **Purificación
García**, d'élégants vêtements.

Les rues autour de la Plaza
Nueva sont bordées de
boutiques élégantes, comme
Nuria Cabo, **Paco Rodríguez**
et **Adolfo Domínguez**, et de
magasins pittoresques vendant
des objets religieux. Pour des
objets typiquement andalous,
comme des éventails ouvragés,
allez chez **Díaz** ; chez
Maquedano pour des
chapeaux *cordobés* de très
bonne qualité et chez **Foronda**
pour de superbes châles
brodés main.

Le barrio de Santa Cruz
recèle quelques magasins
intéressants comme **Casa
Rodríguez** et **Velasco**,
spécialisés dans les accessoires
religieux. Pour les layettes
élégantes, **Larrana** est la
meilleure adresse. **Agua de
Sevilla** est une boutique de
parfum qui vend de l'eau de

toilette au jasmin.

Le **Supermercado Baco**
est une petite épicerie où
l'on trouve d'excellents
produits et vins espagnols.
La Calle Hernando Colón
abrite plusieurs boutiques
qui feront le bonheur des
collectionneurs, par
exemple de jouets
anciens ou de timbres.
El Postigo est un centre
d'artisanat qui propose
un choix intéressant
d'articles. **Sevillarte**,
non loin du Real Alcázar
(p. 82-83), et **Martián** vendent
aussi bien de superbes
céramiques que des objets
moins luxueux et plus
utilitaires.

Les amateurs de céramique
se rendront à Triana *(p. 102)*.
Ne manquez pas **Cerámica
Santa Ana**,
**Antonio
Campos** et les
nombreux
petits ateliers
sur la Calle
Covadonga.
Juan Osete
propose des
accessoires
de *feria*.

**La Trinidad, verrerie bleue
traditionnelle de Séville**

Les passionnés d'antiquités
comme les collectionneurs
trouveront leur bonheur chez
**Antigüedades Angel Luis
Friazza**, spécialiste de meubles
anciens espagnols.

À la verrerie **La Trinidad**, le
célèbre verre bleu de Séville
est beaucoup moins cher
que dans les boutiques
du centre-ville.

Sur la Calle de la Feria, est
installée la boutique
Muebles Ceballos
qui vend de la
vannerie
traditionnelle.

CORDOUE

Pour les amateurs de
shopping, Cordoue se
révèle un véritable paradis.
Le quartier le plus fascinant
est certainement celui des
ruelles étroites de la Judería
(p. 140). Ici, le **Zoco
Municipal** gère une sélection
d'ateliers réalisant des
spécialités de la ville : bijoux
en filigrane en argent,
céramiques peintes à la main,
maroquinerie et superbes
masques peints.

Vous trouverez aussi de
belles céramiques, de la
maroquinerie et des objets
en bois chez les **Artesanos
Cordobeses**.

Le quartier autour de la
Mezquita *(p. 144)* regorge de
boutiques de souvenirs qui,
outre les
inévitables
bibelots
touristiques,
vendent aussi
du bel artisanat.
Meryan est
notamment
spécialisé dans
les articles en
cuir repoussé.
Dans l'atelier
de guitare de **Manuel Reyes
Maldonado**, où viennent
s'approvisionner les grands
noms de la musique du
monde entier, vous pourrez
acheter de superbes guitares
fabriquées de façon
traditionnelle, quasiment
en « sur-mesure ».

Chez l'un des plus
célèbres chapeliers du pays,
la **Sombrerería Herederos
de J. Russi**, les amateurs
pourront faire l'acquisition
d'un chapeau *cordobés*
typique, plat, bien moins
cher qu'à Madrid ou
à Séville.

Manuel Reyes Maldonado dans son atelier de Cordoue

Artisan à l'ouvrage dans un atelier de marqueterie de Grenade

GRENADE

À Grenade, où les hivers sont froids, les magasins proposent chaussures et vêtements chauds. Chez **Julio Callejón**, vous trouverez des chaussures originales et, chez **Zara**, des vêtements pour hommes et femmes. **Cortefiel** est un grand magasin haut de gamme spécialisé dans l'habillement. Comme la Sierra Nevada n'est pas loin, la plupart des magasins proposent des vêtements de ski.

Le **Mercado Árabe** est une longue galerie bordée de boutiques vendant des vêtements et des accessoires d'inspiration marocaine. **Artesania Maria Angustia Navarrol** est spécialisé dans la marqueterie et les mantilles.

Tienda La Victoria offre un choix de gravures anciennes, de bibelots et de meubles. Les rues autour de la Gran Vía abritent de superbes *platerías*, (boutiques d'argenterie).

Vannerie de Alhama de Grenade

ANDALOUSIE

Les Andalous n'hésitent pas à se rendre dans un village pour y acheter la spécialité locale : huile d'olive, vin, tapis ou meubles. Les voyageurs qui ont tout leur temps pourront partir à la découverte des spécialités artisanales locales.

La meilleure huile d'olive est celle de Baena *(p. 147)* et de Segura de la Sierra *(p. 156)*. Dans la province de Séville, la plus savoureuse provient du village de Ginés. Nombre de monastères produisent et vendent des confiseries et des biscuits, qui feront des cadeaux originaux.

Plusieurs *bodegas* méritent une visite, notamment celles de Jerez *(p. 162)*, Sanlúcar de Barrameda *(p. 162)*, Montilla *(p. 147)* et Málaga *(p. 180)*. Les *botijos*, cruches en céramique mouchetée, sont la spécialité de La Rambla, à 30 km au sud de Cordoue. Dans la province de Cordoue, Lucena *(p. 147)* est l'endroit rêvé pour acheter des céramiques et du fer forgé.

Ronda *(p. 176)* compte plusieurs magasins proposant des meubles rustiques. À Guarromán, dans la province de Jaén, **Trastos Viejos** vend des meubles anciens.

Dans la province de Grenade, les villages de Las Alpujarras *(p. 198)* sont connus pour les *jarapas* (tapis en bouts de tissu), la vannerie

Marché aux fruits et aux légumes, Vélez Blanco *(p. 199)*

et les herbes médicinales. Au nord de Grenade, dans le village de Jún, **Cerámica Miguel Ruiz** expose et vend les plus beaux objets en céramique produits dans la région.

À Villamanrique de Condesa, en dehors de Séville, **Angeles Espinar** propose de superbes châles brodés main.

MARCHÉS

Les marchés offrent l'occasion de découvrir des spécialités locales : jambons, saucisses et fromages, tout en proposant un assortiment hétéroclite. Séville compte quelques déballages spécialisés, tels le marché aux puces et la brocante qui a lieu tous les jeudis sur la Calle Feria.

Le dimanche, le marché aux animaux domestiques Los Pájaros se tient sur la Plaza del Alfalfa, tandis que la Plaza del Cabildo devient le rendez-vous des amateurs de timbres et de pièces. Une brocante a lieu à Charco de la Pava à La Cartuja et un grand *rastro* (marché aux puces) dans le Parque Alcosa, au nord-est du centre-ville.

Les marchés de la Plaza de la Encarnación et d'El Arenal proposent de la nourriture d'excellente qualité.

À Cordoue, un marché aux puces a lieu sur la Plaza de la Corredera, le samedi et le dimanche. On trouve de nombreuses brocantes sur la Costa de Sol. La meilleure se tient à Puerto Banús, près des arènes, le samedi matin.

Poteries au marché de la Plaza de la Corredera, Cordoue

ADRESSES

SÉVILLE

Grands magasins
El Corte Inglés
Pl Duque de la Victoria 10.
Plan 1 C5 (5 C2).
Tél. 954 59 70 00.
www.elcorteingles.es

Vêtements
et accessoires
Adolfo Dominguez
Calle Sierpes 2. **Plan** 3 C1
(5C2). *Tél. 954 22 65 38.*
www.adolfo-
dominguez.com

Arcab
Paseo Colón 18. **Plan** 3
B2 (5B5). *Tél. 954 56 14
21.* **www**.arcab.es

Loewe
Plaza Nueva 12.
Plan 3 B2 (5 B5).
Tél. 954 22 52 53.
www.loewe.com

Maquedano
Calle de las Sierpes 40.
Plan 3 C1 (5 C3).
Tél. 954 56 47 71.

Purificación García
Plaza Nueva 8.
Plan 3 B1 (5 C3).
Tél. 954 50 11 29.
www.purificaciongarcia.
com

Vitorio & Lucchino
Plaza Nueva 10.
Plan 3 B1 (5 C3).
Tél. 954 50 26 60.
www.victorioylucchino.com

Zara
Calle Jose de Velilla 2-4.
Plan 3 B1 (5C2).
Tél. 954 56 00 96.
www.zara.es

Vêtements
pour enfants
Larrana
Calle Blanco de los Ríos 4.
Plan 3 C1 (6 D3).
Tél. 954 21 52 80.

Chaussures
Nuria Cobo
C/Méndez Nuñezesq
Rosario 14. **Plan** 3 B1 (5
C3) **www**.nuriacobo.com.

Paco Rodriguez
C/Tetuán 5-7.
Plan 3 C1 (5 C3).
Tél. 954 21 66 06.

Flamenco
Díaz
Calle de las Sierpes 71.
Plan 3 C1 (5 C3).
Tél. 954 22 81 02.

Foronda
Calle de las Sierpes 79.
Plan 3 C1 (5 C3).
Tél. 954 22 17 27.

Juan Osete
Calle Castilla 12.
Plan 3 A1.
Tél. 954 34 33 31.

Parfums
Agua de Sevilla
San Fernando 3.
Plan 3 C3 (6 D5).
Tél. 954 50 15 38
www.aguadesevilla.es

Objets religieux
Casa Rodríguez
Calle Francos 35.
Plan 3 C1 (6 D3).
Tél. 954 22 78 42.

Velasco
Calle Chapineros 4 (vers
Calle Francos).
Plan 3 C1 (6 D3).
Tél. 954 22 60 38.

Artisanat
Antonio Campos
Calle Alfarería 22,
Triana. **Plan** 3 A2.
Tél. 954 34 33 04.

Cerámica Santa Ana
Calle San Jorge 31,
Triana. **Plan** 3 A2 (5 A4).
Tél. 954 33 39 90.

Martián
Calle de las Sierpes 74.
Plan 3 C1 (5 C3).
Tél. 954 21 34 13.

Muebles Ceballos
Calle de la Feria 49
(près de Calle de Relator).
Plan 2 D4.
Tél. 954 90 17 54.

El Postigo
Calle Arfe s/n.
Plan 3 B2 (5 C4).
Tél. 954 56 00 13.

Sevillarte
Calle Vida 13.
Plan 3 C2 (6 D5).
Tél. 954 21 03 91.
www.sevillarte.com

La Trinidad
Avda de Miraflores 18-20
(vers Ronda de Capuchinos).
Plan 2 F4.
Tél. 954 35 31 00.

Art et antiquités
**Antigüedades Angel
Luis Friazza**
Calle Zaragoza 48.
Plan 3 B1 (5 B3).
Tél. 954 22 35 67.

Alimentation
et boissons
Hornos San Bernardo
Avda Menéndez Pelayo 8.
Plan 4 D2 (6 E5).
Tél. 954 41 90 53.

**Hornos de San
Buenaventura**
Calle Carlos Cañal 28.
Plan 3 B1 (5 B3).
Tél. 954 22 33 72.

Supermercado Baco
Calle Cuna 4.
Plan 3 C1 (6D2).
Tél. 954 21 66 73.

El Torno
Plaza del Cabildo s/n.
Plan 3 C2 (5 C4).
Tél. 954 21 91 90.

CORDOUE

Vêtements
Mango
Calle Gran Capitán 14-16.
Tél. 957 48 53 54
www.mango.com

Artisanat
Artesanos Cordobeses
Judios s/n (Zoco).
Tél. 957 20 40 33.

**Manuel Reyes
Maldonado**
Calle Armas 4.
Tél. 957 47 91 16.

Meryan
Calleja de las Flores 2.
Tél. 957 47 59 02.

**Sombrerería Herederos
de J. Russi**
Calle Conde, Gondomar 4.
Tél. 957 47 10 88.

Zoco Municipal
Calle Judios s/n.
Tél. 957 29 05 75.

GRENADE

Vêtements,
chaussures
et accessoires
Adolfo Dominguez
Calle Alhondigas 5.
Tél. 958 25 27 85.

Cortefiel
Gran Vía de Colón 1.
Tél. 958 22 93 99.

Julio Callejón
Calle Mesones 36.
Tél. 958 25 87 74.

Zara
Calle Recogidas 8
Tél. 958 25 80 05.

Tienda La Victoria
Calle Estribo 6.
Tél. 958 22 23 47.

Artisanat
Artesania Beas
Santa Rosalia 20.
Tél. 958 12 00 34.

**Artesania Maria
Angustia Navarro**
Calle Alcaicería 2.
Tél. 958 12 00 34.

Mercado Árabe
La Alcaicería.

Antiquités et cadeaux
**Antigüedades Gonzalo
Reyes**
Mesón Placeta de
Cauchiles 1.
Tél. 958 52 32 74.

Alimentation
et boissons
Flor y Nata
Avda Constitucíon 13.
Tél. 958 27 23 45.

ANDALOUSIE

Angeles Espinar
Calle Pascual Márquez 8,
Villamanrique de Condesa,
Séville. *Tél. 955 75 56 20.*
(tél. à l'avance)

Cerámica Miguel Ruiz
Camino Viejo de Jún s/n,
Jún, Grenade.
Tél. 958 41 40 77.

Trastos Viejos
Autovía E5 km 280, Aldea
de los Rios, Guarromán,
Jaén. *Tél. 953 61 51 26.*

Qu'acheter en Andalousie ?

Bracelet en filigrane

Les objets vendus dans les magasins et les marchés de la région reflètent les riches traditions artisanales andalouses. Les villes et villages d'Andalousie produisent de superbes articles, souvent faits main. Beaucoup de villes ont leur spécialité : Grenade est renommée pour sa marqueterie et ses céramiques peintes de style mauresque, Séville pour ses éventails et ses *mantillas*, Jerez, Montilla et Málaga pour leurs excellents vins. Quant à Cordoue, c'est la capitale des bijoux en filigrane d'argent, de la maroquinerie et des guitares.

Récipients en terre cuite émaillée d'Úbeda (p. 154-155), province de Jaén

LES CÉRAMIQUES ANDALOUSES

Durant des siècles, le riche sol andalou a servi à façonner des objets en céramique décoratifs et utilitaires : des plats en terre cuite (*cazuelas*) aux cruches (*botijos*), en passant par des jarres (*tinajas*), des carreaux décoratifs peints (*azulejos*) et des plats de cuisine et de table. Les amateurs pourront en acheter dans les ateliers, ou bien, moins cher, sur les marchés.

Plat de céramique, aux couleurs traditionnelles

Plat de Ronda, moucheté de vert et de bleu

Coupe de Cordoue, motifs traditionnels

Reproductions de carreaux du XVIIIe s. de Triana (p. 100)

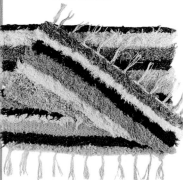

Tapis
L'Andalousie s'enorgueillit d'un savoir-faire séculaire dans la fabrication des tapis. La région la plus renommée est celle des Alpujarras (p. 198-199), où l'on utilise le coton et la laine, dans des couleurs où prédominent les tons terre et le bleu.

Maroquinerie
Les articles de maroquinerie sacs et ceintures sont vendus dans toute l'Andalousie. Le cuir repoussé est la spécialité de Cordoue (p. 140-146).

Boîtes en marqueterie
La marqueterie est produite à Grenade (p. 190-196). Des artisans y réalisent notamment des boîtes incrustées d'ivoire et de bois de couleur, ornés de motifs maures.

Castagnettes
Instrument de musique traditionnel du flamenco, les castagnettes existent en différentes tailles.

Éventails faits main
Souvenir andalou par excellence, les éventails les plus précieux sont en bois, gravés et peints à la main.

Guitares
Les guitares sont l'une des spécialités du pays du flamenco. À Cordoue, des ateliers fabriquent des guitares haut de gamme, dont beaucoup iront à des guitaristes célèbres.

Mantillas
Une mantille est une écharpe en dentelle qui se drape sur un grand peigne orné, en écaille ou en plastique.

SAVEURS ANDALOUSES

La gastronomie andalouse est le reflet des produits locaux. Les visiteurs découvriront un choix étonnant d'huiles d'olive. Quant au raisin, il produit non seulement d'excellents vins (p. 226), mais aussi du vinaigre de xérès. La région offre aussi des confiseries à base d'amandes, comme le *turrón*.

Huile d'olive des provinces de Cordoue et de Séville

Vinaigres de xérès produits par des *bodegas* à xérès

Yemas, confiseries fabriquées par les sœurs du Convento de San Leandro (p. 77)

HERBES ET ÉPICES

Plus de huit siècles d'occupation maure ont laissé leur empreinte sur la cuisine andalouse. Beaucoup de plats sont parfumés d'épices importées d'Orient, comme le cumin, la coriandre, le paprika et le safran. C'est sur les marchés que l'on trouve les meilleures épices exotiques et herbes cultivées en Andalousie, vendues en vrac.

Filaments de safran

Pimentón (paprika)

Graines de coriandre

Graines de cumin

Confiture du Convento de Santa Paula (p. 90), Séville

SE DISTRAIRE EN ANDALOUSIE

En Andalousie, la vie se déroule dans la rue et paresser au bar ou regarder les gens constitue une passe-temps suffisant pour remplir n'importe quel creux de vos vacances.

Pour vous distraire, vous avez le choix : le Sud de l'Espagne propose un riche programme de fêtes traditionnelles *(p. 38-39)* ainsi qu'un grand choix de festivals culturels *(p. 34-37),*

Affiche d'un festival de danse à Itálica

de corridas *(p. 26-27)* et de manifestations sportives. Vous pourrez assister à des spectacles de musique et de danse, notamment de flamenco.

En raison du climat, la plupart des événements se tiennent à l'extérieur. En été, la chaleur frôlant les 45 °C, la majorité des manifestations culturelles débute tardivement pour que les spectateurs profitent de la fraîcheur, parfois après minuit.

Guitariste de flamenco jouant lors d'un festival au Teatro de la Maestranza, Séville

INFORMATIONS PRATIQUES

Les offices de tourisme sont parfaits pour savoir ce qui se passe. Il existe aussi deux mensuels très utiles : *El Giraldillo* (à Séville) et *Qué Hacer* (à Málaga), gratuits et couvrant toute l'Andalousie.

Chaque grande ville a créé son site Internet. D'autres sites sont dédiés à toute l'Espagne, comme Lanetro et **Guía del Ocio** (choisissez la province dans le menu).

RÉSERVER SA PLACE

En général, les billets pour les manifestations sportives, l'opéra, les concerts et les festivals sont mis en vente à l'avance, à la billetterie, par téléphone ou en ligne. Vous

pouvez également vous adresser à une agence spécialisée dans les réservations pour tout type de manifestations, comme **ServiCaixa** et **Entrada.com**.

FLAMENCO

Séville et Jerez de la Frontera se targuent d'être les berceaux du flamenco, de la musique et de la danse andalouses traditionnelles *(p. 28-29).* Ces deux villes regorgent de *tablaos*, de bars et de restaurants avec des pistes de danse, dont l'accès exige au moins de prendre un verre, voire de dîner.

À Séville, rendez-vous au barrio de Santa Cruz et commencez par le **Museo del Baile Flamenco** *(p. 75).* D'autres lieux intéressants sont **La Carbonería** et **La Casa de la memoria de Al Andalus**.

Jerez possède un **Centro Andaluz de Flamenco** et plusieurs *tablaos*.

À Grenade, il existe de nombreux lieux où l'on danse le flamenco traditionnel parmi lesquels le Sacromonte *(p. 193)*, ainsi que sur l'Albaicín, avec la **Sala Albayín** et la **Zambra Maria La Canastera**. Cordoue abrite aussi deux bars dédiés au flamenco : **El Cardenal** et **La Bulería**. Les deux plus grands festivals de flamenco sont la **Bienal de Flamenco** de Séville qui se tient dans plusieurs théâtres à travers

toute la ville, toutes les années paires, et le **Concurso Nacional de arte Flamenco** de Cordoue, qui a lieu tous les trois ans. Le prochain se déroulera en 2013.

THÉÂTRE

En Andalousie, la plupart des représentations théâtrales sont en espagnol, mais vous pourrez aussi assister à des représentations internationales ou à des mimes. La saison théâtrale se compose de pièces de musique classique, de chorégraphies et d'opéras. Les principaux théâtres de Séville sont le **Teatro de la Maestranza** *(p. 68)*, le **Teatro de Vega** *(p. 97)* et le **Teatro Central**. À Cordoue, les spectacles ont lieu au **Gran Teatro**. Grenade possède deux théâtres : le **Teatro Alhambra** et le **Teatro Isabel la Católica**. Málaga propose des représentations au **Teatro Cásanovas** et au **Teatro Cervantes**.

Gran Teatro, Cordoue, l'une des grandes scènes de théâtre de la ville

Rosario Flores, star de la chanson andalouse, en concert

CINÉMA

Les films étrangers diffusés dans les principaux circuits d'Andalousie sont doublés en espagnol. On peut voir des films en version originale à l'**Avenidas Cines** à Séville, à la **Filmoteca de Andalucía** à Cordoue et au **Complejo Cinematográfico Gan Marbelle** sur la Costa del Sol. De juin à fin août, se tient un festival de cinéma en plein air, le Cine de Verano.

OPÉRA ET MUSIQUE CLASSIQUE

À Séville, la plupart des opéras, dont ceux des prestigieuses compagnies, se tiennent au **Teatro Lope de Vega** ou au **Teatro de la Maestranza** (p. 68). L'Espagne possède ses propres compagnies d'opérette, les *zarzuela*.

Comme pour la musique classique, les plus grandes villes ont leur orchestre (le **Real orquestra Sinfónica** de Séville, par exemple). Grenade est un lieu privilégié pour la musique classique. En plus du **Centro Cultural Manuel De Falla**, la ville accueille le **Festival Internacional de Música y Danza** (p. 35), dont les concerts ont lieu à l'Alhambra.

ROCK, POP ET JAZZ

Si les tournées internationales de rock passent généralement par Madrid et Barcelone, il arrive aussi qu'elles s'arrêtent à Séville ou dans d'autres villes d'Andalousie. De tels concerts ont habituellement lieu dans les stades de foot ou dans les arènes. L'Espagne possède une scène rock florissante.

Les musiciens andalous se sont appuyés sur les racines du flamenco pour créer des mélanges particuliers issus de différents styles. Deux autres grandes influences s'entendent dans la musique andalouse contemporaine : celles de l'Afrique du Nord et de l'Amérique latine. Le jazz a aussi son public : on l'écoute au **Naima Jazz Café** à Séville et pendant le **Festival de Jazz** de Grenade. Demandez autour de vous où sont les concerts et jetez un œil sur les flyers.

Une autre tradition musicale d'Andalousie intéressante est *la tuna* : il s'agit de groupes d'étudiants habillés en troubadours, qui jouent du luth et de la mandoline en chantant des sérénades dans les rues et sur les places.

La tuna, chanteurs traditionnels, à Séville

VIE NOCTURNE

Elle commence tard et s'étend jusqu'à l'aube. Le premier arrêt est souvent un *bar de copas* (ou pub), différent d'un bar à tapas puisqu'on n'y sert pas à manger et que les alcools forts remplacent le vin et la bière. L'étape suivante est la *discoteca*, qui ouvre à minuit, mais qui ne fera pas le plein avant 2 h du matin. Des clubs sont situés en centre-ville, mais beaucoup sont installés sur des sites industriels ou en dehors de la ville pour ne pas gêner les riverains.

Votre destination dépendra de votre âge, de vos goûts musicaux ou de votre orientation sexuelle : en effet, chaque ville possède quelques clubs gays et lesbiens.

Si vous ne tenez pas absolument aux endroits les plus à la mode, vous trouverez d'autres lieux où vous amuser : dans le quartier de Santa Cruz à Séville, de la Judería à Cordoue, et aux environs de la Plaza del Realejo ou au pied de l'Albaicín à Grenade (au Carrera del Darro et au Paseo de los Tristes).

L'été, la vie nocturne des complexes de la Costa del Sol diffère de celle des villes andalouses. Vous y trouverez encore des *bares de copa* et des *discotecas*, mais aussi des casinos : habillez-vous correctement et prenez vos papiers d'identité.

Spectacle de flamenco dans un bar de Séville

Real Escuela Andaluza de Arte Ecuestre, Jerez de la Frontera

CORRIDAS

Pour les *aficionados* de tauromachie, les arènes de la Maestranza de Séville (*p. 68*) sont un véritable mythe. Elles accueillent quelques-unes des plus grandes corridas du pays, pendant la Feria de Abril (*p. 38*). Ronda (*p. 176-177*), Cordoue et Grenade comptent également parmi les hauts lieux de la corrida.

La saison s'étend d'avril à octobre. Il est indispensable de réserver lorsque les matadors sont des célébrités et pour avoir une place à l'ombre (*sombra*). Il est plus facile d'obtenir des billets pour les *novilladas*, où se produisent de jeunes matadors. Les billets sont en vente au guichet des arènes.

MANIFESTATIONS SPORTIVES

Le football est très populaire en Espagne. Séville possède deux équipes rivales, le FC Sevilla, qui est basé à l'**Estadio Ramón Sánchez Pizjuán**, et le Betis, qui joue à l'**Estadio**

Céramique
vantant le Betis

Manuel Ruiz de Lopera. Les équipes de Cadix, Málaga et le Recreativo de Huelva (le plus ancien club de foot d'Espagne) connaissent beaucoup de succès.

La ligue de football espagnole compte trois divisions. Les matchs de ligue se déroulent le dimanche soir (parfois le samedi) de septembre à juin. Pendant la saison, les équipes disputent aussi des matchs éliminatoires pour la Copa del rey (la Coupe du Roi) et pour les tournois internationaux : ces derniers ont habituellement lieu en milieu de semaine. Les événements importants sont retransmis à la télévision. Pour assister à un match en direct, mieux vaut réserver à l'avance, au stade ou sur Internet.

POUR LES ENFANTS

En Espagne, les enfants suivent les adultes partout, de jour comme de nuit. Si vous souhaitez sortir avec les vôtres, vous avez le choix. **Isla Mágica** (*p. 104*) à Séville

est le plus grand parc à thème de l'Andalousie et **Tivoli World** le plus important de la Costa del Sol. Il existe aussi des parcs aquatiques pour les enfants les plus âgés (*p. 249*). Le **Teléferico Benalmádena** s'envole depuis Tivoli World jusqu'au sommet du mont Calamorro à 800 mètres au-dessus de la mer. Il existe un autre téléphérique amusant à Gibraltar (*p. 172-173*).

À Séville, des promenades en bateau sur la rivière sont organisées et à Cadix, ce sont des balades à travers la baie en *vaporcito* (*p. 165*). Vous pouvez aussi découvrir Marbella et Séville dans des attelages à chevaux, ou prendre les petits trains des complexes de bord de mer.

Le désert au centre d'Almería a servi de décor pour des westerns (*p. 202*). Les enfants apprécieront les fusillades mises en scène au **Mini-Hollywood**, près de Tabernas. À Jerez de la Frontera, vous assisterez à un très beau spectacle équestre présenté par le **Real Escuela Andaluza de Arte Ecuestra** (*p. 162*) ou vous irez au **Zoo Botánico** où se trouvent des animaux exotiques. Le safari parc **Selwo Aventura** à l'extérieur d'Estepona vaut le détour, à l'instar des aquariums de Roquetas del Mar (*p. 202*) à Almeria et à Benalmádena où se trouve le seul lieu dédié aux dauphins et aux pingouins : **Selwo Marina**.

Vue sur le port de Gibraltar depuis le téléphérique

CARNET D'ADRESSES

INFORMATIONS PRATIQUES

El Giraldillo
www.elgiraldillo.es
Guia del Ocio
www.guiadelocio.com
lanetro.com

RÉSERVATIONS

Entradas.com
Tél. 902 22 16 22.
www.entradas.com

ServiCaixa
www.servicaixa.com

FLAMENCO

Séville
Bienal de Arte Flamenco
Tél. 954 21 47 17.
www.bienal-flamenco.org

La Carboneria
Calle Levies 18 **Plan** 4 D1
(6E3). *Tél. 954 21 44 60.*

La Casa de la Memoria del Al Andalus
Calle Ximénez de Encisco
28. **Plan** 4 D2 (6E4).
Tél. 954 56 06 70.

Cordoue
La Buleria
Calle Pedro López 3.
Tél. 957 48 38 89.

El Cardenal
Calle Torrijos 10.
Tél. 957 48 33 20.
www.tablaocardenal.com

Concurso Nacional de Arte Flamenco
Tél. 957 48 06 44. www.
flamencoalbayzin.com

Grenade
Sala Abayzín
Carretera de Murcia,
Mirador San Cristóbal.
Tél. 958 80 46 46. www.
flamencoalbaycin.com

Zambra Maria La Canastera
Camino del Sacramonte
89. *Tél. 958 12 11 83.*
www.granadainfo.com/
canatera

Jerez de la Frontera
Centro Andaluz de Flamenco
Palacio Pemartin, Plaza
San Juan 1.
Tél. 956 81 41 32.

www.centroandaluzde
flamenco.es

THÉÂTRE

Séville
Teatro Central
Avenida José Gálvez, Isla
de la Cartuja. **Plan** 1 C2.
Tél. 955 03 72 00. www.
teatrocentral.com

Cordoue
Gran Teatro
Avenida Gran Capitán 3.
Tél. 957 48 02 37.

Grenade
Teatro l'Alhambra
Molinos 56.
Tél. 958 02 80 00.

Teatro Isabel La Católica
Acera del Casino.
Tél. 958 22 29 07.

Málaga
Teatro Canovas
Plaza de El Ejido.
Tél. 951 30 89 02.

Teatro Cervantes
Calle Ramos Marín.
Tél. 952 22 41 00.
www.teatrocervantes.com

CINÉMA

Séville
Avenidas Cines
Marqués de Paradas 15.
Tél. 954 29 30 25.

Cordoue
Filmoteca de Andalucía
Medina y Corella 5.
Tél. 957 35 56 55. www.
filmotecadeandalucia.com

Marbella
Complejo Cinematográfico Gran Marbella
*Tél. 952 81 64 21.*www.
cinesgranmarbella.com

OPÉRA ET MUSIQUE CLASSIQUE

Séville
Teatro de la Maestranza
Paseo de Colón 22.
Plan 3 B2 (5C5).
Tél. 954 22 33 44. www.
teatromaestranza.com

Real Orquesta Sinfónica de Sevilla
Tél. 954 56 15 36.
www.rossevilla.com

Grenade
Centro Cultural Manuel de Falla
Paseo de los Mártires.
Tél. 958 22 21 88.
www.manueldefalla.org

Festival Intenacional de Música y Danza
Tél. 958 22 18 44.
www.granadafestival.org

ROCK, POP ET JAZZ

Séville
Naima Jazz Café
Calle Trajano 47.
Plan 1 C5 (5C1).
Tél. 954 38 24 85.
www.naimacafejazz.com

Grenade
Festival de jazz de Grenade
Casa Morisca,
Horno del Oro 14.
Tél. 958 21 59 80.
www.jazzgranada.net

VIE NOCTURNE

Séville
Antique & Aqua
Calle Matematicos Rey
Pastor y Castro.
Tél. 954 46 22 07.
www.antiquetheater.com

Gran Casino Aljarafe
Avenida de la
Arboleda, Tomares.
Tél. 902 42 42 22. www.
grancasinoaljarafe.com

Benalmádena
Casino Torrequebrada
Avenida dell Sol.
Tél. 952 44 60 00.
www.casinotorreque
brada.com

Grenade
Granada 10.
Cárcel Baja 10.
Tél. 958 22 40 01.

Marbella
Casino Nueva Andalucía
Hotel Andalucía Plaza.
Tél. 952 81 40 00.
www.casinomarbella.
com

Puerto de Santa Maria
Casino Bahía de Cádiz
Tél. 956 87 10 42. www.
casinobahiadecadiz.es

CORRIDAS

Cordoue
Plaza de Toros
Avda de Gran Vía Parque.
Tél. 957 45 60 81.

Grenade
Plaza de Toros
Avenida Doctor Oloriz 25.
Tél. 958 27 24 51.

FOOTBALL

Estadio Manuel Ruiz de Lopera (Real Betis)
Avenida Heliópolis, Séville.
Tél. 902 19 19 07.
www.realbetisbalompie.es

Estadio Ramón Sánchez Pizjuán (Sevilla FC)
Avenida Eduardo Dato,
Séville. **Plan** 4 F2.
Tél. 902 51 00 11.

POUR LES ENFANTS

Benalmádena
Selwo Marina
Parque de la Paloma.
Tél. 902 19 04 82.
www.selwomarina.com

Teleférico Benalmádena
Explanada de Tivoli.
Tél. 902 19 04 82.
www.teleferico
benalmadena.com

Tivoli World
Arroyo de la Miel.
Tél. 952 57 70 16.
www.tivoli.es

Estepona
Selwo Aventura
Autovía Costa del Sol,
Las lomas del Monte.
Tél. 902 19 04 82.
www.selwo.es

Jerez de la Frontera
Zoo Bótanico
Calle Taxdirt.
Tél. 956 15 31 64. www.
zoobotanicojerez.com

Tabernas
Mini-Hollywood
Tabernas, Almería.
Tél. 950 36 52 36.

SÉJOURS À THÈME ET ACTIVITÉS DE PLEIN AIR

L'Andalousie possède un climat idéal pour apprécier tout un éventail d'activités de plein air, avec peu de jours froids ou humides. Ses côtes offrent un grand choix de sports aquatiques : la planche à voile sur l'Atlantique ou la plongée sous-marine dans les eaux calmes et claires de la

Balade en montgolfière en Andalousie

Méditerranée. Dans les terres, de magnifiques paysages – vallonnés et montagneux pour l'essentiel – sont bien adaptés aux randonnées à pied ou à cheval, et on peut profiter des golfs de la région. L'hiver, les skieurs s'amusent sur les pentes de la Sierra Nevada, les plus méridionales d'Europe.

PROMENADES ET RANDONNÉES

L'Andalousie offre une fantastique variété de terrains pour la marche, depuis la bande côtière jusqu'aux chaînes montagneuses, en passant par ses forêts. Le printemps est la meilleure saison pour les activités de plein air : il fait doux et le paysage est fleuri. On évitera le milieu de l'été en raison de la chaleur extrême et du risque de déshydratation.

Les Alpujarras (*p. 198-199*) et la Sierra de Grazalema (*p. 174*) sont deux endroits appréciés, mais on peut aussi emprunter les sentiers balisés de toutes les réserves naturelles de la région.

Emportez toujours avec vous une bonne carte. Les meilleures sont celles au 1/25 000 éditées par le Centro Nacional de Información Geográfica (CNIG). Portez de bonnes chaussures et un pantalon long pour éviter les égratignures des buissons d'épines méditerranéens. Munissez-vous d'un chapeau

et, si vous grimpez en altitude, d'une veste chaude. Ayez toujours de l'eau potable.

Pour de plus amples renseignements, contactez la **Federación Andaluza de Montañismo**. Des organismes tels qu'**Andalucian Adventures** (*voir séjours à thème*) et **Spanish Steps** proposent des promenades guidées dans la région.

À VÉLO

La terre andalouse est principalement montagneuse, ce qui décourage la plupart des cyclistes. En outre, les petites voies calmes, à l'écart des grands axes, sont rares. Cependant, la politique de transformation des chemins de fer désaffectés en «voies vertes» (*vias verdes*) a permis la création de 12 itinéraires cyclistes autonomes, tels que la Via verde del aceite (la voie verte de l'huile d'olive), longue de 55 km, entre Jaén et Alcaudete. Pour trouver les voies vertes, consultez le site Internet de la **Fundación de los Ferrocarriles Españoles**.

Séance de pêche sur la côte méditerranéenne de l'Andalousie

Si vous désirez participer à un voyage cycliste organisé, avec hébergement compris, contactez **Biking Andalucia**.

PÊCHE

On trouve d'excellents lieux de pêche au large des côtes, ainsi que quelques sites plus rares au bord des lacs et des rivières, par exemple la réserve naturelle de Cazorla (*p. 156*). Pour savoir où pêcher et quels permis obtenir, consultez la fédération de pêche régionale, la **Federación Andaluza de Pesca Deportiva**.

FAUNE ET ORNITHOLOGIE

Le parc national de Doñana (*p. 130-131*) est le meilleur endroit pour observer la faune andalouse, mais d'autres réserves naturelles dans la région offrent aussi de belles occasions de découvrir les fleurs sauvages et les oiseaux. Contactez **Iberian Wildlife**, spécialisé dans les excursions. Plusieurs organismes proposent de

Randonnée depuis la Sierra Nevada jusqu'aux Alpujarras

découvrir des baleines depuis le port de Tarifa *(p. 170)* ; parmi eux, la **Foundation for Information and Research on Marine Mammals**.

SPORTS ÉQUESTRES

Le cheval constitue l'un des fleurons de la tradition andalouse, comme on peut le constater lors de la Feria de Abril de Séville *(p. 38)*, du pèlerinage d'El Rocío *(p. 38)* et de beaucoup d'autres fêtes. La capitale équestre de l'Andalousie est Jerez de la Frontera *(p. 162)*, où est basée la Real Escuela Andaluza de Arte Ecuestre.

Une journée de promenade à cheval représente une belle manière de découvrir la campagne. Partout des écuries qui organisent de brèves sorties ou de longs séjours d'équitation. Parmi celles-ci, le **Dallas Love** dans les

À cheval sur la plage déserte de Zahara, près de Cadix

Le fabuleux golf de La Cala de Mijas, près des plages de Málaga

Alpujarras et **Los Alamos** sur la Costa de la Luz. Pour tout ce qui a trait aux chevaux, contactez la **Federación Andaluza de Hípica**.

GOLF

L'Andalousie possède plus de 90 terrains de golf, surtout concentrés sur la Costa del Sol (la « Côte du golf ») et autour des principales villes. La plupart comptent 18 trous et acceptent les non-membres contre un droit d'entrée.

Le plus grand club de golf est **La Cala de Mijas**, avec trois terrains à 18 trous et un à 6 trous. On trouvera un autre golf d'exception à **Montecastillo**, à Jerez de la Frontera, où se déroulent les Volvo Masters et d'autres

tournois importants. Pour localiser le green le plus proche, consultez la **Federación Andaluza de Golf**.

TENNIS

Le tennis est très populaire en Andalousie. Beaucoup de grands hôtels possèdent des courts et vous pouvez aussi vous rendre dans un club privé. Réserver un court dans un centre de sports local est meilleur marché. Contactez la **Federación Andaluza de Tenis**.

SPORTS NAUTIQUES

Le kayak et le ski nautique se pratiquent dans toutes les grandes stations balnéaires de la côte. Des bateaux peuvent être loués dans la plupart des marinas. Pour tous renseignements sur la navigation, contactez la **Real Federación Española de Vela**.

Tarifa *(p. 173)* possède les conditions idéales pour la planche à voile et le kitesurf ; l'hôtel Hurricane *(p. 218)* vous renseignera sur les leçons et la location d'équipements. Les côtes autour de La Herradura, dans la province de Grenade, et près du Cabo de Gata à Almería, sont réputées pour la plongée sous-marine. La **Federación Española de Actividades Subacuáticas** vous indiquera la plus proche école de plongée.

L'Andalousie possède également dix parcs aquatiques (*parques acuáticos*) destinés aux enfants, dotés de toboggans et de bassins à vagues. Ils se trouvent à Torre del Mar, Torremolinos, Grenade, Mijas, Cordoue, Séville, Almuñecar (sur la côte

de Grenade), Puerto de Santa Maria, Huelva et Vera (Almería).

SPORTS AÉRIENS

Pour tous les sports aériens, contactez la **Federación Andaluza de los Deportes Aéreos**.

L'Andalousie est considérée comme un bon endroit pour le parachutisme. **Skydive Spain**, près de Séville, propose des cours pour débutants et des sauts en tandem. **Glovento Sur** organise des vols en montgolfière d'une heure au-dessus de Grenade.

SKI

La Sierra Nevada *(p. 197)* est l'endroit le plus méridional d'Europe où skier. Sa station de base se trouve à 2 100 m d'altitude et la piste la plus élevée part de 3 300 m. La station possède 80 pistes, avec une section ininterrompue de presque 6 km le long de la Pista del Águila.

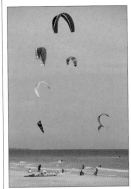

Le kitesurf, sport populaire sur les plages venteuses de Tarifa

Les impressionnants bains turcs de Grenade

NATURISME

Le bronzage seins nus est tacitement accepté dans toutes les stations balnéaires ; la plupart possèdent une ou plusieurs plages naturistes officielles, dans une crique éloignée de la plage principale. Le **Vera Playa Club** d'Almería est un hôtel destiné aux naturistes et **Costa Natura** près d'Estepona est un «village» résidentiel également dédié au nudisme. Pour plus d'informations, contactez l'**Asociación Naturista-Nudista de Andalucía**.

CENTRES DE CURE ET HÔTELS AVEC SPA

Les lieux de cure traditionnels d'Andalousie se trouvent surtout dans de petites villes éloignées où les sources d'eaux thermales ou médicinales alimentent les hôtels/sanatoriums qui traitent des patients souffrant de divers maux. Les principaux sont Alhama de Almería, Sierra Alhamilla (Almería), Alhama de Granada, Alicun de las Torres (Grenade), Graena (près de Guadix), Lanjarón (dans les Alpujarras), San Andrés (Jaén), Carratraca (Málaga), Fuente Armaga à Tolox (Málaga) et Fuente Amarga à Chiclana (Cadix). Pour de plus amples détails, contactez l'**Asociación Nacional de Estaciones Termales**.

Les hôtels de cure sont devenus populaires ces dernières années. Ils sont dotés d'installations plus luxueuses que la moyenne, au bord de la mer ou complétées d'un golf. Les Spa, normalement réservés aux clients de l'hôtel, offrent la remise en forme et des soins de beauté plutôt que de véritables traitements curatifs.

Le Spa du **Gran Hotel Guadalpin Byblos** (Mijas Costa) est spécialisé dans les traitements à l'eau de mer. Parmi les prestations, le masque raffermissant aux extraits de caviar avec les produits La Prairie. Les clients de l'**Hotel La Fuente de la Higuera**, à Ronda, choisiront parmi une sélection de masques, enveloppements et massages, ou se détendront dans les bains turcs. L'**Incosol Hotel**, à Marbella, propose des cures d'amaigrissement et anti-stress. Le Spa de **Las Dunas** utilise dans tous ses traitements de beauté les produits Ligne St Barth des Antilles. Le **Marbella Club Hotel** (p. 217) possède un Spa au bord de la plage qui offre 99 traitements de thalassothérapie, corporels et de beauté, dont le masque aux coquillages. L'Elysium Spa au **NH Sotogrande** (Sotogrande) propose un hydromassage et une salle de relaxation avec chromothérapie.

À l'époque où l'Andalousie était dominée par les Maures, la région comportait de nombreux bains publics. Le dernier a fermé au XVIIe siècle, mais des hammams privés se sont ouverts, avec salles chaudes et froides et massages, dans les villes de Séville, Cordoue, Málaga et Grenade. Il faut réserver et parfois payer à l'avance.

SÉJOURS À THÈME

Un séjour à thème constitue une bonne manière de passer une ou deux semaines en Andalousie tout en apprenant quelque chose d'utile. Pour plonger au cœur de la culture andalouse, vous pouvez tenter un atelier de danse flamenco au **Cortijo del Caño** à Grenade.

La cuisine est une autre façon d'apprendre sur le lieu où l'on se trouve. **Alhambra Travel** organise des cours de cuisine méditerranéenne, tandis que **L'Atelier**, dans les Alpujarras, enseigne la cuisine végétalienne et végétarienne.

Vous pouvez également suivre un cours d'espagnol. Attention, cependant : vous risquez d'adopter l'accent andalou, au lieu de la prononciation plus neutre du centre de l'Espagne. De nombreuses écoles privées proposent des sessions d'espagnol d'une semaine à plusieurs mois, mais le plus sûr est de vous inscrire auprès de l'organisme chargé de promouvoir la langue espagnole, l'**Instituto Cervantes**.

D'autres thèmes proposés n'ont pas de rapport direct avec l'Andalousie. **Andalucian Adventures** vous enseignera la peinture, la photographie et le yoga, tout en vous emmenant en promenade guidée, et le **Complejo turístico salitre**, dans les montagnes derrière Estepona, vous initiera aux merveilles du ciel nocturne, du haut de son observatoire.

Un artiste peignant le rivage à Nerja, Costa del Sol

ADRESSES

PROMENADES ET RANDONNÉES

Federación Andaluza de Montañismo
Calle Santa Paula 23,
2ºPlanta, Grenade.
Tél. 958 29 13 40.
www.fedamon.com

Spanish Steps
Calle Carreteria 6,
Cómpeta, Málaga.
Tél. 952 55 32 70.
www.spanish-steps.com

À VÉLO

Biking Andalucia
Apartado de Correos 124,
Orgiva, Grenade.
Tél. 676 00 25 46.
www.bikingandalucia.com

Fundación de los Ferrocarriles Españoles
www.ffe.es/viasverdes

PÊCHE

Federación Andaluza de Pesca Deportiva
Calle Leon Felipe 2,
Almería.
Tél. 950 15 17 46.
www.fapd.org

FAUNE ET ORNITHOLOGIE

Foundation for Information and Research on Marine Mammals
Pedro Cortés 4,
Tarifa.
Tél. 956 62 70 08.
www.firmm.org

Iberian Wildlife
Apartado de Correos 59,
Potes, Cantabria.
Tél. 942 73 51 54.
www.iberianwildlife.com

SPORTS ÉQUESTRES

Los Alamos
Apartado 56, Barbate,
Cádiz.
Tél. 956 43 10 47.
www.losalamosriding.co.uk

Dallas Love Stables
Bubión, Alpujarras.
Tél. 958 76 30 38.
www.spain-horse-riding.com

Federación Andaluza de Hípica
Tél. 954 21 81 46.
www.fah.es

GOLF

La Cala Resort
La Cala de Mijas,
Mijas Costa.
Tél. 952 669 033.
www.lacala.com

Federación Andaluza de Golf
Tél. 952 22 55 90.
www.fga.org

Montecastillo Barceló Golf Resort
Carretera de Arcos,
Jerez de La Frontera.
Tél. 956 15 12 00.
www.barcelomontecastillo.com

TENNIS

Federación Andaluza de Tenis
Tél. 932 00 67 69.
www.fatenis.com

SPORTS NAUTIQUES

Federación Española de Actividades Subacuáticas
Tél. 932 00 67 69.
www.fedas.es

Real Federación Española de Vela
Tél. 915 19 50 08.
www.rfev.es

SPORTS AÉRIENS

Federación Andaluza de los Deportes Aéreos
Estadio de la Cartuja,
Séville.
Tél. 954 32 54 38.
www.feada.org

Glovento Sur
Placeta Nevot 4, Grenade.
Tél. 958 29 03 16.
www.gloventosur.com

Skydive Spain
Apartado de Correos 66,
Bolullos de la Mitación.
Tél. 687 72 63 03.
www.skydivespain.com

SKI

Sierra Nevada
Tél. 902 70 80 90. www.sierranevada.ski.com

NATURISME

Asociación Naturista-Nudista de Andalucía
Tél. 628 80 62 50.
www.naturismo.org/anna

Costa Natura
Carretera de Cádiz
km 151, Estepona.
Tél. 952 80 80 65.
www.costanatura.com

Vera Playa Club
Carretera de Garrucha a
Villaricos, Vera, Almería.
Tél. 950 62 70 10.
www.playahoteles.com

CENTRES DE CURE ET HÔTELS AVEC SPA

Asociación Nacional de Estaciones Termales
Tél. 902 11 76 22.
www.balnearios.org

Las Dunas Beach Hotel & Spa
Urb. La Boladilla Baja,
Ctra de Cadiz km 163.5,
29689 Estepona, Marbella.
Tél. 952 80 94 00.
www.las-dunas.com

Gran Hotel Guadalpin Byblos
Urbanización Mijas Golf,
29650 Mijas Costa,
Málaga.
Tél. 952 47 30 50.
www.guadalpinbyblos
hotel.com

Hotel La Fuente de la Higuera
Partido de los Frontones,
29400 Ronda, Málaga.
Tél. 952 11 43 55.
www.hotellafuente.com

Incosol Hotel
Urbanización Golf Rio

Real, 29603 Marbella,
Málaga.
Tél. 952 86 09 09.
www.incosol.net

NH Sotogrande
Autovia A-7, Salida 130,
11310 Cádiz.
Tél. 956 69 54 44.
www.nh-hotels.com

HAMMAMS

Cordoue
Calle Corregidor
Luis de la Cerda 51.
Tél. 957 48 47 46.
www.hammamspain.com

Grenade
Calle Santa Ana 16.
Tél. 958 22 99 78.
www.hammamspain.com

Málaga
Calle C/Martires 21.
Tél. 958 80 54 81
www.medinanazari.com

Séville
Calle Aire 15.
Tél. 955 01 00 25.
www.airedesevilla.com

SÉJOURS À THÈME

Alhambra Travel
Casa Azahar, Calle
San Luis 12, Grenade.
Tél. 958 20 15 57.
www.alhambratravel.com

Andalucian Adventures
*Tél. 01453 834 137
(en Grande-Bretagne).*
www.andalucian-adventures.co.uk

L'Atelier
Calle Alberca 21,
Mecina Fondales,
Alpujarras.
Tél. 958 85 75 01.
www.ivu.org/atelier

Complejo Turístico Salitre
Tél. 952 11 70 05.
www.turismosalitre.com

Cortijo del Caño
Lanjarón, Alpujarras.
Tél. 958 77 12 44.
www.alpujarrasinfo.com/dance

Instituto Cervantes
Tél. 914 36 76 00.
www.cervantes.es

RENSEIGNEMENTS PRATIQUES

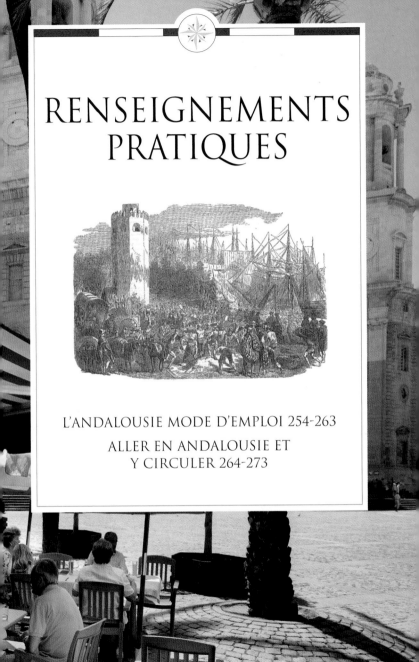

L'ANDALOUSIE MODE D'EMPLOI

L'économie andalouse est particulièrement dépendante du tourisme. Tout au long de l'année, la grande diversité de sites naturels ainsi que la richesse de l'héritage culturel de l'Andalousie attirent nombre de visiteurs. Beaucoup d'étrangers se sont même installés dans la région.

L'Expo'92, le 500e anniversaire de la découverte des Amériques, les Championnats de ski de la Sierra Nevada et les circuits culturels créés pour le Legado Andalusi en 1995

Logo de Junta de Andalucía

ont conduit à une augmentation du nombre d'installations touristiques et une amélioration des infrastructures. Les offices de tourisme de la Junta de Andalucía sont disséminés dans toute la région, offrant quantité de brochures, cartes et dépliants utiles. En Andalousie, mieux vaut ne pas essayer de tout voir, pour mieux découvrir un ou deux sites seulement. Adoptez l'heure andalouse, et partez visiter la région le matin, avant que la canicule ne devienne insupportable.

El Legado Andalusi (l'Officiel de l'Andalousie) met l'accent sur l'héritage maure à travers des expositions.

Si vous souhaitez un guide, les offices de tourisme vous communiqueront le nom d'agences proposant des visites guidées en plusieurs langues.

Brochures sur la culture andalouse, publiées par la Junta de Andalucía

Billets d'entrée pour l'Hospital de los Venerables, Séville (p. 81)

INFORMATIONS TOURISTIQUES

Les villes andalouses comptent plusieurs Oficinas de Turismo (offices de tourisme). Turespaña fournit des informations à l'échelle nationale, tandis que les offices gérés par la Junta de Andalucía ne couvrent que l'Andalousie. Les offices de tourisme locaux des petites villes ne fournissent habituellement que des renseignements sur les environs.

La plupart des offices de tourisme proposent des brochures sur les monuments, les voyages, les services d'urgence et l'hébergement. Ils fournissent des dépliants recensant les festivals locaux. Les journaux locaux sont également une source précieuse d'informations sur les manifestations sportives, les expositions et les concerts (p. 263).

BILLETS D'ENTRÉE

L'entrée de quelques monuments et musées est gratuite pour les Espagnols et les ressortissants de l'Union européenne. D'autres sites demandent un droit d'entrée (demi-tarif pour les enfants jusqu'à 12 ans et les groupes). Le paiement se fait en espèces, les cartes de crédit ne sont pas acceptées.

HEURES D'OUVERTURE

Les horaires d'ouverture des monuments et des musées sont très variables. D'octobre à mars, la majorité des musées sont ouverts de 9 h 30 ou 10 h à 13 h 30 ou 14 h, puis de 16 h 30 à 18 h ou 20 h. La plupart sont fermés le dimanche après-midi.

Visite guidée de Séville

◁ **Café et cathédrale, Plaza de Pio XII, vieille ville de Cadix**

Musiciens de flamenco, devant un café

Toutefois, pendant la haute saison, beaucoup de musées restent ouverts toute la journée.

VISITER LES ÉGLISES

La plupart des églises sont ouvertes seulement pour la messe, mais dans les petites villes, les gardiens laissent souvent entrer les visiteurs entre les offices.

La messe a lieu toutes les heures le dimanche, et vers 19 h-21 h en semaine. Dans la plupart des églises, les visiteurs sont les bienvenus durant l'office, s'ils sont silencieux. Les règles vestimentaires ne sont pas aussi strictes que par le passé, mais évitez les tenues courtes. L'entrée est gratuite, mais les offrandes sont bienvenues.

ÉTIQUETTE

Ouverts et chaleureux, les Espagnols n'hésitent pas à se saluer par des ¡Hola!, ¡Buenos días! ou ¡Buenas tardes! en se croisant dans les couloirs, dans les ascenseurs, ou dans les ruelles d'un petit village. Entre amis ou connaissances, les hommes se serrent la main et les femmes s'embrassent sur les joues, comme en France.

Il est interdit de fumer dans les cinémas, les ascenseurs ou les transports en commun, ainsi que dans les cafés et restaurants, sauf exception signalée. Dans les bars et cafés, il n'est pas d'usage de partager le montant de l'addition, sauf entre amis très proches.

Totalement entré dans les mœurs sur la Costa del Sol, le monokini n'est pas admis dans les petits villages du bord de mer.

POURBOIRES

Aujourd'hui, les pourboires sont laissés à l'appréciation du client. Le service (servicio) est généralement compris (p. 221), mais les Espagnols laissent entre cinq et dix pour cent de plus. On donne également de la monnaie aux chauffeurs de taxis.

LIVRE DES RÉCLAMATIONS

Un client qui n'est pas satisfait d'un service, en particulier dans un restaurant ou un hôtel, peut demander le libro de Reclamaciones. C'est un registre officiel

Ce restaurant possède un libro de Reclamaciones

ADRESSES

INFORMATIONS TOURISTIQUES

Office du tourisme espagnol
Accueil téléphonique seul.
(lun.-jeu. 9h-17h, ven. 9h-14h.)
Tél. 01 45 03 82 50.
ou *paris@tourspain.es*

Oficinas de Turismo
www.andalucia.org
Avenida de la Constitución 21, Séville. **Plan** 3 C2 (5 C4).
Tél. 954 78 75 78.

Paseo de las Delicias 9, Séville.
Plan 3 C4. *Tél.* 954 23 44 65.

Calle Torrijos 10, Cordoue.
Tél. 957 35 51 79.

Calle Santa Ana 4, Grenade.
Tél. 958 57 52 02.

SERVICES RELIGIEUX

Catholique
Iglesia del Señor San Jose
Calle San José 17, Séville.
Plan 4 D1 (6 E4).
Tél. 954 22 03 19.

Juif
Sinagoga Beth El
Urbanización el Real km 184, Marbella.
Tél. 952 77 40 74.

Musulman
Mezquita del Rey Abdulaziz
CN340 km 178, Marbella.
Tél. 952 77 41 43.

à la disposition de la clientèle, qui est inspecté régulièrement par les autorités locales. Ne l'utiliser que pour les litiges graves.

TOILETTES PUBLIQUES

Les toilettes publiques sont rares. Toutefois, on trouve un bar quasiment à chaque coin de rue, et la plupart des cafetiers ne voient pas d'inconvénient à ce qu'on utilise les *servicios*. Le « D » sur la porte signifie *Damas* (dames), le « C » *Caballeros* (messieurs).

Gardez un peu de monnaie, certaines toilettes sont payantes. Prévoyez aussi des mouchoirs car il n'y a pas toujours de papier-toilette.

Quelques instants de repos sur le bord d'une fontaine, à Séville

DOUANE ET IMMIGRATION

Pour les ressortissants de l'Union européenne, de Suisse et du Canada, une carte d'identité ou un passeport suffit pour les séjours n'excédant pas quatre-vingt-dix jours. Au-delà, il vous faudra demander un visa (visado) auprès d'un consulat d'Espagne.

À l'arrivée en Espagne, le passage en douane s'effectue très rapidement. Toutefois, les hôtels notent les numéros de passeport de leurs clients. Il n'y a aucun vaccin obligatoire.

Les grands magasins proposent un système de remboursement de la TVA pour les pays n'appartenant pas à l'Union européenne (p. 238).

AMBASSADES ET CONSULATS

Si vous perdez votre passeport ou si vous avez besoin d'aide, contactez votre ambassade ou votre consulat. Les commissariats des grandes villes possèdent des listes d'interprètes bénévoles (p. 258). Sur la Costa del Sol, le service des étrangers de l'Ayuntamiento (Departamento de Extranjeros) peut aussi vous aider.

ADRESSES UTILES

Consulat de France
1 Plaza de Santa Cruz,
41004 Séville.
Tél. 954 29 32 00.
ecrire@consulfrance-seville.org

Ambassade de France
Chancellerie diplomatique.
C/Salustiano Olózaga 9, 28001 Madrid.
Tél. 914 23 89 00.

Ambassade de Belgique
Paseo de la Castellana 18,
28046 Madrid.
Tél. 915 77 63 00.

Ambassade du Canada
Nuñez de Balboa 35,
28001 Madrid.
Tél. 914 23 32 50.

VOYAGEURS HANDICAPÉS

Les bâtiments modernes sont généralement équipés d'ascenseurs, de rampes et de toilettes accessibles aux handicapés. En revanche, certains monuments historiques peuvent se révéler difficiles à visiter.

Les offices de tourisme locaux et le personnel de chaque site pourront renseigner les personnes handicapées sur l'accessibilité du lieu. À Madrid, **Servi-COCEMFE** propose des informations sur les hôtels équipés (p. 209).

Le site Internet **Handicap tourisme** dispose de précieuses informations pour les voyageurs handicapés. L'**Association des paralysés de France** (APF) propose des voyages en groupe et aide les personnes à mobilité réduite et leurs familles à organiser des séjours individuels ; un site spécialisé dans le voyage a été créé.

ÉTUDIANTS

Séville, Grenade et Cordoue attirent quantité d'étudiants, dont beaucoup viennent en Andalousie pour apprendre l'espagnol. La plupart des villes possèdent un **Centro de Documentación e Información Juvenil**, procurant des renseignements spécifiques pour les étudiants et les jeunes. Les porteurs d'une carte internationale d'étudiant (ISIC) bénéficient de réductions, notamment sur les transports et les billets des musées.

Randonnée équestre dans les environs de Grenade

PLAQUES DE RUES ANDALOUSES

Beaucoup de rues en Andalousie affichent de superbes plaques. Souvent en carreaux blancs cernés d'une bordure peinte, elles sont ornées de l'emblème de la ville ou de la province. C'est ainsi que le panneau de la Calle Barrio Alto représente une grenade (granada).

Plaques polychromes d'Andalousie

ACHATS DÉTAXÉS

Si vous résidez en dehors de l'Union europénne, vous devrez réclamer la TVA (IVA en espagnol) que vous payez pour tout achat effectué en Espagne, et que vous souhaitez emporter avec vous. Pour être remboursé, il faut dépenser un minimum de 90,15 € dans le même magasin, le même jour. Au moment de l'achat, montrez votre passeport (comme preuve de votre lieu de résidence) et demandez un reçu de détaxe. Lors de votre départ, montrez vos achats au douanier à l'aéroport, ainsi que votre reçu. Il vous faudra ensuite vous rendre au bureau des achats détaxés. Là, vous serez remboursé de la TVA, soit directement en liquide, soit par crédit sur votre carte bancaire.

ADAPTATEURS ÉLECTRIQUES

Les prises espagnoles sont alimentées en courant alternatif de 220 volts et acceptent les prises mâles à deux broches rondes. Si vous voyagez avec des appareils électriques à grosses fiches, apportez un adaptateur. Vous en trouverez aussi dans les hypermarchés et les quincailleries. Dans la plupart des hôtels, les salles de bains sont équipées de prises pour les rasoirs électriques et les sèche-cheveux.

ADRESSES

Dans les noms de rues, les Espagnols omettent fréquemment le *Calle* (rue), de sorte que Calle Mateos Gago devient Mateos Gago. En revanche, d'autres mots, comme *Plaza* (place), *Callejón* (impasse), *Carretera* (boulevard) et *Avenida* (avenue), ne changent pas.

Dans les adresses, les lettres *s/n* (*sin número*) placées après le nom de rue signifient que le bâtiment ne possède pas de numéro. À l'extérieur des villes, vous trouverez parfois des adresses libellées de la façon suivante : « Carretera Córdoba-Málaga km 47 », ce qui indique que l'endroit se trouve au bord de la route, à la hauteur de la borne kilométrique correspondante.

HEURE ESPAGNOLE

Comme la France ou la Belgique, l'Espagne a une heure d'avance sur l'heure GMT. Le décalage horaire entre Séville et Montréal est de - 6h. Ce chiffre peut varier durant quelques jours au moment du passage à l'heure d'été ou d'hiver.

Si le temps se mesure officiellement sur 24 heures, en espagnol on dit pour le matin, *por la mañana* et pour l'après-midi, *por la tarde*. En réalité, l'après-midi espagnol ne commence pas à midi, mais plutôt après la sieste.

ADRESSES

INFORMATIONS POUR LES HANDICAPÉS

APF
17, bd Auguste-Blanqui, 75013
Tél. 01 40 78 69 00.
www.apf-evasion.org.

Handicap tourisme
http://tourisme.handicap.fr

Oficina de Turismo para Personas Discapacitadas
Ceadis Calle Fray Isidoro de Sevilla 1.
Tél. 954 91 54 44.
Fax 954 91 54 45.

Servi-COCEMFE
C/Luis Cabrera 63, 28002 Madrid.
Tél. 917 44 36 00.
www.cocemfe.es

INFORMATIONS POUR LES ÉTUDIANTS

La Casa de la Juventud
Campo Madre de Dios s/n,
14010 Cordoue.
Tél. et Fax 957 76 47 07.

Centro de Información Juvenil
Calle Castelar 22, 41001 Séville.
Plan 2 D5 (6 E1).
Tél. 955 33 63 50.

Centro Provincial de Documentación e Información Juvenil
Avenida de Madrid 5,
Tercera Planta, 18012 Grenade.
Tél. 958 02 58 50.

COURS D'ESPAGNOL

AEEA
Différentes écoles à Cadix,
Grenade, Málaga, Séville.
Tél. 952 44 10 90.
www.aeea.org

Universidad de Granada
Centro de Lenguas Modernos,
Placeta del Hospicio Viejo,
18071 Grenade.
Tél. 958 21 56 60.
www.ugr.es

Instituto Cervantes
7, rue Quentin Bouchard,
75008 Paris.
Tél. 01 40 70 92 92.
Fax 01 47 20 27 29.
http://paris.cervantes.es.fr

Instituto Picasso
Plaza de la Merced 20, 1er étage,
29012 Málaga.
Tél. 952 21 39 32.
www.instituto-picasso.com

Santé et sécurité

L'Andalousie est une région relativement sûre. Toutefois, les pickpockets et les voleurs à la tire sont nombreux, surtout à Séville. La prudence est de rigueur dans les sites touristiques comme dans les bus bondés. Nous vous recommandons de n'emporter aucun objet de valeur. Par ailleurs, si vous tombez malade pendant votre séjour, n'hésitez pas à vous rendre en premier lieu dans une pharmacie où un personnel compétent saura vous conseiller. En outre, prenez une assurance assistance avant le départ, car elles sont difficiles à trouver en Espagne, et plus chères.

Agent de la Policía Nacional

Police montée
de la Policía Nacional

OBJETS DE VALEUR

Les pickpockets sont nombreux dans les endroits d'affluence comme les sites touristiques et les marchés. Soyez particulièrement vigilant lorsque quelqu'un vous demande l'heure, il peut s'agir d'un moyen de détourner votre attention pendant qu'un complice tente de vous voler. Portez votre sac et votre appareil photo en bandoulière plutôt que sur votre épaule. Si vous avez un deux-roues, attachez-le solidement avec un antivol, surtout dans les grandes villes.

Laissez votre passeport à l'hôtel, et emportez une photocopie. En quittant votre voiture, déposez vos effets personnels dans le coffre, et préférez les parkings surveillés.

En cas d'incident, faites une déposition à la police (*poner una denuncia*) le plus vite possible (dans les 24 heures). Elle vous sera nécessaire pour obtenir une déclaration (*denuncia*) que vous remettrez à votre assurance.

SÉCURITÉ DES PERSONNES

Les rues andalouses étant très animées, il est rare de se retrouver seul. Les femmes pourront être gênées par les commentaires que peuvent faire les hommes sur leur passage et qui tenteront parfois de les suivre. Ce « passe-temps », appelé *piropo*, ne constitue généralement pas une menace sérieuse.

Séville ne possède pas vraiment de quartier mal famé. Évitez simplement de sortir un plan de la ville tard le soir, et essayez de donner l'impression de savoir où vous allez.

Lors de la visite des grottes de Sacromonte, près de Grenade, où des gitans donnent des spectacles de flamenco (*p. 193*), restez en groupe et gardez un œil sur vos affaires.

Ne prenez que des taxis officiels, avec un numéro de licence et, si vous êtes seul, évitez les transports en commun tard la nuit.

Voiture de la Policía Nacional

Voiture de patrouille de la Policía Local

POLICE

En Espagne, il existe trois sortes de polices : la Guardia Civil, la Policía Nacional et la Policía Local. N'oubliez pas que, en Espagne, il faut toujours avoir ses papiers d'identité sur soi.

En dehors des villes, on croise le plus souvent la Guardia Civil, en uniforme vert, qui sillonne les autoroutes. Elle n'a pas bonne réputation, mais elle vous aidera en cas de panne de voiture (*p. 271*).

La Policía Nacional, en uniforme bleu foncé, intervient par exemple en cas de délit. Ses compétences sont nombreuses, et s'étendent aussi aux permis et aux papiers des visiteurs étrangers. Dans les villes, la Policía Nacional surveille aussi les édifices, tels que les bâtiments officiels, les ambassades et les casernes.

Quant à la Policía Local, elle s'occupe des affaires courantes dans les petites villes.

NUMÉROS D'URGENCE

Premiers secours
Où que vous soyez : *Tél.* 112.
Gratuit depuis un fixe,
un portable ou une cabine
téléphonique.

Police
Tél. 112.

Police routière
Séville *Tél.* 954 62 11 11.
Cordoue *Tél.* 957 20 30 33.
Grenade *Tél.* 958 15 69 11.

PHARMACIES

Pour les petits problèmes de santé, adressez-vous à une pharmacie *(farmacia)* – le personnel est en général très compétent. Les pharmaciens délivrent quantité de médicaments sans ordonnance, y compris des antibiotiques.

Les *farmacias* sont signalées par une croix verte ou rouge lumineuse, généralement clignotante. On en trouve dans la plupart des villages et localités. Leurs horaires sont les mêmes que ceux des autres commerces (9 h 30-13 h 30 et 16 h-20 h). L'établissement de garde *(de guardia)* est signalé sur les portes de toutes les officines, et ces renseignements figurent également dans les journaux locaux.

Enseignes des pharmacies

SOINS MÉDICAUX

En cas d'urgence médicale, allez aux *urgencias* les plus proches – urgences d'un hôpital ou d'une clinique.

Toutes les grandes villes possèdent plusieurs hôpitaux. Sur la Costa del Sol, vous trouverez un hôpital sur la route principale longeant la mer (N340), à l'est de Marbella. Dans la plupart des hôpitaux, des interprètes bénévoles parlent anglais et parfois français.

La Cruz Roja (Croix-Rouge) possède un vaste réseau dans toute l'Espagne, et assure un service d'ambulances.

Les ressortissants de l'Union européenne ont droit à la même couverture de sécurité sociale que les Espagnols. Pour cela, vous devez vous procurer la carte européenne d'assurance maladie, disponible à votre caisse d'assurance ou sur le site www.ameli.fr Il faut en faire la demande environ deux

Ambulance de la Croix-Rouge

semaines avant le départ. Elle ne contient pas d'informations médicales, mais elle vous permettra de bénéficier de la prise en charge de vos dépenses de santé, en conformité avec la législation espagnole.

Il est toutefois prudent d'avoir souscrit un contrat d'assistance international. Selon la compagnie d'assurance, vous pourrez avoir à avancer le paiement, pour vous faire ensuite rembourser les frais.

PRÉCAUTIONS SANITAIRES

Attention au soleil, surtout entre mai et octobre : le mercure peut monter jusqu'à 45 °C. Évitez si possible la canicule de la mi-journée. Buvez beaucoup d'eau minérale. À la campagne, vous verrez parfois des pancartes représentant un taureau ou indiquant *Toro bravo* (taureau de combat). Soyez très prudent : les taureaux sont des animaux dangereux, qu'il ne faut surtout pas essayer d'approcher.

AIDE JURIDIQUE

Si vous êtes impliqué dans un incident qui nécessite l'intervention d'un avocat, demandez à votre ambassade ou à votre consulat *(p. 256)* un professionnel sérieux. Comme tous les avocats ne parlent pas français, les commissariats fournissent parfois des interprètes bénévoles *(intérpretes)*. Sinon, il est conseillé de recourir aux services d'un interprète professionnel pour exposer clairement son cas. Les *traductores oficiales* ou *jurados* sont habilités à réaliser la plupart des démarches légales ou officielles.

ADRESSES

OBJETS TROUVÉS

Cordoue
Comisaria de Policía,
Avenida Doctor Fleming 2.
Tél. 957 59 45 00.

Grenade
Ayuntamiento,
Plaza del Carmen 5.
Tél. 958 24 81 00.

Séville
Oficina de Objetos Perdidos,
Almansa 21.
Plan 4 D3.
Tél. 954 21 50 64.

SOINS MÉDICAUX

Cruz Roja
Hospital Victoria Eugenia,
Avenida de la Cruz Roja,
Séville.
Plan 2 E4.
Tél. 954 35 14 00.

Hospital Costa del Sol
Carretera Nacional 340,
km 192,
Marbella, Málaga.
Tél. 952 76 98 50.

Hospital General
Avenida de las Fuerzas Armadas,
Grenade.
Tél. 958 02 00 00.

Hospital Nuestra Señora de Valme
Carretera Madrid-Cádiz
km 548, Séville.
Tél. 955 01 50 00.

Hospital Reina Sofía
Avenida Menéndez Pida s/n,
Cordoue.
Tél. 957 01 00 01.

Hospital Virgen de la Macarena
Avenida Dr Fedriani 3,
Séville.
Tél. 955 00 80 00.

Hospital Virgen del Rocío
Avenida Manuel Siurot s/n,
Séville.
Tél. 955 50 12 00.

ASSISTANCE JURIDIQUE

Asociación Profesional de Traductores e Intérpretes
Plaza de los Mostenses 1,
28615 Madrid.
Tél. 915 41 07 23.

Banques et monnaie

En Espagne, les visiteurs n'auront la plupart du temps aucun mal à trouver des distributeurs. Même dans les petites villes, il y a souvent une ou deux banques (ce qui n'est pas forcément vrai dans les villages, en revanche). La majorité des hôtels, restaurants et grandes boutiques acceptent les cartes bancaires et les chèques de voyage. Il n'y a pas de limite aux devises que l'on peut importer en Espagne, mais les voyageurs qui souhaitent importer un montant supérieur à 6 000 € devront effectuer une déclaration à l'entrée dans le pays.

BANQUES

La patience s'impose dans les banques andalouses. Il y a généralement peu d'employés au guichet, et les files d'attente peuvent être interminables. Dans les grandes banques, certains employés parlent parfois quelques mots de français ou d'anglais.

Dans certaines banques, il faut remplir des papiers au *cambio* (guichet de change) avant de passer à la *caja* (caisse), pour retirer son argent. Il est préférable de s'adresser aux grandes banques, comme la BBV (Banco Bilbao Vizcaya Argentaria) ou la Banco Central Hispano. Dans ces établissements, qui comptent des succursales dans tout le pays, les clients ne font la queue qu'une seule fois.

Pour pénétrer dans la banque, vous devez sonner afin qu'un employé vous ouvre. Toutefois, beaucoup de banques sont maintenant équipées de doubles portes électroniques. Pour entrer, appuyez sur un premier bouton pour ouvrir la porte extérieure. Dans le sas, attendez que la lumière verte s'allume (lorsque la porte extérieure s'est refermée), la seconde porte s'ouvrira automatiquement.

HEURES D'OUVERTURE

Les banques sont ouvertes de 8 h 30 à 14 h, du lundi au vendredi. Seules quelques-unes ouvrent le samedi, et ce uniquement le matin en hiver. Les banques sont toujours fermées les jours fériés (*p. 37*). Pendant la semaine de *feria* locale (*p. 38-39*), elles n'ouvrent que pendant trois heures (de 9 h à 12 h) pour que les employés puissent aussi en profiter.

BBVA

Logo de la BBVA, Banco Bilbao Vizcaya Argentaria

CARTES BANCAIRES

Les cartes bancaires comme Visa, American Express et Mastercard (Access) sont acceptées dans tout le pays. Certains établissements pourront demander un justificatif d'identité. Les distributeurs de billets sont nombreux en Andalousie, mais attention tout de même, dans certaines zones moins touristiques, il se peut que vous rencontriez des difficultés à en trouver.

Quand vous retirez de l'argent, les instructions apparaissent souvent à l'écran en plusieurs langues.

CHANGER DE L'ARGENT

Les cartes bancaires sont acceptées et les distributeurs de billets nombreux.

Les visiteurs de pays non membres de la zone euro pourront changer de l'argent et des chèques de voyage dans les *casas de cambio* (bureaux de change), les banques et les *cajas de ahorros* (sociétés de crédit immobilier), ainsi que dans les agences de voyages et les hôtels. Un guichet de change est ouvert 24 h sur 24 à l'aéroport de Málaga, et celui de Séville possède une banque, ouverte aux horaires habituels. Sachez que les opérations de change peuvent être assez longues.

Prévoyez quelques euros en liquide, utiles à votre arrivée, puis cherchez-en sur place, au meilleur taux. Les cours des hôtels et des agences de voyages ne sont généralement pas les plus intéressants. Les commissions prélevées varient également. Elles sont plus élevées dans les aéroports.

Pour toute transaction, change ou retrait, présentez votre passeport ou votre permis de conduire.

CHÈQUES DE VOYAGE

Les chèques libellés en dollars sont souvent préférables, mais les banques espagnoles acceptent toutes sortes de devises. Toutes les banques prennent une commission sur les chèques de voyage, à l'exception des bureaux American Express pour leurs propres chèques.

Pour encaisser des chèques d'un montant supérieur à 3 000 €, il faut prévenir la banque 24 heures à l'avance. De même, pour retirer plus de 600 € en chèques de voyage, l'établissement vous demandera le certificat d'achat de vos chèques.

ADRESSES

PERTE OU VOL DE CARTES BANCAIRES

American Express
Tél. 902 37 56 37.

Diners Club
Tél. 901 10 10 11.

MasterCard
Tél. 900 97 12 31 (appel gratuit).

VISA
Tél. 900 99 12 16 (appel gratuit).

TRANSFERT D'ARGENT

Western Union Money Transfer
Tél. 902 11 41 89 / 902 19 71 97 / 91 454 73 06.

EURO

L'euro est la monnaie commune de l'Union européenne. Il est entré en circulation le 1er janvier 2002, initialement dans douze pays participants. L'Espagne faisait partie de ce groupe, et la peseta a disparu en mars 2002.

Les membres de l'UE ayant adopté l'euro comme monnaie unique forment la zone euro. Plusieurs pays de l'UE n'ont pas adopté l'euro.

Les billets en euros sont identiques dans tous les pays de la zone, chacun étant illustré de bâtiments et de monuments fictifs. Les pièces de monnaie possèdent une face identique (où figure la valeur), l'autre face présentant une image unique à chaque pays. On peut échanger les billets et les pièces dans tous les pays de la zone.

Les billets

Les billets en euros existent en sept coupures. Leur taille et leur couleur varient. Le billet de 5 € (de couleur grise) est le plus petit, le billet de 10 € est rouge, le billet de 20 € est bleu, le billet de 50 € est orange, le billet de 100 € est vert le billet de 200 € est brun-jaune et celui de 500 € est violet.

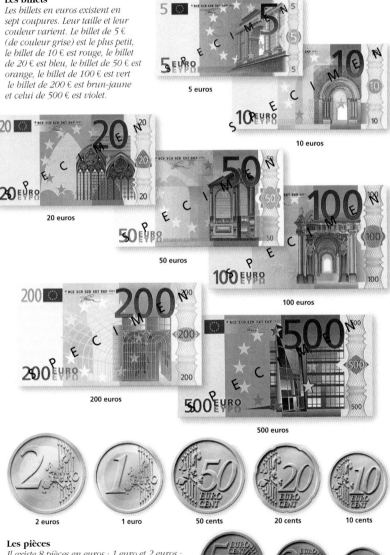

5 euros

10 euros

20 euros

50 euros

100 euros

200 euros

500 euros

2 euros   1 euro   50 cents   20 cents   10 cents

Les pièces

Il existe 8 pièces en euros : 1 euro et 2 euros ; 50 cents, 20 cents, 10 cents, 5 cents, 2 cents et 1 cent. Les pièces de 1 et de 2 euros sont dorées et argentées. Les pièces de 50, 20 et 10 cents sont dorées. Les pièces de 5, 2 et 1 cents sont couleur bronze.

5 cents   2 cents   1 cent

Communications et médias

Logo de la poste (correos)

Le réseau téléphonique espagnol est géré par Telefónica. Si le système fonctionne bien, les communications internationales sont généralement d'excellente qualité et il existe quantité de téléphones publics, en revanche les services postaux laissent à désirer. Toutefois, les lettres postées dans les bureaux centraux ne mettent pas trop longtemps à arriver. La radio et la télévision sont très appréciées, et il existe une foule de radios locales. Les journaux régionaux gagnent du terrain, mais leur tirage reste limité.

TÉLÉPHONER EN ANDALOUSIE

Les Espagnols adorent téléphoner : les cabines téléphoniques (*cabinas telefónicas*) sont nombreuses, et la plupart des bars disposent de téléphones publics. À cela s'ajoutent des bureaux de téléphone publics (*locutorios*), où l'on paie après sa communication, et des bureaux privés, avec fax et téléphone.

Les téléphones publics fonctionnent avec des pièces ou des cartes (*tarjetas telefónicas*). Les *cabinas* se trouvent souvent deux par

Logo de la compagnie espagnole Telefónica

deux dans la rue, l'une fonctionnant à pièces, l'autre à carte. Les cartes téléphoniques sont vendues dans les tabacs (*estancos*) et chez les marchands de journaux.

Pour les appels longue distance (*conferencias inter-urbanas*), mieux vaut

Les téléphones publics modernes de Telefónica, vert et bleu

téléphoner depuis les *locutorios*. Les appels effectués à partir d'une *cabina telefónica* ou d'un *locutorio* coûtent 35 % plus cher qu'à partir d'un téléphone privé. Appeler depuis un bar peut devenir prohibitif depuis que nombre d'entre eux installent des compteurs avec des tarifs très élevés. Les appels passés à l'hôtel sont également plus chers.

UTILISER UN TÉLÉPHONE PUBLIC

La plupart des nouveaux téléphones publics sont dotés d'un écran guidant l'utilisateur. Dans les villes et les lieux touristiques, les cabines comportent souvent un mode d'emploi illustré et une liste des indicatifs locaux et nationaux. Quelques téléphones permettent de sélectionner la langue des instructions en appuyant sur la touche comportant le drapeau correspondant.

Si vous téléphonez d'une cabine ouverte, gardez l'œil sur votre sac et votre porte-feuille, car vous êtes une proie facile pour les pickpockets.

ENVOYER UNE LETTRE

La poste espagnole a la réputation, non usurpée, d'être lente et peu fiable. Elle fonctionne assez bien entre les

POUR UTILISER UN TÉLÉPHONE À PIÈCES ET À CARTE

1 Décrochez le combiné, attendez la tonalité et le message *"Inserte monedas o tarjeta"*.

2 Insérez des pièces (*monedas*) ou une télécarte (*tarjeta*).

3 Composez le numéro (appuyez fermement, mais sans composer le numéro trop rapidement).

4 L'écran affiche le numéro que vous êtes en train de composer, ainsi que la somme ou le nombre d'unités restantes.

5 Après avoir terminé, raccrochez. La carte sortira automatiquement. L'appareil rend également les pièces non utilisées.

Télécarte espagnole

Boîte aux lettres espagnole,
(buzón)

villes, mais elle peut se révéler assez lente dans les petites localités. En été, les cartes postales mettent parfois plusieurs semaines à arriver. Les lettres déposées dans les postes centrales arrivent assez vite, mais les boîtes aux lettres *(buzones)* peuvent ne pas être vidées pendant plusieurs jours, même dans les villes.

Envoyez par prudence le courrier important ou urgent par courrier *certificado* (recommandé) et *urgente* (urgent). Il devrait arriver le lendemain en Espagne, et en trois à cinq jours en Europe.

Les timbres *(sellos)* sont vendus dans les postes et les tabacs *(estancos)*, affichant un symbole jaune et rouge. Les grands bureaux de poste sont ouverts de 8 h à 21 h du lundi au vendredi, et de 9 h à 19 h le samedi, les bureaux locaux de 9 h à 14 h du lundi au vendredi, et de 9 h à 13 h le samedi.

POSTE RESTANTE

La plupart des grandes villes proposent un service de poste restante. Le courrier doit indiquer le nom du destinataire, le nom de la ville et de la région. Le destinataire peut venir retirer gratuitement son courrier à la poste principale de la ville, en présentant un passeport ou une pièce d'identité.

TÉLÉVISION ET RADIO

L'Espagne possède deux chaînes publiques de télévision, TVE1 et TVE2, auxquelles s'ajoutent Antena 3 et Telecinco (5). L'Andalousie possède aussi sa propre chaîne, Canal Sur. Canal Plus existe aussi en Espagne, où la chaîne diffuse des films, du sport et des documentaires. Dans les programmes TV, les films étrangers diffusés en version originale sont indiqués comme en français par les lettres VO.

Les meilleurs bulletins d'information radiophoniques sont diffusés par la Radio Nacional de España.

Canal Sur, la télévision locale

ABC (conservateur) et *El Mundo* (indépendant). Les journaux régionaux, comme l'*Ideal* à Grenade, le *Diario* à Cordoue et le *Sur* à Málaga, recensent les manifestations culturelles et sportives locales. Les journaux locaux proposant un guide des spectacles et loisirs sont le *Giraldillo* à Séville, et le *Guía del Ocio* à Grenade (p. 244). *La Tribuna*, l'hebdomadaire gratuit de Cordoue, publie des informations pratiques très utiles.

Sélection de journaux régionaux et nationaux

JOURNAUX ET MAGAZINES

Les principaux journaux nationaux sont *El País* (journal proche du parti socialiste qui publie une version andalouse quotidienne),

ADRESSES

POSTES CENTRALES

Séville
Avenida de la Constitución 32.
Plan 3 C2 (5 C4).
Tél. 954 22 47 60.

Cordoue
Calle Cruz Conde 15.
Tél. 957 49 63 42.

Grenade
Puerta Real 2.
Tél. 958 22 11 38.

Renseignements
Tél. 902 19 71 97.

BUREAUX DE TÉLÉPHONE

Séville
Plaza de la Gavidia 2.
Plan 3 B1 (5 C3).

Cordoue
Plaza de las Tendillas s/n.

Grenade
Puerta Real.

ALLER EN ANDALOUSIE

L'Andalousie est très bien desservie par une vaste gamme de moyens de transport. Tous les ans, des milliers de charters, de low costs et de vols réguliers atterrissent dans la région, en provenance de pays européens. Les vols long courrier font généralement une escale à Madrid ou Barcelone avant d'arriver à Málaga, le principal aéroport de la région. Située à quelques kilomètres seulement du Maroc, Málaga est une porte sur l'Afrique. Séville est desservie par des vols internationaux et

Avion d'Iberia

par de bonnes liaisons ferroviaires. Grâce à l'AVE, train à grande vitesse reliant Séville à d'autres grandes villes, comme Cordoue, Málaga et Madrid, le train est parfois plus rapide que l'avion (temps d'enregistrement à l'aéroport compris).

Des autocars relient l'Europe du Nord à l'Andalousie, et des bus sillonnent toute la région. La voiture n'est pas la meilleure solution pour découvrir la région en été, période où des milliers de vacanciers se rendent depuis Madrid sur la Costa del Sol.

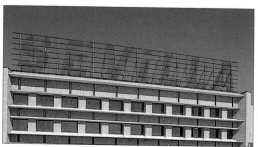

L'aéroport de Séville, situé non loin du centre-ville

ARRIVER EN AVION

La plupart des compagnies aériennes européennes et quelques compagnies nord-américaines desservent Málaga, le principal aéroport andalou. Toutefois, la majeure partie du trafic aérien est composée de charters, qui transportent des dizaines de milliers de vacanciers. Ces vols sont bon marché, mais les surréservations peuvent poser problème en été, et les avions ont souvent beaucoup de retard. L'aéroport de Séville est beaucoup moins fréquenté, et mieux situé pour les voyageurs qui désirent visiter l'intérieur des terres.

Voyages-sncf.com propose ses meilleurs prix sur les billets d'avion, hôtels, location de voitures, séjours clé en main ou Alacarte®. Vous avez également accès à des services exclusifs : l'envoi gratuit des billets à domicile, Alerte Résa qui signale l'ouverture des

réservations, le calendrier des meilleurs prix, les offres de dernière minute et promotion. www.voyages-sncf.com

VOYAGES ORGANISÉS

Les plages andalouses sont la destination favorite des agences de voyage organisé. Toutefois, certains tour-opérateurs proposent aussi des circuits traversant plusieurs villes. Ils commencent à Málaga pour suivre un itinéraire en car qui longe la Costa del Sol et passe par Séville, Cordoue, Grenade et Cadix.

AÉROPORT DE SÉVILLE

Cet aéroport est situé à 4 km seulement du centre-ville, sur la route de Cordoue et de Madrid (NIV).

Billetterie automatique d'Iberia

Tous les jours, des vols réguliers desservent Paris, Lyon, Toulouse et Bruxelles. Les liaisons intérieures relient Séville à Madrid, Barcelone et Saint-Jacques-de-Compostelle, mais aussi Palma de Mallorca et Tenerife. **Vueling** assure des vols nationaux et internationaux à bas prix. Séville accueille également des charters et des vols low costs.

La ligne de bus Los Amarillos dessert l'aéroport entre 5 h 15 et 00 h 15 (de 6 h 15 à 23 h le dimanche). Le trajet jusqu'au centre-ville en taxi coûte entre 17 et 20 euros.

AÉROPORT DE MÁLAGA

Tous les ans, environ 10 millions de passagers empruntent l'aéroport de Málaga, qui dessert environ 120 destinations internationales. L'aéroport est très animé toute l'année, mais surtout de juin à septembre. Les vols réguliers au départ de France sont notamment assurés par **Air France** et **Iberia**, mais aussi par **Air Europa**, **Easyjet** et **Ryanair**.

Très vaste, l'aéroport dispose de nombreuses boutiques. Des loueurs de voitures y proposent leurs services. Toutefois,

Logo d'Iberia

réservez un véhicule à l'avance. Le *tren de cercanías (p. 266)* dessert Málaga et la Costa del Sol, jusqu'à Fuengirola, toutes les 20 min, de 6 h à 23 h.

En voiture, le trajet jusqu'au centre de Málaga dure environ vingt minutes. Des taxis sont disponibles 24 h sur 24 ; les tarifs sont indiqués à la station. Le bus n° 19 circule toutes les 30 min, de 6 h 30 à minuit, et dessert également la ville.

AÉROPORT DE GRENADE

L'aéroport se trouve à 17 km de Grenade, au sud-est de la ville, sur la route principale vers Málaga.

Il a été agrandi et accueille désormais aussi des vols internationaux. L'aéroport propose un kiosque à journaux, une boutique, un café et un restaurant.

Des vols réguliers desservent Palma de Mallorca, Tenerife et Las Palmas, ainsi que Barcelone, Madrid et Valence. L'aéroport est ouvert de 8 h 30 à 20 h 30.

Des agences de location de voitures ont des succursales dans le terminal.

AÉROPORT DE GIBRALTAR

Ce modeste aéroport n'est guère pratique puisque les vols sont assurés exclusivement par **Easyjet** et **British Airways** depuis la Grande-Bretagne et oblige donc à avoir une correspondance.

LOUER UNE VOITURE À L'AÉROPORT

Dans les grands aéroports, les loueurs comme **AVIS**, **Hertz** et **Europcar** sont bien représentés. **Holiday Autos** est une compagnie locale bon marché (réservation par Internet). Il est recommandé de réserver la voiture choisie à l'avance, surtout durant la haute saison.

BAC POUR L'AFRIQUE DU NORD

Un passeport valide suffit pour visiter le Maroc pendant 90 jours. Le pays étant hors UE, des restrictions s'appliquent en matière d'alcool et de tabac. Consultez le consulat du Maroc ou le site de l'office national du tourisme marocain.

Le plus rapide pour se rendre au Maroc est de prendre le ferry entre Algésiras et Ceuta

(p. 171) avec **Acciona Transmediterranea** ou entre Tarifa et Tanger avec **FRS**. Les deux compagnies, ainsi que **Euroferrys** et la **COMARIT**, proposent des liaisons régulières entre Algésiras et Tanger. Vous pourrez partir de Málaga et d'Almería vers Melilla *(p. 171)* et d'Almería vers Nador avec Acciona Transmediterranea. La compagnie relie également Almería à Nador et à Oran.

L'avion est une autre solution. **Iberia** relie tous les aéroports andalous (avec escale) à Agadir, Casablanca, Fes, Laâyoune, Marrakech, Melilla, Ouarzazate, Oujda et Tanger. **Royal Air Maroc** dessert ces villes depuis Málaga. **Air Europa** assure des vols entre Málaga et Dakar, et **Air Nostrum** depuis Almería, Grenade et Málaga vers Melilla et Valence. **Helicópteros del Sureste** propose un vol en hélicoptère entre Málaga et Ceuta. Le vol dure 35 min et il y en a quatre par jour depuis l'aéroport de Malaga.

Ferry rapide de RFS entre Tanger et Tarifa

NUMÉROS ET SITES INTERNET

INFORMATIONS AÉROPORT

Séville
Tél. 95 4 44 90 00.
Málaga
Tél. 95 2 04 84 84.
Grenade
Tél. 958 24 52 00.

Air Europa
www.air-europa.com

Air Nostrum
www.airnostrum.es

Air France
Aeropuerto de Málaga.
Tél. 95 2 04 81 92.
www.airfrance.fr

British Airways
Málaga **Tél.** 902 111 333.
www.britishairways.com

Easyjet
www.easyjet.com

Iberia
Málaga
Tél. 902 400 50 00.
www.iberia.com

Royal Air Maroc
Tél. 915 48 78 20.
www.royalairmaroc.com

Ryanair
www.ryanair.com

Vueling
www.vueling.com

Helicópteros del Sureste
www.inaer.com/es/lineas

FERRYS

Euroferrys
www.euroferrys.com

COMARIT
http://comarit.es

FRS
Estacíon Marítima,
Tarifa.
www.frs.es

LOCATION DE VOITURES

Avis www.avis.es.
Europcar www.europcar.es
Hertz www.hertz.es
Holiday Autos
www.holidayauto.com

NUMÉROS UTILES

Consulat du Maroc
Camino de los descubrimientos, Isla de la Cartuja, Séville.
Tél. 95 408 10 44.

Office national du tourisme marocain
www.visitmorocco.com

L'Andalousie en train

Logo des trains AVE à grande vitesse

Les Pyrénées constituant un obstacle naturel entre l'Espagne et le reste de l'Europe, les liaisons ferroviaires avec la péninsule ibérique sont assez difficiles. Toutefois, la **RENFE**, compagnie des chemins de fer espagnols, relie Madrid et Barcelone à la France, l'Italie, l'Autriche et la Suisse. La RENFE dessert tout le pays, avec différents types de trains. Très fiable, le train rapide AVE (*Tren de Alta Velocidad Española*) reliant Séville, Cordoue et Madrid, et Málaga à Madrid (via Cordoue) a réduit de moitié la durée des trajets.

Trains AVE à grande vitesse à l'Estación de Santa Justa, Séville

ARRIVER EN TRAIN

Les trains en provenance de l'étranger ont pour terminus soit Madrid, soit Barcelone. De la capitale de Catalogne, le train AVE met environ 5 heures et demi pour rejoindre Séville. De Madrid, le voyage en AVE dure en 3 heures.

La principale gare d'Andalousie est Santa Justa *(p. 268)* à Séville. Elle dessert la plupart des villes andalouses ainsi que Barcelone et Madrid (avec 21 AVE quotidiens).

Les cartes Inter-Rail et EurRail sont valables sur le réseau de la RENFE, dans les conditions habituelles. Dans certains trains, un supplément sera toutefois demandé.

CIRCULER EN TRAIN EN ESPAGNE

Le réseau ferroviaire espagnol est très étendu et propose des solutions pour tous les budgets. L'AVE est très rapide mais cher. Néanmoins, à ce prix la ponctualité est

garantie : si le train a plus de 5 minutes de retard, le billet est remboursé.

Les services grandes lignes, *largo recorrido,* sont divisés en *diurnos* (train de jour) et *nocturnos* (trains de nuit). Les trains circulant le jour entre les villes sont appelés *Intercity*. Les *Talgos* sont un peu plus luxueux et plus chers. Les trains de nuit recouvrent aussi des *Expresos* et des *Talgo cama* (*cama* veut dire lit). Les *regionales* circulent de jour, à l'intérieur d'une zone déterminée. Les *cercanías*

partent des villes pour desservir les banlieues et les localités et les villages des environs.

RÉSERVER SA PLACE

Les réservations sont recommandées sur les grandes lignes, surtout pendant les jours fériés (*días festivos*) ou les ponts (*puentes*). Les billets peuvent être réservés dans une gare jusqu'à soixante jours à l'avance, et retirés jusqu'à vingt-quatre heures avant le départ. Vous pouvez également les faire envoyer à votre hôtel (*servicio a domicilio*). En revanche, vous ne pourrez pas effectuer de réservations pour les *regionales*.

Les billets sont désormais réservables sur Internet et des réductions peuvent être accordées si la réservation est faite très en avance.

BILLETS

Le prix du train est raisonnable. Le *largo recorrido* et les *regionales* ont une première et une deuxième classes (*primera/ segunda clase*). Les tarifs des AVE et du Talgo 200 de Málaga à Madrid sont fixés selon un système tenant compte à la fois de la classe – *turista* (bas), *preferente* (milieu) et *club* (haut), et de la période d'affluence – *valle* (faible), *plana* (moyenne) et *punta* (haute). Ainsi, les billets les plus chers sont les *club punta*, les moins chers les *turista valle*. Les billets comportent toujours un numéro de place (ou de

La gare d'El Chorro dans la province de Málaga

RÉSEAU PRINCIPAL DE LA RENFE EN ESPAGNE

Les chemins de fer espagnols proposent quantité de solutions. Les brochures de la RENFE pourront vous aider à choisir.

LÉGENDE

- Gares principales
- Réseau principal
- Lignes AVE
-- Lignes AVE en construction

lit dans les wagon-lits). Les billets grandes lignes sont vendus dans les grandes gares, les bureaux de la RENFE et dans certaines gares de *cercanías*. La date du voyage peut être modifiée à deux reprises, moyennant 10 à 15 % du prix. Pour un troisième changement, le billet sera réémis au plein tarif.

BILLETS POUR LES CERCANÍAS ET LES TRAINS RÉGIONAUX

Pour les lignes régionales et les *cercanías,* vous pouvez acheter un billet, ou *bono,* valable pour 10 voyages, ce qui permet d'économiser environ 40 % sur le prix normal. Le *bono* se compose avant de passer sur le quai.

HORAIRES

Les trains andalous sont assez ponctuels, particulièrement les AVE. Des brochures indiquant les tarifs et les horaires sont distribuées gratuitement ; elles sont aisément compréhensibles. Les indications concernant les *laborables* (jours ouvrables) et *sábados, domingos y festivos* (samedis, dimanches et jours fériés) figurent en dessous des horaires.

NUMÉROS UTILES

Réservations RENFE
Tél. 902 24 02 02. **www**.renfe.es

Séville
Viajes Távora
Calle Zaragoza 1. **Plan** 5 C2.
Tél. 954 22 61 60.

Cordoue
Córdoba Tours
Ronda de los Tejares 11.
Tél. 957 47 78 35.

Grenade
Bonanza Viajes
Reyes Católicos 30. *Tél.* 958 22 97 77.

Málaga
Solcenta,
Calle Trinidad Grund 2.
Tél. 952 21 81 91.

POUR UTILISER UNE BILLETTERIE AUTOMATIQUE

Les billeteries automatiques pour les *cercanías* et les lignes régionales sont faciles à utiliser : grâce au bouton en bas à gauche, choisissez votre langue et laissez-vous guider étape par étape.

4 Ou insérez votre carte de crédit.

1 Sélectionnez votre destination sur la liste de gauche.

2 Choisissez le type de billet : *sencillo* (aller simple), *ida* et *vuelta* (aller-retour) ou *tarjeta dorada* (retraités).

3 Insérez l'argent (billets ou pièces). L'appareil rend la monnaie.

Façade de la gare Santa Justa de Séville

SÉVILLE, SANTA JUSTA

Moderne et agréable, la gare de Santa Justa est l'une des réalisations architecturales les plus récentes d'Andalousie. Même en période d'affluence, l'édifice donne une impression d'espace et de sécurité. Tous les trains et tous les quais sont visibles de la gigantesque baie au centre du bâtiment.

Des indicateurs affichant les horaires des AVE et des autres trains grandes lignes se trouvent près des guichets délivrant les billets. Des distributeurs automatiques émettent des titres de transport pour les trajets régionaux et en *cercanías* (p. 266-267).

Salidas DEPARTURES

Panneau d'affichage électronique de la gare Santa Justa

Guichet de la gare Santa Justa

La gare possède un grand café-restaurant self-service, des boutiques, des kiosques à journaux, des distributeurs de billets et des bureaux de change. Pour les objets trouvés, s'adresser au bureau indiqué *Atención al Cliente*. Une station de taxi et un grand parking se trouvent devant la gare. L'édifice est ouvert de 4 h à minuit et n'est qu'à cinq minutes de voiture ou de bus du centre-ville.

renfe

Logo de la RENFE

CORDOUE

Cordoue s'enorgueillit d'une grande gare moderne, inaugurée en octobre 1994. Située au nord-ouest de la ville, elle est à quelques minutes en voiture du centre. Comme Santa Justa, la gare est spacieuse, bien gérée et il est facile de s'y retrouver. Les trains desservent Madrid, Málaga, Barcelone, Séville, Jaén et Bilbao. L'AVE pour Madrid effectue le trajet en deux heures seulement, et Séville est à quarante-cinq minutes. La gare possède des guichets, des cafés et des magasins, ainsi qu'une consigne à bagages.

GRENADE

La gare de Grenade est petite et provinciale. Elle accueille des trains régionaux ou des *cercanías*, mais aussi des trains grandes lignes desservant Madrid, Séville, la Costa Blanca, Barcelone, Almería, Cordoue et Málaga.

La gare de Grenade

MÁLAGA

La gare de Málaga a été rénovée et agrandie lors de la mise en service de l'AVE. Un train direct se rend tous les jours à Barcelone, et un autre relie Madrid via Cordoue. Des lignes pour Séville sont en construction. La gare a une station de taxis, une consigne à bagages et une liaison ferroviaire pour l'aéroport.

GARES

Séville, Santa Justa
Avenida Kansas City. **Plan** 2 F5 (4 F1).

Grenade
Avenida Andalusia s/n.

Cordoue
Glorieta de las Tres Culturas.

Málaga
Esplanada de la Estación s/n.

Renseignements
Tél. 902 24 02 02.
www.renfe.es

L'Andalousie en car

L'Andalousie est desservie par cars depuis la France, les Pays-Bas, la Belgique et la Suisse. Dans la région, le car est un moyen de transport très répandu, et la qualité des prestations s'est beaucoup améliorée au cours des dernières années. La plupart des véhicules sont climatisés et possèdent la vidéo, un bar et des toilettes. Bon marché, les voyages en car sont souvent rapides et agréables, car les routes sont en bon état. Toutefois, pendant les nombreux jours fériés, ce mode de transport est nettement moins confortable : les cars sont bondés, les retards fréquents et les routes embouteillées.

Car régional de la compagnie Alsina Graells

ARRIVER EN CAR

Les principales gares routières se trouvent à Séville, Grenade, Cordoue et Málaga. Certaines compagnies ont d'autres points de départ ou d'arrivée que les gares routières. C'est surtout le cas à Grenade, ville desservie par de nombreuses compagnies.

Les cars assurent des liaisons régulières entre les villes et les villages. Parfois, ce mode de transport est le seul moyen de se rendre dans une petite localité.

SÉVILLE

La principale gare routière de Séville est située au centre-ville, sur la Plaza de Armas, dont l'architecture est très moderne. De là, la société Alsa dessert des destinations internationales, ainsi que Madrid, Badajoz et Extremadura. Pour toutes les autres destinations, allez à la gare routière du quartier du Prado de San Sebastian.

CORDOUE

La principale gare routière de Cordoue, exploitée par Alsina Graells, est petite et simple. Elle ne compte qu'une petite aire d'attente pour les voyageurs, avec un café et un kiosque à journaux. D'ici, des cars partent à intervalles réguliers pour Grenade, Murcie, Almería, Málaga, Algésiras, Cadix et Séville.

GRENADE

À Grenade, ne vous laissez pas déconcerter par le grand choix de compagnies de car, desservant de multiples destinations. La plus importante est Alsina Graells Sur, dont les véhicules partent de la gare routière centrale. L'endroit est déplaisant et il est recommandé d'acheter les billets à l'avance, ce qui permet d'arriver à la gare simplement quelques minutes avant le départ. Cette gare dessert la Murcie et l'Andalousie. Les cars à destination de Madrid partent devant la gare ferroviaire principale, sur l'Avenida Andalucía.

MÁLAGA

La gare routière de Málaga, Estación de Autobuses, se trouve au centre-ville, non loin de la gare ferroviaire. Des cars en partent tous les jours pour différentes destinations en Espagne, y compris Séville (en 2 h 30), Madrid, Barcelone, Valence et Alicante, ainsi que pour les huit capitales provinciales de la région. La compagnie Linebús propose de nombreuses liaisons avec des petites villes, et Eurolines dessert toute la France.

GARES ROUTIÈRES

Séville
Estación Plaza de Armas
Plaza de Armas. **Plan** 1 B5 et 5 A2.
Tél. 954 90 80 40.

Prado de San Sebastian Estación
(pour toute destination en Andalousie)
Plan 4 D3. *Tél. 954 41 71 11.*

Cordoue
Terminal Alsina Graells
Glorieta de las Tres Culturas.
Tél. 957 40 40 40.

Grenade
Terminal Alsina Graells Sur
Carretera de Jaén, Grenade.
Tél. 958 18 54 80.

Málaga
Estación de Autobuses
Paseo de los Tilos.
Tél. 952 35 00 61.

Hall de départ principal de la gare routière de la Plaza de Armas, Séville

L'Andalousie en voiture

Logo d'une grande chaîne
de stations-service

Les grandes routes et les autoroutes en Andalousie, récentes pour la plupart, sont en très bon état. Veillez toutefois à acheter une carte routière publiée récemment : en raison de l'extension du réseau routier, beaucoup de cartes ne sont plus à jour. N'oubliez pas que l'Espagne arrive en deuxième position des pays européens en matière d'accidents de la route. La prudence s'impose, surtout en juillet et en août, lorsque des milliers de vacanciers ne connaissant pas la région se retrouvent sur les routes. Dans les villes et les villages, mieux vaut se garer loin du centre, puis se déplacer à pied.

Ruelle andalouse typique, bloquée par une voiture

ARRIVER EN VOITURE

À l'entrée en Espagne, aucun document spécial n'est nécessaire pour les visiteurs conduisant une voiture immatriculée à l'étranger. Assurez-vous simplement que vous êtes bien en possession de vos permis de conduire, carte grise et attestation d'assurance. Si vous désirez louer un véhicule en Espagne, votre permis de conduire vous suffira.

La plupart des autoroutes espagnoles sont bien équipées : elles disposent en effet d'assez nombreuses stations-service, d'aires de repos et de cafétérias ainsi que d'un réseau de téléphones à utiliser en cas de panne, qui vous relieront automatiquement au service d'intervention d'urgence. Demandez le *auxilio en carretera*.

CODE DE LA ROUTE

En Espagne, les véhicules circulant sur une place ou un rond-point sont prioritaires par rapport à ceux qui arrivent de droite. Toutefois, lorsque vous êtes sur une place, ne vous attendez pas à voir ralentir les véhicules qui s'y engagent, certains n'hésiteront pas à forcer la priorité.

La vitesse est limitée à 50 km/h en agglomération, à 90 km/h-100 km/h en dehors et à 120 km/h sur autoroute. Le port de la ceinture de sécurité est obligatoire, à l'avant et à l'arrière du véhicule. Tout véhicule doit posséder un triangle de signalisation, un gilet fluorescent et un équipement de premiers secours.

PANNEAUX DE SIGNALISATION

Sur les routes andalouses, les panneaux de signalisation sont les mêmes que dans toute l'Europe. Toutefois, les indications sont souvent confuses et peu cohérentes. En quittant une localité, surveillez soigneusement les pancartes. Certaines sont petites, et vous aurez tôt fait de les manquer.

Si vous vous êtes engagé dans la mauvaise direction, soyez à l'affût des pancartes *Cambio de sentido*, qui indiquent les ponts ou les tunnels permettant de faire demi-tour.

CONDUITE LOCALE

Beaucoup d'Andalous passent outre les panneaux de signalisation, et la plupart accélèrent lorsque le feu passe à l'orange.

PANNEAUX DE SIGNALISATION

Sachez reconnaître les panneaux suivants :
Peligro : danger.
Obras : travaux sur la route.
Ceda el paso : cédez la priorité.
Cuidado : prudence.

Panneau de signalisation, indiquant les directions

Pancarte surplombant l'autoroute

Attention, taureaux sur la chaussée

Risque de neige ou de verglas

Les automobilistes qui doublent signalent parfois leur manœuvre par un geste du bras par la fenêtre.

Les clignotants ne sont pas utilisés systématiquement. Soyez vigilant, et essayez d'anticiper les actions des véhicules qui vous entourent.

AUTOROUTES

En Andalousie, la plupart des autoroutes, appelées *autovías*, ne sont pas payantes. Il s'agit généralement de routes existantes qui ont été réaménagées. Une *autopista* est une autoroute à péage ; la A4 (*Autopista Mare Nostrum*) relie Séville à Cadix.

En arrivant sur l'*autopista*, prenez l'une des files d'accès et avancez lorsque la lumière verte s'allume, pour prendre un ticket. Le paiement s'effectue à la sortie, en fonction de la distance parcourue. Attention donc à ne pas égarer votre ticket.

CIRCULER À LA CAMPAGNE

Les routes nationales, signalées par la lettre *N* (*rutas nacionales*) sont généralement en très bon état. En revanche, certaines petites routes andalouses sont très tortueuses et grimpent à pic, et le revêtement n'est pas toujours fiable. De plus, les déviations sont souvent fléchées, mais les indications sont incomplètes ou difficiles à suivre.

FAIRE LE PLEIN

Dans beaucoup de stations-service andalouses, on vous servira encore l'essence. Les plus grandes stations restent ouvertes 24 h sur 24.

Dans les libres-services, le client paie souvent l'essence avant de se servir. On y trouve du *super* (super), du *gasoil* (diesel) et du *sin plomo* (sans plomb). Les cartes de crédit sont largement acceptées.

CIRCULER EN VILLE

La circulation peut se révéler difficile dans les villes et les villages. Au centre de Séville (surtout autour de Santa Cruz) et de Cordoue (près de la Mezquita), les ruelles sont étroites et les manœuvres difficiles. À cela vient s'ajouter la conduite rapide et souvent imprudente des citadins. Mieux vaut laisser votre véhicule au parking et emprunter les transports en commun jusqu'à ce que vous vous soyez familiarisé avec le quartier.

SE GARER

Il n'est guère facile de se garer à Séville. La ville ne possède pas de quartiers pourvus de parcmètres (comme les *zonas azules* existant dans d'autres régions du pays), mais vous y trouverez des parkings souterrains pratiques.

Dans certaines rues ou sur des places, vous aurez affaire à des gardiens de parking, dont l'activité n'est pas vraiment officielle, mais la plupart sont honnêtes. Moyennant un pourboire, ils vous aideront à vous garer puis surveilleront votre véhicule jusqu'à votre retour.

Au centre de Cordoue, il est très difficile de se garer. Essayez le parc de stationnement souterrain

Gardien de parking

près de la Mezquita.

Grenade est bien lotie en places de parking et en garages. Comptez environ 1,50 euro pour une heure.

VÉLO

Cordoue et Grenade sont équipées de pistes cyclables, mais les automobilistes respectent assez peu les cyclistes. Dans les villes, la circulation est souvent trop anarchique pour s'y déplacer. Séville a rendu piétonnes et accessibles aux cyclistes deux de ses routes principales.

L'une des routes les plus élevées d'Europe, sur la Sierra Nevada

L'Andalousie à pied et en bus

Les centres historiques de beaucoup de villes et villages sont un véritable dédale de ruelles étroites et de petites places, et le meilleur moyen de partir à leur découverte consiste à se déplacer à pied. Dans de nombreuses villes, seuls les riverains peuvent accéder au centre-ville en voiture. Les bus ne conviennent souvent pas pour aller d'un monument à l'autre, mais ils sont utiles pour se rendre dans les quartiers commerçants, ou de l'hôtel au centre-ville. Très bon marché, propres et sûrs, ils ne sont bondés qu'aux heures de pointe.

Numéros des bus *circulares*

Itinéraires des bus, avec les arrêts

À PIED

Dans beaucoup de villes andalouses, les sites intéressants ne sont jamais très éloignés de l'endroit où se trouvent les hôtels – à quelques minutes de bus ou de taxi tout au plus.

À Séville, les offices de tourisme distribuent une brochure, *Paseando por Sevilla* (« Flâner dans Séville »), qui propose des promenades intéressantes pour découvrir la ville. Toutefois, l'un des grands plaisirs des villes andalouses consiste à se perdre à dessein dans le dédale de ruelles, pour découvrir des monuments au hasard de la promenade.

Il existe de très nombreuses randonnées pédestres organisées, qui permettent de découvrir l'arrière-pays andalou. Regardez dans le magazine *Giraldillo* (p. 263) qui recense les loisirs, sous la rubrique *Deportes* (sports).

Rouge : attendez. Vert : traversez avec prudence

TRAVERSER LA RUE

Les conducteurs espagnols ont la fâcheuse habitude de ne pas tenir compte des piétons, même lorsqu'ils sont prioritaires. Il est très rare qu'un automobiliste s'arrête à un passage protégé. Les carrefours dotés de passages piétons ne sont souvent signalés aux automobilistes que par un simple feu orange clignotant, même lorsque le signal pour les piétons est au vert.

PRENDRE L'AUTOBUS

La montée dans les bus s'effectue toujours à l'avant. Là, achetez un billet au conducteur, montrez votre carte d'abonnement, ou compostez votre *bonobus* (billet). Pour descendre, appuyez sur le bouton pour demander l'arrêt. Si le bus est bondé, dirigez-vous vers la sortie à l'avance.

Sévillans s'adonnant au *paseo*, véritable institution en Espagne

Un autobus urbano, à Séville

À Séville, les bus climatisés sont essentiellement gérés par **Autobuses Urbanos Tussam** et sont rouge et noir. Les lignes les plus utiles pour les visiteurs sont les *circulares*, numérotées de C1 à C5, qui font le tour du centre-ville. Les bus circulent à partir de 6 h en semaine et le samedi (dès 7 h le dimanche et les jours fériés) jusqu'à 23 h 30 en hiver et minuit et demi en été. Les bus de nuit prennent ensuite le relais, jusqu'à 2 h.

Sevirama City Tour, un bus à impériale sans toit, est une bonne formule pour découvrir Séville. Les circuits partent de la Torre del Oro (p. 69) ou de la Plaza de España (p. 98).

Les bus sont moins utiles à Grenade puisque la plupart des monuments sont situés dans la zone piétonne. Les n° 31 et 32 circulent du centre-ville à l'Albaicín, et le n° 34 du centre à l'Alhambra et au Sacromonte.

À Cordoue, le centre-ville est également piéton. Prenez les n° 3 et 16 pour aller du centre historique au cœur plus commercial de la ville.

COMPAGNIES D'AUTOBUS

Autobuses Urbanos Tussam
Avda de Andalucia II, Seville. **Plan** 4 D3.
Tél. 902 45 99 54. **www**.tussam.es

Sevirama City Tour
Paseo de Colón 18, Seville.
Plan 3 B2. **Tél.** 954 56 06 93.

ATTELAGES

Peut-on imaginer meilleur moyen qu'un attelage au charme d'antan pour découvrir l'atmosphère romantique des villes andalouses ? Les tarifs officiels sont généralement affichés aux différents points de départ des attelages, par exemple près de la Giralda *(p. 78)* à Séville ou à la Mezquita *(p. 144-145)* à Cordoue. Le prix s'élève à 40 € pour 40 minutes pour quatre personnes, mais certains cochers sont prêts à marchander. Les voitures peuvent transporter jusqu'à quatre personnes.

Voiture à chevaux, près de la cathédrale de Séville

BILLETS ET CARTES DE TRANSPORT

À Séville, vous pourrez acheter un *billete sencillo* ou *univiaje* (aller simple) dans le bus. Assurez-vous toutefois que vous avez suffisamment de monnaie. Si le conducteur ne peut vous rendre la monnaie sur un billet, il vous demandera de descendre au prochain arrêt.

Avec le *bonobus*, valable pour dix voyages, le trajet est moitié moins cher. Un *bonobus con derecho a transbordo* vous permet de changer de bus, tant que votre trajet ne dure pas plus d'une heure.

Pour les visiteurs qui effectuent plus de 5 trajets en bus par jour, la *tarjeta turística* (carte de 3 ou 7 jours) est une bonne solution. Ces cartes sont en vente aux guichets Tussam, dans les kiosques à journaux et dans les tabacs.

Pour les visiteurs séjournant plus longtemps à Séville, le *bono mensual* (abonnement mensuel) est intéressant. La carte vous sera délivrée au bureau central de Tussam.

TAXIS

De jour comme de nuit, les taxis ne manquent pas dans les villes andalouses. Ils sont tous blancs, et portent un logo sur les portières, ainsi que leur numéro officiel. Il est utile de connaître quelques mots d'espagnol pour indiquer la destination au chauffeur. Le compteur indique le prix de base, auquel s'ajoutent des suppléments pour *tarifa nocturna* (de nuit), *maletas* (bagages), ou *días festivos* (jours fériés). En cas de doute sur le prix, demandez les *tarifas* (liste des tarifs) au chauffeur.

Taxi sévillan typique, blanc avec son logo et le numéro officiel

NUMÉROS DE RÉSERVATION DE TAXIS

Séville
Tél. 954 58 00 00.

Cordoue
Tél. 957 76 44 44.

Grenade
Tél. 958 28 06 54.

MÉTRO

Le réseau de métro de Séville, destiné à faciliter les communications entre le centre-ville et les quartiers périphériques, comprend quatre lignes de métro, dont la première (ligne 1) a ouvert début 2009. Ces lignes assurent les correspondances avec les gares et stations de bus. La ligne 4 dessert l'aéroport.

Le tramway (Metro-Centro) existe depuis début 2008 dans le centre de Séville. Il relie rapidement le Prado de San Sebastian à la Plaza Nueva. D'autres lignes seront ajoutées afin d'étendre le réseau jusqu'à la Puerta Osario et à la gare Santa Justa.

COMPOSTER UN BILLET

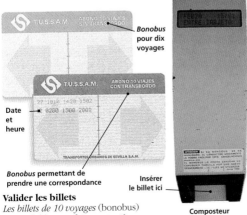

Bonobus pour dix voyages

Date et heure

Bonobus permettant de prendre une correspondance

Insérer le billet ici

Composteur

Valider les billets
Les billets de 10 voyages (bonobus) *sont valables une fois compostés.*

Index général

Les numéros de pages en **gras**
renvoient aux principales entrées.

Remerciements

L'éditeur remercie tous ceux qui ont contribué par leur travail et par leur aide à la réalisation de cet ouvrage.

Auteurs

David Baird, qui a vécu en Andalousie de 1971 à 1995, a publié de nombreux articles et ouvrages sur l'Espagne, notamment *Inside Andalusia*.

Martin Symington est journaliste spécialisé dans les voyages et auteur. Il a écrit de nombreux textes sur l'Espagne, et publie régulièrement des articles dans *The Daily Telegraph*. Il a également participé au *Guide Voir Grande-Bretagne*.

Nigel tisdall, qui compte parmi les auteurs du *Guide Voir France*, a publié plusieurs livres dans le domaine des voyages, et notamment le *Insight Pocket Guide to Seville*.

Collaborateurs

Louise Cook, Josefina Fernández, Adam Hopkins, Nick Inman, Janet Mendel, Steve Miller, Javier Gómez Morata, Clara Villanueva.

Illustrations d'appoint

Richard Bonson, Louise Boulton, Brian Cracker, Roy Flooks, Jared Gilbey, Paul Guest, Christian Hook, Mike Lake, Maltings Partnership, John Woodcock.

Cartographie d'appoint

James Anderson, DK Cartography, Uma Bhattacharya, Mohammed Hassan, Jasneet Kaur.

Collaboration artistique et éditoriale

Claire Baranowski, Francisco Bastida Cabaña, Eugenia Blandino, Greta Britton, Maggie Crowley, Cathy Day, Vinod Harish, Tim Hollis, Claire Jones, Vincent Kurien, Colin Loughrey, Francesca Machiavelli, Nicola Malone, Lynnette Mc Curdy, Susan Mennell, Michael Osborne, Olivia Shepherd, Azeem Siddiqui, Sylvia Tombesi-Walton, Conrad Van Dyk, Word on Spain.

Index

Helen Peters.

Photographies d'appoint

Patrick Llewelyn-Davies, Lynnette Mc Curdy, David Murray, Martin Norris, Ian O'Leary, Rough Guides/ Demetrio Carasco, Clive Streeter.

Références photographiques et artistiques

Concha Moreno de l'Aeropuerto Málaga ; Fanny de Carranza de l'Area de Cultura del Ayuntamiento, Málaga ; Tere González de l'Oficina de Turismo, Ayuntamiento, Cádiz ; et l'équipe du Castillo San Marcos, El Puerto de Santa María, Itálica, cathédrale de Séville et le Museo Bellas Artes, Séville.

Avec le concours spécial

L'éditeur tient à remercier tous les offices de tourisme régionaux et locaux, *ayuntamientos* et *diputaciones* d'Andalousie pour leur aide précieuse, en particulier l'Oficina de Turismo de Sevilla de Junta de Andalucía et les autres services de la Junta de Andalucía. Merci aussi à :

Javier Morata, Jose Luis de Andrés de Colsa et Isidoro González-Adalid Cabezas de l'Acanto Arquitectura y Urbanismo, Madrid ; Juan Fernández d'Aguilar pour son aide précieuse ; Robert op de Beek d'Alvear, Montilla ; Francisco Benavent de Fundación Andaluza de Flamenco, Jerez de la Frontera ; l'équipe de Locuturio,

Granada ; Paul Montegrifo ; Amanda Corbett de Patronato Provincial de Turismo de Sevilla ; José Pérez de Ayala du Parque Nacional de Coto Doñana ; Gabinete de Prensa, RENFE, Sevilla ; Graham Hines et Rachel Taylor du Sherry Institute of Spain, Londres ; Dr David Stone ; Joaquín Sendra de Turismo Andaluz SA ; magazine *6 Toros 6*, Madrid.

Autorisations de photographier

L'éditeur tient à remercier tous ceux qui lui ont donné l'autorisation de prendre des photos dans les *ayuntamientos,* boutiques, cathédrales, églises, galeries, hôtels, musées, restaurants, transports et autres sites, trop nombreux pour les citer tous.

Crédits photographiques

h = en haut ; hg = en haut à gauche ; hc = en haut au centre ; hd = en haut à droite ; chg = au centre en haut à gauche ; ch = au centre en haut ; chd = au centre en haut à droite ; cg = au centre à gauche ; c = au centre ; cd = au centre à droite ; cbg = au centre en bas à gauche ; cb = au centre en bas ; cbd = au centre en bas à droite ; bg = en bas à gauche ; b = en bas ; bc = en bas au centre ; bd = en bas à droite ; d = détail.

Malgré tout le soin que nous avons apporté à dresser la liste des auteurs des photographies publiées dans ce guide, nous demandons à ceux qui auraient été involontairement oubliés de bien vouloir nous en excuser. Cette erreur serait corrigée à la prochaine édition de l'ouvrage.

Les œuvres d'art ont été reproduites avec l'autorisation des détenteurs des droits suivants :

(c) Suceesion Picasso/ DACS, London 2006 52cgb ; DACS, London 2006 53cb ; © Patrimonio Nacional Madrid: 43bd, 46cg, 46cb, 47ch, 50bg.

Photos prises avec l'aide d'Al-Andalus, GRANADA ; IBERRAIL SA, Madrid : 266b ; Casa-Museo FG Lorca, Fuentevaqueros, Granada: 195b ; Teatro de la Maestranza, Seville : 230h ; Canal Sur, Sevilla : 245cd.

L'éditeur tient à remercier les particuliers, organismes et agences de photos suivants qui l'ont autorisé à reproduire leurs clichés :

AISA ARCHIVO ICONOGRÁFICO, Barcelona : 4h, 23b, 23cd, *Juanita Cruz*, A Beltrane (1934) 27bg (d) ; Biblioteca Nacional Madrid/Museo Universal, *La Spange de C Davillier*, Gustave Doré 28cg (d) ; 41h, 42hg, 42c, 42bd, 43cd, 44ch ; Cathédral, Seville, *San Isidoro y San Leandro*, Ignacio de Ries (17e siècle) 45cdb; Universidad de Barcelona, *La Corte de Abderramán*, Dionisio Baixeres (1885) 46cd-47cg ; 47hc, 47bg, 48bg, 48bd, 49bg, 50bg ; Museo Naval Madrid, *Retrato de Magallanes*, 50bd ; 52cg; Casón del Buen Retiro, La *Rendición de Bailén*, J. Casado del Alisal (1864) 53br ; Greenwich Museum, *Battle of Trafalgar*, G. Chamberg 53ch (d) ; 52cd-53cg, 55bd, 121bg ; Museo-Casa de los Tiros, Gitanos Bailando el Vito, anonyme 193bd (d) ; Algar 44bg, 46cgb ; Servicio Histórico Nacional, Alfonso XII, R. de Madrazo 53bd (d) ; 55ca ; © DACS 1996 Museo Nacional d el Teatro, Almagro, Ciudad Real, poster « Yerma » (FG Lorca) by José Caballero y Juan Antonio Morales (1934) 55cb ; D Baird 36b, 39c ; Bevilacqua 45bg, 49c ; J.-D. Dallet 42cgb ; Dulevant 50cgb ; J Lorman 33hc ; M Ángeles Sánchez 38h ; Sevillano 39h. ALAMY IMAGES : Authors Image/ Mickael David

11hd ; Bildarchiv Monheim GmbH/ Markus Bassler 11hg ; blickwinkel 249bd ; Stuart Crump 266bd ; Danita Delimont/ Alan Klehr 171hd ; David Sanger Photography/ Sam Bloomberg-Rissman 169hg ; Susan E. Degginger 10hc ; Kathy deWitt 107cd ; Mark Eveleigh 166hd ; Kevin George 106hg ; Eric James 252-253 ; Jose Antonio Jimenez 169cdb ; Jon Arnold Images/ Jon Arnold 106cgh ; Chris Knapton 248bg ; Lightworks Media 249hd ; Melvyn Longhurst 167hc ; Barry Mason 10cgh, 250bd ; Geoffrey Morgan 246bd ; Robert Harding Picture Library Ltd/ Michael Jenner 223cg ; Felipe Rodriguez 10bd ; SAS 178hc ; Carmen Sedano 249cg ; Alex Segre 225hd ; Gordon Sinclair 166bg ; 166cgh ; Nicholas Stubbs 11bd ; Renaud Visage 222cg ; Ben Welsh 248cd ; Ken Welsh 140cg ; Peter M. Wilson 167bd, 168 bg.
ARENAS FOTOGRAFÍA ARTÍSTICA, Séville : 49cd, 116cg, Monasterio de la Rábida, Huelva, *Partida de Colón*, Manuel Cabral Bejarano 127b (d).

LA BELLE AURORE, Steve Davey & Juliet Coombe : 15c, 230cgg ; Bridgeman Art Library/Index : *The Life and Times of Don Quixote y Saavedra* (1608), Biblioteca Universidad Barcelona 51bg.

CEPHAS : Mick Rock 20hd, 30hd, 30cg, 31cd, 31bd, 159 ; Roy Stedall 27hd ; CNES, 1987 DISTRIBUTION SPOT IMAGE : 11h ; BRUCE COLEMAN : Hans Reinhard 21cdb ; Konrad Wothe 149cdb ; DEE CONWAY : 25ch, 25cd ; CORBIS : Owen Franken 223hg ; Robbie Jack 29ch ; GIANCARLO COSTA, MILAN : 27bc (d), 41b ; J.-D. DALLET, Málaga : 18bg, 32hg, 32cgb, 32bd, 35b, 36h, 122hg, 146cd, 158, 190h ; AGENCIA EFE, MADRID : 52cgb, 56b, 57b, 57cdb ; EMPRESA PÚBLICA DE EMERGENCIAS SANITARIAS : 259cb ; EQUIPO 30, Séville : 29hg ; EUROPA PRESS REPORTAJES : 57bd ; MARY EVANS PICTURE LIBRARY : 9 (dessin), 28hg, 59 (dessin), 70b, 92b, 111 (dessin), 177b (d), 253 (dessin) ; EL VAPOR DE EL PUERTO : 165br.

FRS IBERIA S.L.L : 265cd.

GETTY IMAGES : AFP 27cd ; GLOVENTO SUR S.L. : 248hc ; THE ROLAND GRANT ARCHIVE : « *Pour quelques dollars de plus* », United Artists 202h ; GIRAUDON, Paris : 42cd ; Flammarion-Giraudon 43c ; José M. GUTIERREZ GUILLÉN, Séville : 84 ; ROBERT HARDING PICTURE LIBRARY : Sheila Terry 49bd, 58-59 ; HEMISPHERES IMAGES : Jean du Boisberranger 107hg ; Patrick Frilet 250hg ; Bertrand Gardel 107bg ; Hervé Hughes 107cb ; Stefano Torrione 168cdh ; HULTON DEUTSCH : 54cd-55cg, AM/ Keystone 57hg, 171b.

IBERIA ARCHIVES : 264h ; INCAFO ARCHIVO FOTOGRÁFICO, MADRID : 157h, 157ch ; A. Camoyán 157cda, 157cb ; J.-L. Glez Grande 157cgh ; Candy Lopesino/Juan Hidalgo 157cgb ; J.-L. Muñoz157b ; INDEX, BARCELONA : 43cb, 44bd, 46cgh, 46bg, 46bd, 47cb, 52hg, 52bd, 53cdb, 53cgb (d), 53bg, 179cdh ; Image/Index 54hg, Private Collection, *Sucesos de Casaviejas*, Saenz Tejada 55hg, 205 (dessin) ; Iranzo 44cgb ; THE IMAGE BANK : © Chasan 61b ; Stockphotos inc © Terry Williams 184 ; IMAGES : 4b, 17, 20b, 21hg, 21bg, 32hd, 34b ; AGE Fotostock, 13b, 17h, 26hd, 26cgb, 27c, 28bd, 31cg, 37h, 37b, 39b, 137h, 157c, 226hd, 246h ; Horizon/Michele Paggetta 27c-29c ; avec l'aimable autorisation de ISLA

MAGICA : 104hg, 106b.

PABLO JULIÁ, SÉVILLE : 245b.

ANTHONY KING : 21hd.

LIFE FILE PHOTOGRAPHIC LIBRARY/EMMA Lee 30hg, 148bg ; JOSÉ LUCAS, SÉVILLE : 82 cdb, 165 hc, 244c, 246c, 258cgb, 272cdh ; NEIL LUKAS : 130cb, 130b.

ARXIU MAS, BARCELONA : 26bd ; Museo Taurino, Madrid, affice de corrida représentant Rodolfo Gaona, H Colmenero 27bg ; 45hc, 46hg, 48hg, 48c, 48cd-50cg ; Museo América, Madrid, *Vue de Séville*, Sánchez Coello 50cd-51cg ; © Patrimonio Nacional Madrid 45bd, 48cg, 48cb, 49ch ; MAGNUM/Jean Gaumy 57cb.

NHPA : Vicente Garcia Canseco 131 ch ;

NATURPRESS, MADRID : Jose Luis G. Grande 131b ; Francisco Márquez 21bd ; NETWORK PHOTOGRAPHERS : 31hg ; Rapho/Hans Silvester 34c.

ORONOZ ARCHIVO FOTOGRÁFICO, MADRID : collection privée, *La Feria* (Séville), J. Domínguez Bécquer (1855) 8-9 ; 26ch, collection privée *Reyes Presidiendo a una Corrida de Toros* (1862), anonyme 27bd, Banco Urquijo *Cartel Anunciador Feria de Sevilla* (1903), J. Aranda 34h, 38c, 42b, 43hg, 43hc, 43cg, 43cdb, 43bd, 43hg, 45hg ; María Novella (église), Florence, *Détail d'Averroes*, Andrea Bonainti 47hg ; 47cdb, 47bd, 49hg, Diputación de Granada, *Salida de Boabdil de la Alhambra*, Manuel Gómez Moreno 49cgb ; 50hg, 50cgh ; Museo del Prado, *Cristo Crucificado*, Diego Velázquez 51c (d) ; Museo de Prado, *Expulsión de los Moriscos*, Vicent Carducho 51cb (d) ; Musée du Louvre, Paris, *Joven Mendigo*, Bartolomé Murillo 51bd (d) ; © Patrimonio Nacional Madrid, Palacio Real, Riofrio, Segovia, *Carlos III Vestido de Cazador*, F Liani 52bg ; © DACS London 1996, Sternberg Palace, Prague, *Autoportrait*, Pablo Picasso 54cgb ; collection privée, Madrid, *Soldados del Ejército Español en la Guerra de Cuba* 54bd ; 55cdb, 55bg, 56hg, 57hc, 72bg, 83b, 143h, 142c ; 84h ; collection privée, Madrid, *Patio Andaluz*, Garcia Rodríguez 138cg ; 156hg ; Museo de Bellas Artes, Cádiz, *San Bruno en Éxtasis*, Zurbarán 193d ; 193bg ; 227bd.

EDUARDO PAEZ, GRANADA : *Porte de la Justice*, Baron de Taylor 40 ; PAISAJES ESPAÑOLES, MADRID : 89h ; JOSE M. PEREZ DE AYALA, DOÑANA : 130hd, 130cg, 129h, 129ch ; PICTURES : 39b ; PRISMA, BARCELONA : 51hg, 135b ; Museo Lázaro Galdiano, Madrid, *Lope de Vega*, F Pacheco 136b ; 139h ; *Vista desde el Puerto* Nicolás Chapny (1884) 183h ; 245h, 264b ; Ferreras 256b, Hans Lohr 161b ; Anna N 174c ; Sonsoles Prada 43bg. RENFE : 268C.

M. ÁNGELES SÁNCHEZ, MADRID : 242hd, 242hc ; TONY STONE IMAGES : Robert Everts 82cgb. VISIONS OF ANDALUCÍA SLIDE LIBRARY, MÁLAGA : M. Almarza 21cd ; Michelle Chaplow 19bd ; 28cd-29cg, 162b, 267b ; A Navarro 36cg ; SOL.com : 106bg.

PETER WILSON : 1, 2-3, 35h, 61cb, 144h, 174h, 174b, 179h.

Page de garde, début : photos de commande à l'exception de J.-D. DALLET, Málaga : bc ; THE IMAGE BANK : Stockphotos inc © Terry Williams bd ; JOSE M. GUTIERREZ GUILLÉN, SÉVILLE : hc.

Couverture : Première de couverture : © Pawel Wysocki/hemis.fr (visuel principal et dos) ; Darren Baker/Shutterstock (détourage).
Quatrième de couverture : Visions Of Our Land/ Getty Images (hg) ; Robert Harding Images/ Masterfile (cg) ; Axiom Photographic/Masterfile (bg).

Lexique

En cas d'urgence

Au secours !	¡Socorro !	So-**co**-ro
Arrêtez !	¡Pare !	Pa-ré
Appelez	¡Llame a	ya-mé a
un médecin !	un médico !	oune mé-di-co
Appelez une	¡Llame a una	ya-mé a **ouna**
ambulance !	ambulancia !	ame-bou-**lane**-ci-a
Appelez	¡Llame a	ya-mé a
la police !	la policía !	la po-li-**ci**-a
Appelez	¡Llame a	ya-mé a
les pompiers !	los bomberos !	los bome-**bé**-rosse
Où est	Dónde está	done-dé ès-**ta**
le téléphone	el teléfono	el té-lé-fo-no
le plus proche ?	más próximo ?	masse pro-xi-mo
Où est	Dónde está	done-dé ès-**ta**
l'hôpital	el hospital	el hos-pi-**tal**
le plus proche ?	más próximo ?	masse pro-xi-mo

L'essentiel

Oui	Sí	si
Non	No	no
S'il vous plaît	Por favor	por fa-**vor**
Merci	Gracias	gra-ciasse
Excusez-moi	Perdone	per-**do**-né
Bonjour	Hola	o-la
Au revoir	Adiós	a-di-os
Bonsoir	Buenas noches	boué-nasse **no**-tchés
matin	La mañana	la ma-**gna**-na
après-midi	La tarde	la **tar**-dé
soir	La tarde	la **tar**-dé
hier	Ayer	a-**yère**
aujourd'hui	Hoy	hoye
demain	Mañana	ma-**gna**-na
ici	Aquí	a-ki
là	Allí	a-yi
Comment ?	¿Qué ?	ké
Quand ?	¿Cuándo ?	couane-do
Pourquoi ?	¿Por qué ?	por-ké
Où ?	¿Dónde ?	donne-dé

Quelques phrases utiles

Comment allez-vous ?	¿Cómo está	co-mo esse-**ta**
	usted ?	ousse-**tèd**
Très bien,	Muy bien,	Mouille bi-**èn**,
merci	gracias	gra-ci-as
Ravi de faire votre	Encantado de	èn-canne-**ta**-do dé
connaissance	conocerle	co-no-**cer**-lé
À bientôt	Hasta pronto	as-ta **pronne**-to
C'est parfait	Está bien	es-ta bi **enne**
Où est	¿Dónde está	Donne-dé ès-**ta**
/sont … ?	/están … ?	/ès-**tanne**
À quelle distance	Cuántos	couane-**to**
est … ?	metros	mé-trosse
	/ kilómetros	/ki- **lo**-mé-trosse
	hay de aquí a. … ?	aille dé a-**ki** a
Comment aller à … ?	¿Por dónde	Por **donne**-dé
	se va a … ?	sé **va** a
Parlez-vous	¿Habla	a-bla
français ?	francés ?	franne-**cesse**
Je ne comprends pas	No comprendo	no com-**prèn**-do
Pourriez-vous parler	¿Puede hablar	poué-dé a- **blar**
plus lentement,	más despacio	masse**dès**-pa-ci-o
SVP ?	por favor ?	por fa-**vor**
Excusez-moi	Lo siento	lo si **enne**-to

Quelques mots utiles

grand	grande	**granne**-dé
petit	pequeño	pé-**ké**-gno
chaud	caliente	ca-li-**èn**-té
froid	frío	**fri**-o
bon	bueno	boué-no
mauvais	malo	**ma**-lo
assez	bastante	basse-**tanne**-té
bien	bien	bi **enne**
ouvert	abierto	a-bi-**èr**-to
fermé	cerrado	cér-**ra**-do
à gauche	izquierda	isse-ki- **ère**-da
à droite	derecha	dé-**ré**-tcha
tout droit	todo recto	to-do **rec**-to
près	cerca	**cèr**-ca
loin	lejos	**lé**-jhos

en haut	arriba	a- **ri**-ba
en bas	abajo	a- **ba**-jho
tôt	temprano	tèm- **pra**-no
tard	tarde	tar-dé
entrée	entrada	èn- **tra**-da
sortie	salida	sa- **li**-da
les toilettes	lavabos,	la- **va**-bosse,
	servicios	sèr- **vi**-ci-os
plus	más	masse
moins	menos	**mé**-nosse

Les achats

Combien	¿Cuánto	couane-to
cela coûte-t-il ?	cuesta esto ?	couès-ta ès-to
Je voudrais…	Me gustaría …	mé gous-ta-**ri**-a
Avez-vous… ?	¿Tienen ?	ti-é-nèn
Je ne fais	Sólo estoy	so-lo ès-**toye**
que regarder,	mirando,	mi-**ranne**-do,
merci	gracias	**gra**-ciasse
Acceptez-vous	¿Aceptan tarjetas	a- **cep**-tanetar-
les cartes bancaires?	de crédito ?	jhé-tas dé **cré**-di-to
À quelle heure	¿A qué hora	a **ké** o-ra
ouvrez-vous ?	abren ?	a-**brèn**
À quelle heure	¿A qué hora	a ké o-ra ci-**é**-
fermez-vous ?	cierran?	rannee
celui-ci	Este	ès-té
celui-là	Ese	é-sé
cher	caro	ca-ro
bon marché	barato	ba- **ra**-ro
taille (vêtements)	talla	ta-ya
pointure	número	**nou**-mé-ro
blanc	blanco	**blanne**-co
noir	negro	**né**-gro
rouge	rojo	**ro**-jho
jaune	amarillo	a-ma-**ri**-yo
vert	verde	**vèr**-dé
bleu	azul	a-**ssoul**
antiquaire	la tienda	la t **i-èn**-da dé
	de antigüedades	anne-ti-goui-**da**-dès
boulangerie	la panadería	la pa-na-dé-**ri**-a
banque	el banco	el **banne**-co
librairie	la librería	la li-bré-**ri**-a
boucherie	la carnicería	la car-ni-cé-**ri**-a
pâtisserie	la pastelería	la pas-té-lé-**ri**-a
pharmacie	la farmacia	la far-**ma**-ci-a
poissonnerie	la pescadería	la pès-ca-dé-**ri**-a
primeur	la frutería	la frou-té-**ri**-a
épicerie	la tienda	la t **i-èn**-da
	de comestibles	dé co-mès-**ti**-blès
salon de coiffure	la peluquería	la pé-lou-ké-**ri**-a
marché	el mercado	el **mèr**-**ca**-do
kiosque à journaux	el kiosko	el ki-**os**-co
	de prensa	dé **prèn**-sa
bureau de poste	la oficina	la o-fi- **ci**-na
	de correos	dé cor-**ré**-os
magasin	la zapatería	la sa-pa-té-**ri**-a
de chaussures		
supermarché	el supermercado	el sou-pèr-mèr-**ca**-do
bureau de tabac	el estanco	el ès-**tanne**-co
agence de voyages	la agencia	la a-**jhèn**-ci-a
	de viajes	dé vi-a-jhès

Le tourisme

galerie	el museo	el mou-**sé**-o
d'art	de arte	dé **ar**-té
cathédrale	la catedral	la ca-té-**dral**
église	la iglesia	la i-**glé**-si-a
basilique	la basílica	la ba-**si**-li-ca
jardin	el jardín	el jhar-**dine**
bibliothèque	la biblioteca	la bi-bli-o-**té**-ca
musée	el museo	el mou-**sé**-o
office	la oficina	la o-fi-**ci**-na dé
du tourisme	de información	ine-for-ma-ci-**one**
	turística	tou-**ris**-ti-ca
hôtel de ville	el ayuntamiento	el a-youne-ta-m **i-èn**-to
fermé	cerrado	cé-**ra**-do
les jours fériés	por vacaciones	por va-ca-s **i-o**-nès
arrêt de bus	la estación	la ès-ta-i-**yone**
	de autobuses	dé a-ou-to-**bou**-sès
gare	la estación	la ès-ta-ci-**onne**
	de trenes	dé **tré**-nès

À l'hôtel

Avez-vous une chambre libre ?	¿Tiene una habitación libre ?	t **ié**-né ou**na** a-bi-ta-ci-**onne li**-bré
une chambre pour deux personnes ?	habitación doble ?	a-bi-ta-ci-**onne do**-blé
avec un grand lit	con cama de matrimonio	conne **ca**-ma dé ma-tri-**mo**-nio
une chambre à deux lits	habitación con dos camas	a-bi-ta-ci-**onne** conne dos **ca**-mas
une chambre pour une personne	habitación individual	a-bi-ta-ci-**onne** ine-di-vi-dou- **al**
une chambre avec bains/ douche	habitación con baño/ ducha	a-bi-ta-ci**onne** conne **ba**-gno **dou**-tcha
portier	el botones	el bo-**to**-nès
clé	la llave	la **ya**-vé
J'ai réservé une chambre	Tengo una habitación reservada	tèn-go ou**n a** a-bi-ta-ci-**onne** ré-sèr-**va**-da

Au restaurant

Avez-vous une table pour … ?	¿Tienen mesa para …?	t **ié**-nèn mé-**sa** pa-**ra**
Je voudrais réserver une table	Quiero reservar una mesa	kié-ro ré-sèr-**var** ou**na** mé-**sa**
l'addition s'il vous plaît	la cuenta por favor	la **couèn**-ta por fa-**vor**
Je suis végétarien/ne	soy vegetariano/a	soye bé-jhé-ta-r ia-no/na
serveuse/ garçon	camarera/ camarero	ca-ma-**ré**-ra ca-ma-**ré**-ro
menu (carte)	la carta	la **car**-ta
menu (à prix fixe)	menú del día	mé-**nou** del **di**-a
carte des vins	la carta de vinos	la **car**-ta dé **bi**-nos
verre	un vaso	oune **va**-so
bouteille	una botella	ouna bo-**té**-ya
couteau	un cuchillo	oune cou-**tchi**-yo
fourchette	un tenedor	oune té-né-**dor**
cuillère	una cuchara	ouna cou-**tcha**-ra
petit déjeuner	el desayuno	el dé-sa-**you**-no
déjeuner	la comida	la co-**mi**-da
	el almuerzo	el al- **mouèr**-sso
dîner	la cena	la **cé**-na
plat principal	el primer plato	el pri- **mèr** pla-to
entrée	los entremeses	los èn-tré-**mé**-sés
plat du jour	el plato del día	el **pla**-to del **di**-a
café	el café	el ca-**fé**
saignant	poco hecho	**po**-co é-tcho
à point	medio hecho	**mé**-dio é-tcho
bien cuit	muy hecho	mouille **é**-tcho

Lire le menu

cuit au four	al horno	al **or**-no
rôti	asado	a-**sa**-do
huile	el aceite	a-**cé-i**-té
olives	las aceitunas	a-cé-i- **tou**-nas
eau minérale	el agua mineral	a-goua mi-né- **ral**
ail	el ajo	a-**jho**
riz	el arroz	a-**rosse**
sucre	el azúcar	a-**ssou**-car
viande	la carne	**car**-né
oignon	la cebolla	cé-**bo**-ya
bière	la cerveza	cèr-**bé**-ssa
porc	el cerdo	**cèr**-do
chocolat	el chocolate	tcho-co-**la**-té
chorizo	el chorizo	tcho-**ri**-sso
agneau	el cordero	cor-**dé**-ro
viande froide	el fiambre	fi-**am**-bré
frit	frito	**fri**-to
fruit	la fruta	**frou**-ta
noix	los frutos secos	**frou**-tos **sé**-cos
gambas	las gambas	**gam**-bas
glace	el helado	é -**la**-do
luf	el huevo	ou **é**-vo
jambon serrano	el jamón serrano	jha-**monne** sé-**ra**-no
xérès	el jerez	jhé-**rès**
langouste	la langosta	lanne-**gos**-ta
lait	la leche	**lé**-tché
citron	el limón	li-**monne**
limonade	la limonada	li-mo-**na**-da
beurre	la mantequilla	manne-té-**ki**-ya
pomme	la manzana	manne-**ssa**-na
fruits de mer	los mariscos	ma-**ris**-cos
ragoût de légumes	la menestra	mé-**nès**-tra
orange	la naranja	na-**ranne**-jha

pain	el pan	panne
gâteau	el pastel	pas-**tèl**
pommes de terre	las patatas	pa-**ta**-tas
poisson	el pescado	pès-**ca**-do
poivre	la pimienta	pi-m i-**èn**-ta
banane	el plátano	**pla**-ta-no
poulet	el pollo	**po**-yo
dessert	el postre	**pos**-tré
fromage	el queso	**ké**-so
sel	la sal	sal
saucisses	las salchichas	sal-**tchi**-tchas
sauce	la salsa	**sal**-sa
sec	seco	**sé**-co
aloyau	el solomillo	so-lo-**mi**-yo
soupe	la sopa	**so**-pa
tarte	la tarta	**tar**-ta
thé	el té	té
bœuf	la ternera	tèr-**né**-ra
toast	las tostadas	tos-**ta**-das
vinaigre	el vinagre	bi-**na**-gré
vin blanc	el vino blanco	bi-no **blanne**-co
rosé	el vino rosado	bi-no ro-**sa**-do
vin rouge	el vino tinto	bi-no **tinne**-to

Les nombres

0	cero	**cé**-ro
1	uno	**ou**no
2	dos	dosse
3	tres	tresse
4	cuatro	**coua**-tro
5	cinco	**cine**-co
6	seis	sè-is
7	siete	**siè**-té
8	ocho	**o**-tcho
9	nueve	**noué**-vé
10	diez	di **esse**
11	once	**onne**-cé
12	doce	**do**-cé
13	trece	**tré**-cé
14	catorce	ca-**tor**-cé
15	quince	**kinne**-cé
16	dieciséis	di-é-cé **-sé**-is
17	diecisiete	di-é-ci-s **i-é**-té
18	dieciocho	di-é-ci-**o**-tcho
19	diecinueve	di-é-ci-**noué**-vé
20	veinte	**bi**-èn-té
21	veintiuno	bi-èn-ti-**ou**no
22	veintidós	bi-èn-ti-**dosse**
30	treinta	**tré**-yèn-ta
31	treinta y uno	tré-yèn-ta i **ou**-no
40	cuarenta	coua-**rèn**-ta
50	cincuenta	cinne-**couène**-ta
60	sesenta	sé-**sèn**-ta
70	setenta	sé-**tèn**-ta
80	ochenta	o-**tchèn**-ta
90	noventa	no-**bèn**-ta
100	cien	ci-**yèn**
101	ciento uno	ci-**yèn**-to **ou**no
102	ciento dos	ci-**yèn**-to **dosse**
200	doscientos	dosse-ci-**yèn**-tosse
500	quinientos	ki-n **ièn**-tosse
700	setecientos	sé-té-ci-yèn-tosse
900	novecientos	no-vé-ci-**yèn**-tosse
1000	mil	mi-le
1001	mil uno	mi-le **ou**no

Le jour et l'heure

une minute	un minuto	oune mi-**nou**-to
une heure	una hora	ouna **o**-ra
une demi-heure	media hora	**mé**-dia **o**-ra
lundi	lunes	**lou**-nès
mardi	martes	**mar**-tès
mercredi	miércoles	mi-**èr**-co-lès
jeudi	jueves	**jhoué**-vès
vendredi	viernes	bi-**yèr**-nès
samedi	sábado	**sa**-ba-do
dimanche	domingo	do-**minne**-go

PAYS

AFRIQUE DU SUD • ALLEMAGNE • AUSTRALIE • CANADA • CHINE
COSTA RICA • CROATIE • CUBA • ÉGYPTE • ESPAGNE • FRANCE
GRANDE-BRETAGNE • INDE • IRLANDE • ITALIE • JAPON • MAROC
MEXIQUE • NORVÈGE • NOUVELLE-ZÉLANDE
PORTUGAL, MADÈRE ET AÇORES • SINGAPOUR
SUISSE • THAÏLANDE • TURQUIE
VIETNAM ET ANGKOR

RÉGIONS

AQUITAINE • BALÉARES • BALI ET LOMBOK
BARCELONE ET LA CATALOGNE • BRETAGNE • CALIFORNIE
CHÂTEAUX DE LA LOIRE ET VALLÉE DE LA LOIRE
ÉCOSSE • FLORENCE ET LA TOSCANE • FLORIDE
GRÈCE CONTINENTALE • GUADELOUPE • HAWAII
ÎLES GRECQUES • JÉRUSALEM ET LA TERRE SAINTE
MARTINIQUE • NAPLES, POMPÉI ET LA CÔTE AMALFITAINE
NOUVELLE-ANGLETERRE • PROVENCE ET CÔTE D'AZUR
SARDAIGNE • SÉVILLE ET L'ANDALOUSIE • SICILE
VENISE ET LA VÉNÉTIE

VILLES

AMSTERDAM • BERLIN • BRUXELLES, BRUGES, GAND ET ANVERS
BUDAPEST • DELHI, AGRA ET JAIPUR • ISTANBUL
LONDRES • MADRID • MOSCOU • NEW YORK
NOUVELLE-ORLÉANS • PARIS • PRAGUE • ROME
SAINT-PÉTERSBOURG • STOCKHOLM • VIENNE • WASHINGTON

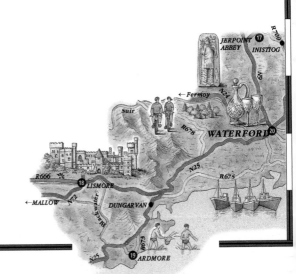

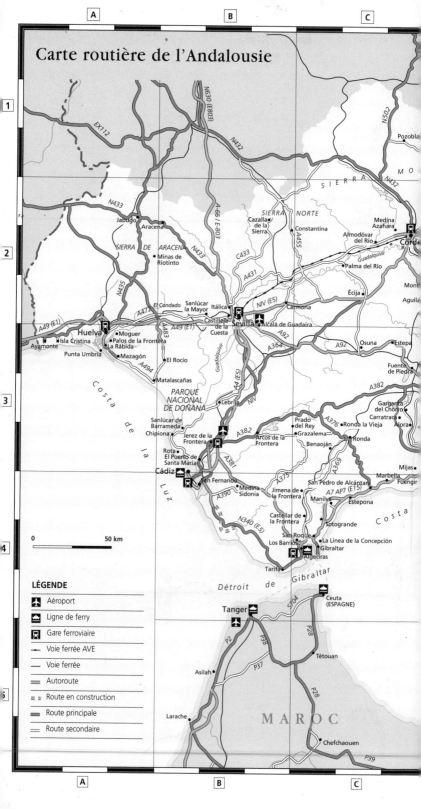